Köln

Zeit für das Beste

Highlights – Geheimtipps – Wohlfühladressen

»O Köln, du gr

Was sag ich noch zu deinem Ruhme?

Wie du geblüht im grauen Altertume,

So blühst du noch - die schönste Blume,

Die je geblühet hat!«

Georg Ludwig Weerth (1822–1856)

BRUCKMANN

WEBER-SCHIFF
PEGEL
688

Köln

Zeit für das Beste

Hans-Ulrich Dillmann
Elisabeth Rohata
Rainer Hackenberg

BRUCKMANN

Oben: Blick auf die Agneskirche
Mitte: Café Kult am Chlodwigplatz
Unten: Frisch gezapft beim Päffgen

INHALTSVERZEICHNIS

DER WESTEN

UMGEBUNG UND AUSFLÜGE

REISEINFOS

Oben: Blick nach drüben: Groß St. Martin
Mitte: Tanzende Garde im Karneval
Unten: Detail an einem Hauseingang in der Siebengebirgsallee in Klettenberg

DIE TOP TEN

DER KÖLNER DOM (S. 30)

Das Wahrzeichen Kölns ist ein Muss bei einem Besuch der Rheinstadt. Für Bahnreisende liegt es sogar auf dem Weg zu den anderen Sehenswürdigkeiten. Der gotische Bau ist der zweithöchste Sakralbau Europas und der Goldsarkophag noch immer ein Schmuckstück mittelalterlicher Goldschmiedekunst.

EIGELSTEIN (S. 130)

In den verwinkelten Straßenzügen hinter dem Bahnhof ballt sich die 2000-jährige Geschichte der Domstadt auf engstem Raum. Trotz Sanierung prägen Rotlicht, Einwanderer und urkölsches Miljö das Bild. Traditionelle Brauhäuser, türkische Läden und Szeneläden geben Tür an Tür einen verdichteten Eindruck von dem, was Köln im Gesamten ausmacht.

MUSEUM LUDWIG/PHILHARMONIE (S. 42)

Schon die Architektur des Kombibaus aus Museum Ludwig und Philharmonie beeindruckt. Aber was dem Besucher im Innern des Gebäudes an moderner Kunst und der Gegenwart geboten wird, sucht in Deutschland seinesgleichen. Die Philharmonie, Teil des Komplexes, krönt und komplettiert mit ihrer ausgefeilten Akustik den Kunstgenuss.

ALTERMARKT (S. 46)

Das ehemalige Marktgelände vor dem Rathausgebäude ist der ideale Ort, um die mittelalterliche Kulisse der bunten, schiefen Häuser zu genießen. Ein guter Ausgangspunkt für einen Bummel durch die Altstadt ist der alte Markt auch Zentrum des Straßenkarnevals und der Eröffnung der närrischen Session.

DIE RINGE (S. 8,17, 20)

Die ringförmig verlaufende, rund sechs Kilometer lange Boulevardstraße um das Stadtzentrum ist zur Ausgehmeile geworden. Kinos, Diskotheken, Bars, Restaurants, Kneipen, auf den Ringen geben sich Kölns Nachtschwärmer hier die die Türklinke in die Hand und im Sommer kommt ohne Zweifel so etwas wie Saint-Tropez-Feeling auf.

4711 GLOCKENGASSE (S. 67)

Das 4711-Haus in der Glockengasse ist ein Mekka für Freunde der schönen und betörenden Düfte. An der Fassade findet sich der Neonröhren-Schriftzug, den während der französischen Besetzung Kölns ein Reiter zur Nummerierung der Gebäude an die Hauswand geschrieben haben soll: 4711.

HOHENZOLLERNBRÜCKE (S. 178)

Die wuchtige Eisenbahn- und Fußgängerbrücke führt über den Rhein. Mit den sogenannten »Liebesschlössern« hat sich in den vergangenen Jahren ein Brauch etabliert, den fast jeder Stadtbesucher ablichtet, verliebte Pärchen haben tausende mit Namen und Datum gezierte Vorhängeschlösser angebracht. Der Schlüssel wird gemeinsam im Rhein versenkt.

SCHOKOLADENMUSEUM (S. 97, 100)

Das Imhoff-Stollwerck Schokoladenmuseum ist eine einzige süße Versuchung. In einem begehbaren Tropenhaus kann der Besucher Pflanzen und Kakaoschoten direkt am Baum bewundern und eine Produktionsanlage, für die Konfektionierung von Schokoladeprodukten, deren Bohnen für die Maya in Mexiko eine göttliche Speise waren, in Betrieb sehen.

AACHENER WEIHER (S. 225)

Am quadratischen Wasserbecken im Grüngürtel zwischen Universität und Ehrenfeld oder auf den angrenzenden Wiesen geben sich Junge und Junggebliebene ein Stelldichein: Flirten, Laufen, Grillen, Feiern. Ein perfekter Outdoor-Treffpunkt mitten in der Stadt für alle, die gerne mal mitten drin im Geschehen sein wollen.

KRANHÄUSER (S. 101)

Wo früher die Rheinschiffer Waren für die Versorgung der Stadt löschten, ragen die Kranhäuser über den Rhein. Rund um das preisgekrönte Bauensemble, das sich die ausladenden Kräne im Hafen zum architektonischen Vorbild genommen hat, ist an Wochenenden Erholungszone der Skater, Biker und Jogger.

Oben: Viel fotografiert: Die Altstadt mit dem Dom und Groß St. Martin
Mitte: Gemütlich geht es in den Kölschen Kneipen zu.
Unten: Bunt und Schmal: die Altstadthäuser am Fischmarkt

Kennen Sie Köln?

Kölner können feiern. Köln und Karneval – das sind, von außen gesehen, für viele Synonyme. Selbst die Fans des ersten Fußballclubs – 1. FC Köln – singen gerne bei Auswärtsspielen den gegnerischen Fans »Wir sind ja nur ein Karnevalsverein« vor, egal ob sie gerade in einer Niederlage untergegangen sind oder die Geißbock-Elf auf auswärtigem Rasen siegreich vom Platz gegangen ist. Aber da gibt es doch auch den Dom, die Veedel, Stadtteile, mit ihrer Nachbarschaft und natürlich: Kölsch, Köbes, Kölschen Kavier. Klischees einer Millionenstadt? Vielleicht, aber dagegen hilft, hinter die Kulissen zu schauen.

Die viertgrößte Stadt Deutschlands, die jüngste Millionenmetropole der Bundesrepublik, die nördlichste Stadt des Römischen Reiches, Hansestadt und Güterumschlagszentrum, die Stadt links und rechts vom Rhein: Es gibt viele Umschreibungen für Köln. Sie stimmen und reflektieren doch nicht vollständig die Realität in dem 405,1 Quadratkilometer großen städtischen Gebiet. Köln ist ein Puzzle mit Wohnvierteln, die nicht unterschiedlicher sein könnten, das sind eigene, in sich abgeschottete Welten, die man erst einmal begreifen muss, um den Charme dieser »Veedel«, zu entdecken.

Als die Römer ankamen ...

Die Römer fanden bei ihrer Ankunft schon eine Siedlung vor. Bereits in der Steinzeit hatten sich Menschen in der Region mit dem fruchtbaren Lössboden niedergelassen und Ackerbau betrieben. Die Historiker gehen heute davon aus, dass etwa um 19 vor Chr. *Oppidum Ubiorum* besiedelt wurde, aus dem dann Jahrzehnte später die römische

Steckbrief Köln

Lage: Köln liegt am Rhein auf 50° 56′ nördlicher Breite und 6° 57′ östlicher Länge.

Fläche: 405,12 Quadratkilometer, davon linksrheinisch 230,25 Quadratkilometer und rechtsrheinisch 174,87 Quadratkilometer.

Einwohner: Mit 1,024 Millionen (2012) ist Köln die viertgrößte Stadt Deutschlands.

Stadtwappen:

Geografie: Köln liegt 53 Meter über dem Meeresspiegel. Es liegt in der Kölner Bucht, das ist ein Flusstal, das sich zwischen dem Bergischen Land und der Eifel erstreckt. Vom östlichen bis zum westlichen Stadtrand beträgt die Distanz 27,6, vom Süden bis nach Norden 28,1 Kilometer.

Politik und Verwaltung: Seit 1816 ist Köln kreisfreie Stadt. An der Spitze der Stadt steht ein Oberbürgermeister. Im Stadtrat sitzen 90 Ratsfrauen und Ratsherren. Der direkt gewählte Oberbürgermeister hat Stimmrecht und leitet die Sitzungen. Daneben gibt es neun Bezirksvertretungen und entsprechende Bürgermeister.

Wirtschaft und Tourismus: Handels-, Verkehrs- und Dienstleistungsunternehmen sind neben Versicherungen und Medien die tragenden Pfeiler der Wirtschaft. Zahlreiche Fernsehsender und Filmstudios haben sich am Rhein etabliert. 127 Millionen Touristen (2012) sorgen jährlich für mehr als sieben Milliarden Euro Umsatz und geschätzte 175 Millionen Euro Steuereinnahmen für die Stadt. Den größten Anteil im Jahre 2013 bei den Hotelübernachtungen (5 077 192 Millionen) haben deutsche Gäste (3 296 464 Mio.; 64,9 Prozent), es folgen Briten (210 622; 11,8 Prozent), Niederländer (161 292; 9,1 Prozent) und US-Amerikaner (158 342; 8,9 Prozent). Dazu kommen rund 3,56 Millionen Messe- und Veranstaltungsbesucher.

Religion: 40,6 Prozent der Einwohner sind römisch-katholisch, 17,6 Prozent evangelisch und 41,8 Prozent (davon rund 120 000 Muslime und 5000 Juden) gehören anderen Religionsgemeinschaften an oder sind konfessionslos.

Bevölkerung: In Köln (Volkszählung 2011) leben 151 160 Deutsche mit Migrationshintergrund (15 Prozent) und 164 530 Ausländer (16,4 Prozent), etwa ein Drittel stammt aus der Türkei.
Regiert wird die Stadt von einem rot-grünen Bündnis. Allerdings hat dieses Bündnis bei den Kommunalwahlen 2014 lediglich 45 Sitze erobert und ist somit auf die Stimme des Oberbürgermeisters angewiesen. Dieser ist aber nur noch bis 2015 im Amt. Die Koalition besitzt dadurch politisch nur noch wenig gestaltenden Spielraum, sollte im kommenden Jahr nicht ein grüner oder roter OB gewählt werden, droht der Parteienallianz sogar das Aus.

Sachsenring: mittelalterliche Stadtmauer

AUTORENTIPP!

DAS BESTE KÖLSCH

Köln ist für seine Brauhäuser berühmt. Links und rechts des Rheins finden sich die besten Kneipen, in denen noch selbst gebrautes Kölsch frisch gezapft wird.

1. Cölner Hofbräu P. Josef Früh. Im Traditionsbrauhaus kommen die Fässer im Viertel-Stunden-Takt gekühlt direkt mit dem Aufzug aus dem Keller. Mo–So 8–24 Uhr, Am Hof 12–18, 50667 Köln, Tel. 0221/261 32 11, www.frueh.de

2. Brauhaus Sion. Der Zapfer kommt kaum zum Durchatmen, so schnell muss er die leer getrunkenen Kölschstangen füllen.
Mo–Do 10.30–0, Fr–Sa 10.30–1.30, So 10.30–24 Uhr, Unter Taschenmacher 5–7, 50667 Köln, Tel. 0221/257 85 40, www.brauhaus-sion.de

Koloniesiedlung Colonia Claudia Ara Agrippinensium (CCAA), die Stadt römischen Rechtes der Agrippinenser, entstand. Knapp drei Jahrhunderte lang zählte CCAA etwa 15000 Menschen – Christen und Juden, die innerhalb ihrer Mauern lebten. Das Machtvakuum, das die sich zurückziehenden römischen Truppen im fünften Jahrhundert hinterließen, nutzten die Frankenherrscher, um sich die Ansiedlung untertan zu machen.

Mit der ottonischen, salischen und staufischen Epoche (10.–13. Jahrhundert) begann eine erneute Blütezeit der Stadt. Das Abwechseln der verschiedenen Herrschergeschlechter (Ottonen, Salier, Staufen) änderte wenig dran, dass die Kölner Erzbischöfe, familiär mit ihren verbunden, damals die mächtigsten Feudalherren im Heiligen Römischen Reich waren. In diese Zeit fällt die Grundsteinlegung des Kölner Doms. Es folgen aber danach unruhige Zeiten mit Armenrebellionen, antijüdischen Pogromen, Zunftaufständen gegen die Patrizier, Reformation und Gegenreformation. Sie gehen einher mit der Einstellung der Arbeiten am zentralen Kirchenbauwerk, dem Dom. Danach war über Jahrhunderte der nur halbfertige Südturm, mit seinem weit sichtbaren Drehkran, Symbol dieser Ära. Erst mit der Besetzung der Rheinstadt durch napoleonische Truppen beginnen die modernen Zeiten, die der Stadt in fast zwei Jahrzehnten (1794–1814) einen organisierten Rahmen geben, dem die Preußen mit bürokratischem Eifer und Strukturen folgten.

Fallende Altbauten

Erst mit der preußischen Verwaltung wurden die beengenden Stadtmauern gesprengt und sorgte die neue Stadtluft für eine wirtschaftliche und städtebauliche Entwicklung, worauf die heutigen Stadtteile mit ihrem bürgerlichen oder industriellen Charakter entstanden. Kurz vor dem Ersten Weltkrieg zählte Köln rund 600 000 Einwohner und wählte konservativ. Im September 1917 wurde Konrad Adenauer zum jüngsten Oberbürgermeister einer deutschen Großstadt gewählt, ein Amt, aus dem ihn erst die Nationalsozialisten bei ihrer Machtübernahme 1933 vertrieben. Infolge des verlorenen Krieges wurde das Rheinland von britischen Truppen besetzt, die angeordnete Demilitarisierung führte dazu, dass der äußere Verteidigungsring, einige der Einrichtungen sind heute noch zu besichtigen, geschliffen wurde.

Obwohl Köln zum Deutschen Reich gehörte, war es entmilitarisierte Zone, bis 1936 die Wehrmacht einmarschierte. Obwohl die kölnischen Geschichtsschreiber gerne das widerspenstige, naziunfreundliche Köln betonen, jubelten die Kölner begeistert den braunen Horden zu, wenn sie im Stechschritt durch die Stadt paradierten. Der Preis, den Köln dafür bezahlte, war hoch: Eine Stadt in Trümmern, in denen nur wenige Menschen überlebt hatten.

Danach wählte Köln wieder konservativ, bis 1956 mit Theo Burauen (1906–1987) ein Sozialdemokrat das Zepter übernahm und die SPD danach für mehr als vierzig Jahre das Sagen hatte. Politisch ausgelaugt von internen Machtkämpfen, diskreditiert von Vetternwirtschaft und »kölschem Klün-

AUTORENTIPP!

3. Brauerei zur Malzmühle. Links wird das leicht süßlich-malzige Bier gebraut, im rechts daneben liegenden Schankbereich frisch gezapft. So–Do 11.30–24, Fr, Sa 11.30–1 Uhr, Heumarkt 6, 50667 Köln, Tel. 0221/21 01 17, www.muehlenkoelsch.de

4. Brauerei Päffgen. Im Hinterhof wird gebraut und an der Theke können sich die Eiligen direkt vom Fass bedienen lassen. So–Do 10–24, Fr, Sa 10–0.30 Uhr, Friesenstraße 64, 50670 Köln, Tel. 0221/13 54 61, www.paeffgen-koelsch.de

5. Sünner Brauerei. Die Traditionsbrauerei bietet im Kellergewölbe urig-gemütliche Atmosphäre und Sonnenscheinfeeling im Biergarten. Mo–So 11–23 Uhr, Kalker Hauptstr. 260–262, 51103 Köln, Tel. 0221 98 55 74 00, www.suenner-keller.de

Bis zum Eichstrich: Der Köbes im Brauhaus Päffgen, Friesenstraße

Oben: Alte Tradition: Brauhaus Stüsser in der Neusser Straße
Mitte: Gemüsehändler auf dem Sundermann Platz
Unten: Neuer Standort: Das Denkmal für den Volksschauspieler ist auf den Willy-Millowitsch-Platz umgezogen.

gel« endet die Herrschaft der Sozialdemokraten erst nach fast viereinhalb Jahrzehnten, als 1999 der volkstümliche Christdemokat Harry Blum erster direkt gewählter Bürgermeister wurde. Seit seinem Tod nach nur sechs Monaten regiert in Köln mal eine schwarz-grüne, mal eine rot-grüne Mehrheit.

Die Stadt der großen Gefühle

Es gibt nicht ein, sondern es gibt viele Vorstellungen von Köln. Und schon ist man dabei wieder ein Klischee zu bedienen: »Kölle es e Jeföhl!« Aber das Lied, mit dem die Mundartgruppe *De Höhner* sogar beim Après-Ski die Outdoor-Bars neben den Pisten zum Toben bringen, umschreibt das Lebensgefühl, mit der die rund um den Dom lebenden Menschen punkten können. Köln muss man spüren und schon ist die Einladung an Entdecker, Neugierige, Wissbegierige und offene Menschen ausgesprochen, das »Jeföhl« in der Stadt am Rheinkilometer 688 kennenzulernen. Schließlich heißt es doch, »wer nicht hören will, muss fühlen«. Und Köln kann man spüren. Ein magischer Ort, finden wenigstens viele Kölner, die bei der Heimreise von auswärts aus allen Himmelsrichtungen ihr Ziel immer fest im Blick haben: Die beiden spitzen Türme treiben auch Neubewohnern die Tränen in die Augen.

Köln ist aber auch eine geteilte Stadt – wenigstens räumlich. Links des Rheins befindet sich der größte Teil der bebauten Fläche. Wer rechts lebt, wohnt auf der falschen Seite, der »schäl Sick«, findet der Großteil der 1,02 Millionen Kölschen. Aber Vater Rhein kann natürlich nicht trennen, was in Wirklichkeit zusammengehört. Dafür sorgen schon die sieben Brücken, über die man gehen oder fahren kann, und für den Notfall gibt es die Seilbahn mit ihren Gondeln oder das Müllemer Böötchen

als letzte Verbindung. Und zu guter Letzt sind doch alle Kölnerinnen und Kölner.

Vielleicht hat sich auch deshalb eine der besonderen Eigenarten in Köln entwickelt: Der kölsche Klüngel. Dezent hat diese besondere Form der nützlichen Kumpanei oder »Eine Hand wäscht die andere«-Mentalität der einstige Kölner Oberbürgermeister Konrad Adenauer beschrieben: »Man kennt sich und man hilft sich.« Der spätere Bundeskanzler musste es wissen, denn er war ein allseits anerkannter Netzwerker zwischen Politik und Wirtschaft.

Moral wird in Köln hochgehalten. Schließlich ist die Basis des Zusammenlebens für viele das »Rheinische Grundgesetz«. Die elf – die Jeckenzahl – Redensarten, die vom Kabarettisten Konrad Beikircher zusammengestellt wurden, sind den Zehn Geboten nicht unähnlich:
Artikel 1: Et es, wie et es. (Es ist, wie es ist.); Artikel 2: Et kütt, wie et kütt. (Es kommt, wie es kommt.); Artikel 3: Et hätt noch emmer joot jejange. (Es ist bisher noch immer gut gegangen.); Artikel 4: Wat fott es, es fott. (Was fort ist, ist fort.); Artikel 5: Et bliev nix, wie et wor. (Es bleibt nichts, wie es war.); Artikel 6: Kenne mer nit, bruche mer nit, fott domet. (Kennen wir nicht, brau-

Oben: Rheinaufwarts: Hohenzollernbrücke
Mitte: Hier ist man auf der »Schäl Sick« unterwegs – rechtsrheinisch in Deutz.

Oben: Türkische Spezialitäten gibt es im Restaurant Büyük Harran Doy Doy in der Keupstrasse 40.
Mitte: Die Wurstbraterei ist als »Tatort«-Bratwurstbude berühmt geworden.
Unten: Szenetreff am Brüsseler Platz

chen wir nicht, fort damit.); Artikel 7: Wat wells de maache? (Was willst du machen?); Artikel 8: Maach et joot, ävver nit zo off. (Mach es gut, aber nicht zu oft.); Artikel 9: Wat soll dä Kwatsch/Käu? (Was soll das sinnlose Gerede?); Artikel 10: Drinks de ejne met? (Trinkst du einen mit?); Artikel 11: Do laachs de disch kapott. (Da lachst du dich kaputt.)

Kölner und Zugereiste

Unausgewogen ist allerdings der männliche und weibliche Bevölkerungsanteil. In Köln leben mehr Frauen (524 739) als Männer (492 416). Dieses Ungleichgewicht können auch die – dem Pass nach – Ausländerinnen (über 85 000 im Gegensatz zu rund 81 000 männlichen Personen) nicht wettmachen. Der Prozentanteil von 16,3 der nicht in Deutschland Geborenen fällt im Zentrum wenig auf. Allerdings merkt man, dass in Vierteln wie Ehrenfeld und Nippes dieser Anteil wesentlich höher ist. Klein-Istanbul in der Weidengasse oder Klein-Kalkutta in der Nähe des Neumarkts, solche Standortbezeichnungen bilden sich schnell.

Am Ende erweist sich der Restaurantinhaber im Eigelsteinviertel dann als »Kölscher Türke« mit rheinischem Akzent, der nach Jahrzehnten mit Monotonarbeit am Fließband bei Ford angetreten ist, den Kölnern den fein gewürzten Unterschied eines Shish-Kebab und die Variationen türkischer Meze zu demonstrieren. Aber natürlich bietet die Stadt kulinarisch für jeden Geschmack etwas: Chinesisch, koreanisch, japanisch, indisch, mongolisch, tibetisch, portugiesisch, spanisch, baskisch und nicht zu sprechen von der Unzahl italienischer Restaurants, die nicht nur sizilianische Alltagsküche anbieten. Allerdings kommt nicht nur Deftiges in den Restauranttopf. Mit zwei Zwei-Sterne- und fünf Ein-Sterne-Restaurants können sich die Küchenchefs im Vergleich mit anderen bundesrepublikanischen Großstädten durchaus sehen lassen. Und wem es nicht gemundet hat, der kann sich im nahe gelegenen Bergisch Gladbach-Bensberg von einem Koch mit drei Michelin-Sternen kulinarisch verwöhnen lassen.

Vom Kölsch und Genuss

Neben der Eckkneipe im »Veedel« liebt der Kölner seine Brauhäuser mit den blank geschmirgelten Wirtshaustischen, in denen rheinische Spezialitäten wie »Hämche« (Eisbein), »Rievkooche« (Reibekuchen) und »Soorbrode« (Sauerbraten) serviert werden und obergäriges Bier ausgeschenkt wird. Und damit nicht jeder sein alkoholhaltiges Gebräu auf den Tisch in Köln als »Kölsch« stellen kann, gibt es die 1985 vereinbarte sogenannte Kölsch-Konvention, die seit 1996 sogar vom Bundeskartellamt überwacht wird. Darin werden nicht nur die Zutaten aus Gerstenmalz, Hopfen und Wasser normiert, sondern ist auch die Zusammensetzung und Qualität des Gerstensafts geregelt. Das obergärige Vollbier muss eine durchschnittliche Stammwürze von 11,3 Prozent und einen Alkoholgehalt von 4,8 Prozent besitzen und liegt damit an der unteren Skala der Vollbiere. Wesentliches Kriterium ist zudem der Herstellungsort: Nur was innerhalb der Stadtgrenze oder im unmittelbaren Umkreis gebraut wurde, ist auch wirklich Kölsch.

Frisch vom Fass

Wer in einem Brauhaus nach größeren Gläsern als den typischen 0,2l-Kölsch-»Stangen« verlangt, macht sich schnell unbeliebt und outet sich als Bierbanause. Denn größere Gläser sind bei Kennern verpönt, unter anderem auch deshalb, weil Obergäriges verschalt, die Schaumkrone und den Frischegeschmack verliert. In manchen Kneipen

Oben: Eckkneipe: das Eckstein in der Siebengebirgsallee
Unten: Frisch gepökelt und gekocht: Hämchen mit Kartoffelpüree und Sauerkraut

AUTORENTIPP!

KULTUR OHNE ENDE
Museen sind nicht nur für Regentage da. Und Köln verfügt über eine ansehnliche Zahl von Ausstellungsgebäuden mit hervorragender alter und moderner Kunst, die man nicht versäumen sollte.

1. Käthe-Kollwitz-Museum. Die bedeutendste Sammlung des künstlerischen Wirkens der politisch engagierten Künstlerin findet sich in der Rheinstadt. Di–Fr 10–18, Sa, So 11–18 Uhr, 4 €, Tel. 0221/227 28 99, Neumarkt 18–24, 50667 Köln, www.kollwitz.de

2. Deutsches Sport- & Olympiamuseum. Wer mag, darf mit Boxhandschuhen in den Ring steigen oder auf dem Dach Basket- oder Streetball spielen. Di–Fr 10–18 Uhr, Sa, So 11–19 Uhr, Im Zollhafen 1, 50678 Köln, Tel. 0221/33 60 90, www.sportmuseum.de

3. Rautenstrauch-Joest-Museum. Die Kulturen der Welt präsentieren sich in diesem ungewöhnlich konzipierten Museum dem Besucher. Di–So 10–18, Do 10–20 Uhr, 7 €, Cäcilienstraße 29–33, 50667 Köln, Tel. 0221/22 13 13 01, www.museenkoeln.de/rautenstrauch-joest-museum

werden nicht nur »Stangen« als Trinkgefäß angeboten, sondern auch Halbgläser mit 0,1 Liter Inhalt, »Stösje« genannt. Wer daraus trinken will, zeigt sich als Kölsch-Kenner. Die Glasstangen/Gläser werden in den Brauhäusern in Serviertragen, Bierkränze genannt, ausgetragen. Die Köbes gerufenen Kellner, der Name kommt von Jakob, stellen einem meist ungefragt ein frisches Bier auf den Deckel, wenn sich der Stangeninhalt zum Ende neigt. Wer dem vorbeugen will, sollte einen Bierdeckel auf sein Glas legen. Und wer dem Mann in Blau mit seiner unter dem Bauch geschnürten dunkelblauen Schürze aus Leinen und der ledernen Geldtasche etwas Gutes tun will, lädt ihn zu einem Kölsch ein.

Der Dom im Zentrum, die Veedel drum herum

Ohne der gotischen Kathedrale im Zentrum seine Aufwartung gemacht zu haben, sollte man nicht wieder aus der Domstadt abreisen. Über sechs Millionen Besucher beherzigen diesen Ratschlag jedes Jahr, versichern städtische Statistiker. Die Dom- und Bahnhofsgegend ist zudem ein guter Startplatz für die Erkundung der Jeckenmetropole. Von hier aus kann man in nur wenigen Minuten die Altstadt erreichen, deren bunte Häuser, die engen Gassen und die größte Kneipendichte auf einem nicht mal 100 000 Quadratmeter großen Terrain der größte Touristenmagnet sind. Und im Sommer verwandelt sich die Rheinpromenade mit ihren Rasenflächen, Brunneninstallationen und künstlichen Steingärten in ein Paradies für Sonnenanbeter in Tops mit Spaghettiträgern und Flipflops.

Das kann über die vielen kleinen und großen Bausünden allerdings nicht hinwegtäuschen, die Köln mit dem Bau von innerstädtischen Schnellstraßen mitten durchs Zentrum und der Errichtung von vermeintlichen Wolkenkratzern, um ein kölsches Manhattan zu schaffen, erlitten hat. Aber das Urteil darüber fällt milder aus, wenn man weiß, dass Kölns Innenstadt zu fast 80 Prozent in Trümmern lag, als es von US-amerikanischen Truppen befreit wurde. Und manchmal hat man sogar den Eindruck, dass die Stadtplaner lernen. Aus Industriebrachen, die in den 1970er- und 1980er-Jahren durch die Wirtschaftsumbrüche entstanden, sind bürgerfreundliche Wohnprojekte geworden, weil sich Bürgerinitiativen frühzeitig der Planung ohne ihre Beteiligung widersetzt haben.

Den Kriegstrümmern verdankt Köln eine seiner höchsten Erhebungen, den »Mont Klamott«. Das auch als Herkulesberg bekannte Hügelchen türmt sich auf einer Grundfläche von 130 000 Quadratmetern bis zu 72,2 Meter über Normalnull auf. Zwischen der Inneren Kanalstraße und dem heutigen Mediapark wurden in der Nachkriegszeit die Haustrümmer zusammengeschoben und begrünt. Heute erfreuen sich besonders der Mont Klamott und die Grünfläche bis zur Luxemburger Straße großer Beliebtheit als Sonnenwiesen oder Wochenendgrillplätze.

Auto- und Medienstadt

Natürlich ist Köln noch eine Autostadt, zumal einer der großen Arbeitgeber nach wie vor die Ford-Autoschmiede ist, aber längst hat sich in der Öffentlichkeit nachhaltig das Bild von Köln als »Stadt der Medien« festgesetzt. Der Westdeutsche Rundfunk (WDR) und die Verlagshäuser *Kölnische Rundschau* und *Kölner Stadt-Anzeiger* waren zuerst die bestimmenden Publikationsformen. Im Medienpark auf dem ehemaligen Güterverschiebebahnhof Gereon und in den ehemaligen Messehallen im rechtsrheinischen Deutz haben sich heute Kreativstartups und Privatsender etabliert,

AUTORENTIPP!

4. Wallraf-Richartz-Museum – Fondation Corboud (WRM). Die Gemälde aus der »Kölner Malerschule« legitimieren einen Besuch ebenso wie die Sammlung impressionistischer Kunst. Di–So 10–18, Do 10–21 Uhr, Eintritt 8 €, Obenmarspforten, 50667 Köln, Tel. 0221/22 12 11 19, www.wallraf.museum/museenkoeln.de

5. Museum für Ostasiatische Kunst. Frisch aufgemöbelt präsentiert sich das Haus im Stil der klassischen Moderne mit seinen Fernost-Schätzen. Di–So 11–17 Uhr, 50674 Köln, Universitätsstraße 100, Tel. 0221/22 12 86 08, www.museenkoeln.de/museum-fuer-ostasiatische-kunst

Symbole des modernen Kölns: Media-Park und Köln-Turm

Oben: Streetart: Graffitis in der Heliosstraße in Ehrenfeld
Mitte: Im Zeichen des Regenbogens wohnt und lebt man in der Kettengasse.

die aus Köln nicht mehr wegzudenken sind. Und wo Sender wie RTL oder WDR etabliert sind, betreiben Produktionsgesellschaften gerne in leer stehenden Fabrikhallen oder auf dem stillgelegten Kleinflughafengeländen Butzweilerhof im Westen ihre Filmstudios.

Bunt und multikulturell

Um der »kölschen Seele« aber auf den Grund gehen zu können, muss man in die Stadtteile gehen. Die Südstadt von *Oppidum Ubiorum*, der ehemaligen Ubiersiedlung, versprüht ihr südländisches Flair nicht zuletzt dadurch, dass hier noch viele ehemalige italienische, spanische und portugiesische Arbeitsmigranten und ihre Familien wohnen geblieben sind, José aus Vigo wurde zu Jupp, aus dem sizilianischen Giovanni »de Hennes«. Diese Struktur hat die Zuwanderer integriert, nicht gettoisiert.

Nippes, Kalk und Ehrenfeld links und rechts der Venloer Straße sind dagegen, auf den ersten Blick, fest in türkischer Hand – wenigstens in einigen Straßenzügen. In Ehrenfeld befindet sich zudem die Hauptmoschee der türkischen-islamischen Gemeinschaft in Deutschland – ein architektonisches Meisterwerk eines modernen Sakralbaus. Während sich in Sülz das studentische Leben konzentriert, in Lindenthal und Klettenberg bürgerliche Wohngebiete mit der entsprechenden Bebauung liegen, haben Stadtteile wie das Agnesviertel oder die Straßen rund um den Brüsseler Platz eine Transformation durchgemacht. In den ehemaligen Gründerzeithäusern leben hauptsächlich Dinkies, Kinderlose mit Doppeleinkommen (engl. Abkürzung aus **d**ouble **i**ncome **n**o **k**ids).

Kölns Gay-Community

Dazwischen liegen jene Ecken, Plätze und Straßenzüge, wo in Köln der Regenbogen in Form einer Fahne oder eines Stickers im Schaufenster eine unterschiedliche sexuelle Orientierung symbolisiert. Inzwischen ist die Stadt stolz darauf, dass sich auf ihrem Stadtgebiet die in Deutschland wohl größte Gay-Community häuslich eingerichtet hat – jeder zehnte Einwohner der Stadt ist schwul, lesbisch oder queer. Dementsprechend groß ist das Kultur- und Freizeitangebot rund um den Heumarkt, dem Friesenviertel und den Straßen zwischen Hahnentor und Ehrenstraße. Von der Kauf- und auch der Anziehungskraft ganz zu schweigen, die die Szene auf auswärtige Besucher ausübt. Zum Christopher Street Day kommen regelmäßig fast eine Million Zuschauer, zum Rosenmontagszug kommen eineinhalb Millionen Menschen. Der stolze Tag der Lesben, Schwulen, Bisexuellen und Transgender ist in Köln inzwischen ohne einen Mottowagen der konservativen Parteien oder der Teilnahme des Stadtoberhauptes undenkbar. Dass ein kölscher Karnevalsprinz zwar Mädchen bützt (küsst), aber Jungs liebt, ist genauso wenig noch Medienthema wie die Tatsache, dass seine »Lieblichkeit«, die »Kölner Jungfrau« ohne Skandaldebatten auf »Kerle« stehen darf.

Oben: Am Zeitungskiosk erfährt man die neuesten Nachrichten.
Mitte: Flaniermeile und Einkaufszone: Barthonia
Unten: Schwul und stolz: Parade zum Christopher-Street-Day

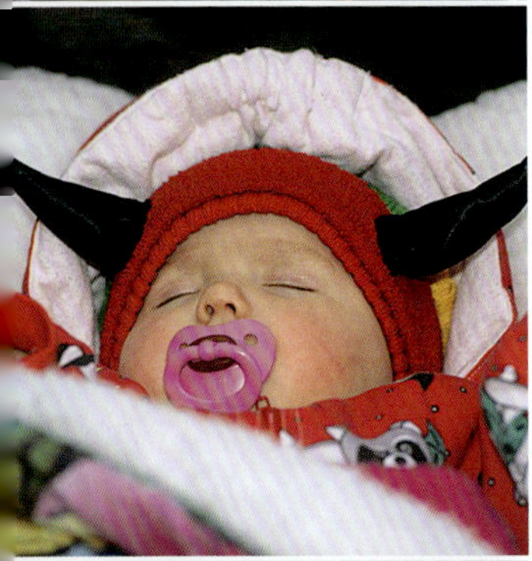

Oben: Weltkulturerbe: der Kölner Karneval
Mitte: Hier ist man Jeck von Geburt an.
Unten: Im Römisch-Germanischen Museum stehen die Büsten der Stadtgründer: das Kaiserpaar Augustus und Livia.

Karneval, Kultur und Kunst

Natürlich hat Köln als Karnevalshochburg ein Museum, in dem sich alles um die Fünfte Jahreszeit und den Mummenschanz dreht, historische Karnevalsuniformen, Puppen, Mottowagen und Historienfotos aufbewahrt und gezeigt werden. Und bald soll, so der Wille der Karnevalisten, auch der »Rheinische Karneval« auf die Liste des Immateriellen Weltkulturerbes der UNESCO gesetzt werden. Der Kölner Dom steht schon seit Jahrzehnten auf der Schutzliste der Kulturgüter.

Mit dem Ludwig Museum kann die Stadt eines der federführenden Ausstellungsbauten für Moderne Kunst in Deutschland ihr Eigen nennen – ein museales Muss nicht zuletzt wegen seiner Sammlung der »Kölner Progressiven«. Komplettiert wird das Museumsangebot von dem der kulturhistorischen Vergangenheit gewidmeten Römisch-Germanischen Museum, dem Museum Schnütgen (Romanische Kirchenkunst), den Museen für angewandte Kunst und ostasiatische Kunst sowie dem Rautenstrauch-Joest-Museum (Kulturen der Welt), dem Wallraf-Museum (Klassische Malerei) und dem Kölnischen Stadtmuseum (städtische Geschichte). Dazu kommt Kunst zum Anfassen in Form eines Skulpturengartens und die römischen Spuren, auf die man an vielen Straßenecken stößt. Bei seinem Bummel durch die Stadtteile trifft man zudem immer wieder auf kleine Galerien und Künstlerateliers, die sich über den Besuch von Kunstliebhabern und -begeisterten freuen.

Deutsch mit Knubbele

Verständigungsprobleme sollte es nicht geben, schließlich spricht die Mehrheit der Kölner Hochdeutsch, wenn auch mit Knubbele. Unüberhörbar die Aussprache hochdeutscher Begriffe mit »ch« als »sch«. Da werden Kirchen zu Kernobst. Das »g«

wird zum »j«. Und aus »das« und »was« im Hochdeutschen wird ein genuscheltes »dat« und »wat«. Nur noch eine verschwindende Minderheit spricht das heimische Idiom, Kölsch. Die Musikgruppen, die inzwischen »op Kölsch« singen und deren Lieder sich auch außerhalb der Karnevalszeit großer Beliebtheit erfreuen, haben mit dafür gesorgt, dass der Dialekt nicht ganz aus dem Alltag verschwunden ist. Daneben gibt es noch eine – auch für Besucher verständliche – obergärig gebraute *lingua franca:* »Kölsch ist die einzige Sprache, die man trinken kann«, heißt es.

Zeit zum Reisen

Es lohnt sich immer, Köln einen Besuch abzustatten, würde das rührige Fremdenverkehrsamt zu Recht sagen. Die Karnevalstage gehören jedoch nur dann dazu, wenn man sich in den Trubel stürzen und von dem verrückten Treiben auf den Straßen und Kneipen mitreißen lassen will. Wer die museale Kultur der Stadt erleben möchte oder nicht auf »Fröhlichkeit auf Knopfdruck« steht, sollte zu Karneval einen großen Bogen um das Rheinland machen. Kultureinrichtungen sind in Köln über die Karnevalstage geschlossen, weil auch die Bediensteten dort mehrheitlich Kopf stehen. Um Köln von seiner schönsten Seite kennenzulernen, bieten sich die Monate ab Ende März bis in den Mai sowie September und Oktober an – aber natürlich ist der ganze Sommer über Besuchssaison. Aber im Frühling und Herbst zeigt sich die Stadt – wenn es nicht regnet – im Sonnenlicht von seiner Schokoladenseite und die zahlreichen Straßencafés bieten Ruhepunkte beim Streifzug durch die Stadt. Diese Monate verzeichnen auch im statistischen Durchschnitt weniger Niederschlagsmengen und höhere Temperaturen. Das milde Klima hängt nicht zuletzt mit der Lage Kölns in der rheinischen Tiefebene zusammen. Die

Oben: Alte Meister finden sich im Wallraf-Richartz-Museum & Fondation Corboud.
Mitte: Strandbar km 689 am Rhein in Deutz
Unten: Gruppenbild mit Brunnen: Petrusbrunnen an der Westseite des Kölner Domes

Oben: Köln bei Nacht: Nord-Süd-Fahrt
Mitte: Eine Bootstour auf dem Rhein ist besonders bei Besuchern der Stadt beliebt.
Unten: Stadtrundfahrt durch das Zentrum

umliegenden Gebirgszüge schützen die Kölner Bucht und mit Jahresdurchschnittstemperaturen zwischen 10 und 11 °C gehören Köln und Umgebung zu den wärmsten Regionen Deutschlands und garantieren der Stadt – fast immer – milde Winter und gemäßigte Sommer. Ein Klima, das auch die frei lebenden Nymphensittiche und Hochlandpapageien genießen und im Winter ihr Überleben garantiert.

Luft, Wasser, Schiene, Straße

Wer Glück hat, kann schon beim Landeanflug auf den Flughafen Köln/Bonn »Konrad Adenauer« (Flughafencode: CGN) einen Blick auf das Wahrzeichen der Stadt werfen, um sich dann direkt hinter dem Flugsteig in der neuen Ankunftshalle auf das »Rheinische Grundgesetz« einstimmen zu lassen. In wenigen Minuten ist man dann schon am Hauptbahnhof und hat den Dom lebensgroß vor sich. Auch bei der Fahrt über die Autobahn sind die beiden Türme aus allen Himmelsrichtungen ständiger Begleiter. Wer die lästige Suche nach knappen Parkplätzen vermeiden will, lässt sich lieber bequem mit dem ICE in die Stadt bringen. Bei der Ankunft aus östlicher Richtung sollte man sich dabei schon vor dem Überqueren der Hohenzollernbrücke einen Fensterplatz links sichern, um das neue, moderne Panorama der Stadt kennenzulernen. Die Rheinpromenade ist auch An- und Ablegestelle der Weißen Flotte, die im

Sommer den Rhein vom schiffbaren Teil ab Basel bis zur Mündung in die Nordsee befährt.

Auf Schusters Rappen

Der innerstädtische Verkehr lässt einiges zu wünschen übrig. Lange Wartezeiten an den Haltestellen von bis zu 15 Minuten lassen manche Besucher aus anderen Großstädten der Republik schier verzweifeln. Kölns Bus- und Bahnchauffeure stehen nicht gerade im Ruf, die freundlichsten Uniformträger im öffentlichen Nahverkehr zu sein – rau, aber herzlich ist keine Entschuldigung dafür. Trotzdem ist das öffentliche Nahverkehrsnetz in Köln fein geknüpft. Wer die Naherholungszone Königsforst im Osten der Stadt erleben will, tut gut daran, sich einfach in die Straßenbahn Nummer 9 zu setzen und bis zur Endhaltestelle Königsforst zu fahren.

In der Innenstadt bietet es sich an, die Sehenswürdigkeiten zu Fuß zu erkunden. Orientieren kann sich auch der Fußgänger an den blauen Fahrradschildern an den Straßenecken, die Richtung und Entfernung der möglichen Ziele angeben. Trotz dieser nutzerfreundlichen Ausschilderung ist Köln keine Fahrradstadt. Bei vergleichenden Erhebungen schneidet es regelmäßig nicht mit einem Spitzenplatz ab, aber wer möchte, kann sich sowohl am Bahnhof als auch an verschiedenen anderen Mietstationen Fahrräder ausleihen.

Wer Köln besucht, sollte sich nicht wundern, wenn die schlimmsten Vorurteile be- oder dann doch widerlegt werden oder sich plötzliche neue, unerwartete Welten auftun. Schließlich gilt es beim Besuch Kölns zwei, der Toleranz verpflichtete Lebensweisheiten zu beherzigen: »Jede Jeck is anders! (Jeder Narr ist anders) und »Levve und levve losse!« (Leben und leben lassen)!

Oben: Auch am Heumarkt dabei: das »Echte Kölnische Wasser«
Unten: Den Dom fest im Blick: Treppe von der Rheinuferpromenade zum Heinrich-Böll-Platz

Geschichte im Überblick

Um 3000 v. Chr. Erste Siedlungsspuren im Kölner Raum

50 n. Chr. Kaiser Claudius verleiht der Siedlung das römische Stadtrecht und den Namen Colonia Claudia Ara Agrippinensium (CCAA)

310 Kaiser Konstantin lässt die erste feste Rheinbrücke errichten.

455 Das römische Köln wird von den Franken erobert.

795 Karl der Große erhebt Köln zum Erzbistum.

1096 Während eines Pogroms wird das Judenviertel niedergebrannt.

23.6.1164 Erzbischof Reinald von Dassel bringt die Gebeine der Heiligen Drei Könige nach Köln.

um 1180 Bau der großen mittelalterlichen Stadtmauer

15.8.1248 Grundsteinlegung für den gotischen Dom

1388 Gründung der Kölner Universität

1396 Aufstand der Handwerkerzünfte gegen die Patrizierherrschaft

1424 Vertreibung der Juden aus der Stadt

1520 Lutherbibeln werden im Domhof verbrannt.

1560 Einstellung der Bauarbeiten am Dom

1683–1686 Aufstand des Nikolaus Gülich gegen den korrupten Rat. Er scheitert und wird in Mülheim geköpft.

6.10.1794 Französische Revolutionstruppen ziehen in Köln ein.

1814 Die Franzosen räumen angesichts vordringender preußischer Truppen die Stadt.

1815 Köln wird von den Preußen zur Festungsstadt gegen die französische Bedrohung ausgebaut.

1821 Köln wird Erzbistum.

1823 Der erste Rosenmontagszug zieht durch die Stadt.

4.9.1842 König Friedrich Wilhelm IV. legt den Grundstein zum Weiterbau des Kölner Domes.

1880 Domeinweihung in Anwesenheit von Kaiser Wilhelm I.

1881 Sprengung der mittelalterlichen Stadtmauer. Im Zuge der Industrialisierung entsteht ein Ring industriell geprägter Vororte.

1917 Wahl von Konrad Adenauer (1876–1967) zum Oberbürgermeister

1918–1926 Besetzung des Rheinlands durch britische Truppen.

1929 Adenauer wird wiedergewählt.

12.3.1933 Bei der Kommunalwahl wird die NSDAP mit 39,6 Prozent stärkste Fraktion im Rat, Adenauer abgesetzt.

7.3.1936 Einmarsch deutscher Truppen ins entmilitarisierte Rheinland

9.11.1938 Bei der Reichspogromnacht werden alle Synagogen in Band gesetzt und zerstört.

16.5.1940 Verhaftung und Deportation der in Köln lebenden Sinti und Roma

1941 Oktober: Beginn der Verschleppung der Kölner Juden – 7100 jüdische Kölner werden ermordet.

31.5.1942 Erster britischer Großangriff auf Köln (5000 Häuser zerstört, 469 Menschen tot)

6.3.1945 Die Hohenzollernbrücke wird als letzter Rheinübergang von deutschen Pionieren gesprengt. Einmarsch des VII. Korps der 1. amerikanischen Armee im linksrheinischen Köln. Die Stadt ist zu 70 Prozent zerstört, die Innenstadt zu 90 Prozent.

12.4.1945 Einnahme des rechtsrheinischen Kölns durch die Amerikaner

21.6.1945 Die Briten lösen die amerikanische Militärbesatzung ab.

1946 Josef Kardinal Frings erlaubt den hungernden Kölner den Mundraub. Seitdem heißt diese Form des Organisierens »fringsen«.

30.8.1956 Wiedereröffnung des restaurierten Domes

Mai 1960 Im Mai treffen die ersten Arbeitsmigranten aus Italien in Köln ein.

1980 Zuzug und Geburten machen Köln wieder zur Millionenstadt.

15.11.1980 Papst Johannes Paul II. besucht zum 100. Dom-Jubiläum Köln.

1991 Der Rosenmontagszug wird wegen des Golfkrieges abgesagt.

1995 Jahrhunderthochwasser im Januar am Pegel Köln mit 10,69 Metern.

1997 Der Dom wird zum UNESCO-Weltkulturerbe erklärt.

3.3.2009 Während der Bauarbeiten für den südlichen Streckenabschnitt der U-Bahn stürzt das städtische Archiv ein.

20.10.2009 Der CDU-Oberbürgermeister Fritz Schramma tritt als Folge des Stadtarchiveinsturzes zurück. Sein nachfolger wird der Sozialdemokrat Jürgen Roters.

2.2.2011 Richtfest für den Moscheerohbau

25.5.2014 Bei den Kommunalwahlen in Köln verliert die Ratmehrheit und ist auf die OB-Stimme angewiesen.

DAS ZENTRUM

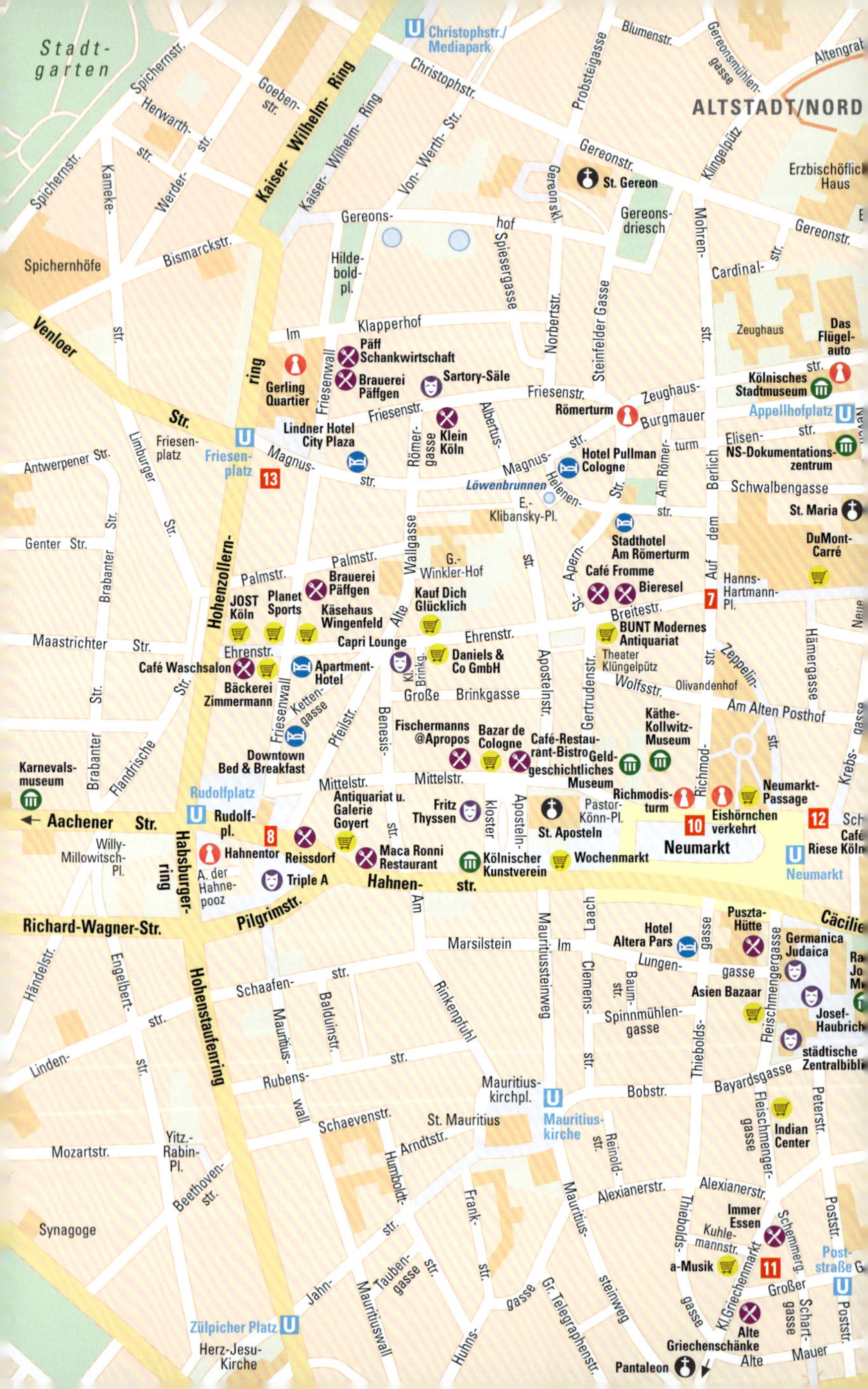

Stadtgarten
Spichernstr.
Herwarth-str.
Goeben-str.
Kaiser-Wilhelm-Ring
Christophstr./Mediapark
Christophstr.
Blumenstr.
Probsteigasse
Gereonsmühlengasse
Altengraben
ALTSTADT/NORD
Von-Werth-Str.
Gereonstr.
St. Gereon
Klingelpütz
Erzbischöfliches Haus
Kameke-str.
Werder-str.
Gereonskl.
Gereonsdriesch
Mohren-str.
Gereons-hof
Spiesergasse
Cardinal-str.
Bismarckstr.
Spichernhöfe
Hilde-bold-pl.
Klapperhof
Steinfelder Gasse
Norbertstr.
Zeughaus
Das Flügelauto
Venloer Str.
Im Klapperhof
Päff Schankwirtschaft
Brauerei Päffgen
Sartory-Säle
Gerling Quartier
Friesenwall
Friesenstr.
Römerturm
Zeughausstr.
Burgmauer
Kölnisches Stadtmuseum
Appellhofplatz
Lindner Hotel City Plaza
Klein Köln
Römergasse
Albertus-str.
Friesenplatz
Limburger Str.
Antwerpener Str.
13
Magnus-str.
Hotel Pullman Cologne
Löwenbrunnen
Helenenstr.
Am Römerturm
Elisenstr.
NS-Dokumentationszentrum
Schwalbengasse
St. Maria
E.-Klibansky-Pl.
Stadthotel Am Römerturm
Berlich
DuMont-Carré
Genter Str.
Brabanter Str.
Hohenzollernring
Palmstr.
Wallgasse
G.-Winkler-Hof
Café Fromme
St.-Apern-Str.
Bieresel
Auf dem Berg
Hanns-Hartmann-Pl.
7
Brauerei Päffgen
JOST Köln
Planet Sports
Käsehaus Wingenfeld
Kauf Dich Glücklich
Alte Wallgasse
Breitestr.
BUNT Modernes Antiquariat
Hämergasse
Maastrichter Str.
Capri Lounge
Ehrenstr.
Café Waschsalon
Apartment-Hotel
Daniels & Co GmbH
Kl. Brinkg.
Apostelnstr.
Gertrudenstr.
Theater Klüngelpütz
Zeppelinstr.
Olivandenhof
Wolfsstr.
Bäckerei Zimmermann
Kettengasse
Große Brinkgasse
Am Alten Posthof
Pfeilstr.
Benesisstr.
Fischermanns @Apropos
Bazar de Cologne
Café-Restaurant-Bistro
Geldgeschichtliches Museum
Käthe-Kollwitz-Museum
Richmodstr.
Krebsgasse
Flandrische Str.
Karnevalsmuseum
Downtown Bed & Breakfast
Mittelstr.
Richmodisturm
Neumarkt-Passage
Rudolfplatz
Antiquariat u. Galerie Goyert
Fritz Thyssen
Apostelnkloster
St. Aposteln
Pastor-Könn-Pl.
Eishörnchen verkehrt
10
12
Aachener Str.
Rudolf-pl.
8
Neumarkt
Café Riese Köln
Willy-Millowitsch-Pl.
Hahnentor
Reissdorf
Maca Ronni Restaurant
Kölnischer Kunstverein
Wochenmarkt
Habsburgerring
A. der Hahnepooz
Triple A
Hahnenstr.
Neumarkt
Pilgrimstr.
Am Marsilstein
Mauritiussteinweg
Lach
Pußta-Hütte
Cäcilienstr.
Richard-Wagner-Str.
Hotel Altera Pars
Im Lungengasse
Germania Judaica
Händelstr.
Engelbert-str.
Hohenstaufenring
Schaafenstr.
Balduinstr.
Rinkenpfuhl
Clemensstr.
Baumstr.
Asien Bazaar
Fleischmengergasse
Spinnmühlengasse
Josef-Haubrich
Mauritiuswall
Thiebolds-gasse
städtische Zentralbibliothek
Linden-str.
Rubensstr.
Mauritiuskirchpl.
Mauritiuskirche
Bobstr.
Bayardsgasse
Peterstr.
Indian Center
Schaevenstr.
St. Mauritius
Arndtstr.
Reinoldstr.
Mozartstr.
Yitz.-Rabin-Pl.
Humboldtstr.
Alexianerstr.
Beethovenstr.
Frankstr.
Mauritiussteinweg
Immer Essen
Kuhlemannstr.
Schemmerg.
Poststr.
Synagoge
Taubengasse
a-Musik
11
Poststraße
Jahnstr.
Mauritiuswall
Gr. Telegraphenstr.
Kl. Griechenmarkt
Großer Griechenmarkt
Schartgasse
Zülpicher Platz
Herz-Jesu-Kirche
Huhnsgasse
Alte Griechenschänke
Pantaleon
Alte Mauer

Ursula
Ursulastr.
Marzellenstr.
Maximinenstr.
Altenberger Str.
Servasgasse
Rheinpalais
Hafenstraße
Breslauer Platz
Hauptbahnhof
Köln Hauptbahnhof
Breslauer Pl.
Johannisstr.
Goldgasse
Musical Dome
Kostgasse
Konrad-Adenauer-Ufer
Trankgassenwerft
Am Alten Ufer
Tunisstr.
Stolkgasse
Eng-gasse
Unter Sachsenhausen
An den Dominikanern
Sandmanns
St. Maria Himmelfahrt
D.-Ketzer-Str.
Bahnhofsvorpl.
Köln Hauptbahnhof
Excelsior Hotel Ernst
Gaffel am Dom
Chargesheimerpl.
Trankgasse
Innenstadt
Andreaskloster
St. Andreas
Dom/Hauptbahnhof
A&O Köln Dom
Nordtor
Domschatzkammer
Frankenpl.
Hohenzollernbrücke
Komödienstr.
Lysolphturm
Burgmauer
Kard.-Höffner-Pl.
Domforum
Dom
Am Domhof
Denkmal Ma'alot
Café Reichard
Domkloster
Roncalliplatz
Kölner Philharmonie
Heinrich-Böll-Pl.
Mariengartengasse
Blau-Gold-Haus
Ludwig
Museum Ludwig
Funkhaus Café
Unter Fettenhennen
Dom Shop
Römisch-Germanisches Museum
Holtmann's Buchhandlung Walther König
Westdeutscher Rundfunk
An der Rechtschule
Wallraffplatz
Welt-jugendtagsweg
Römische Wasserleitung
Gaststätte Lederer
Th.-Burauen-Pl.
Am Hof
Dom-Hotel
Bischofsgartenstr.
Em Krützche
Hotel Mondial
A. d. Brand
Hotel Drei Kronen
Röhrergasse
Museum für Angewandte Kunst Köln
Heinzelmännchen-Brunnen
La Brassiere
Frankenwerft
Senftöpfchen
Gr. Neugasse
Hotel an der Philharmonie
Cölner Hofbräu
Sporerg.
Brauhaus Sion
Hotel Residence
Wehrgasse
Römerhafen
Richartzstr.
Minoritenkirche
Unter Goldschmied
Kl. Budeng.
Hotel Krone
Mühlengasse
Kunibert Der Fiese
A. d. Ruhr
Kolpingpl.
Minoritenstr.
Gr. Budeng.
Hotel Stern
Ständige Vetretung
Schwertnergasse
Kolumbastr.
Kolumbahof
Hohe Str.
Marspfortengasse
Senats-Hotel
Praetorium
Bürgerhof
Jan-von-Werth-Br.
Brigittengä.
Mauthgasse
Rhein
Kolumba-Kunstmuseum
Ludwigstr.
Laurenzpl.
Th.-Burauen-Pl.
Bürgerstr.
Martinspförtch.
St. Martin
Fischmarkt
Haus 4711
L.-Fritz-Gruber-Pl.
Alter Markt
Lint
Das Kleine Stapelhäuschen
»Farina«/ Duftmuseum
Portalg.
Lintgasse
Offenbachpl.
Brückenstr.
Via Sistina an Farina
Rathauspl.
Kastellsg.
Rhein Hotel
Buttermkt.
Café Jansen
Mikwe
Hist. Rathaus
Sünner im Walfisch
Haxenhaus
Kastell Divitia
Bezirksrathaus
Obenmarspforten
Judengasse
Unt. Käster
Salzg.
Poncho's
Hafengasse
Streitzeugg.
Dischhaus
Liebespaarbrunnen
Archäolog. Zone
Brungs
Hayk Hotel
Gülichpl.
Wallraf-Richartz-Museum
Gilden i. Zims
XII Apostel
Caprice
Haus Enteresan
Perlengässch.
Perlenpfuhl
In der Höhle
Steinweg
Canape
Hänneschen
Herzogstr.
Bierbrunnen
Haus Neuerburg
Quatermarkt
Cedon
Martinstr.
Bolzengasse
Mai thai
Markmannsgasse
Schildergasse
Große Sandkaul
Deiters
Deutzer Brücke
Antoniterk.
Gürzenichstr.
Gürzenich
Weltstadthaus
Antoniterstr.
An St. Agatha
Burghöfch.
Kleine Sandkaul
Geyergasse
Cyclo
Heumarkt
Maritim Hotel
Ina-Gschlössl-Weg
Hotel am Augustinerplatz
Dorint Hotel
Augustinerstr.
Vor St. Martin
ALTSTADT/SÜD
Kolbs
Sonnenscheinetage
Museumsshop
Nord-Süd-Fahrt
Cäcilienstr.
H.-Joseph-Pl.
Pipinstr.
Lichhof
Brauerei zur Malzmühle
Malzbüchel
Börsgässch.
Kühgasse
Thurnmarkt
Am Leystapel
Jabachstr.
Kasinostr.
St. Maria im Kapitol
Plectrudg.
Ubier-Monument
Rheingasse
Sternengasse
Stephanstr.
Marienpl.
Königstr.
Tietzestr.
Krummer Büchel
Overstolzenhaus
Auf Rheinberg
Neuköllner Str.
Kämmerg.
Agrippastr.
Hohe Pforte
Filzengraben
Mühlenbach
Trinitatiskirche
St. Maria
Hochpfortenbüchel
Hermann-Joseph-Brunnen
Mathiasstr.
Große Witschgasse
Bad
Waidmarkt
Georgstr.
St. Georg
Holzgasse
Bachemstr.
Färbergasse
Blaubach
Georgspl.
Follerstr.
Hotel im Wasserturm
Tel-Aviv-Str.
Severinstr.
Rheinaustr.
Römische Gräber
Vringstreff
Römische Stadtmauer
Severin
St. Josef
Kleine Witschgasse
Sehenswürdigkeit, Denkmal
Aktivität, Ausgehen, Theater
Museum, Galerie
Shopping
Restaurant, Bar, Café
Übernachtungsmöglichkeit
Kirche, Moschee
0
100 m
N

Seite 26/27: Blick auf die Altstadt mit Groß St. Martin und den Rhein
Mitte: Das Mittelschiff des Kölner Doms hat eine Innenhöhe von über 43 Metern. Hier der Blick in den Innenraum nach Osten.

1 Der Dom

Gotisch bis in die Spitze

Der Kölner Dom wirft einen langen Schatten. Dominant durch seine kolossale Ausdehnung von etwa 7914 Quadratmetern und mit über 157 Metern markant im Stadtpanorama. »De Dom« ist das Wahrzeichen der Stadt. Und das schummerige Licht im Innern der bis in ihre Spitzen gotischen Kathedrale lässt das Herzstück des Sakralbaus umso beeindruckender schimmern: den Goldschrein mit den Gebeinen der Heiligen Drei Könige.

Es war der Tourismuscoup seiner Epoche, über den sich noch heute – 850 Jahre danach – die Marketingexperten anerkennend äußern. Am 23. Juli 1164 zog der Kölner Erzbischof Rainald von Dassel (ca. 1114/20–1167) unter Kirchengeläut und dem Jubel der Bevölkerung – so vermelden die zeitgenössischen Schilderungen – in die Stadt ein. In seinem Gepäck brachte er »zum ewigen Ruhme Deutschlands« die Gebeine der »Heiligen Dreikönige« nach Köln, die einst Jesus in der Krippe die Aufwartung mit »Gold, Weihrauch und Myrrhe« gemacht haben sollen, mit.

Die Geschichte der Gebeine

Die Knochenreste der Weisen aus dem Morgenland, die Rainald dafür erhalten hatte, dass er den Staufer-Kaiser Barbarossa in seinem Krieg gegen das papstfeindliche Mailand unterstützt hatte, waren Kriegsbeute. Der Adelige war nämlich nicht nur Kölner Erzbischof, sondern in dieser Eigenschaft auch Erzkanzler für Reichsitalien. Und die erst kurz zuvor in Mailand aufgefundenen und dann konfiszierten Reliquien waren ein

Dankeschön Barbarossas an seinen kriegerischen Helfer.

Zwar ist die Herkunft der Knochen nicht zweifelsfrei geklärt, aber die Unterbringung der für das Christentum bedeutsamen Gebeine in dem alten Dom machte in der Folge Köln zum Zentrum eines Pilgertourismus und zum Dreh- und Angelpunkt für das politische Leben dieser Zeit: Wer auf sich hielt und im Amt bleiben wollte, suchte die schon damals als Rheinmetropole geltende Stadt auf, um von der spirituellen Strahlkraft der Devotionalien zu profitieren – und sich auch religiös zu legitimieren. Fortan wurden in Köln viele königlichen Oberhäupter gekrönt.

Um 1190 begann die Werkstatt des Goldschmieds Nikolaus von Verdun (um 1130–1205) dann, einen repräsentativen Sarkophag für die Gebeine anzufertigen, der allerdings erst vierzig Jahre später fertig wurde. Nachempfunden ist er einer dreischiffigen Basilika: Auf den Dachfirsten der zwei Basissarkophage sitzt ein dritter. Insgesamt 220 Zentimeter lang, 110 Zentimenter breit und 153 Zentimeter hoch ist das Äußere komplett in Gold gehalten. 74 vergoldete Silberfiguren und über 1000 bearbeitete Edelsteine, Perlen und rund 300 Halbedelsteinen verzieren den Sarg.

MAL EHRLICH

DER RICHTIGE TAG

Den Dom zu besuchen lohnt sich nur, wenn man das spezielle Ambiente dieses Baus erleben kann. Der Samstag oder der Sonntagvormittag gehören nicht zu diesen Zeiten. Am Sonntag während der Messen ist eine Besichtigung unerwünscht und samstags ist der Chorgang für die Öffentlichkeit gesperrt und nur Personen zugänglich, die beichten wollen. Also am besten unter Woche hingehen.

AUTORENTIPP!

MEHRFACH GEGEN DIEBSTAHL GESICHERT

Nicht immer war der Domschatz vor Dieben sicher. 1975 drangen Diebe in die ehemalige Sakristei im nördlichen Querhaus ein und machten eine Millionenbeute. Ein Teil des geraubten Gutes konnte wiederbeschafft werden. Eine Replika der eingeschmolzenen Goldmonstranz (von 1657) befindet sich heute in der 1998 eröffneten unterirdischen neuen Schatzkammer. 1996 wurde ein Vortragekreuz, das traditionell den Einzug der Kardinäle in den Kölner Dom begleitet, entwendet. Die Kölner Unterweltgröße »Dummse Tünn« machte sich auf Bitten des Domkapitels erfolgreich auf die Suche nach dem Diebesgut. Daneben gibt es noch einige Sakralschätze, deren Betrachtung sich in der mehrfach gesicherten Kammer lohnt.

Domschatzkammer. Mo–So 10–18 Uhr, Domkloster 4, 50667 Köln. Eintritt 5 €, Tel.0221/ 17 94 05 30, www.domschatzkammer-koeln.de, Führungen: Anmeldung unter www.domfuehrungen-koeln.de/Schatzkammer, Kosten 8 €.

Rundgang

Dieser Rundgang führt zu den wesentlichen Kunstschätzen und Sehenswürdigkeiten.

A Die Bayernfenster, 1848 vom bayerischen König Ludwig I. (1786–1868) gestiftet, eröffnen den Zyklus der fünf Bilder der Erlösungsgeschichte.

B Ein Zeichen von Modernität in Harmonie mit der Gotik des Gebäudes setzt das sogenannte Richter-Fenster.

C Der 1520 in Antwerpen geschaffene geschnitzte Agilolfus-Altar ist einer der bedeutendsten seiner Art.

D Hochgrab für Graf Konrad von Arnsberg: Das Privileg als weltlicher Regent im Dom bestattet zu werden, erhielt Arnsberg (Mitte 14. Jh.–1433), weil er seine Grafschaft Köln gestiftet hatte.

E Grabmal Rainald von Dassel: Der Erzbischof, der die Gebeine der Heiligen Drei Könige nach Köln brachte, wurde erst Jahre nach seinem Tod in Italien mit einem Ehrengrab bedacht.

F Altar der Stadtpatrone: Das Triptychon (1445) mit dem Zentralmotiv der Anbetung Jesu durch die Heiligen Drei Könige stammt aus der Werkstatt des Kölner Malers Steffan Lochner.

G Der Schrein der »Heiligen Drei Könige« bildet das Zentrum des gotischen Domes.

H Bibelfenster: Das um 1260 entstandene Glasgemälde mit dem neutestamentarischen Erlösungsgeschehen ist das älteste Fenster des Domes.

I Das von August Essenwein (1831–1892) entworfene Fußbodenmosaik wurde erst nach dessen Tod vollendet. Es ist mit 1350 Quadratmetern das größte Kunstwerk in der Kathedrale.

J Kreuzaltar mit dem Gerokreuz: Das Kreuz, vermutlich nach 970 entstanden, wurde von Erzbischof Gero (um 900–976) gestiftet. Es stand im Alten Dom inmitten der Kirche beim Grabe Geros. Es handelt sich um die erste erhaltene Monumentalfigur des gekreuzigten Christus.

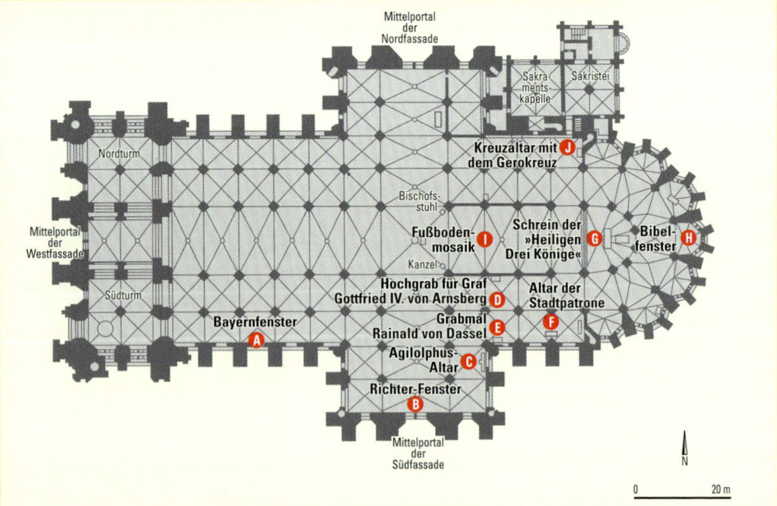

Der Neubau

Bald war der alte, aus karolingischer Zeit stammende, sogenannte Hildebold-Dom (geweiht am 27. September 873) zu klein und vor allem nicht mehr repräsentativ genug für den wertvollen Schatz. Auch dieses Gebäude war schon auf den Grundmauern einer Kirche aus der Merowingerzeit errichtet worden. 1248 wurde dann der Grundstein für die Erweiterung gelegt und die alten Mauern niedergerissen. Die lichte Höhe des im gotischen Stil konzipierten Gebäudes sollte die Größe Gottes symbolisieren. Mit der Fertigstellung und Bedachung des Chorareals 1322 hatte der Dreikönigsschrein zum ersten Mal einen repräsentativen Platz für die Gläubigen.

Später forderten die Pest, die Reformation und der Dreißigjährige Krieg ihren Tribut und sinkende Pilgerzahlen führten zu Finanzproblemen. Der letzte Baubericht stammt aus dem Jahre 1528. Mehr als 300 Jahre dauerte die daraufhin eingelegte Baupause. Und in dieser Zeit dominiert ein unvollendetes kirchliches Bauwerk mit einem Kran auf dem unfertigen Südturm die zeitgenössischen Darstellungen Kölns. Nach der Grundsteinlegung für den Weiterbau nach den ursprünglichen, rekonstruierten Plänen am 4. September 1848 gingen die Bauarbeiten allerdings zügig weiter. Aber anstatt Trachyt aus dem nahe gelegenen Siebengebirge wurde jetzt Sandstein aus Süddeutschland verwendet. Das sollte sich rächen: Lange nicht so widerstandsfähig wie das ursprüngliche Baumaterial und anfällig für emissionsbedingte Schäden, beschert das Material heute den Steinmetzen der Dombauhütte nie endende Ausbesserungsarbeiten.

Der Dom heute

Die Kathedrale ist ein Gebäude der Superlative. Nach dem Ulmer Münster ist sie mit 157,38 Me-

Oben: Farbenspiel: das Apostelkonzilfenster im Dom
Unten: Neu trifft alt: Blick über die Philharmonie auf den Dom

Figurenspiel am Hauptportal des Doms

tern der zweithöchste Sakralbau Europas und steht weltweit an dritter Stelle. 108 künstlerisch gestaltete Wasserspeier leiten das Regenwasser nach draußen. Mit seinen 45 Kirchenfenstern könnte man ein 30-stöckiges Hochhaus komplett verglasen, das Gewicht entspricht etwa dem von 600 Einfamilienhäusern; allein für das feuersichere Dach wurden 600 Tonnen Blei verbaut. 24 Tonnen wiegt, die von den Kölnern »Decke Pitter«, der Dicke Peter, getaufte Hauptglocke, das größte frei schwingende Geläut der Welt. Und 533 Stufen muss der Besucher überwinden, um vom Südturm des Doms das Häusermeer zu bewundern.

Sich ändernde Baustile und architektonische Vorlieben sind so gut wie spurlos am gotischen Dom vorbeigegangen. Aber die Steinmetze haben vielerlei Prominenz als Zeugen der Geschichte am Dom verewigt, z.B. den Schauspieler Willy Millowitsch. Daneben finden sich die steinernen Gesichter von John F. Kennedy, Nikita Chruschtschow und Charles de Gaulle. Dombaumeister Willy Weyer (1903–1989) telefoniert für alle Ewigkeit mit Handy am Ohr in luftiger Höhe. Und Mitglieder der deutschen Fußballnationalmannschaft, Päpste wie Johannes Paul II. und Benedikt XVI.: Sie alle gehören zum in Stein gemeißelten Dom-Team.

AUTORENTIPP!

DRUNTER UND DRÜBER

Für einen Blick hinter die Kulissen des altehrwürdigen Gebäudes lohnt sich eine Führung durch die historischen Ausgrabungen im Keller oder eine von Fachleuten begleitete Tour in der luftigen Höhe des Daches. Mehr als 2000 Jahre Baugeschichte befinden sich unter dem Fußboden. Spuren der ersten römischen Siedlung fanden die Archäologen ebenso wie die Zeugnisse einer ersten christlichen Gemeinde in der Rheinstadt. Nur für Schwindelfreie ist dagegen die Dachführung geeignet, bei der nicht nur in luftiger Höhe der Innenraum, sondern auch das Dach von Innen und Außen zu besichtigen ist. Die eiserne Konstruktion ist sogar älter als der Eiffelturm.

Ausgrabungen. Mo, Mi, Fr–So 15 Uhr, Anmeldung: www.domfuehrungen-koeln.de/Ausgrabung, Eintritt 10 €.
Dachführungen. Mo, Mi 17 Uhr, Anmeldung unter www.domfuehrungen-koeln.de/Dach, Eintritt 10 €.

Infos und Adressen

SEHENSWÜRDIGKEITEN

Domführungen. Mo–Sa 11, 12.30, 14, 15.30 Uhr, So und kirchliche Feiertage 14, 15.30 Uhr, Eintritt 6 €. Treffpunkt: Hauptportal, innen. Nur mit telefonischer Voranmeldung Mo–Do 10–13 Uhr im Dom-Forum, Tel. 0221/92 58 47 30.

Kölner Dom. Nov.–Apr. 6–19.30 Uhr, Mai–Okt. 6–21 Uhr, während der Gottesdienste keine Besichtigung.

Turmbesteigung. Eingang außen, rechts neben dem Haupteingang, Jan.–Feb. und Nov.–Dez. 9–16 Uhr, März–Apr. und Okt. 9–17 Uhr, Mai–Sept. 9–18 Uhr.

ESSEN UND TRINKEN

Café Reichard. Frühstück oder Kaffee und Kuchen und das alles mit direktem Blick auf das Kölner Wahrzeichen. Tgl. 8.30–20 Uhr, Unter Fettenhennen 11, 50667 Köln, Tel. 0221/257 85 42, www.cafe-reichard.de

Gaffel am Dom. Ein Lokal, um sich nach einem Besuch des Doms bei einem Kölsch zu entspannen und eine der zahlreichen kölschen Kleinigkeiten zu essen. Mo–Do, So 11.30–24 Uhr, Fr–Sa 11.30–2 Uhr, Bahnhofsvorplatz 1, 50667 Köln, Tel. 0221/913 92 60, www.gaffelamdom.de

ÜBERNACHTEN

Excelsior Hotel Ernst. Das einzige und privat geführte 5-Sterne-Luxusgrandhotel, gehört zu den besten Häusern Kölns, dazu mit einem Top-Blick auf die Domtürme. Trankgasse 1–5, 50667 Köln, Tel. 0221/27 01, www.excelsiorhotelernst.com

EINKAUFEN

Dom Shop Domkloster 4. Souvenir, aber auch Originalsteinchen des Doms. Mo–Sa 10–19 Uhr, So 11–19 Uhr, Domkloster 4, 50667 Köln, Domkloster 4.

INFORMATION

Domforum. Mo–Fr 9.30–18 Uhr, Sa 9.30–17 Uhr, So 13–17 Uhr, Domkloster 3, 50667 Köln, Tel. 0221/92 58 47 30, www.domforum.de, U-Bahn-Station Dom/Hbf.

Alt steht auf noch älter: Ausgrabungen unter dem Dom

Mitte: Hellhörig: Der Heinrich-Böll-Platz liegt über dem Konzertsaal der Kölner Philharmonie.
Unten: Domplatte: Kölns Speakers' Corner

2 Die Domplatte

Präsentierteller für das Prunkstück

Eigentlich müsste die Gegend rund um den Kölner Dom das Schaufenster der Stadt sein. Für die Freiflächen, die zum Flanieren rund um den historischen Ort anlocken sollten, wurde allerdings reichlich Beton verbaut. Städtebauliche Harmonie sieht anders aus. Trotzdem hat sich die Domplatte zum beliebtesten Treffpunkt und zur wichtigsten Passage zwischen Hauptbahnhof und Innenstadt entwickelt.

Wer aus dem Rechtsrheinischen über die Hohenzollernbrücke in den Kölner Bahnhof einfährt, hat die beste Aussicht. Die Rheinpromenade bildet den unteren Rahmen des Panoramas. An den zahlreichen Schiffsanlegeplätzen warten die Eigner der Weißen Flotte auf Gäste, um sie bis in den Spätherbst hinauf bis zur Loreley und rheinabwärts bis zum rechtsrheinischen Stadtteil Mülheim zu schippern. Vom Rheinufer windet sich ein steiniger Wandelgarten den ehemaligen Domhügel empor. Der nur mäßig alpine, dafür umso kurvenreichere Weg zum Heinrich-Böll-Platz hinauf wird von schmalen Kanälen unterbrochen, in deren Wasser man sich im Sommer die Wund gelaufenen Füße kühlen kann.

Kräftig auf dem Heinrich-Böll-Platz herumzutrampeln wird jedoch nicht zu jeder Tages- und Abendzeit gern gesehen, denn das nach dem berühmten Dichtersohn der Stadt (1917–1985) genannte Karree liegt über dem Konzertsaal der Kölner Philharmonie. Und die Schrittresonanzen beeinträchtigen aufgrund mangelnder Isolierung

Top-Fotomodell: Kölner Dom

der Bepflasterung die Konzerte akustisch. Stöckelschuhe und Skateboards sind deshalb verpönt. Und aus diesem Grund ist das Areal während der Musikdarbietungen für den Durchgangsverkehr gesperrt.

Um stilles Gedenken geht es auf dem Platz an einer Installation des israelischen Bildhauers und Gestalters großflächiger Kunstwerke Dani Karavan (*1930). Sein Denkmal *Ma'alot* (»Stufen«) erinnert an die Extreme, die das jüdische Leben in Deutschland, aber auch in Köln begleitet hat. Sein Kunstwerk sei ein »Environment aus Granit, Gusseisen, Ziegelsteinen, Eisen und Schienen, Gras und Bäumen«, sagt Karavan. Ein in Granitplatten eingebetteter Schienenstrang, der parallel zu der in den Hauptbahn führenden Eisenbahntrasse verläuft, endet in einer Installation, die der Replik eines Wachturms in einem Konzentrationslager ähnelt. Nicht von ungefähr fällt der Blick durch den Stufenturm auf die Kölner Messe, in der sich ein Konzentrationslager befand, und den Deutzer Bahnhof, von dem aus seit dem 21. Oktober 1941 Kölner Juden in die Vernichtungslager im Osten deportiert wurden.

Nördlich wird die Domplatte vom Kölner Hauptbahnhof begrenzt, mit rund 300 000 Reisenden

AUTORENTIPP!

TREFFPUNKT DOMFORUM

Wer denkt, lediglich an der Kartenkasse für Dombesichtigungen zu stehen, sieht sich überrascht. Das Domforum ist mehr: Infozentrale, Treffpunkt, Veranstaltungsort und Unterstellmöglichkeit bei Regenschauern. In den Räumlichkeiten des auch baulich interessanten Gebäudes aus der Mitte der 1950er-Jahre finden von Sorgen Geplagte psychische Hilfe und seelsorgerische Betreuung sowie im »Raum der Stille« Meditationsmöglichkeiten. Nicht nur, dass der Kaffee hervorragend und für die Lage ziemlich billig ist, mit ausgewählten Veranstaltungen mit Musik aus aller Welt und zu brennenden zeitgenössischen Themen setzt das Forum Zeichen der Zusammenarbeit mit konfessionellen und gesellschaftlichen Partnern über Glaubensgrenzen hinweg.

Domforum. Mo–Fr 9.30–18, Sa 9.30–17, So 13–17 Uhr, Domkloster 3, 50667 Köln, U-Bahnhof Hauptbahnhof/Dom, Tel. 0221/92 58 47 20, www.domforum.de

AUTORENTIPP!

DREHORT KUNSTBAR

Die einen titulieren es als Assi-Fernsehen, andere finden die RTL-II-Sendung »Köln 50667« cool, in der vor allem die angeblichen Mitarbeiter hinter der Theke der »kunstbar« die Protagonisten sind. Seitdem ist die Bar aber Kult. Jeder will die Location mal sehen, wo laufend das Geschlossen-Schild draußen hängt, weil wieder einmal Dreharbeiten angesagt sind. Ursprünglich von dem belgischen Künstler Arne Quinze konzipiert, der alle Details – bis hin zu den Getränken – dieses 170 Quadratmeter großen Raumes gestaltete, dürfen jetzt jährlich wechselnd Künstler die kunstbar nach ihrem Gusto gestalten: Ein Barbetrieb als Gesamtkunstwerk. Es lohnt sich, auch einen Blick auf die Exponate auf den Toiletten zu werfen.

kunstbar. Gegenüber vom Alten Wartesaal. Chargesheimerplatz 1, 50667 Köln, wegen Dreharbeiten bis 31. Okt. 2014 nur Fr und Sa ab 20–3 Uhr geöffnet.

der fünftgrößte Verkehrsknotenpunkt des Bahnschienennetzes in der Bundesrepublik. Nur Hamburg, Frankfurt, München und Berlin registrieren mehr Bahnnutzer. Der ehemalige Centralbahnhof mit seiner heute ausladenden und unter Denkmalschutz stehenden Stahlkonstruktion mit einer Spannweite von 64 Metern und dem abends beleuchteten Schriftzug des Kölnisch-Wasser-Herstellers 4711 an der östlichen Stirnseite wurde am 5. Dezember 1859 eingeweiht. Heute verfügt er über neun Fern- und Regional- sowie zwei S-Bahngleise. Auch wenn auf der unteren Ebene des Bahnhofs mit der Shopping-Meile »Colonaden« die Moderne mit Selbstbedienungsrestaurants, Würstchenbuden und Einkaufsläden eingezogen ist, bietet die Gleisebene noch immer den Charme jener Zeiten, als noch nicht pfeilschnelle ICE-Züge, sondern Dampf verteilende Kohle-Lokomotiven das Bahnhofsbild bestimmten.

Kaum aus dem Bahnhof durch den Haupteingang getreten steht der Besucher schon vor dem religiösen Koloss des Doms. Um aber einen Blick auf die Domspitzen vom Vorplatz des Eisenbahngebäudes zu werfen, muss man schon den Kopf in den Nacken legen. Einen besseren und für die Nackenmuskulatur entspannteren Blick auf das Petersportal mit dem Haupteingang und die beiden über 153 Meter hohen Türmen bietet sich dagegen von der Straße An der Burgmauer aus, die neben dem Büro von KölnTourismus verläuft. Im Vordergrund drängt eine Replik jener Kreuzblumen ins Blickfeld, die in luftiger Höhe die Domtürme abschließen – hier sieht man die wirklichen Größenverhältnisse. Linker Hand auf dem Kardinal-Höffner-Platz haben sich die wenigen Reste des Römischen Nordtors (um 50 n. Chr.) zu einem beliebten Treff- und Verabredungspunkt entwickelt. Viel ist außer dem ehemaligen Tor aus der Römerzeit nicht zu sehen. Und nur wenige Touris-

ten trauen sich ohne Fahrzeug in das unter der Domplatte befindliche Parkhaus, um dort, direkt unter der ehemaligen römischen Pforte, dessen Fundamente zu bestaunen.

Die Freifläche, die über dem Domhügel angelegt wurde, ist heute nicht nur Treff-, sondern auch öffentlicher Darstellungsraum. Während in der Reformationszeit im Schatten des Doms die Lutherbibel verbrannt wurde und in den 1930er- und 1940er-Jahren die Nationalsozialisten im Stechschritt Aufmärsche zelebrierten, bietet die »Platte«, 2006 zum »beliebtesten Ort in Deutschland« gewählt, heute Raum für künstlerische und pantomimische Selbstdarsteller, Straßenmaler und -musiker sowie für einen weihnachtlichen Markt. Außerdem hat sie sich zu einem kölschen Speakers' Corner entwickelt – Open-Air-Konzerte mit dem Dom als heimatliche Kulisse inklusive.

Wenige Meter vom südlich gelegenen Roncalliplatz, benannt nach Papst Johannes XXIII. (1881–1963), der mit bürgerlichem Namen Giuseppe Roncalli hieß, befindet sich der sogenannte Heinzelmännchen-Brunnen. Das Wasserdenkmal, von Heinrich (1868–1928) und Edmund Renard (1830–1905) Ende des 19. Jahrhunderts gebaut, erzählt in seinen Reliefs von jenen Kölner Hausgeistern, die einst für die bequemen Bürger die Arbeit erledigten. »Wie war zu Köln es doch vordem / Mit Heinzelmännchen so bequem! / Denn, war man

Oben: Abfertigung im Minutentakt: die Gleishalle im Hauptbahnhof
Mitte: Kunst vorm Dom: Straßenmaler auf der Domplatte
Unten: Rikschas fahren Touristen, die sich schon die Füße müde gelaufen haben, durch die Stadt.

Oben: Historischer Bau am Dom: das Blau-Gold-Haus
Mitte: Der Heinzelmännchenbrunnen vor dem Brauhaus Früh
Unten: Auf Sendung: WDR Studio, Lokalzeit mit Simone Standl

faul, legte man sich / Hin auf die Bank und pflegte sich: / Da kamen bei Nacht, / Eh man's gedacht, / Die Männlein und schwärmten / Und klappten und lärmten / Und rupften / Und zupften, / Und hüpften und trabten / Und putzten und schabten ... / Und eh ein Faulpelz noch erwacht, / War all sein Tagwerk ... bereits gemacht!« Leider streute eine neugierige Handwerkersgattin Erbsen auf die Treppe, um die fleißigen Helfer auf frischer Tat beobachten zu können. Daraufhin verschwanden sie und seitdem, so die Geschichte, müssen die Handwerker in der Dom-Stadt wieder selbst zum Werkzeug greifen.

Emsig geht es auch keine 100 Meter entfernt auf dem Wallrafplatz zu. Von dort aus bedient der Westdeutsche Rundfunk (WDR) seine Zuschauer und Hörer Nordrhein-Westfalens mit seinem Fernseh- und Rundfunkprogramm. Der Sender ließ sich in dem nach dem Krieg wieder aufgebauten ausgebombten Gebäude eines ehemaligen Hotels nieder. Architektonisch und künstlerisch grenzten sich die Bauherrn bewusst mit geschwungenen Elementen im Innern vom Baustil der Nationalsozialisten ab. Und die Schallverkleidung garantiert, dass in den acht Sendesälen trotzdem das Geläute der Domglocken nicht zu hören ist.

MAL EHRLICH

BAUSÜNDEN

Wer sich das städtebauliche Ensemble rund um Dom anschaut, der fragt sich wirklich, was die Stadtverwaltung und die Stadträte geritten haben mag, einer solchen, betonlastigen Verschandelung der Gegend zuzustimmen. Zugunsten der heutigen Entscheidungsträger sei eingeworfen, dass inzwischen die Verantwortlichen die Bausünden der 1960er- und 1970er-Jahre erkannt und mit dem Rückbau begonnen haben.

Infos und Adressen

SEHENSWÜRDIGKEITEN

Heinzelmännchenbrunnen. Auf dem Platz vor dem Brauhaus Früh. Am Hof 12, 50667 Köln.

ESSEN UND TRINKEN

Cölner Hofbräu P. Josef Früh. Das Traditionsbrauhaus im Schatten des Doms mit Original kölschen Spezialitäten wie »Himmel un Ääd« (Himmel und Erde – Kartoffeln, Äpfel, Blutwurst). Mo–So 8–24 Uhr, Am Hof 12–18, 50667 Köln, Tel. 0221/261 32 11, www.frueh.de

Funkhaus Café. Ein Bistro mit Journalisten als Gästen und vegetarischen Gerichten. So–Do 8.30–24 Uhr, Fr–Sa 8.30–1 Uhr, WDR-Funkhaus, Wallrafplatz 5, 50667 Köln, Tel. 0221/955 64 54 24.

Gaststätte Lederer. Klein, aber mit Sinn für alte Kölner Kneipentradition. Mo–So 9–3 Uhr, Unter Fettenhennen 2, 50667 Köln, Tel. 0221/257 75 49.

ÜBERNACHTEN

Dom-Hotel. Eines der ältesten Grand-Hotels in Europa (eröffnet 1857), öffnet Ende 2014 völlig renoviert wieder seine Pforten. Domkloster 2A, 50667 Köln, Tel. 0221/202 42 50, www.domhotel.com

Sandmanns. Eine modern und funktional, aber mit Geschmack eingerichtete Übernachtungsoase fünf Minuten vom Dom entfernt. An den Dominikanern 7, 50667 Köln, Tel. 0221/788 74 20, www.hotel-sandmanns.de

EINKAUFEN

Blau-Gold-Haus. Der Parfümhersteller 4711 hat noch immer eine Verkaufsfiliale für sein Duftwasser in dem denkmalgeschützten ehemaligen 4711-Haus. Mo–Fr 9.30–18.30 Uhr, Sa 9.30–18 Uhr, Domkloster 2, 50667 Köln, Tel. 0221/925 04 50, www.4711.com

INFORMATIONEN

Köln Tourismus GmbH. Mo–Sa 9–20 Uhr, So 10–17 Uhr, Kardinal-Höffner-Platz 1, 50667 Köln, Service-Hotline 0221/34 64 30, www.koelntourismus.de, U-Bahn-Station Dom/Hbf, Führungen unter 0221/22 12 33 32.

Journalistentreff: das Funkhaus Café

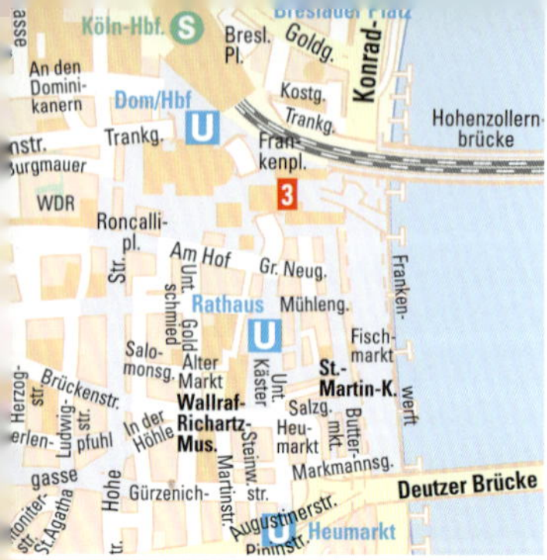

Mitte: Auf 9000 m² Ausstellungsfläche wird im Museum Ludwig moderne und zeitgenössische Kunst präsentiert.
Unten: Dreigeteilt: Museum Ludwig, Römisch-Germanisches Museum und Kölner Dom

3 Museen und Philharmonie um den Dom
Modernität trifft Gotik

Die Domplatte bietet nicht nur viel Platz für Besucher. Mit dem Tempel für Zeitgenössische Kunst des Museum Ludwig, dem Altertumsausstellungsgebäude des Römisch-Germanischen Museums und dem akustisch wegweisenden Konzertsaal der Philharmonie bildet das Areal mit seiner modernen, avantgardistischen Architektur einen belebenden Gegensatz zum Kirchenbau in seinem Zentrum.

Lange konnten sich die Kölner nicht mit den zinkverkleideten, wellenförmigen Scheddächern und der Modernität des Museums- und Konzertkomplexes vor ihrem gotischen Heiligtum anfreunden. Die Aushebung der Grube und die Einweihung der Örtlichkeit musste noch unter Polizeischutz vorgenommen werden. Aber Kölns Bevölkerung hat längst ihren Frieden mit dem Bau gemacht.

Moderne Kunst am Rhein

Am 5. Februar 1976 unterzeichneten das Printenfabrikantenpaar Irene und Peter Ludwig und die Stadt Köln einen Schenkungsvertrag, mit dem die Mäzene der Stadt ihre Sammlung von 350 Werken Moderner Kunst vermachten und die Stadt im Gegenzug sich bereit erklärte, ein »Museum Ludwig« für die Exponate zu errichten. Das von den Kölner Architekten Peter Busmann und Godfrid Haberer konzipierte und 1986 mit dem Wallraf-Richartz-Museum fusionierte, als Doppelmuseum eingeweihte Gebäude erwies sich schnell als zu klein, sodass beide Ausstellungsinstitutionen bereits 1994 wieder getrennt wurden. Heute werden in dem Bau nur Exponate des 20. Jahrhunderts und der Gegenwartkunst präsentiert.

Zur Sammlung gehören Werke von Expressionisten wie Erich Heckel, Karl Schmidt-Rottluff, Ernst Ludwig Kirchner, August Macke und Otto Mueller. Ebenso wie Bilder von Marc Chagall und Otto Dix als Vertreter der Klassischen Moderne sowie Arbeiten der Russischen Avantgarde vom Anfang des 20. Jahrhunderts. Daneben US-Pop-Art-Vertreter wie Roy Lichtenstein, James Rosenquist und Andy Warhol. Besonders die Sammlung Josef Haubrich (1889–1961), in der Arbeiten des Expressionismus, der Neuen Sachlichkeit und der Kölner Progressiven – eine Künstlergruppe um die Maler Franz Wilhelm Seiwert (1894–1933), Heinrich Hoerle (1895–1936) und den Fotografen August Sander (1876–1964) – zusammengetragen wurden, lohnt sich. Mit seiner heutigen Kollektion von über 900 Werken von Pablo Picasso (1881–1973) verfügt das Museum Ludwig nach Barcelona und Paris über die drittgrößte Sammlung von Gemälden und Zeichnung, die der spanische Maler der Nachwelt hinterlassen hat. Unzweifelhaft gehört der Bau mit seinen insgesamt 9000 Quadratmetern Ausstellungsfläche zu den bedeutendsten Museen für moderne und zeitgenössische Kunst in Europa. Treppenanlagen und Stockwerke trennen einzelne Abteilungen und die Räumlichkeiten für Wechselausstellungen auch optisch von einander. Im Gebäudekomplex ist auch das Filmforum NRW integriert.

Harmonie im Keller

Teil des Baus des Museum Ludwig ist die Kölner Philharmonie, deren in den Untergrund gelegter Konzertsaal zu den modernsten auf der Welt gehört. Der Konzertsaal für 2000 Besucher ist einem Amphitheater nachempfunden und verursacht durch Bestuhlung und einander nicht gegenüber-

AUTORENTIPP!

IMMER DONNERSTAGS UM ZWÖLF

Donnerstags ist High Noon in der Philharmonie. Und es hat sich rumgesprochen, dass man sich schon mal eine Stunde vorher an der Tür drängeln muss, um an den wöchentlichen Gratiskonzerten Kölner Orchester teilzunehmen. Für Freunde der Klassischen Musik sind diese Aufführungen, die nur jeweils eine halbe Stunde dauern, längst kein Geheimtipp mehr. Trotzdem lohnt es sich, sich bei einem Köln-Besuch unter die drängelnde Masse grauhaariger Damen und Herren zu mischen, um so einen Blick auf das Innenleben der Philharmonie und eine Hörprobe von ihrer Akustik zu erhalten. Hier werden beim Aufspiel der Blechmusik nicht nur altbekannte Klassiker, sondern auch moderne Töne angeschlagen.

Kölner Philharmonie. Bischofsgartenstraße 1, 50667 Köln, Do 12 Uhr, Tel. 0221/20 40 80, Philharmonie-Hotline 0221/28 02 80, www.koelner-philharmonie.de

Oben: Die Kunstskulptur »Frau Nr. 13« von Thomas Schütte steht im Museum Ludwig.
Mitte: Maske eines römischen Flussgottes im Römisch-Germanische Museum
Unten: Treppe zum Rheinufer, im Hintergrund der Musical Dome

liegende Wände kein Echo und damit keine unerwünschten Geräusche während der Konzerte. Ungewöhnlich sind auch Größe und Polsterung der Sitze, die eine konstante Schalldämpfung innerhalb des Raumes gestatten, egal ob besetzt oder leer.

Römisch-Germanisches Museum

Wer in Köln gräbt, stößt fast unvermeidlich auf Funde aus der Römerzeit. 1941 legten Bauarbeiter beim Graben für einen Luftschutzbunker in Domnähe ein Mosaik frei, dass nach seinem Zentralmotiv »Dionysosmosaik« (zwischen 40 und 70 n. Chr. entstanden) genannt wurde. Es lag im Zentrum einer römischen Stadtvilla direkt am Rhein – eines der wenigen als Ruine erhalten gebliebenen Wohnhäuser aus der Gründerzeit der Colonia-Claudia-Ara-Agrippinensium-Ära (CCAA). Mehr als eine Million 0,5 bis 1 Quadratzentimeter große farbige Steinchen wurden auf dem 7 mal 10,6 Meter messenden Bodenbelag verarbeitet. In 32 Feldern sind hier Bilder aus der Dionysos-Mythologie zu sehen. Heute bilden dieses Mosaik und der rekonstruierte Grabbau des Legionärs Poblicius (um 40 n. Chr.) das Herzstück des 1974 eröffneten Römisch-Germanischen Museums, das sich selbst als »Schaufenster in die Römerzeit« versteht.

Der moderne Betonbau mit den riesigen Fensterscheiben, die auch von außen den Blick auf das Mosaik zulassen, beherbergt daneben eine der prachtvollsten, und weltweit größten Sammlungen römischer Gläser sowie eine Kollektion Schmuck aus der Epoche. Die Funde aus dem römischen Alltagsleben führen den Besucher mitten in die Blütezeit der CCAA. Neben dem Museumsbau kann der Besucher auf römischen Spuren wandeln: Die freigelegte, rund fünf Meter breite Hafenstraße mit ihren blaugrauen Basaltquadern, die einst zum Rhein hinunterführte.

Infos und Adressen

SEHENSWÜRDIGKEITEN

Kölner Philharmonie. Do 12 Uhr, Bischofsgartenstraße 1, 50667 Köln, Tel. 0221/20 40 80, www.koelner-philharmonie.de

Museum Ludwig. Di–So 10–18 Uhr, jeden ersten Do 10–22 Uhr, 11 €, Familien 22 €, Heinrich-Böll-Platz, Tel. 0221/22 12 61 65, www.museumludwig.de

Römisch-Germanisches Museum. Di–So 10–17 Uhr, Eintritt 8 €, jeden ersten Do im Monat 10–22 Uhr, Roncalliplatz 4, 50667 Köln, Tel. 0221/22 12 44 38, www.museenkoeln.de/roemisch-germanisches-museum

ESSEN UND TRINKEN

La Brassiere. Das Restaurant im Stil eines typischen Pariser Lokals. Mo–So 6.30–22 Uhr. Kurt-Hackenberg-Platz 1, 50667 Köln, Tel. 0221/206 30, www.mgallery.com

Ludwig im Museum. Fair gehandelte und aus dem Kölner Umland stammende Produkte kommen wie auch gluten- und lactosefreie Lebensmittel auf den Tisch. Di–So 10–24 Uhr, Heinrich-Böll-Platz, 50667 Köln, Tel. 0221/16 87 51 39, www.ludwig-im-museum.de

ÜBERNACHTEN

A&O Köln Dom. Billig und nah auch für Rucksacktouristen. Komödienstraße 19–21, 50667 Köln, Tel. 0221/257 22 57, www.aohostels.com

Hotel An der Philharmonie. Klein, fein, elegant, direkt gegenüber der Philharmonie gelegen. Große Neugasse 36–38, 50667 Köln, Tel.0221/258 06 79, www.hadpc.de

Hotel Mondial am Dom. Mit moderner Kunst ausgestattete Zimmer stimmen auf einen Museumsbesuch ein. Kurt-Hackenberg-Platz 1, 50667 Köln, Tel.0221/206 30, www.accor.com

EINKAUFEN

Buchhandlung Walther König im Museum Ludwig. Tel. 0221/205 96 35, www.buchhandlung-walther-koenig.de

Köselsche Buchhandlung im Römisch-Germanischen Museum. Mo–Fr 10–19, Sa 10–18 Uhr Roncalliplatz 2, 50667 Köln, Tel. 0221/925 53 09, www.koesel-koeln.de

Lobby des Hotel Mondial

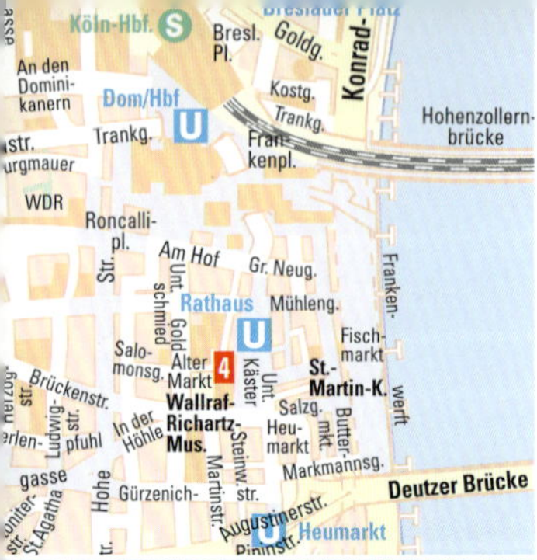

4 Rathausviertel und Altermarkt

Historienstätte

Einst war die Gegend um das historische Rathaus das repräsentative Zentrum. Und auf dem Platz davor, dem sogenannten Altermarkt, buhlten Marktfrauen und Bauern aus der Umgebung um Kundschaft. Im Zweiten Weltkrieg fast vollständig zerbombt, versucht die Stadt seit 50 Jahren dem Viertel wieder das alte Gesicht zu verpassen. Seitdem bei Ausgrabungsarbeiten hinter dem Rathaus Reste des einstigen jüdischen Viertels entdeckt wurden, gleicht die Umgebung allerdings eher einer Großbaustelle.

Alt trifft Jung. Beim Rathausbau vereinen sich viele Baustile. Aus Kostengründen wurden nach dem Krieg Mauerreste in den Neubau integriert, mit den Jahren andere Gebäudeteile nach alten Bauplänen rekonstruiert und hinzugefügt. Ein Sammelsurium von Stilen ist entstanden. Um 1135 wurde in Köln das »Haus der Bürger« und damit das erste Rathaus im deutschen Reich beurkundet und in den Folgejahrhunderten immer weiter ausgebaut. 1360 entstand der zweigeschossige alte gotische Rathausbau. Mitte des 16. Jahrhunderts kam dann die Rathauslaube im Renaissancestil hinzu, die den Krieg weitgehend unzerstört überstand und heute das Prunkstück des Rathausensembles mit den historischen, rekonstruierten Gebäudeteilen und dem schlichten Spanischen Bau bildet. Darunter finden sich Reste des sogenannten Praetoriums. Die Grundmauern des früheren Palastes des Statthalters von Niedergermanien wurden in den 1950er-Jahren gefunden und können im Keller besichtigt werden.

Mitte: Rathausplatz mit spanischem Bau (rechts), im Vordergrund das Glasdach der Mikwe
Unten: Im Innenhof des Farina-Areals findet man den Frauenbrunnen von Anneliese Langenbach.

Das Glockenspiel vom Ratsturm

Deutlich überschattet dagegen der Ratsturm den heutigen Altermarkt. Als Zeichen ihrer Macht ließen ihn die Zünfte zwischen 1407–1414 errichten. Im Zweiten Weltkrieg brannte der Turm aus und wurde zerstört. An dem in den Nachkriegsjahren rekonstruierten 61 Meter hohen Nachbau befinden sich 124 Figuren neueren Datums, die für die Geschichte der Rheinstadt Bedeutung hatten. Dazu gehören Persönlichkeiten wie der römische Feldherr Agrippa, Karl der Große oder Kaiser Maximilian I., Rainald von Dassel, Meister Eckhart, Stephan Lochner, Peter Paul Rubens, der Reitergeneral Jan von Werth, der Aufrührer Nikolaus Gülich, der Duftwasserfabrikant Johann Maria Farina, der Kunstsammler Ferdinand Franz Wallraf, der Bankier Abraham Oppenheim, der Komponist Jacques Offenbach, aber auch der Philosoph Karl Marx, der Erfinder Nicolaus August Otto, der Gewerkschaftler Hans Böckler, der ehemalige Kölner Oberbürgermeister und Bundeskanzler Konrad Adenauer, der Sänger Willi Ostermann, Joseph Kardinal Frings, die Schriftstellerin Irmgard Keun, der Literaturnobelpreisträger Heinrich Böll, der Priester Adolf Kolping und die Nonne Edith Stein.

Schatzsucher im Untergrund

Der Rathausvorplatz ist heute wieder eine einzige Baustelle. Aber im Karree zwischen der Judengasse, Obermarspforten, Unter Goldschmied und Portalsgasse wird nicht mit Baggern und Abrissbirne gearbeitet, sondern Archäologen sind mit Spitzkellen, Pinseln und Feinsieben auf den Spuren des Lebens im jüdischen Viertel in Köln. Insgesamt zog sich das Viertel der jüdischen Bevölkerung, eines der ältesten jüdischen Stadtquartiere Mitteleuropas, bis zur Budengasse hin. Die Anwesenheit der

AUTORENTIPP!

PLATZJABBEK UND KALLENDRESSER

Man muss schon genauer hinschauen, um den Platzjabbek unterhalb der Uhr am Rathausturm zu entdecken. Zu jeder vollen Stunden streckt der Holzkopf mit dem Bürgerhut und dem Rauschebart seine rote Zunge aus dem aufgerissenen Maul. Viele sehen in der züngelnden Fratze den Bürgerspott über den Rat, dabei wurde die Figur von den Ratsherren 1445 selbst in Auftrag gegeben, die Zunge aber erst 1913 eingebaut. Historiker gehen davon aus, dass der Platzjabbek vielmehr Zeichen eines wachsenden Selbstbewusstseins des Kölner Bürgertums war. Eindeutig dagegen ist die Figur des Kallendressers, die sich auf der dem Rathaus gegenüberliegenden Seite des Altermarktes am Giebel des Hauses Nr. 24 befindet. Sie zeigt das blanke Hinterteil. Es handelt sich um die Nachbildung, einer historischen Turmfigur.

Altermarkt. Ratsturm und Haus Nr. 24, 50667 Köln.

AUTORENTIPP!

JAN-VON-WERTH-BRUNNEN
Mitten auf dem historischen Marktgelände wurde 1884 zu Ehren des Kölner Reitergenerals Jan von Werth (1591–1652) dieser Brunnen errichtet. Einst von der hochmütigen Magd Griet verschmäht, verdingte Jan sich aus Liebeskummer als Söldner im Dreißigjährigen Krieg. Bei seiner Rückkehr in die Heimatstadt als ruhmreicher Offizier traf er als Erstes auf die einst Angebetete. Er lenkte sein Pferd auf ihren Stand zu, stieg ab, zog seinen Hut und sagte zu ihr: »Griet, wer et hätt jedonn!« (Griet, wer hätte es geglaubt!). Und sie antwortete ihm: »Jan, wer et hätt jewoss!« (Jan, wer konnte das wissen!). Er stieg daraufhin wieder auf sein Pferd und ritt davon. Aus der tragischen Liebesgeschichte ist ein karnevalistisches Spiel am Weiberfastnacht über den Hochmut entstanden. Jeden Karnevalsdonnerstag treffen Jan und Griet am Severinstor wieder aufeinander.

Weiberfastnacht Severinstorburg. 13.30 Uhr, danach Umzug des Reiterkorps Jan-von-Werth zum Altermarkt.

Juden ist bis ins achte Jahrhundert verbrieft. Hier stand auch die erste Synagoge. Die Grundmauern und Kellergewölbe mehrerer Häuser direkt ab der Straße Obermarspforten sind bereits freigelegt und von außen auch gut einsehbar – umfangreiche Erklärungen über die Geschichte der jüdischen Bewohner und ihrer Berufe werden am Zaun gegeben.

Während die Archäologische Zone bisher nur von außen einsehbar, aber noch nicht begehbar ist, kann die Mikwe, das traditionelle jüdische Tauchbad, besichtigt werden. 17 Meter in die Tiefe bis zum Grundwasserspiegel führt die Treppe in den Schacht, dessen erste Bauphase auf die Zeit vor 800 datiert ist. 1096 wurde das Bad so umgebaut, wie es heute zu besichtigen ist. Männer mussten das Ritualbad nach Verstößen gegen jüdische Reinheitsgesetze besuchen, Frauen außerdem nach Geburten und der monatlichen Regelblutung. Dem eigentlichen Bad im ummauerten Grundwasserbecken war ein kleiner Umkleideraum vorgebaut, in Wandnischen konnten Handtücher und Leuchter deponiert werden. Das heutige Ausgrabungsareal wird in den kommenden Jahren überbaut und soll so zu einem »Haus und Museum der jüdischen Kultur« werden.

Der Duft von Bergamotte

Nur wenige Meter entfernt, direkt auf der gegenüberliegenden Seite, liegt mit der renovierten, neubarocken Fassade das repräsentative Geschäftshaus »Farina«. Hier entwickelte der italienische Handelsmann Johann Maria Farina 1714 unter anderem aus Orangen-, Zitronen-, Bergamotte-, Cedrat- und Limettenessenzen sein erstes Eau de Cologne. Der Parfümhersteller mit der roten Tulpe als Markenzeichen reklamiert nicht von ungefähr, der wirkliche Erfinder des Original Kölnisch Wassers gewesen zu sein. Vom Verkaufsraum gelangt man in das Duftmuseum im ersten Stock mit den verspielten Rokokomöbeln und kann seine Nase in antike Parfümfläschchen stecken. Wer nach dem Besuch einen Blick in den Innenhof des Hauses wirft, sieht den Frauenbrunnen, den die Bildhauerin Anneliese Langenbach »Kölner Frauen im Wandel der Zeiten« gewidmet hat.

Tabakkontor am Gülichplatz

Die Inhaber des auf der anderen Seite des Gülichplatzes gelegenen Hauses Neuerburg haben ihr Geschäftsinteresse dagegen einem etwas herberen Geruch gewidmet: dem Tabak. Marken wie Overstolz, Astor und Eckstein sind allerdings heute kaum noch bekannt. Der ehemalige Hauptsitz des Kölner Zigarettenfabrikanten Heinrich Neuerburg mit seiner Fassade aus niederländischem Backstein wurde 1984 unter Denkmalschutz gestellt. Der Bau entstand 1921 und 1929 in zwei Bauabschnitten. Wobei der westliche Flügel sich an Renaissancebauten, der südliche in seiner Fassadengestaltung sich an einem Barockpalais orientiert. Dominiert wird das Haus Neuerburg, in dem heute das Standesamt untergebracht ist, von einem Treppenturm im Innenhof.

MAL EHRLICH

TROSTLOSIGKEIT

Im Winter wirkt der Altermarkt mehr als trostlos, ein Denkmal mit einem zwar verkehrsberuhigten, aber öden Platz. Ganz anders im Frühling und Sommer. Dann tummeln sich die Menschen vor der Kulisse der wieder aufgebauten Altstadthäuser in den Straßencafés und Kneipen, schlendern auf dem mit Kopfstein gepflasterten Geviert. Im Herbst versuchen einige Wirte das südländische Flair mit Heizpilzen zu verlängern.

Oben: Historische Führung im Rokoko-Kostüm durch das Duftmuseum im Farina-Haus
Mitte: Zwischen Kunst und Verwaltung: Haus Neuerburg (links) und Wallraf-Richartz-Museum (rechts)
Unten: Am Alter Markt steht der Jan-von-Werth-Brunnen.

Oben: Altbestand: Gaffelhaus am Alten Markt
Unten: Wallraf-Richartz-Museum: Tafelbilder mittelalterlicher Malerei im 1. Obergeschoss

Vor dem Tabakhaus liegt auf dem Gülichplatz der Karnevalsbrunnen, der 1913 von Georg Grasegger (1873–1927) gestaltet wurde. Die Bronzeinstallation mit den sich innig umarmenden Pärchen um den Beckenrand herum ist angeblich ein begehrter Treffpunkt. An den sechs Samstagen, die dem Karneval folgen, soll die auch Liebespaarbrunnen genannte Fontäne um 11.11 Uhr all jenen ein Ort für ein Stelldichein sein, die sich in den tollen Tagen zwar lieben gelernt, aber in dem fröhlichen Trubel dann wieder aus den Augen verloren haben.

Kunst im Bau

Einen Katzensprung von dort ist es dann nur noch bis zum heutigen Neubau für das Wallraf-Richartz-Museum, das es in der Stadt schon seit 1827 gibt. Dabei handelt es sich um eine der großen klassischen und auch ältesten Gemäldegalerien Deutschlands. Der von dem Kölner Architekten Matthias Unger entworfene Kubus erhebt sich über den Ausgrabungen eines römischen Tempels und eines mittelalterliche Kellergewölbes, die im Untergeschoss besichtigt werden können. Auch überirdisch knüpft das Museum an die kunsthistorische Schichtung an. Die einzelnen Stockwerke sind Epochen der Malerei gewidmet. Je höher der Besucher steigt, umso moderner ist das künstlerische Angebot.

Schwerpunkt der umfangreichen Sammlung bildet das Mittelalter (im 1. Stock) mit der Kölner Tafelmalerei aus den Jahren 1300 bis 1550. Im zweiten Stock befindet sich die Barockabteilung mit ihrer Niederländersammlung. Peter Paul Rubens (1577–1640) ist unter anderem mit seinem Meisterwerk *Juno und Argus*, das um 1610 entstand, vertreten, und Rembrandt van Rjin (1606–1669) mit dem 1663 entstandene *Selbstbildnis als Zeuxis*. Dort ist auch die weltberühmte *Muttergottes in der*

Rosenlaube von Stefan Lochner ausgestellt. Die dritte Abteilung (dritter Stock) widmet sich dem 19. Jahrhundert. In ihr finden sich Gemälde der deutschen Romantik, des französischen Realismus und des Impressionismus (u.a. die Sammlung Corboud). Hinter dem Museum befindet sich im Übergang zum Gürzenich die Kriegsruine Alt St. Alban. Das Kirchenschiff wurde nicht mehr aufgebaut und ist heute Gedenkstätte für die Kriegstoten der Stadt Köln. Im Innern steht eine Nachbildung der Skulptur *Trauernde Eltern* von Käthe Kollwitz (1867–1945).

Der Feiersaal

Der Gürzenich mit seiner spätgotischen Fassade ist die Kölner Festhalle par excellence. Edelsteinmessen finden hier ebenso statt wie Festakte sowie Klassikkonzerte und in der verrückten fünften Jahreszeit ist das 1447 vollendete Gebäude fest in der Hand der Jecken. Der Gürzenich war aber auch Bühne für umstürzlerische Aktivitäten. Am 6. Mai 1849 verkündete im überfüllten Saal Karl Marx sein *Kommunistisches Manifest.*

Nur wenige Meter sind es von dem Vorplatz zum Heumarkt mit seinem Reiterdenkmal von Friedrich Wilhelm III. Der Heumarkt geht in nördlicher Richtung direkt in den Altermarkt mit dem Rathausgebäude über. Von der ursprünglichen Bebauung sind nur noch wenige Originalbauten erhalten. Wie die Häuser rund um den ehemaligen Marktflecken im Zentrum aussahen, lässt sich am Gaffelhaus, Alter Markt 20/22, erkennen. Und das Renaissance-Doppelhaus Zur Brezel/Zum Dorn mit seinen typischen Giebeln und kunstvoll verzierten Fenstern ist einer der wenigen originalen Prachtbauten des Platzes, auf dem jedes Jahr an Wieverfastelovend (Weiberfastnacht) der Kölner Straßenkarneval um 11.11 Uhr eröffnet wird.

AUTORENTIPP!

DAS GLOCKENSPIEL

Seit 1958 erklingen die insgesamt 48 Bronzeglocken im Ratsturm wieder vier Mal täglich, morgens, mittags, nachmittags und abends. Das insgesamt 14 Tonnen schwere, auf zwei Etagen im Turm angebrachte Geläut kann sowohl von Hand über Drahtzüge bespielt oder aber elektromechanisch und rechnergesteuert zum Klingen gebracht werden. Das Repertoire umfasst insgesamt 24 Musikstücke, die regelmäßig gewechselt werden. Um neun Uhr erklingt das Glockenspiel mit *Die Gedanken sind frei.* Um 12 Uhr folgen Stücke aus dem *Tierkreis – 12 Melodien der Sternzeichen* des Komponisten Karlheinz Stockhausen (1928–2007). Am Nachmittag um 15 Uhr werden Kölner Klassiker wie *Die Hüs'cher bunt om Aldermaat* intoniert. Um 18 Uhr folgen Lieder des Komponisten Jacques Offenbach (1819–1880).

Glockenspiel. Mo–So 9, 12, 15, 18 Uhr, Altermarkt, 50667 Köln, U-Bahnhof Rathaus.

Festaal: der Gürzenich mit seinem modernen Außenaufzug

Infos und Adressen

SEHENSWÜRDIGKEITEN

Archäologische Zone. Heumarkt 64–66, 50667 Köln, Tel. 0221/22 13 34 22, www.museenkoeln.de/archaeologische-zone

Duftmuseum. Mo–Sa 10–19, So 11–16 Uhr, Farina-Haus, Obenmarspforten 21, 50667 Köln, Tel. 0221/399 89 94, www.farina-haus.de

Gürzenich. Martinstr. 29–37, 50667 Köln, Tel. 0221/821 21 21, www.koelnkongress.de

Mikwe. Di–So 10–17 Uhr, Eintritt 1 €, letzter Einlass 16.30.

Praetorium. Di–So 10–17 Uhr, Eintritt 3,50 €, Kleine Budengasse 2, 50667 Köln, Tel. 0221/22 12 23 94.

Touren: Köln in Anekdoten. Eineinhalbstündige Tour durch das Zentrum der Stadt. FF Stadtführungen, Kosten 10 €, Günther Klein, Wiehler Straße 46a, 50667 Köln, Tel. 0221/222 17 44, Mobil 0170/416 09 27, www.ff-stadtfuehrungen.de

Wallraf-Richartz-Museum – Fondation Corboud (WRM). Di–So 10–18, Do 10–21 Uhr, Eintritt 8 €, Obenmarspforten, 50667 Köln, Tel. 0221/22 12 11 19, www.wallraf.museum/museenkoeln.de

ESSEN UND TRINKEN

Altstadt Pub. Fete bis zum Morgengrauen. Mo–So ab 11 Uhr, Unter Käster 5–7, 50667 Köln, Tel. 0221/277 48 68.

Brauhaus Sion. Die Brauerei ist zwar längst an den Stadtrand umgezogen, aber hier wird noch Kölsch frisch vom Fass serviert. Mo–Do 10.30–0, Fr–Sa 10.30–1.30, So 10.30–24 Uhr, Unter Taschenmacher 5–7, 50667 Köln, Tel. 0221/257 85 40, www.brauhaus-sion.de

Café Extrablatt. Bistro Café mit jungem Publikum. Mo–Sa ab 8, So ab 9 Uhr bis der letzte Gast geht, Alter Markt 28, 50667 Köln, Tel. 0221/257 21 07.

Brauhaus »Papa Joe‘s Klimperkasten«

Café Jansen. Sahne- und Obsttoren en gros und en detail seit 1850. Mo–Fr 9–18.30, Sa 9–19, So 11–18 Uhr, Obenmarspforten 7, 50667 Köln, Tel. 0221/272 73 90, www.fassbender.de/filialen.html

Consilium. Restaurant direkt im Rathaus mit Restauration auch im Innenhof. Mo–Fr 9.30–24, Sa 15–24, So 11–16 Uhr, Rathausplatz 1, 50667 Köln.

Cyclo. Ohne Zusatzstoffe und Konservierungsmittel mit marktfrischem Gemüse und Kräutern wird hier in der Tradition vietnamesischer Garküchen gekocht. Mo–So 12–23.30 Uhr, Martinstr. 6–8, 50667 Köln, Tel. 0221/271 20 88, www.cyclo-koeln.de

Eiscafé Marco Polo. Das etwas andere Eiscafé mit italienischer Küche und großer Terrasse auf dem Altermarkt. Mo–So 10–23 Uhr, Alter Markt 44, 50667 Köln, Tel. 0221/257 37 09.

Gaffel-Haus. Traditionsreiches Brauerei-Restaurant mit den für Köln typischen Gerichten. Mo–So 11–1, Fr–Sa 11–3 Uhr, Alter Markt 20–22, 50667 Köln, Tel. 0221/257 76 92, www.gaffel-haus.de

Gilden im Zims. Traditionsbrauhaus in einem Spätrenaissance-Bürgerhaus aus der Mitte des 16. Jahrhunderts. Mo–Do 12–1, Fr 12–3, Sa 11–3,

So 11–23 Uhr, Heumarkt 77, 50667 Köln, Tel. 0221/16 86 61 10, www.gilden-im-zims.de

Mai thai. Thailändische Spezialitäten und Cocktail Lounge, Mo–So 12–1 Uhr, Küche bis 24 Uhr. Heumarkt 71, 50667 Köln, Tel. 0221/25 63 14.

Plan b Bistro. Bar-Bistro-Cocktail Lounge, Mo–So ab 17 Uhr, Alter Markt 8, 50667 Köln, Tel. 0177/693 98 73, www.planb-köln.de

The Corkonian Irish Pub. Typisch irische Atmosphäre mit Guinness und einer großen Auswahl von Whiskeysorten. Mo–So 12–1 Uhr, Alter Markt 51, 50667 Köln, Tel. 0221/257 69 31, www.thecorkonian.com

Via Sistina an Farina. Stilvolles Restaurant mit gehobener italienischer Küche. Mo–Sa 12–22, So 12–20 Uhr, Marspfortengasse 6, 50667 Köln, Tel. 0221/2 57 88 30, www.viasistina.de

Wallraf-Richartz Café. Gute Kuchentheke und täglich wechselndes Mittagsmenü. Di–So 10–18, Do 10–21 Uhr, Martinstr. 39, 50667 Köln, Tel. 0221/992 37 59, www.wallraf-richartz-cafe.de

ÜBERNACHTEN

CityClass Hotel Residence am Dom. Drei-Sterne-Hotel direkt am Altermarkt. Alter Markt 55, 50667 Köln, Tel. 0221/920 19 80, www.cityclass.de

Dorint Hotel am Heumarkt Köln. Eines der großen Fünf-Sterne-Business-Hotels am Ort mit ausgezeichneter Ausstattung. Pipinstraße 1, 50667 Köln, Tel. 0221/28 06 16 01, www.dorint.com

Hotel Bürgerhof Köln. Kleines, familiäres Hotel direkt am Rathaus. Bürgerstraße 16–18, 50667 Köln, Tel. 0221/257 41 88, www.buergerhof-hotel.de

Hotel & Café Stern am Rathaus. Kein überflüssiger Einrichtungsschnickschnack, gut ausgerüstet und gemütlich mit eigenem Café. Bürgerstraße 6, 50667 Köln, Tel. 0221/22 25 17 50, www.stern-am-rathaus.de

Hotel Drei Kronen. Sachlich funktional eingerichtet, direkt in der Altstadt. Auf dem Brand 6, 50667 Köln, Tel. 0221/258 06 92, www.hotel-drei-kronen.de

Hotel Krone. Kleines und funktional eingerichtetes Hotel. Kleine Budengasse 15, 50667 Köln, Tel. 0221/925 93 10, www.hotel-krone-koeln.de

Maritim Hotel. Business-Hotel direkt an der Auffahrt zur Deutzer Brücke. Heumarkt 20, 50667 Köln, Tel. 0221/202 70, www.maritim.de

Senats-Hotel. Vom geräumigen Einzelzimmer bis zur Junior-Suite. Stilvolles Ambiente in zentraler Lage. Unter Goldschmied 9–17, 50667 Köln, Tel. 0221/206 20, www.senats-hotel.de

EINKAUFEN

Cedon Museumsshop. Katalogverkauf, Kunstliteratur und Art Shop. Di–So 10–18 Uhr, Martinstraße 39, 50667 Köln, Tel. 0221/27 79 89 57, www.cedon.de

Deiters Karnevalsbekleidung. Auch ganzjährig zu kaufen. Mo–Fr 10–19, Sa 10–16 Uhr, Gürzenichstr. 25, 50667 Köln, Tel. 0221/250 87 11, www.deiters.de

Farina Shop. Das Original *Eau de Cologne* gibt es hier zu kaufen. Mo–Sa 10–19, So 11–16 Uhr Obenmarspforten 21, 50667 Köln, Tel. 0221/399 89 94, www.farina-haus.de

Ganzjährig Karnevalskostüme vorrätig

Mitte: Keine Kulisse, sondern echt: Altstadt, Dom, Kirche Groß St. Martin und Ausflugsschiff
Unten: Ruhepunkt: Rheinpromenade

5 Altstadt und Rheinpromenade

Bunte Häuser, tolle Kneipen

Zwischen der Hohenzollernbrücke und der Deutzer Brücke quetscht sich auf wenigen hundert Metern die Altstadt. Schmale Giebelhäuser in engen Gassen, dazu ehemalige Marktplätze. Für den Fahrzeugverkehr gesperrte Pflasterstraßen laden zum Flanieren ein und die unzähligen Kneipen, Pubs sowie Restaurants machen das Areal zwischen Markmannsgasse und Große Neustraße zu einem beliebten Ausflugs- und Besuchsziel. Ein Muss für jeden Köln-Besuch.

Ohne Zweifel. Wenn der Dom die Seele, das spirituelle Element der Stadt ist, dann ist das historische Stadtviertel das Herz von Köln. Hier ist Köln – auch wenn nur noch wenige in diesem engen Gassengewirr wohnen, weil schon längst Nachtschwärmer, Hoteliers sowie Kneipen- und Restaurantbesitzer das Regiment im sogenannten Martinsviertel übernommen haben. Trotzdem lassen sich die Kölner nicht beim Singen des hymnischen Refrains auf die Altstadt beirren. »Die Hüs'cher bunt om Aldermaat sin Zeuge kölscher Eigenaat«, intonieren sie zur Karnevalszeit. Und die bunten Häuser sind wirklich Ausdruck der städtischen Eigenart: Schmal, schief, krumm und architektonisch »immer ein wenig besoffen« wirken sie.

Um sich einen wirklichen Eindruck von diesem pittoresken Panorama zu machen, muss man allerdings auf die andere Rheinseite wechseln. Beim Blick von der gegenüberliegenden Rheinpromenade rüber nach Linksrheinisch breitet sich die ganze Schönheit dieses bunten Häusermeers aus und bei strahlendem Sonnenschein entwickelt sich so etwas wie Karibikfeeling mit den bonbonfarbigen maximal zwei bis drei Fenster breiten und drei- bis viergeschossigen Gebäuden mit den spitz zulaufenden Giebeln. Darin bietet sich ein buntes Angebot Bekleidungs-, Schuh- und Wohninterieurgeschäften; Goldschmiede bieten ihre Ware an ebenso wie Antiquitätenhändler, Instrumentenbauer und Holzschnitzer. Aber auch für Angelsportler, Tee- und Weintrinker gibt es passende Läden.

Stapelrecht und Schiffsanleger

Wo heute eine grüne Rasenlandschaft die Promenade Kölns bildet, waren vor Jahrhunderten eine Rheininsel und ein Flussarm. Der ehemalige Naturhafen verschlammte jedoch über die Jahrhunderte und wurde später zugeschüttet und als Güterumschlagsplatz genutzt. Daher kommt auch der Name Stapelhäuser, denn Köln hatte schon früh, 1259, das Stapelrecht. Hier wurden Waren entladen, versteuert, verkauft oder weiterversandt, ein wichtiger Aspekt für die wirtschaftliche Entwicklung der einstigen Hansestadt.

An der linksrheinischen Promenade sind in den Sommermonaten die Passagierdampfer festgemacht, die den Rhein befahren, der die meisten seiner Flusskilometer in Deutschland hat. Während der Straßenverkehr längst in den Tunnel verbannt ist, promenieren, sonnen und ruhen sich in dem Grünstreifen am Rheinufer jeden Tag Dutzende aus oder bevölkern die zahlreichen Restaurant- und Kneipenterrassen.

Weniger sonnendurchflutet ging es in den Jahrhunderten davor zu. Bettler, Gaukler, Tagediebe und Beutelschneider und Prostituierte suchten das geschäftige Gedränge der engen Gassen, in denen Handwerker und Händler ihre Werkstätten und

AUTORENTIPP!

BRAUHAUS SÜNNER IM WALFISCH

Laut ist es in dem etwas kleinen Gastraum, dafür aber urig und gemütlich. Für kontemplative Biertrinker, die Schluck für Schluck genießen wollen, ist die Kneipe allerdings nicht geeignet, denn ungefragt steht schnell schon wieder ein frisch gezapftes Kölsch auf dem Bierdeckel. Aber gerade das lieben auswärtige Besucher. Hier stand schon das historische Brauhaus »Heinrich zur Krae«, das aufgrund der Nähe zum nahen Kirchenbau »Kirchen-Bräues« genannt wurde. Das Stufengiebelhaus des Brauhaus »Zum Walfisch« stand jedoch zuvor an anderer Stelle, wurde 1935 abgerissen und in der Salzgasse wiederaufgebaut. Seit 1996 betreibt dort die Brauerei Gebr. Sünner 1996 wieder ein eigenes Brauhaus.

Sünner im Walfisch. Mo–Do ab 17, Fr ab 15, Sa, So ab 11 Uhr, U-Bahn Heumarkt, Salzgasse 13, 50667 Köln, Tel. 0221/2 57 78 79, www.walfisch.net

Oben: Altstadtidylle: Lintgasse
Unten: Ein steinernes Straßenschild weist den Weg zum Buttermarkt.

Läden führten. Noch bis in die 1930er-Jahre stand die Gegend in keinem guten Ruf, waren die Sträßchen von Arbeitslosen und ärmlich Gekleideten geprägt, die hygienischen Zustände unhaltbar. Die Nazis vertrieben die Armutsbevölkerung, sanierten und vernichteten aber auch unliebsame historische Spuren an ein anderes Köln. Auf einem damals neu geschaffenen Platz errichteten sie dem Kölner Mundartsänger und -dichter Wilhelm »Willi« Ostermann (1876–1936), der die Altstadt-Hymne geschrieben hatte, sogar ein Denkmal.

Als am 6. März 1945 Soldaten des VII. Korps der 1. amerikanischen Armee bis in die Altstadt vorrückten, lag das Martinsviertel in Schutt und Asche, die Baustruktur nur weniger Häuser war nach den Bombardements noch erhalten geblieben. Und es dauerte noch bis in die 1980er-Jahre, bis die Altstadt wieder zu ihrem heutigen Aussehen herausgeputzt wurde.

Markt und Puppentheater

Schon die Straßennamen verraten die Handelsware, die einst in diesem Viertel umgeschlagen wurde: Salzgasse, Linagasse (dort wurden Weidenkörbe geflochten), Fischmarkt, Buttermarkt und

MAL EHRLICH

STAU IM BUTTERMARKT
Wer sich am Wochenende in die Altstadt aufmacht, aufgepasst: Staugefahr lauert an fast jeder Straßenecke. Von Freitag bis Sonntag ist das Viertel mit den windschiefen und bunten Häusern überlaufen – denn viele Besucher aus dem Umland kommen hierher, um mal richtig einen draufzumachen. Die Plätze in den Lokalen sind umkämpft und je später der Abend, umso torkeliger geht es auf den gepflasterten Gassen zu – muss man sich nicht antun.

Seidmacherinnengässchen. Und Unter Käster wurden die Fässer für die Salzheringe, einst ein berühmter Kölner Exportartikel, hergestellt. Einen ersten Eindruck von der ursprünglichen Bebauung bietet das Eckgebäude am Eingang der Salzgasse, in dem sich nachweislich bereits Mitte des 19. Jahrhunderts eine Brauerei mit Gastausschank etabliert hatte und in dessen Parterreräumlichkeiten sich das Brauhaus Päffgen befindet.

Kurz danach öffnet sich rechts ein kleiner Durchgang zum versteckt im Hinterhof des Viertels liegenden Eisenmarkt. Hier hat sich das 1802 gegründete Hänneschen Theater etabliert. Die inzwischen städtische Bühne für die Stockpuppen ist äußerst beliebt, die Vorstellungen meist über Monate bereits ausverkauft. Für die Kindervorstellungen am Nachmittag sind aber oft noch Karten an der Tageskasse zu erhalten. Seit 1938 tanzen die Puppen am Eisenmarkt. Während der Spielzeit werden 60 Prozent des Theateretats eingespielt. Das Hänneschen Theater ist damit in Deutschland die ökonomisch erfolgreichste Spielstätte der öffentlichen Hand. Hänneschen und Bärbelchen treten hier ebenso auf wie die Kölner Originale Tünnes und Schäl, der Einfaltspinsel und das Schlitzohr. Die Puppenbühne ist hochmodern. Gespielt wird wie die Kölner sagen, »hinger dr Britz«, (»hinter der Balustrade«), einer rund zwei Meter hohen, hydraulisch versenkbaren Holzwand, die die Puppenspieler verdeckt.

Von Pegeln und Fluten

Über die Markmannsgasse führt der Weg an den Rhein hinunter zum Pegelhäuschen am Stromkilometer 688, einer der rund zwanzig Pegelmessstationen am Rheinufer. Eine an der Fassade angebrachte Pegeluhr zeigt vorbeifahrenden Binnenschiffern und Passanten den aktuellen Wasser-

AUTORENTIPP!

KARNEVALSSITZUNG IM HÄNNESCHEN THEATER

Die Puppensitzung mit den populären Figuren ist eine liebevolle Persiflage auf den offiziellen Sitzungskarneval – und im Publikum wird mitgesungen und geschunkelt. Allerdings muss man sich schon frühzeitig um Platzkarten für die Vorstellungen während der Karnevalssession bemühen. Und die Puppenschnitzer machen mit ihren karikierenden Holzköpfen auch nicht vor aktuell auftretenden bekannten Büttenrednern, Sängern, Musikgruppen und Kölner Originalen halt. Der Lohn für den Auftritt ist eine »Blootwoosch« (Blutwurst), die anstelle eines Karnevalsordens verliehen wird. Da es aber nur einen Blutwurst-Orden gibt, führt das Abnehmen der Auszeichnung regelmäßig zu Geschrei und Auseinandersetzung.

Hänneschen Theater. Der Spielplan der Puppenspiele der Stadt Köln findet sich auf der Webseite unter dem Stichwort »Spillplan«. Mi–So 10–14 Uhr, Eisenmarkt 2–4, 50667 Köln, Tel. 0221/2 58 12 01, www.haenneschen.de

AUTORENTIPP!

HALVER HAHN

Lange Gesichter hat es schon öfters gegeben, wenn der Köbes, der Kellner, anstatt des erhofften halben Hähnchens nur einen Teller mit einem Stück Käse und einem Roggenbrötchen kredenzte – 'ne Halve Hahn eben. Über die Namensherkunft ranken sich zahlreiche Geschichten. Aus Jux soll ein knausriges Geburtstagskind mit dem Köbes abgemacht haben, anstatt halber Hähnchen Käsebrötchen aufzutragen. Einer anderen Theorie zufolge handelt es sich um ein typisches Armeleuteessen: aus entrahmter Milch hergestellter Handkäs'. Die mit einem halben Roggenbrot servierte kölsche Tapa behielt ihren umgangssprachlich auf halve Hahn (halber Handkäs') verkürzten Namen auch, als der Handkäse durch gereiften Gouda ersetzt wurde.

Rezept. Mittelalter Gouda, dünn geschnittene Zwiebelringe, scharfer Senf, Butter und ein sogenanntes Röggelchen, die eine Hälfte eines Doppelroggenbrötchens.

stand an. Der bisherige Höchststand des Rheins ist auf den 27./.28 Februar 1784 mit 13,84 m datiert, das Rekordtief war am 29. September 2003: 81 Zentimeter. Gerade mal zwei Jahrzehnte ist es her, dass die Fluten bis auf 10,69 Meter anstiegen. Aber auch wenn eigentlich Sandsäckeschleppen angesagt war, blieb den Kölnern noch Zeit zum Feiern. Da wurden Stege durch die Altstadt gebaut, Türen zugemauert und vom Fenster aus die Schaulustigen mit Bier versorgt.

Von hier aus sind es nur wenige Meter weiter zum ehemaligen Fischmarkt. Ein kleiner Schlenker auf dem Weg nach links in die Salzgasse und direkt wieder auf den Buttermarkt führt am rechts gelegenen sogenannten Delfthaus aus dem frühen 17. Jahrhundert vorbei. Das ehemaligen Kontorhaus Delft beherbergt heute eine Gastwirtschaft und ein Hotel. An seinem Giebel ist noch der Läufekran, der Dachaufzug, zu sehen, mit dem die Lasten transportiert wurden. Direkt gegenüber liegt das Rote-Funken-Plätzchen mit einem Bronzerelief für eines der karnevalistischen Traditionskorps, den *Roten Funken*. Vom Fischmarkt geht die Lintgasse ab. Das schmucke Haus Nummer 5 wurde 1632 gebaut und ist eines der wenigen Häuser, die den Krieg unbeschädigt überstanden haben.

Schattenspender

Überschattet wird das Martinsviertel in unmittelbarer der Nähe des Fischmarkts von Groß St. Martin. Die ehemalige Benediktinerstiftskirche mit ihrem massiven Vierungsturm ist die nächstmarkante Landmarke neben dem Dom. Gleich neben der Basilika steht eine Statue ganz anderer Natur: die Schmitzsäule. Die 4,50 Meter hohe Stele aus Tuff- und Grauwackerstein, die aus dem einstigen römischen Hafen stammen, setzt einem alten kölschen Adelsgeschlecht ein Denkmal: Schmitz, dem

Detaill: Ostermann-Brunnen, Willi-Ostermann-Platz

einfachen Menschen. Und solche Adelige mit dem Allerweltsnamen Schmitz gibt es in Kölner wie Sand am Meer. Auf einer Sockelseite findet sich übrigens eine Hochwasser-Marke des Rheins von 1784.

Ganz in der Nähe des Haupteinganges zum Kirchenbau erinnern zwei Bronzefiguren an Persönlichkeiten, die es zwar nie gegeben hat, die für den Kölner an sich stehen: Tünnes und Schäl. Die 1974 von Wolfgang Reuter geschaffenen Skulpturen stehen auf der Rückseite des Hauses Em Hanen, im Brigittengässchen. Während der knollennasige Tünnes, kölsche Ableitung des Namen Antonius, etwas einfältig, aber gutmütig ist, schlägt sich der schielende Schäl (von »hinterlistig, falsch, schielen«) schlitzohrig durchs Leben, aber alle seine Versuche, andere übers Ohr zu hauen, gehen schief.

Versteckt in einem Innenhof liegt der Ostermannplatz mit dem 1939 errichteten Ostermann-Brunnen. Der Kölner Liedermacher ist Autor zahlreicher Karnevalslieder und kölscher Gassenhauer, die sich noch heute großer Beliebtheit erfreuen.

Oben: Bunt und schräg: die Altstadthäuser am Fischmarkt
Unten: Kölsche Originale: Tünnes und Schäl

Infos und Adressen

SEHENSWÜRDIGKEITEN

Brauhaustour Altstadt. Thekenrundgang durch die Brauhäuser mit anschließenden kölschen Tappas. Brauhaustouren in Köln, Kosten 26 €, Tel. 02421/2 58 20 84, www.brauhaus-touren-in-koeln.de

Groß St. Martin. Di–Samstag 8.30–19.30, So 13–19.15 Uhr, Martinstraße 9, 50667 Köln, Tel. 0221/27 79 47 47.

ESSEN UND TRINKEN

XII Apostel. Klein-Venedig mit zuverlässiger italienischer Küche und angeschlossenem Hotelbetrieb. So–Mi 6–24, Do–Sa 6–2 Uhr, Heumarkt 68–72, 50667 Köln, Tel. 0221/25 08 30 20, www.12-aposteln.com

Ausschank Brauerei zum Pfaffen. Brauereitische, obergäriges Bier vom Fass, das nicht Kölsch genannt werden darf, weil es außerhalb der Stadtgrenze gebraut wird, und deftige Mahlzeiten. Di–So 10–24 Uhr, Heumarkt 62, 50667 Köln, Tel. 0221/257 77 65, www.max-paeffgen.de

Brungs. Mit Antiquitäten und einem Stück historischer Römermauer im Gewölbekeller wartet das Weinhaus auf. Mo–So 12–24 Uhr, Marsplatz 3, 50667 Köln, Tel. 0221/258 16 66, www.gasthaus-brungs.de

Canape. Gutbürgerliche Küche mit kölschen Spezialitäten. Mo–Do 11–3, Fr–Sa 11–5 Uhr, Heumarkt 73, 50667 Köln, Tel. 0221/16 86 49 53, www.gaffel.de/canape

Em Krützche. Gutbürgerliches Restaurant mit rheinischen Spezialitäten. Di–So 10–24 Uhr, Am Frankenturm 1–3, 50667 Köln, Tel. 0221/258 08 39, www.emkruetzche.de

Gebr. Päffgen Bierhaus en d'r Salzgass. An der Stätte des historischer Brauhauses »Zur Täsch« wird wieder Kölsch gezapft und Essen serviert. Mo–Do ab 16, Fr ab 12, Sa, So ab 11 Uhr, Salzgasse 5–7, 50667 Köln, Tel. 0221/800 19 00, www.bierhaus-salzgass.de

Feierabendtreff: Brauhaus zum Pfaffen, Heumarkt

Haxenhaus zum Rheingarten. Deftige Wirtshausgerichte nach alter Kochkunst, vererbten Rezepten und überlieferter Zubereitungsart. So–Do 11.30–1, Fr und Sa 11.30–3 Uhr, Frankenwerft 19/Buttermarkt 32, 50667 Köln, Tel. 0221/947 24 00, www.haxenhaus.de

Holtmann's. Gehobene französische Küche direkt an der Rheinpromenade. Mo–Sa 12–24 Uhr, So 11–24 Uhr, Am Bollwerk 21, 50667 Köln, Tel. 0221/257 63 30, www.holtmanns.com

Peters Brauhaus. Und noch ein Brauhaus, in dem sich die Gäste drängen. Mo–So 11–0.30 Uhr, Mühlengasse 1, 50667 Köln, Tel. 0221/257 39 50, www.peters-brauhaus.de

Poncho's. Argentinisches Steakhaus in einem jahrhundertealten Alltagskeller. Mo–Sa ab 18 Uhr, Salzgasse 11, 50667 Köln, Tel. 0221/277 29 99, www.steakhouse-ponchos.com

Rosendorn. Café-Bar Bistro, atmosphärisch in ruhiger Hinterhoflage mit Tapas. Mo–Fr ab 16, Sa, So ab 12 Uhr, Ostermannplatz, 50667 Köln, Tel. 0221/257 52 69, www.rosendorn-koeln.de

Ständige Vertretung. In Bonn eine politische Institution, dann nach Berlin ausgewandert und jetzt als Kölsche-Kneipen-Filiale an den Rhein zurückgekehrt. Mo–Do 12–23, Fr–So 1 Uhr, Frankenwerft 31–33, 50667 Köln, Tel. 0221/66 90 02 21, www.staev-koeln.de

ÜBERNACHTEN

Cityclass Hotel Caprice. Gut ausgestattetes Businesshotel in zentraler Lage. Auf dem Rothenberg 7–9, Eingang Eisenmarkt, 50667 Köln, Tel. 0221/92 05 40, http://caprice.cityclass-hotels.de

Das Kleine Stapelhäuschen. Eines der wenigen wirklich erhalten gebliebenen Stapelhäuser mit einem empfehlenswerten Turmzimmer mit einem Seilkran, dem Läuve-Kran. Fischmarkt 1–3, 50667 Köln, Tel. 0221/272 77 77, www.kleines-stapelhäuschen.de

Haus Enteresan. Direkt an der Rheinpromenade in einem der schmalen Altstadthäuser und mit einer Dachterrasse. Frankenwerft 13, 50667 Köln, Tel. 0221/991 01 72, www.hausenteresan.de

Hayk Hotel. Mehr als 700 Jahre altes Gebäude mit modernen Zimmern und Blick auf den Rhein. Frankenwerft 9, 50667 Köln, Tel. 0221/925 74 40, www.haykhotel.com

Kunibert Der Fiese. Einfache Ausstattung, dafür direkt im Zentrum der Altstadt am Rhein. Am Bollwerk 1–5, 50667 Köln, Tel. 0221/925 46 80, www.kunibertderfiese.de

Lint Hotel Köln. Kleines Businesshotel mit moderner, funktionaler Einrichtung. Lintgasse 7, 50667 Köln, Tel. 0221/92 05 50, www.lint-hotel.de

Löwenbräu Köln Hotel. Preiswerte Unterkunft in historischer Umgebung. Frankenwerft 21, 50667 Köln, Tel. 0221/240 57 00, www.loewenbraeu-koeln.com

Rhein-Hotel St. Martin. Alteingessenes Hotel mit dem Stäv im Parterre und einer Sommerterrasse. Frankenwerft 31–33, 50667 Köln, Tel. 0221/257 79 55, www.rheinhotel-koeln.de

Römerhafen. Einfache Zimmer, dazu ein paar mit Top-Ausstattung und -Blick. Am Bollwerk 9–11, 50667 Köln, Tel. 0221/258 06 84, www.hotel-roemerhafen.de

AKTIVITÄTEN

Senftöpfchen. Das renommierte Kabarett- und Kleinkunst-Theater wurde 1959 von Fred und Alexandra Kassen gegründet. Große Neugasse 2–4, 50667 Köln, www.senftoepfchen-theater.de

Alter Markt, Peters Brauhaus Terasse

Mitte: Ein markanter Punkt im Stadtpanorama ist die romanische Kirche Groß St. Martin.
Unten: Sankt Maria in Lyskirchen

6 Die romanischen Kirchen

Religiöse Trutzburgen

Köln war einmal das zweitwichtigste Zentrum des Katholizismus – neben Rom. Überbleibsel dieser religiösen Blütezeit sind die romanischen Kirchen, die sich über das Innenstadtgebiet verteilen. Neben den zwölf großen Kirchen im romanischen Baustil, fußläufig gut zu erreichen, gibt es noch 13 kleinere Sakralbauten aus der Blütezeit der rheinischen Romanik um das 12. und 13. Jahrhundert.

Kölns Romanische Kirchen werden die zwölf Tore zum Himmel genannt. Die Idee eines Torbogens hat die Romanik in den Rundbögen und Rundbogenfenster für die Kirchenbauten umgesetzt. Diese sind eine der wesentlichen und typischen Erkennungsmerkmale des romanischen Baustils.

Dazu kommen Säulen mit blockartigen Kapitellen und die wuchtigen verbauten Steinmassen, die die Sakralbauten wie Trutzburgen des Glaubens erscheinen lassen. Dass diese Gotteshäuser große Raumweiten überwölben und damit Größe und Macht ausdrücken, sollte die Allmacht Gottes und die Stärke des Christentums symbolisieren.

Eine der großen Kirchen ist Groß St. Martin. Die dreischiffige Basilika des ehemaligen Benediktinerklosters wurde von 1150 bis 1240 über alten römischen Gebäuden und Lagerhallen errichtet. Die gleich großen Apsiden geben dem Ostchor den Grundriss eines Kleeblattes. Der massige Bau mit dem quadratischen Vierungsturm und seinen vier Ecktürmchen bildet neben den Domtürmen einen markanten Punkt im Stadtpanorama.

Nur wenige Fußminuten über den Neumarkt entfernt liegt St. Maria im Kapitol. Der frühromanische Bau wurde über den Fundamenten des römischen Kapitolstempels zwischen 1040 und 1065 errichtet. Besonders bemerkenswert ist die wuchtige Dreikonchenanlage im Osten, die sich an der Grabeskirche in Bethlehem orientiert, und die noch erhalten gebliebene reiche Ausstattung des Innenraums. Dazu gehören die romanische Bildertür um 1060, der spätromanische Lettner von 1520/25, der den Raum zwischen Laien und Priester abtrennte, mit der Klais-Orgel und dem Gabelkreuz (1304).

Südöstlich davon, direkt am Rheinufer liegt St. Maria Lyskirchen, die kleinste der großen romanischen Kirchen. Sie wurde zwischen 1210 und 1220 als dreischiffige Emporenbasilika mit Osttürmen gebaut. Gewölbemalereien aus der Mitte des 13. Jahrhunderts sind im Mittelschiff erhalten.

Über die Große Witschgasse gelangt man zu St. Georg. Die Säulenbasilika, die 1067 geweiht wurde, lag einst außerhalb der Römerstadt. Im Zweiten Weltkrieg wurde sie fast vollständig zerstört. Zu den Besonderheiten des wiedererrichteten Baus zählt der Glasfensterzyklus (entworfen um 1930) von Johan Thorn Prikker (1868–1932).

Weiter südlich liegt St. Severin. Hier befand sich einst ein Gräberfeld, unter anderem mit dem Grab des heiligen Bischofs Severin (ca. 346–397). Ältere Teile der Stiftskirche stammen aus dem 10. Jahrhundert, die Innenausstattung ist in großen Teilen noch im Original erhalten. Entlang der ehemaligen Stadtmauer kommt man zur Klosterkirche St. Pantaleon. In der ehemaligen Benediktinerabtei befinden sich die Grabstätten Erzbischof Brunos (des Bruders Kaiser Ottos I.) und der Kaiserin Theophanu. Die dreischiffige, turmlose Pfeilerbasilika St. Cäci-

AUTORENTIPP!

MUSEUM SCHNÜTGEN

In St. Cäcilien präsentiert das Museum Schnütgen seine kostbare Sammlung mittelalterlicher, meist religiöser Artefakte. Das kirchliche Ambiente des früheren Damenstifts mit seiner dreischiffigen, zum Ausstellungsraum gewordenen Basilika verleiht den präsentierten Objekten eine besonders spirituelle Ausstrahlung. Neben hölzernen und steinernen Skulpturen und Heiligenfiguren werden Goldschmiedearbeiten, Sakralgegenstände und Glasmalerei präsentiert. Einzigartig ist der sogenannte Heribertkamm, eine filigrane Elfenbeinschnitzerei. Eine der Neuerwerbungen ist der *Große Kalvarienberg*. Die umfangreiche Kreuzigungsdarstellung aus den Niederlanden, um 1430/40 entstanden, ist eine Art plastisches Bilderbuch von der Kreuzigung Jesu.

Museum Schnütgen. Di–So 10–18, Do 10–20 Uhr, Cäcilienstr. 29–33, 50676 Köln, Tel. 0221/22 12 23 10, www.museenkoeln.de/museum-schnuetgen

Oben: Romanische Kirche St. Pantaleon
Mitte: Ein echter Blickfang: das Oktogon in der romanischen Kirche Sankt Gereon
Unten: Sarkophag in den Katakomben unter der Kirche St. Severin

lien, 1130 bis 1160 gebaut, liegt zentral direkt am Neumarkt. Sie wurde im Krieg schwer beschädigt. Seit 1956 ist dort das Museum Schnütgen. Stolz und wuchtig präsentiert sich St. Aposteln, eine dreischiffige Basilika mit Querhaus und Chor im Westen aus dem 11. Jahrhundert an der Westseite des Neumarkts. Der ottonische Bau mit der Dreikonchenanlage gilt als das Hauptwerk der rheinischen Romanik.

Im Nordwesten der Innenstadt liegt St. Gereon. Dem bereits zur Römerzeit entstandenen Ovalbau aus dem 4. Jahrhundert wurde knapp 800 Jahre später eine Choranlage mit Krypta angefügt. Das Gebäudeensemble wurde in einen Zehneckbau integriert und erhielt dadurch im 13. Jahrhundert seine heute ungewöhnliche und einzigartige Raumaufteilung. Aus dieser Zeit stammen die Wandmalereien in Chor und Taufkapelle.

In Sichtweite liegt dann das ehemalige Nonnenkloster St. Ursula. Es wurde 1135 über einem Gräberfeld errichtet, auf dem christliche Märtyrerinnen verehrt wurden. St. Ursula ist nicht mehr durchgängig romanisch, weil ein gotischer Chor (13. Jh.) und die barocke Goldene Kammer (17. Jh.) angebaut wurden, in der die Reliquien der Ursula und ihrer jungfräulichen Gefährtinnen aufbewahrt und verehrt werden.

Die jüngste romanische Kirche ist St. Kunibert, zwischen 1200 und 1260 errichtet, und bekannt durch ihren Zyklus von Glasfenstern (um 1250) sowie durch die Wandmalereien und Skulpturen (13.–15. Jh.). Der Besuch von St. Andreas führt wieder zurück in die Nähe des Doms. In der Kirche, die vom Dominikanerorden betreut wird, befinden sich in der Krypta aus dem 11. Jahrhundert die Gebeine des heilig gesprochenen Kirchengelehrten Albertus Magnus (um 1200–1280).

Infos und Adressen

SEHENSWÜRDIGKEITEN

Groß St. Martin. Di–Sa 8.30–19.30, So 13–19.15 Uhr, Groß St. Martin 9, 50667 Köln.

St. Andreas. Mo–Fr 7.30–18 Uhr, Sa und So 8–18 Uhr, Führungen nur nach Absprache mit dem Kloster, Andreaskloster 3, 50672 Köln, Tel. 0221/16 06 60, www.sankt-andreas.de

St. Aposteln. Mi–Mo 10–12, 15–17 Uhr, Apostelnkloster 10, 50672 Köln, Tel. 0221/925 87 60.

St. Cäcilien. Di–So 10–18, Do 10–20 Uhr, Cäcilienstrasse 29, 50667 Köln,Tel. 0221/22 12 23 10.

St. Georg. Mo–So 8.30–18 Uhr, Waidmarkt/Ecke Georgstraße 17, 50676 Köln,Tel. 0221/888 81 30.

St. Gereon. Besichtigung Di–Fr 10–12, 15–17, Sa 10–12 Uhr, Gereonskloster 2, 50670 Köln, Tel. 0221/474 50 70.

St. Kunibert. Mo–So 10–13, 15–18 Uhr, Kunibertskloster 6, 50668 Köln, Tel. 0221/12 12 14, www.st-kunibert-koeln.de

St. Maria im Kapitol. Mo–Sa 10–18, So 12–18 Uhr, Kasinostrasse 6, 50676 Köln, Tel. 0221/21 46 15.

Museum Schnütgen, Austellungshalle in St. Cäcilien

Kirchenfenster im Andreaskloster, Romanische Kirche St. Andreas

St. Maria Lyskirchen. Mo–Sa 10–18, So 10–16 Uhr, An Lyskirchen 8, 50676 Köln, Tel. 0221/21 17 13.

St. Pantaleon. Mo–Sa 9–17, So 12–17 Uhr, Am Pantaleonsberg 6, 50676 Köln, Tel. 0221/31 66 55.

St. Severin. Mo–Sa 9–18, So 9–12, 15–17.30 Uhr Severinskirchplatz, 50678 Köln, Tel. 0221/931 84 20, www.sankt-severin.de

St. Ursula. Mo–Sa 10–12, Mo, Di, Do, Fr 15–17, Mi 15–16.30 Uhr, Ursulaplatz 30, 50668 Köln, Tel. 0221/13 34 00.

Führung romanische Kirchen. Mo–Sa 9–20, So 10–17 Uhr, KölnTourismus, Kardinal-Höffner-Platz 1, 50667 Köln, Service-Hotline 0221/34 64 30, www.koelntourismus.de

INFORMATION

www.romanische-kirchen-koeln.de

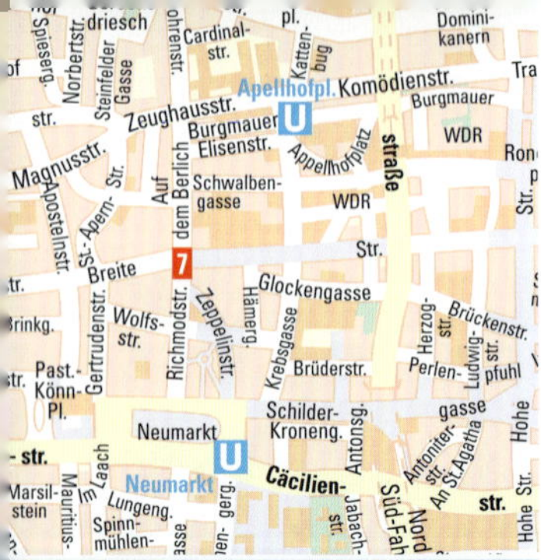

Mitte: Willy-Millowitsch-Platz: Blick in die Breite Straße
Unten: Institutionen: Cafe Waschsalon und Bäckerei Zimmermann

7 Ehren- und Breitestraße

Die etwas andere Einkaufsmeile

Normale Einkaufsstraßen waren die Ehren-, die Breite- und die abzweigenden Nebenstraßen in der Vergangenheit nicht und sind es auch heute nicht. An der Hohe Straße beginnend und bis zum Hohenzollernring finden sich zwar auch Bäckereien, Metzgereien, Käse- und Delikatessenläden sowie Cafés, aber ansonsten dominieren Modegeschäfte kleiner Labels, in denen man sich mit dem neusten Chic der Haute Couture und Accessoires versorgen kann.

In den 1960er-Jahren konnte Mann nicht erzählen, er sei in der Ehrenstraße gewesen ohne schiefe Blicke auf sich zu ziehen, denn jeder in Köln wusste, in einer der Nebenstraße lag Kölns kleine Schwester der Hamburger Herbertstraße, die Kleine Brinkgasse. Nachdem die Stadtverwaltung die Sexarbeiterinnen in die Nähe des Gleisnetzes in die Hornstraße verbannt hatte, wollte zuerst niemand so richtig in ein Gebiet investieren, in dem

MAL EHRLICH

KEIN SCHNÖDER MILCHKAFFEE

Café au lait mit aufgeschäumter H-Milch und aller möglicher Kaffeeschnickschnack im Wachspapierbecher – garantiert umweltfreundlich – und auch noch to go! Das gehört doch nicht zu einem entspannten Einkaufsbummel! Dann sich doch lieber in eins der Cafés setzen, in dem noch aus Porzellantassen getrunken und dazu ein Stück Kuchen serviert wird, wie in den Traditionskonditoreien, wie sie auf der Ehren- und Breitestraße zu finden sind.

die anrüchige Straße mit ihren kleinen, zweigeschossigen Vorkriegshäusern lag. Die zurückgebliebene Bausubstanz eignete sich auch nicht zum kostspieligen Ausbau, die engen Gassen luden nicht zum Flanieren mit anschließendem Spontan-Shopping ein. Bis junge Modedesigner und Kreative den Bann durchbrachen und, von den Dumpingmieten angezogen, sich mit ihren Werkstätten einmieteten. Und bald brummte der Betrieb wieder. Inzwischen haben längst Nobellabels die Attraktivität entdeckt und die Kreativen sind wegen der steigenden Mieten in die Vorstädte abgedrängt worden.

Schwarzbrot und Challe

Seitdem ist die Ehrenstraße und in ihrer östlichen Verlängerung die Breitestraße eine Einkaufsmeile mit vielen und vor allem vielseitigen Einkaufsmöglichkeiten, wo noch immer modisch Extravagantes zu erwerben ist. Wer sich beim anstrengenden Einkaufsbummel stärken muss, ist in der Bäckerei Zimmermann zwischen Ring und Friesenwall an der richtigen Adresse. Die 1885 von Caspar Zimmermann gegründete Bäckerei ist für ihr rustikales Schwarzbrot ohne Konservierungsstoffe berühmt und in Köln eine der wenigen Hersteller von Challe, dem jüdischen Brot, das bei keinem Schabbatkiddusch fehlen darf.

Regenbogen-Viertel

Wer einen Abstecher in Seitenstraßen wie Pfeil- und Benesisstraße oder in die Kettengasse bis zum Friesenwall einschiebt, findet sich in einem der zahlreichen Kölner Regenbogenviertel wieder. Ob Buchladen oder Gay-Café, daneben gibt es Saunen, Juweliere, trendige Friseursalons, Antiquitätengeschäfte, die sich mit den Farben des Regenbogens schmücken.

AUTORENTIPP!

HAUS 4711

Die 4711 soll einst ein französischer Reiter mit schwarzer Kohle auf das Haus in der Glockengasse zur fortlaufenden Nummerierung der Häuser geschrieben haben. Weil Napoleon die Offenlegung aller Heilmittelrezepturen verlangte und der Hersteller Ferdinand Mülhens den französischen Besatzern die Rezeptur des damals noch als trinkbarbares Lebenselexier verkauften »Wunderwasser« nicht verraten wollte, deklarierte er es kurzerhand als Parfüm um und behielt sein Geheimnis. Mit Erfolg dominierte das Duftwasser aus der Glockengasse seine Kölner Konkurrenz. Zeitweise war die Produktmarke *Tosca* aus dem Hause Mühlens neben Chanel No. 5 das meistverkaufte Parfüm der Welt.

Mo–Sa 9.30–18.30 Uhr, Historische Führung Sa 13–14 Uhr, Einritt 5 €, Duftseminare Do 15–16.30 Uhr, auch private Duftseminare möglich, Glockengasse 4, 50667 Köln, Tel. 0221/ 27 09 99 10/1, www.4711.com

Oben: Im MAKK gibt es europäisches Kunsthandwerk zu sehen. **Mitte:** Fachsimpelei vor der Art Galerie The one in der Kettengasse **Unten:** Die Kirche St. Maria in der Kupfergasse birgt einen seltenen Schatz: eine schwarze Madonna.

Highheels, handgemachte Taschen und Rasierpinsel

Schon ab dem Friesenwall reiht sich auf der Ehrenstraße in den folgenden drei Häuserblocks rechts und links Modegeschäft neben Designerladen – wer die modische Wahl hat, hat auch die Entscheidungsqual zwischen Taschen der großen Exquisithersteller oder kleiner Werkstätten, in denen man noch mehr oder minder handgearbeitete Unikate erstehen kann. Das lieben vor allem jene Kunden, die nicht gerne von der Stange kaufen, sondern sich fußläufig von Kopf bis Fuß einkleiden wollen. Feines Schuhwerk der Nobel- und Exklusivmarken – hier findet jeder etwas für seinen Geldbeutel und Geschmack. Sportmarkenartikler, Rasierpinselladen, Modernes Antiquariat, Ökoschuhe, Kaufhäuser oder Verkaufsfilialen mit garantiert gelatine- und von künstlichem Farbstoff freien Gummibärchen, auf den eineinhalb Kilometern sind sie zu finden.

Erstes Coelner Muschelhaus

Der Übergang zur Breitestraße beherbergt dann eine der großen Gaststätteninstitutionen der Stadt: Der Bier-Esel schaut auf eine 700-jährige altkölnische Ausschanktradition zurück, seit 1892 in Besitz der Brauerei Sünner. Das Kneipenschild mit dem goldenen Grautier über der Tür ist nicht zu übersehen. Nach einem Inhaberwechsel Ende 2013 und Renovierungsarbeiten können die Kölner wieder an traditioneller Stätte ihre Miesmuscheln genießen, die während der Saison – alle Monate mit R – täglich frisch von der Nordsee in Kühlwagen angeliefert werden. Seit 1912 hat das Lokal sich zum »Ersten Coelner Muschelhaus« entwickelt und es sogar zu einem Eintrag im Gault-Millau geschafft. Über 20 verschiedene Muschelgerichte werden angeboten, die Spezialität des Hauses sind allerdings Rheinische Muscheln.

Schwarzes Gnadenbild

Das Verlagshaus Neven DuMont Schauberg in der Breitestraße mit seinen Tageszeitungen Kölner Stadt-Anzeiger, Kölnische Rundschau und der Boulevardzeitung Express, die in einem der Außenbezirke hergestellt werden, ist dem Einkaufszentrum, dem DuMont-Carré, an der Ecke zur Neven-DuMont-Straße gewichen. Ein Abstecher von dort zur Kirche St. Maria in der Kupfergasse empfiehlt sich, nicht wegen der Schönheit des Sakralbaus, sondern wegen der Besonderheit des Marienbildnisses, das in einem der wenigen barocken Kirchengebäude Kölns zu finden ist: Es zeigt eine schwarze Madonna. In der zwischen 1673 und 1675 errichteten Laurentinischen oder Loretokapelle wird das Gnadenbild der schwarzen Muttergottes verehrt, eine Figur aus Lindenholz.

Gestapozentrum EL-DE-Haus

Nur wenige Meter neben diesem ehemaligen Pilgerzentrum der Marienverehrung befindet sich mit dem Haus Appellhofplatz 23–25 ein Gebäude, das mit einem der dunkelsten Kapitel der Rheinmetropole verbunden ist. In dem sogenannten EL-DE-Haus befand sich in den 1930er-Jahren die Zentrale der Geheimen Staatspolizei (Gestapo).

AUTORENTIPP!

KÄSEHAUS WINGENFELD

»Zum Wingefeld«, wie die Kölner gerne sagen, geht auch noch die Enkel- und Urenkelgeneration, um sich den richtigen Käseteller zusammenzustellen. Das Kölner Geschäft für ausgewählte Milchprodukte aus aller Welt ist seit 1876 eine Institution. Mehr als 300 zumeist aus Rohmilch hergestellte Käsesorten, so rühmt sich der Feinkostenladen, werden in dem Eckladen zum Kauf angeboten. Demjenigen, der sich die Nase an der Fensterscheibe beim Blick in die Reiferäume platt drückt, läuft das Wasser im Mund zusammen, wenn er die Angebotspalette sieht. Der Schwerpunkt des Käseangebots liegt dabei auf Schweizer Käsesorten und von Bauernhöfen stammendem Ziegenkäse. Für seine Kunden hält es sogar eine eigene App als »Käseberater« bereit.

Käsehaus Wingenfeld. Mo–Fr 10–19, Sa (Mai–Okt.) 9–17, (Nov.–April) 9–18 Uhr, Ehrenstraße 90/Ecke Friesenwall, 50672 Köln, Tel. 0221/25 33 41, www.kaesehaus-wingenfeld.de

Oben: Die ehemalige Gestapo-Zentrale ist heute ein Museum.
Mitte: Das Erzbischöfliches Diözesanmuseum befindet sich in der ehemaligen Kirche St. Kolumba.
Unten: Baukunst im MAKK, Museum für Angewandte Kunst

Das als Wohn- und Geschäftshaus konzipierte Gebäude mit seiner strengen, neoklassizistischen Fassade wurde 1934/35 im Auftrag des Kölner Gold- und Uhrengroßhändlers Leopold Dahmen nach den Plänen des Architekten Hans Erberich errichtet. An der Straßenecke Appellhofplatz mit Elisenstraße finden sich am Gebäude das Wappen der Stadt und das des Bauherrn, zwei gekreuzte Uhrzeiger mit den Initialen L und D.

Der Schriftzug »EL-DE« darüber hat dem Haus, das noch als Rohbau von der Gestapo als Verhörzentrum in Beschlag genommen wurde, den Namen gegeben. Während in den oberen fünf Geschossen die Büroräume waren, befanden sich im Keller die Zellen. 1979 wurde beschlossen, in der ehemaligen Gestapo-Zentrale ein Dokumentationszentrum über die Zeit des Nationalsozialismus in Köln einzurichten. Nachdem durch eine Privatinitiative öffentlich gemacht wurde, dass in den Kellerräumen nach wie vor die Originalinschriften der Gefangenen erhalten waren, wurden diese restauriert und seit 1981 befindet sich dort eine Gedenkstätte. In den oberen Räumlichkeiten wurde das NS-Dokumentationszentrum mit seinen Ausstellungsräumlichkeiten untergebracht.

Angewandte Kunst

An der östlichen Fortsetzung der Breitestraße, der Minoritenstraße, liegt links der Kolpingplatz mit der Minoritenkirche, in der der Gründer der katholischen Kolpingbewegung, Adolph Kolping (1813–1865), beigesetzt ist. Teile des Kirchenkomplexes sind heute in das Museum für Angewandte Kunst (MAKK) integriert, in dem europäisches Kunsthandwerk seit dem Mittelalter bis ins 20. Jahrhundert präsentiert wird: Möbel und Nutzgegenstände, Keramik und Glas, Textilien und Mode, Schmuck und Metallkunst, Grafik und Design.

Infos und Adressen

SEHENSWÜRDIGKEITEN

Museum für Angewandte Kunst Köln. Di–So 11–17 Uhr, Eintritt 6 €, An der Rechtschule, 50667 Köln, Tel. 0221/22 12 67 14.

NS-Dokumentationszentrum EL-DE-Haus. Di–Fr 10–18, Sa, So 11–18 Uhr, Eintritt 4,50 €, Appellhofplatz 23–25, 50667 Köln. Tel. 0221/22 12 63 32, www.museenkoeln.de/ns-dokumentationszentrum

ESSEN UND TRINKEN

Bieresel. Mo–So 11.30–24 Uhr, Breite Straße 114, Tel. 0221/257 60 90, www.suenner-brauerei.de

Café Waschsalon. Mo–Do 10–1, Fr 10–3, So 10–1 Uhr, Ehrenstraße 77, Tel. 0221/13 33 78, www.cafe-waschsalon.de

Konditorei Café Fromme. Marzipan-, Sahne- und Obsttorten in allen Varianten. Mo–Sa 8.30–19, So 10.30–18 Uhr, Breite Str. 122, Tel. 0221/257 61 57, www.cafe-fromme.net

AUSGEHEN

Capri Lounge. Treffpunkt von Cocktail-Liebhabern. Di–Sa 20–3 Uhr, Benesisstr. 61/Ecke Ehrenstraße, 50672 Köln, Tel. 0221/257 32 26, www.capri-lounge.de

Bei dem Namen mus man doch fündig werden ...

Kneipenschild: Bier-Esel

EINKAUFEN

Bäckerei Zimmermann. Von hier aus wird das »Rheinische Schwarzbrot« in alle Welt versandt. Mo–Fr 6–19, Sa 5–16 Uhr, Ehrenstraße 75, 50672 Köln, Tel. 0221/25 56 32, www.baeckereizimmermann.de

BUNT Modernes Antiquariat. Mo–Sa 10–20 Uhr, Breitestraße 161–167, 50673 Köln, Tel. 0221/250 98 36, www.buntbuchhandlung.de

Daniels & Co GmbH. Mo–Fr 11–20, Sa 10–20 Uhr, Ehrenstraße 41, 50672 Köln, Tel. 0221/356 37 54, www.daniels-mode.de

JOST Köln. Mo–Sa 10.30–19 Uhr, Ehrenstraße 102, 50672 Köln, Tel. 0221/27 09 59 70, www.jost-bags.com

Planet Sports. Mo–Fr 11–20, Sa 10–20 Uhr, Ehrenstraße 100, 50672 Köln, Tel. 0221/27 26 89 83, www.planet-sports.de

Kauf Dich Glücklich. Mo–Sa 11–20 Uhr, Ehrenstraße 48, 50672 Köln, Tel. 0221/28 06 99 03, www.kaufdichgluecklich-shop.de

8 Rudolfplatz und Mittelstraße

Feiner Zwirn und Kaschmir

Am Rudolfplatz endete im Mittelalter das Stadtzentrum. Für Partygänger ist das dortige Hahnentor heute ein idealer Treffpunkt zu Beginn der Vergnügungsmeile entlang der Ringe. Für den Verkehr ist der Knotenpunkt mit seinen Staus dagegen mehr ein ständiges Ärgernis. Zufrieden dürften Liebhaber teurer Kleidung sein. Am Platz beginnt eine der exklusivsten Einkaufstraßen in der Kölner City.

Mitte: Kaisertor: Hanepooz
Unten: In den Kneipen am Hahnentor brodelt das Nachtleben.

Der Rudolfplatz ist ein Nadelöhr. Das massige Hahnentor, die »Hahnepooz« wie es in Mundart heißt, steht sperrig im Weg und muss umfahren werden. Das Doppelturmtor, das 1235 begonnen und um 1240 fertig gestellt wurde, war zentraler Teil der Mauer, die die Stadt gen Westen schützte. Weil Kaiser und Könige zur Krönung im Dom den städtischen Einlass nutzen mussten, wird es auch Kaisertor genannt. Eine bekannte Redensart bezieht sich direkt auf den früheren Hauptstadteinlass: »Met de Fööss vüran de Hahnepooz eruss«, denn hier wurden die Toten »mit den Füßen voran« zum Melatenfriedhof getragen.

Partymeile

Heute wird das historische Gebäude von der Karnevalsgesellschaft Ehrengarde genutzt. Abends verwandelt sich der Rudolfplatz in den Brennpunkt des Kölner Nachtlebens, von dem aus sich die Menschen dann in Richtung Belgisches Viertel und Hohenstaufen- und Hohenzollernring begeben. Hier war der Ausgangspunkt des bekannten mehrtägigen Musik-Ringfestes und wenn auf internationaler Ebene siegreich Fußball gespielt wird, auf dem Ring brodelt es danach bei Autokorsos der jeweiligen Anhänger.

Demomeile

Die Hahnenstraße mit dem breiten Schienenbett, das zum Neumarkt führt, hat wenig an städtebaulichen und architektonischen Attraktionen zu bieten. Älteren Kölnern ist die Trasse aus den 1968er-Jahren eher als Demomeile bekannt, vor allem gegen den US-Krieg in Vietnam. Im Apostelkloster, einer Seitenstraße, lag bis 2007 das US-Infozentrum Amerika-Haus. Das frühere Kulturzentrum British Council wird inzwischen vom Kölnischen Kunstverein für Ausstellungen und Veranstaltungen genutzt.

Konsummeile

Ein Bummel über die parallel verlaufende Mittelstraße dagegen verspricht vor allem für Goldkarten-Inhaber paradiesische Perspektiven. In den 1940er-Jahren eher handwerklich geprägt haben sich in den Wirtschaftswunderjahren Geschäfte mit einem hochpreisigen Warenangebot angesiedelt. Heute eher verpönte Pelzmäntel und -jäckchen, feiner Zwirn für sie und ihn, in der Mittelstraße findet man die standesgemäße Bekleidung.

Die Interessengemeinschaft der Ladenbesitzer schaffte es, die Stadtväter für die Konzeption des Einkaufsboulevards zu begeistern. Eine enge Fahrstraße und dafür großzügigere Trottoirs vor Geschäften, sollen das Shopping verbessern. Dass der in diese Planung mit einbezogene Bazar de Cologne mit »Top-Wohnlage«, Lifestyle-Geschäften und Einstellplätzen, als Einkaufszentrum bereits umgestaltet und inhaltlich neu erfunden werden musste, tut dem Ambiente kaum einen Abbruch.

Infos und Adressen

ESSEN UND TRINKEN

Fischermanns@Apropos. Café-Restaurant-Bistro. Mo–Do 10–22, Fr, Sa 10–24 Uhr, Mittelstraße 12, 50672 Köln, Tel. 0221/27 25 19 20, www.restaurant-fischermanns.de

Maca Ronni Restaurant. Hier gabeln Kölns Prominente und FC-Stars ihre Spaghetti. So–Do 12–1, Fr–Sa 12–3 Uhr, Hahnenstraße 16a, 50667 Köln, Tel. 0221/25 59 59, www.macaronni-koeln.de

Reissdorf am Hahnentor. Dienstags Omas herzhafte Reibekuchen. Mo–So 12–24 Uhr, Hahnenstraße 24, 50667 Köln, Tel. 0221/277 43 84, www.reissdorf-amhahnentor.de

ÜBERNACHTEN

Downtown Bed & Breakfast. Apartment-Hotel, Friesenwall 24d, 50672 Köln, Tel. 0221/257 32 36, www.downtown-townhouse.de

AUSGEHEN

Triple A. Mittwoch 21–6, Fr–Sa 23–6 Uhr, An der Hahnepooz 8, 50674 Köln, Tel. 0172/290 06 66, www.triplea-club.de

EINKAUFEN

Antiquariat und Galerie Goyert. Di–Fr 10–18.30, Sa 10–16 Uhr, Hahnenstraße 18, 50667 Köln, Tel. 0221/257 03 30, www.goyert.de

Eingang zum Patio des »Apropos«

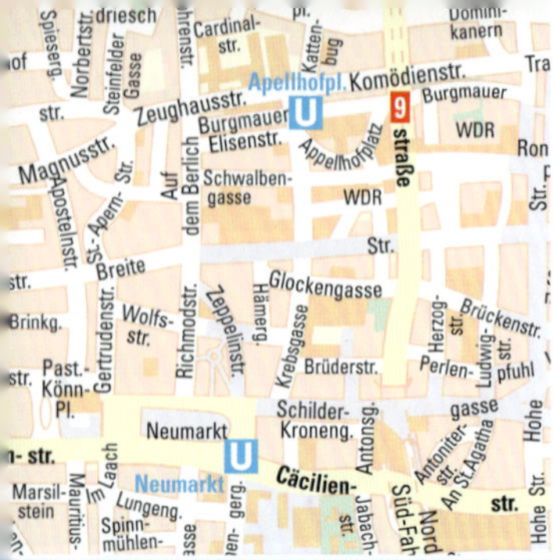

9 Römische Ausgrabungen

Auf den Spuren der Stadtgründer

Wenn sich in Köln die Bagger in die Erde graben, zittern die Bauherren. Da beinahe alle Häuser im innenstädtischen Zentrum auf historischen Grundmauern stehen, werden bei fast jedem Spatenstich Altertümer freigelegt. Manche Funde sind so wichtig, dass sogar Projekte wie der U-Bahn-Bau unterbrochen wurden, bis die Archäologen die Artefakte abschließend ausgewertet hatten.

Die Römer hatten ihre Verwaltungsmetropole am Rhein wehrhaft gegen die germanischen Barbaren aus dem Osten umfriedet. 3900 Meter Steinfestung maß die Verteidigungsmauer: Rund 4,50 Meter in der Tiefe verankert, im Durchschnitt drei, an den Zinnen noch immer 2,40 Meter breit. Acht Meter war der Schutzwall hoch, gekrönt von einem befestigten Wehrgang. Neun schmale Durchlässe gab es. Das Nordtor ist vor dem Hauptportal des Doms zu besichtigen. Und von den drei Toren zum Hafen wurde vor sechs Jahren bei Ausschachtarbeiten für die neue U-Bahn gen Süden eines der drei Hafentore direkt unter dem Kurt-Hackenberg-Platz entdeckt. Das Tor und Teile der Ostmauer und der Kaianlagen werden restauriert und sollen künftig – unterirdisch – der Öffentlichkeit zugänglich gemacht werden.

Mitte: Der Römerturm war anfangs ein Wachturm, später wurde er als Latrine genutzt.

Römische Zementarbeiten

Die Verfüllung des Bollwerks bestand aus »Caementitium«. Das Wort stand bei der Entstehung des deutschen Wortes Zement Pate. Die Außen- und Innenverkleidung der Mauer waren handtel-

Römische Spuren auf der Domplatte: Ehemaliges Nordtor

lergroße Grauwackersteine, die gemauert und verfugt wurden. Das Material wurde im Umland von CCAA abgebaut und zum Teil mit Karren oder Schiffen herangeschleppt. Für die Ausweitung des städtischen Wohngebiets wurden die Mauern geschliffen und den neuen Stadtvierteln angepasst. Teile der südlichen Befestigung sind der Nachwelt erhalten geblieben. Schon die Straße oberhalb Alte Mauer am Bach verrät, dass sich hier die ehemalige Römerschanze befand.

Der Römerturm

Der Römerturm markierte die nordwestliche Ecke der Stadtmauer. Er ist der am besten und nahezu vollständig erhaltene Fried aus der Zeit um 50 n. Chr. Insgesamt gab es 19 Türme. Nur weil er als Teil eines Klarissinnen-Klosters als Latrine benutzt wurde, blieb er der Nachwelt erhalten. Die Ummantelung bilden verschiedenfarbige Natursteinornamente. Der obere Zinnenkranz allerdings wurde erst im 19. Jahrhundert aufgestockt. Auch der Lysolphturm war einst Teil der Ursprungsummauerung, die freigelegten Baureste verdeutlichen den Maueraufbau und Struktur. Der Name geht auf die Familie Lysolph zurück, die ihn im Mittelalter bewohnte.

AUTORENTIPP!

ESSEN UND TRINKEN WIE DIE RÖMER

Was haben die Römer einst gegessen? Woran haben sie sich berauscht? Und worüber haben sie sich bei ihrer Völlerei unterhalten? Eine kulinarische Zeitreise bietet Christine Schauerte in jene Epoche, als Abgesandte aus Rom den Stützpunkt Colonia Claudia Ara Agrippinensium gründeten und von hier aus die Provinz Niedergermanien verwalteten. Bei dem rund fünfstündigen Rundgang zu den römischen Spuren rund um den Dom erfahren die Teilnehmer kleine und große Geschichten über Intrigen- und Machtspiel in der Römerkolonie sowie die damaligen Eroberungen der Caesaren. Die Reise ins »Reich der römischen Geschmackssinne« endet mit einem typischen Drei-Gänge-Menü, wie es die Legionäre genossen.

Essen und trinken wie die Römer. Stadtgeschichten Köln. Termin auf Anfrage, Schützenhofstraße 3, 51063 Köln, Tel. 0221/29 87 05 96, www.stadtgeschichten-koeln.de, www.geschichte-mit-biss.de

Kaygasse, Reste der römischen Stadtmauer

Oben: Römische Sarkophage unter der Kirche St. Severin
Mitte: Römerbrunnen
Unten: Teilstück der römischen Wasserleitung

Wasser aus der Eifel

Zwar wird das Wasser »vun Kölle« noch heute gerne besungen und gerühmt. Aber vermutlich genügte die Qualität auch schon zur Römerzeit nicht den Ansprüchen der Garnisonsmitglieder. Bereits wenige Jahre nach Gründung der Ansiedlung wurde 80 n. Chr. mit dem Bau des Aquäduktes aus der Eifel begonnen. Die gemauerte Hauptleitung war insgesamt 94,5 Kilometer lang, mit allen Zuleitungen betrug sie sogar 130 Kilometer. Pro Tag flossen durch den meist unterirdisch verlaufenden Kanal bis zu 20000 Kubikmeter Trinkwasser in öffentlich zugängliche Laufbrunnen, Thermen, aber auch private Haushalte.

Römergräber im Severinsviertel

Die wichtigsten Funde des früheren römischen Begräbnisplatzes am Chlodwigsplatz sind nach ihrem Fund und archäologischer Auswertung in den Jahren 2003 bis 2011 nicht mehr zu sehen, weil die Gräber der neuen U-Bahn weichen mussten. Lediglich ein römisch-fränkisches Grabfeld unter der St.-Serverins-Kirche ist erhalten. Aber die Grabbeigaben und die wichtigsten Gegenstände werden im Römisch-Germanischen Museum aufbewahrt. Interessant ist an der Entdeckung des damals außerhalb der Stadtmauern gelegenen Beisetzungsareals die Dokumentation sich verändernder Bestattungsformen. War bis in die Mitte

Rundgang

A Nordtor: Direkt auf der Domplatte vor dem Büro von KölnTourismus. .

B Lysolphturm

C »Römerbrunnen« erbaut über einem alten Festungsturm. An der Ostseite des Stadtmuseums.

D Römerturm: Erhaltener Originalwachturm,

E Römische Wasserleitung: Das Ausstellungssegment der Eifelwasserleitung.

F Römische Stadtmauer: Die gut erhaltene Mauer befindet sich unterhalb der Straße Alte Mauer am Bach zwischen der Bachem- und der Poststraße.

G Römische Gräber: Der römisch-fränkische Friedhof befindet sich unter dem Kirchengebäude St. Severin und kann nur nach Absprache mit dem Küster besucht werden.

H Ubier-Monument: Es stammt noch aus vorrömischer Zeit und ist der älteste Steinbau Kölns.

I Kastell Divitia: Die Grundrisse des Kastells sind mit dunklen Steinen im Straßenpflaster markiert.

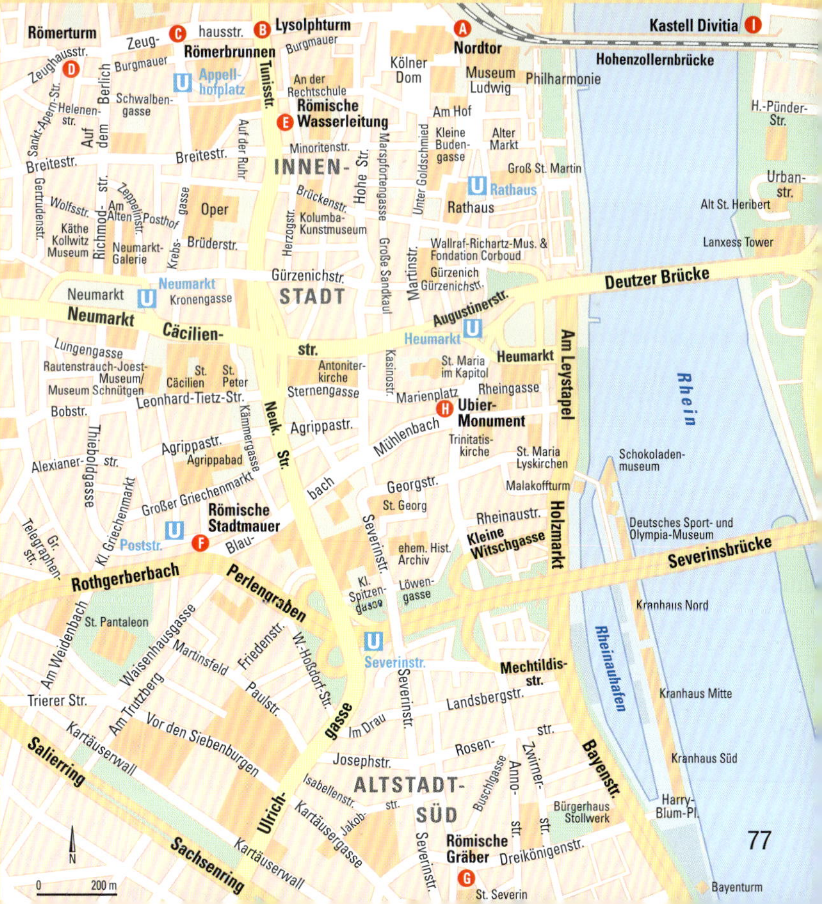

des dritten Jahrhunderts die Feuerbestattung unter den Römerinnen und Römern üblich, wurden danach wieder Körper beerdigt mit den entsprechenden Beigaben für ein Weiterleben im Jenseits. Diese Brauchtumsänderung hat den Archäologen reichliche Fundstücke wie Ess- und Trinkgeschirr aus Glas und Ton, Schmuck sowie Schminkutensilien beschert.

Römischer Brückenkopf

Mehr als 250 Jahre brauchten die Römer allerdings, um nicht nur eine 400 Meter lange Holzbrücke über den Rhein, den Rhenus, sondern auch das Kastell »Civitas Divitia« für die Befriedung Germaniens zu bauen. Die Ausgrabungsarbeiten an dem spätrömischen Brückenkopf, über dem später eine Benediktinerabtei errichtet wurde, sind noch in vollem Gange. Die Trutzburg »Divitia«, die vermutlich germanischen Söldnern als Kaserne und dem Schutz der Brücke diente, war umfangreich gesichert. Die vier je 141 Meter langen Seiten waren mit insgesamt 18 Wehrtürmen bestückt, in ihrem Innern standen die Kasernen dicht an dicht. Hier entstand später das heutige Deutz.

Oben: Zeughaus: Historisches Museum der Stadt Köln
Mitte: Römische Turmreste: Helenenturm

Infos und Adressen

SEHENSWÜRDIGKEITEN

Praetorium. Unter dem Rathaus. Di–So 10.00–17 Uhr, 3,50 €, Kleine Budengasse 2, 50667 Köln, Tel. 0221/22 12 23 94, http://museenkoeln.de/archaeologische-zone

Römisch-Germanisches Museum. Di–So 10–17 Uhr, jeden ersten Do im Monat 10–22 Uhr, 8 €, Roncalliplatz 4, Tel. 0221/22 12 44 38, www.museenkoeln.de/roemisch-germanisches-museum

ESSEN UND TRINKEN

Alte Griechenschänke. Traditionskneipe für die Nachbarschaft. Mo–So 16–5 Uhr, Kleiner Griechenmarkt 73, 50676 Köln, Tel. 0221/271 83 88, www.alte-griechenschaenke.de

Alte Römerschänke im Hotel Alter Römer. Rustikale Kneipe in Dom- und Ausgrabungsnähe. Mo–So 10–24 Uhr, Am Bollwerk 23, 50667 Köln, Tel. 0221/258 06 50.

Brauerei zur Malzmühle. Lecker Bier. So–Do 11.30–24, Fr, Sa 11.30–1 Uhr, Heumarkt 6, 50667 Köln, Tel. 0221/21 01 17, www.muehlenkoelsch.de

Vringstreff. Begegnungsstätte für Menschen mit und ohne Wohnung mit täglich wechselndem Mittagstisch. Mo–Do 11.30–17, Fr 9–12 Uhr, Im Ferkulum 42, 50678 Köln, Tel. 0221/278 56 56, www.vringstreff.de

ÜBERNACHTEN

Hopper Hotel St. Josef. Wohnen in einem ehemaligen Stiftsgebäude in geschmackvoll eingerichteten Zimmern. Dreikönigenstraße 1–3, 50678 Köln. Tel. 0221/99 80 00, www.hopper.de

Stadthotel Am Römerturm. Wohnen im Kolping-Haus. St.-Apern-Str. 32, 50667 Köln, Tel. 0221/209 30, www.stadthotel-roemerturm.de

INFORMATION

KölnTourismus. Mo–Sa 9–20, So 10–17 Uhr, Kardinal-Höffner-Platz 1, 50667 Köln, Tel. 0221/34 64 30, www.koelntourismus.de; einen virtuellen 3D-Rundgang durch das historische Köln bietet www.colonia3d.de

Reliefsteine und Kapitelle: Römisch-Germanisches Museum

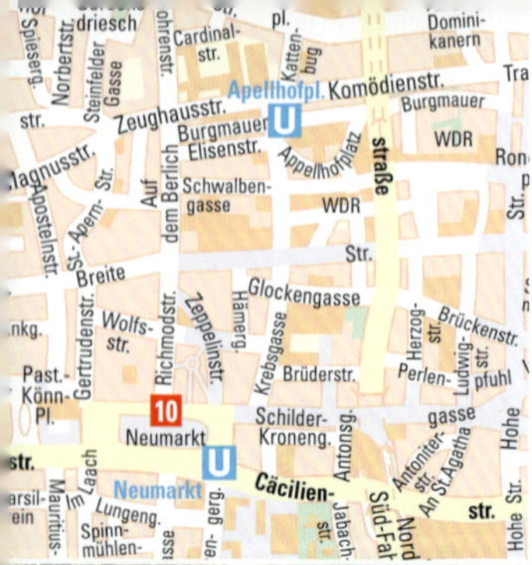

Mitte: Shoppingmall: Neumarkt-Passage
Unten: Pferde im Dach: Richmodisturm

10 Rund um den Neumarkt

Shopping und Bildung

Für die Innenstadt ist der Neumarkt das Zentrum, vom Verkehr umtost, aber auch weil der Platz ein Knotenpunkt des öffentlichen Nahverkehrs ist. Aus allen Himmelsrichtungen kreuzen die Bahnen ihn ober- und unterirdisch. Hier beginnt die zentrale Fußgängerzone, die Schildergasse. Nördlich schließen sich modern gestaltete Kaufhäuser, Shoppingmalls und Einkaufspassagen an. Südöstlich haben sich Kölner Bildungsinstitutionen, Zentralbibliotheken und Museen an die Freifläche angedockt.

Öde wirkt für viele der Neumarkt – nicht ganz zu Unrecht. Auf der riesigen Freifläche von genau 646 Metern Länge wird schon lange nicht mehr mit Gemüse, Obst und Waren gehandelt. Lediglich an einem Büdchen direkt an der Haltestelle drückt sich Kölns Alk- und Drogenszene herum. Zum ersten Mal wurde der größte Platz Kölns (27 300 Quadratmeter, davon 8600 Nutzfläche) als Markt- und Handelsplatz in den Stadtannalen 1076 mit dem Namen *novo mercato* erwähnt. Am Westrand führte damals noch die alte Stadtmauer entlang. Heute beleben nur noch selten Trödel- oder Weihnachtsmärkte, ein Zirkus oder Karnevalsveranstaltungen das *novum forum*. Dafür bimmelt es ständig, wenn die in Ost-West-Richtung oberirdisch geführten Straßenbahnen auf dem Neumarkt im Minutentakt einfahren, um Umsteiger auszuspucken, die dann in den unterirdischen Teil des Platzes entschwinden, um wiederum eine der von Nord nach Süden fahrenden Bahnen zu erreichen. Und zu Rushhour-Zeiten sollte der Besucher den Platz tunlichst meiden, um nicht mit den Ellbogen und der Hektik der Berufstätigen unliebsamen Kontakt zu bekommen.

Pferde im Turm

Am Westrand beeindruckt die mächtige romanische Basilika von Sankt Apostel, gleich daneben am Nordrand die Neumarkt-Passage, in der die Kölner Kreissparkasse das bundesweit gerühmte Käthe-Kollwitz-Museum eröffnet hat und in ihrer Kassenhalle Dinge ausstellt, die mit den *Nüsselen*, dem Geld zu tun haben: Spardosen, Münzen, Geldbörsen und historische Wertpapiere. Wer mitten auf dem neuen Markt steht, dem fällt direkt der achteckige Turm am Anfang der Richmodisstraße auf, der trotz der kuriosen Abschlussverzierung oft unbeachtet bleibt. Aus den oberen Turmfenstern schauen zwei weiße Pferdekopfnachbildungen heraus. Die Sage führt ins Jahr 1347, als die schöne Richmodis, Gattin des betuchten Patriziers und Bürgermeisters Mengis von Aducht, scheinbar von der Pest dahingerafft wurde. Als Grabräuber den Schmuck der Verblichenen rauben wollten, wachte die Scheintote auf und kehrte zurück. Schockiert soll von Aducht beim Anblick der geliebten Gattin gerufen haben: »Das glaube ich nicht, eher laufen meine Pferde auf den Turm.« Und da sind sie jetzt und schauen auf den Neumarkt.

Eishörnchen verkehrt

Moderne Kunst findet sich dagegen nur eine Querstraße weiter, an der Ecke Zeppelinstraße. Da scheint aus luftiger Höhe einem Riesen sein Eishörnchen auf die Neumarkt Galerie gefallen zu sein, natürlich mit dem Vanilleeisbällchen zuunterst. Kölns Bevölkerung war nicht gerade begeistert, als die Pläne für die umgerechnet 1,5 Millionen Euro teure künstlerische Verzierung der

AUTORENTIPP!

PUSZTA-HÜTTE.
In dem unscheinbaren Haus direkt um die Ecke vom Neumarkt befindet sich seit Kriegsende eine Essinstitution: Die »Puszta-Hütte«. Nach seiner Rückkehr aus ungarischer Kriegsgefangenschaft brachte der Kölner Max Lippert das Rezept für eine »feurige Gulaschsuppe« mit und eröffnete in einer selbst gezimmerten Holzhütte seinen Imbiss. Anfang der 1950er-Jahre zog er dann mit seiner »Puszta-Hütte« in ein damals noch notdürftig repariertes Trümmerhaus in der Fleischmengergasse um. Dort wird noch heute nach dem Lippertschen Originalrezept das ungarische Gulasch serviert. Wer möchte, kann sich gleich auch ein paar Dosen von der Suppe für den Heimweg einpacken lassen, die laut Eigenwerbung »den ältesten Jahrgang aufs Fahrrad« hebt.

Puszta-Hütte. Feuriger Gulasch nach original ungarischem Rezept. Mo–Sa 10–20 Uhr, Tel. 0221/23 94 71, Fleischmengergasse 57, 50676 Köln, www.pusztahuette.de

Oben: Kunst am Kaufhaus: Eistüte verkehrt
Mitte: Wohnkultur aus Asien: Schwarzer Elephant in der Gürzenichstraße
Unten: Haus der Architektur, Josef-Haubirch-Hof

Pop-Art-Künstler Claes Oldenburg und Coosje van Bruggen öffentlich wurden, die für ihr ironisches Verhältnis zur Konsum- und Warenwelt bekannt sind. Aber jetzt sitzt die bunte Eistüte bereits seit 2001 drei Tonnen schwer und zehn Meter bis zum spitzen Ende hoch unübersehbar genau dort, wo Kölns Einkaufszone beginnt. Vielleicht hat die Kölner ja auch die Tatsache milde gestimmt, dass die Künstler mit der Spitze an die zahlreichen Kirchtürme der Stadt anknüpfen wollten.

Shoppen bis zum Bierbrunnen

Kölns Kaufzentrum Schildergasse zieht sich bis in die Höhe der Galerie Kaufhaus. Dort biegt sie gen Norden auf die ebenfalls verkehrsberuhigte Hohe Straße ab. Genau dort befindet sich eine Granitstele, die von elf Steinsitzen umgeben ist. Der *Bierbrunnen* wurde von einem Kölner Brauereiunternehmen gestiftet und nach einem Entwurf des Meisterschülers der Kölner Werkschulen, Harald Frehen, der sich im Stein verewigt hat, aus Granit gefertigt. Obwohl anlässlich der Einweihung 1972 Bier aus dem Obelisk rann, können heute müde gelaufene Käuferinnen und Käufer im Sommer ihre Füße in der ebenerdigen Brunneninstallation nur noch mit gewöhnlichem Wasser kühlen.

MAL EHRLICH

WIE ÜBERALL

Der ehemalige Exerzierplatz und die Einkaufszone Schildergasse sind nicht wirklich das, was man nach einem Köln-Besuch als Erinnerung mit nach Hause bringt. Die Fußgängerzone könnte auch in jeder anderen bundesdeutschen Großstadt zu finden sein. Aber ein Schaufensterbummel kann eine erholsame Zwischenstation nach dem Besuch des Kollwitz-Museum und dem anschließenden Erlebnis Kulturen der Welt im Rautenstrauch-Joest-Museum bilden.

Vom Gesundheitsamt nach Kalkutta

An der Südseite des Neumarkts dominiert ein Gebäude mit Werksteinfassade. Heute ist dort das Gesundheitsamt untergebracht. Das Haus (1908/09) wurde von den Brüdern Adolf und Ignaz Bing, Mitglieder einer jüdischen Kaufmannsfamilie, erbaut und Mitte der 1930er-Jahre von den Nazis enteignet. 1939 errichtete die Stadt dort das Gesundheitsamt unter anderem mit der »Beratungsstelle für Erb- und Rassenpflege«, die die Naziideologie von der Erhaltung der »arischen Rasse« überwachen sollte und die sogenannten Ariernachweise vergab. Auch heute noch ist in den Räumen das städtische Gesundheitsamt untergebracht. Direkt um die Ecke liegt am Eingang der Fleischmengergasse mit seinen asiatischen und indischen Läden ein buntes Einkaufsviertel, das die Kölner ein wenig euphemistisch Klein Kalkutta nennen, aber für Bollywood-Freunde tatsächlich ein Einkaufsparadies sein dürfte.

Bildungs- und Bibliothekszentrum

Auf der gegenüberliegenden Straßenseite befindet sich neben dem modernen Rundbau eines Ärztecenters im Josef-Haubrich-Hof Kölns Bildungs- und Bibliothekszentrum. Neben der städtischen Zentralbibliothek ist in dem sechsgeschossigen Gebäude auch noch die *Germania Judaica* untergebracht. Die unter anderem von dem Schriftsteller und Literaturnobelpreisträger Heinrich Böll 1959 mitgegründete »Kölner Bibliothek zur Geschichte des deutschen Judentums« ist eine international anerkannte Institution, die mit über 80 000 Bänden die derzeit größte Sammlung deutschsprachiger Literatur über jüdisches Leben in Deutschland besitzt. Als wissenschaftliche Spe-

AUTORENTIPP!

KÄTHE-KOLLWITZ-MUSEUM

Leider liegt das Käthe-Kollwitz-Museum recht unscheinbar in der vierten Etage der Neumarkt Passage, in dem sich die Hauptstelle der Kölner Kreissparkasse befindet. Grundstock der Sammlung waren 60 Zeichnungen der in Moritzburg bei Dresden verstorbenen Grafikerin, Malerin und Bildhauerin Käthe Kollwitz (1867–1945). Mit politischen Lithografien Radierungen, Kupferstichen, Holzschnitten und Plastiken machte sich Kollwitz einen Namen als sozial engagierte Künstlerin. Bedeutsame frühe Kohlezeichnungen, die sie in der Satirezeitschrift *Simplicissimus* publizierte werden hier ausgestellt (1908–1910). Daneben haben ihre Druckgrafiken *Ein Weberaufstand* (1893–1897), *Bauernkrieg* (1901–1908) und ihre Holzschnittzyklen *Krieg* (1921/22) und *Proletariat* (1925) sowie ihre Lithografiensammlung *Tod* (1934–1937) besondere Beachtung verdient.

Käthe-Kollwitz-Museum Köln. Di–Fr 10–18, Sa, So 11–18 Uhr, 4 €, Tel. 0221/227 28 99, Neumarkt 18–24, 50667 Köln, www.kollwitz.de

Der Themenparcours »Der Mensch in seinen Welten« im Rautenstrauch-Joest-Museum lädt zu einer ebenso verblüffenden wie erkenntnisreichen Entdeckungsreise ein.

zialbibliothek dient sie Forschern aus dem In- und Ausland, in ihrem Bestand finden sich über 500 verschiedene deutsch-jüdische Zeitungen und Zeitschriften.

Kulturen der Welt im Rautenstrauch-Joest-Museum

Das Völkerkundemuseum Rautenstrauch-Joest befindet sich erst seit 2010 an seinem derzeitigen Standort in Neumarktnähe. Benannt ist es nach dem Geografen und Völkerkundler Wilhelm Joest (1852–1897) und seiner Schwester Adele Rautenstrauch (1850–1903), die zusammen mit ihrem Mann, Eugen von Rautenstrauch (1842–1900), den Grundstock für die umfassende Sammlung von rund 65 000 Objekten und etwa 100 000 historisch-ethnografischen Fotografien gelegt haben. Äußerlich ist das Ausstellungsgebäude durch seine strenge Klinkerfassade und die vielen Fenster geprägt. Schon im hellen Foyer fällt einem das dadurch ermöglichte einzigartige Lichtspiel auf. Mit 21 Metern Höhe bietet es auch Platz für einen kompletten Reisspeicher von der indonesischen Insel Sulawesi. Die imposante Holzkonstruktion ist gleichzeitig das neue Wahrzeichen des Museums, das den Menschen die Kulturen der Welt näherbringen will. Dafür haben die Verantwortlichen auch das Museumskonzept geändert. Waren früher Präsentationen nach geografischen Einordnungen üblich, bieten die Kuratoren in der ständigen Ausstellung thematische Zuordnungen über Religion, Vorurteile, Rituale und Lebensformen, die sie dann mit Schaustücken aus unterschiedlichen Regionen, Kulturen und Zeiträumen untermauern. Wie es scheint, handelt es sich um ein erfolgreiches Präsentationskonzept, denn das Museum ist nicht nur sehr beliebt bei den Besuchern, sondern wurde seit seiner Neueröffnung bereits mehrmals ausgezeichnet.

Infos und Adressen

SEHENSWÜRDIGKEITEN

Geldgeschichtliches Museum. Mo–Fr 9–18.30, Sa 10–14 Uhr, Kassenhalle der Kreissparkasse Köln, Neumarkt-Passage, Neumarkt 18–24, 50667 Köln, Tel. 0221/227 23 70, www.geldgeschichte.de

Germanica Judaica. Kölner Bibliothek zur Geschichte des deutschen Judentums. Di–Fr 10–18, Sa 10–15 Uhr, Josef-Haubrich-Hof 1, 50676 Köln, Tel. 0221/23 23 49 oder 0221/221 23 79 24, www.stbib-koeln.de/judaica

Rautenstrauch-Joest-Museum. Di–So 10–18, Do 10–20 Uhr, 7 €, Cäcilienstraße 29-33, 50667 Köln, Tel. 0221/22 13 13 01, www.museen-koeln.de/rautenstrauch-joest-museum

ESSEN UND TRINKEN

Bei d'r Tant. Nach Feiertag wird »bei der Tante« das After-Work-Bier genossen. Mo–Do 11–24, Fr, Sa 11–1 Uhr, Cäcilienstraße 28, 50667 Köln, Tel. 0221/257 73 60, www.bei-dr-tant.de

Bistro Kolbs im Kulturquartier. Di, Mi 10–18, Do–So 10–18 Uhr, Cäcilienstraße 29, 50667 Köln, Tel. 0221/39 90 99 57.

Café Riese Köln. Kuchen, Torten und Eis. Mo–Sa 7.30–20, So 11–18 Uhr, Schildergasse 103, 50667 Köln, Tel. 0221/925 82 60, www.caferiese.de

ÜBERNACHTEN

Hotel Altera Pars. Exklusives, aber preisgünstiges City-Hotel mit gemütlicher Atmosphäre. Thieboldsgasse 133–135, 50676 Köln, Tel. 0221/27 23 30, www.alterapars-koeln.de

Hotel am Augustinerplatz. Messehotel für Geschäftsreisende. Hohe Straße 30, 50667 Köln, Tel. 0221/272 80 20, www.hotel-am-augustinerplatz.de/

EINKAUFEN

Asien Bazaar. Mo–Fr 9–18 Uhr, Fleischmengergasse 31, 50676 Köln, Tel. 0221/240 25 93.

Indian Center. Mo–Fr 10.30–20, Sa 10.30–18 Uhr, Fleischmengergasse 16, 50676 Köln, Tel. 0221/240 25 95, www.indian-center.de

Museumsshop Cäcilienstraße 33. Ausstellungskataloge, Bildbände und Postkarten zum Thema religiöse Kunst. Di–So 10–18, Do 10–20 Uhr, Cäcilienstraße 33, 50667 Köln, www.msshop33.de

Neumarkt-Passage, Hofer essBar

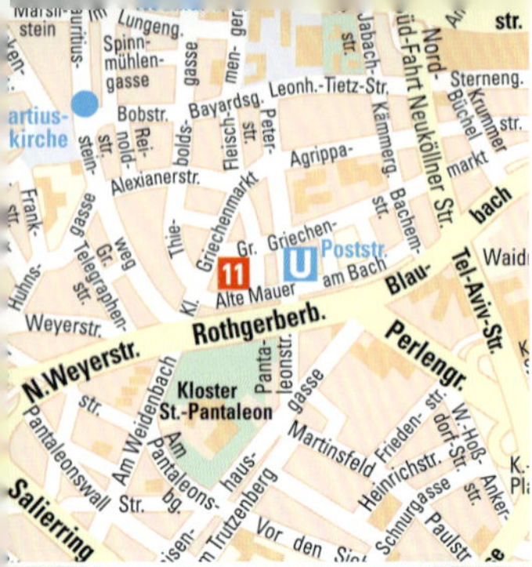

Mitte: Alter Hausbestand: Schemmergasse
Unten: Erinnerungstafel an die Schule in der Kaygasse Nr. 0

11 Das Griechenmarktviertel

Wohnen im Zentrum

Das südlich des Neumarkts und der Einkaufszone Kölns gelegene Griechenmarktviertel ist vor allem Wohngebiet, mit den Nachkriegshäusern, die keine wirklich architektonisch innovativen Spuren hinterlassen. Lediglich die Schemmergasse reflektiert noch den alten Charme der Vorkriegsbesiedlung zwischen dem inneren Zentrum und der Stadtmauer.

Rund um die Straßen Kleiner und Großer Griechenmarkt wohnten über Jahrhunderte vor dem Zweiten Weltkrieg die einfachen Bürger der Stadt relativ zentral. Angeblich wurden zu Zeiten der griechischstämmigen Kaiserin Theophanu (etwa 955–991) in dem Areal direkt an der Stadtmauer Handwerker und Künstler aus Griechenland angesiedelt. Auf jeden Fall war die Gegend, die von zahlreichen, heute unterirdisch verlaufenden Gewässern durchzogen ist, Wohn- und Werkstatt von Handwerkern. Einige der umliegenden Straßennamen legen Zeugnis von den Berufen ab: Blaubach, Rothgerberbach, Mühlenbach, Filzengraben, Perlengraben. Nach dem Niedergang des Handwerksgewerbes wurde es zum Arme-Leute-Viertel, in dem sich zum Ende des 19. Jahrhunderts viele osteuropäische Juden ansiedelten und dem Viertel bis zur Schoa mit ihren kleinen Werkstätten und Gebetsstuben ihren eigenen Stempel aufdrückten.

Altbestand

Nach dem Krieg stand in dieser Gegend fast kein Stein mehr auf dem anderen. Von der Zerstörung sind nur Reste der alten Stadtmauer, einige wenige Häuserzeilen, der alte Wasserturm und die ehemalige Brennerei »Im Bachem« weitgehend verschont geblieben und wiederaufgebaut worden. Das Doppelgiebelhaus aus dem Jahre 1590 vereint Spätrenaissance- und Frühbarockelemente in seiner Fassade. Das Kölner Literaturhaus nutzt das Haus als Treffpunkt für die Kölner Literaturszene.

In der Kayjass

Direkt gegenüber befindet sich das aufwendig renovierte Agrippabad, eine ausgedehnte Bade- und Saunalandschaft mitten in der Stadt. Daran schließt die katholische Hauptschule *Großer Griechenmarkt* an, eine der pädagogischen Vorzeigeschulen der Stadt, die sich rühmen darf, direkt an der Kaygasse zu liegen, die in einem der bekannten Karnevalslieder besungen wird: »Dreimol Null es Null, es Null,/denn mer woren en d'r Kayjass en d'r Schull.« Mit der Adresse Kaygasse ziert sich auch Kölns Vorzeigehotel »Im Wasserturm«. Der denkmalgeschützte ehemalige Wasserspeicher, 1868 bis 1872 erbaut, gehört zu den ältesten erhaltenen Wassertürmen der Stadt und wurde 1990 zu einem Luxushotel umgestaltet. Die Lage und Zimmereinrichtung gehören zur Spitzenklasse in Köln, die beiden Restaurants spielen in der obersten kulinarischen Liga. Im Dachrestaurant »Himmel und Äd« im elften Stock mit Panoramablick bietet Mathias Maucher gehobene Küche.

Sowohl die Schemmergasse als auch die Schartstraße mit ihrer Kopfsteinbepflasterung, sind beschauliche und schmale Straßen, die den Krieg weitgehend unbeschädigt überstanden haben. Die Mehrzahl der ehemaligen zweigeschossigen Ein- und Zweifamilienhäuser sind liebevoll bis in die Details wie den Steinfiguren über den Hauseingängen renoviert worden.

Infos und Adressen

ESSEN UND TRINKEN

d/\blju 'W und Himmel und Äd. Regionale Gerichte mit internationalem Flair. Mo–Fr 12–14.30, 18.30–21.30, Sa 18.30–21.30, So 12–16, 18.30–21.30 Uhr, Kaygasse 2, 50676 Köln, Tel. 0221/200 81 87, www.hotel-im-wasserturm.de

Immer Essen. Speiselokal mit wechselnden Tagesgerichten und Eintöpfen. Mo–Sa 11.30–18 Uhr, Kleiner Griechenmarkt 23–25, 50676 Köln, Tel. 0221/16 91 07 02.

ÜBERNACHTEN

Hotel Im Wasserturm. Luxuriös wohnen in einzigartiger Architektur. Kaygasse 2, 50676 Köln, Tel. 0221/200 80, www.hotel-im-wasserturm.de

EINKAUFEN

Musikgeschäft a-Musik. Schallplattengeschäft und Plattenlabel für experimentelle Musik. Kleiner Griechenmarkt, Mi 12–19 Uhr, Kleiner Griechenmarkt 28–30, 50676 Köln, Tel. 0221/510 75 91, www.a-musik.com

AKTIVITÄTEN

Agrippa Bad. Saunalandschaft und Außenbad. Mo–Fr 6.30–22.30, Sa, So 9–21 Uhr; Sauna Mo–Fr 9–23, Sa, So 9–20 Uhr, Tageskarte 21 €, Kämmergasse 1, Tel. 0221/279 17, www.koelnbaeder.de, U-Bahn Poststraße

Mitte: Ihre Lieblichkeit, die Jungfrau ist traditionell ein Mann.
Unten: Beliebtes Kostüm: Der Lappenmann

12 Karneval

Ausnahmezustand für sechs Tage

Vor dem Frühling kommt die 5. Jahreszeit: der Karneval. Im November beginnt am »11. im 11. um 11.11 Uhr« das karnevalistische Vorglühen und ab Januar jagen sich täglich Sitzung um Sitzung bis zum Höhepunkt der närrischen Saison. Ab Weiberfastnacht, dem Donnerstag vor dem Karnevalswochenende, herrscht in Kölns Straßen dann Ausnahmezustand, stundenlange Wartezeiten vor den Kneipen werden selbst bei Schnee und Regen mit Kölsch weggefeiert bis am Aschermittwoch »alles vorbei« ist.

Eröffnet wird der Straßenkarneval am Weiberfastnacht pünktlich um 11.11 Uhr auf dem Altermarkt. Die »jecke« Saison beginnt aber bereits mit dem Jahreswechsel. Dann veranstalten die verschiedenen Karnevalsgesellschaften ihre Prunk-, Herren-, Mädchensitzungen und dann kann man auch im Januar, Februar oder sogar noch im März an gewöhnlichen Arbeitstagen Kostümierte auf der Straße sehen. Das Kernstück der Sitzungen sind die sogenannten Büttenredner, die Politik und menschliches Miteinander kommentieren und ironisieren. Dazu kommen Musikgruppen und Gesangsinterpreten – manche bestreiten aufgrund der hohen Einkünfte ihren Jahresunterhalt damit. Überregional bekannt sind Mundartmusikgruppen wie die Bläck Fööss, de Höhner, Paveier, Brings, Bernd Selter und Guido Kanz.

Traditonskorps

Insgesamt neun Traditionskorps (Rote und Blaue Funken, Altstädter, Ehrengarde, Prinzengarde, Jan von Werth, Treuer Husar, Bürgergarde »blau-gold« und Nippeser Bürgerwehr) gibt es. Sie tragen bunte Uniformen, sind mit Holzsäbeln und mit Blumen geschmückten Gewehrattrappen bewaffnet, eine Persiflage auf den preußischen Drill.

Das Dreigestirn

Regiert und repräsentiert werden die Kölner Narren vom Dreigestirn: dem Prinzen, »Seine Tollität«, als Repräsentanten des Bürgertums; dem »Buur«, »Seine Deftigkeit«, als Vertreter des Bauernstandes; der Jungfrau, »Ihre Lieblichkeit«, als Beschützerin Mutter Colonia. Auch diese Rolle wird von einem männlichen Darsteller übernommen.

Alternativer Karneval

Jahrelang weitgehend unbeachtet hat sich der alternative Karneval inzwischen karnevalistisches und kabarettistisches Renommee verschafft. Die »Stunksitzung«, einst eine Persiflage auf den offiziellen Karneval, ist aus dem karnevalistischen Treiben nicht mehr wegzudenken. Und auch Kölns schwule und lesbische Szene feiert mit der »Rosa Sitzung« ihr eigenes Saalevent. Die Rosa Funken oder die bärtigen Cheerleader *Pink Poms* werden nicht nur auf diesen Sitzungen gefeiert.

D'r Zoch kütt

Sessionshöhepunkte sind die beiden Karnevalsumzüge durch die Kölner Innenstadt. Schulkinder und Stadtteil-Aktive ziehen am Sonntag bei den Schul- und Viertelszügen durch die Stadt, beim offiziellen Rosenmontagsumzug beherrschen die großen Karnevalsgesellschaften mit ihren Motto- und Prunkwagen das Bild. Sein Ende findet der Karneval um Punkt Mitternacht des Veilchendienstags mit der Verbrennung des Nubbels.

Infos und Adressen

SEHENSWÜRDIGKEITEN

Kölner Karnevalsmuseum. Do 10–17 Uhr, Sa und So 11–17 Uhr, an Karneval geschlossen, Maarweg 134–136, 50825 Köln, Tel. 0221/574 00 76, www.kk-museum.de

Weiberfastnacht. Die Marktweiber übernehmen die Macht. 9.11 Uhr, Wilhelmplatz, Köln-Nippes.

Offizielle Eröffnung des Straßenkarnevals. 11.11 Uhr, Altermarkt, Innenstadt.

Spiel von Jan und Griet. Ca. 13.35 Uhr, Severinstor/Köln-Severinsviertel, anschließend Umzug bis zum Jahn-von-Werth-Brunnen auf dem Altermarkt. www.weiberfastnacht-koeln.de

Karnevalsfreitag. Sternmarsch von Viertelsvereinen durch die Innenstadt, 18 Uhr, Eisenmarkt, www.koelnisches-brauchtum.de

Karnevalssamstag. Geisterzug. Beginn 18 Uhr. Zugweg: www.geisterzug.de

Karnevalssonntag. Schull- un Veedelszöch, 11.11 Uhr. Anfang Clodwigsplatz. Zugweg: www.koelnerkarneval.de

Karnevalsmontag. Rosenmontagszug, Großer Festzug, Beginn ca. 10/10.30 Uhr. Zugweg: www.koelnerkarneval.de

Veilchendienstag. Umzüge in den Stadtteilen. Infos auch zum Nubbel-Verbrennen: www.koeln.de/tourismus/karneval

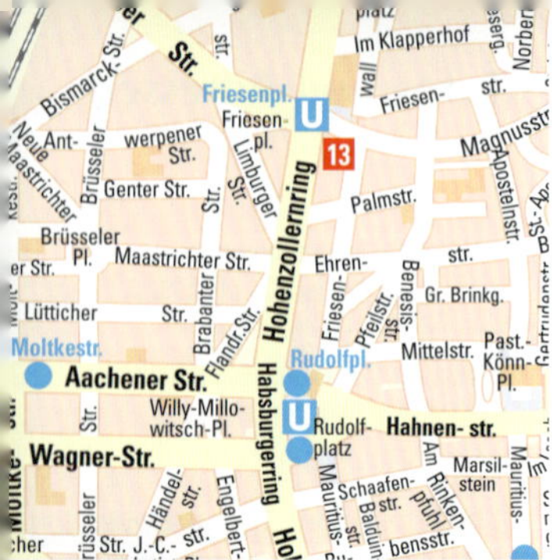

Mitte: Früher trafen sich in der Friesenstraße Kölns Halbweltgrößen, heute gehen hier die jungen Leute zum Tanzen.
Unten: Am Flügelauto auf dem Dach erkennt man sofort das Stadtmuseum.

13 Friesenviertel
Vom Schmuddelstadtteil zum Wohnort de Luxe

Das Friesenviertel rund um die Friesenstraße war bis in die 1980er-Jahre Kölns Rotlichtrevier. Die ehemaligen Bars mit staubigem Plüsch und Vorhängen hinter den Türen haben längst ihre Besitzer gewechselt und ihr Schmuddelimage abgelegt. Und der städtebaulich dominante Gebäudekomplex des Versicherungsgiganten hat sich als »Gerling Quartier« in eine exklusive Wohn- und Büroanlage gewandelt.

Dass Köln schon seit seiner Gründung nicht nur ein Schmelztiegel für Menschen aus aller Welt, sondern auch für verschiedene Baustile gewesen ist, merkt man unter anderem am heutigen Stadtmuseum in der Zeughausstraße. Es ist in der ehemaligen Waffenkammer der Stadt untergebracht. Das Anfang des 17. Jahrhunderts errichtete, lang gestreckte Backsteingebäude (1594–1606) ist mit seinen Treppengiebeln eindeutig niederländisch geprägt. Historische Uniformen und Waffen, Devotionalien aus dem Heiligen Köln sowie Dokumente aus der früheren Hanse- und Handelsstadt, werden in dem zweigeschossigen Museum präsentiert. Aber die Ausstellungsmacher wagen sich auch, durchaus mit ironischer Distanz, an Themen mit Lokalkolorit heran: Klüngel, Kölsch und Karneval.

Fliegende Autos

Heftigen Streit hat 1991 ein modernes Kunstobjekt ausgelöst, das den 20 Meter hohen mehreckigen Treppenturm des Hauses krönt. Das *Flügelauto* des Parchimer Aktions- und Objektkünstlers HA Schult (geb. 1939). Der damalige Regierungspräsident Franz-Josef Antwerpes (geb. 1934) versuchte mit Denkmalsschutz-Argumenten den geflügelten und vergoldeten Ford Fiesta vom Hausdach zu holen. Vergeblich. Er scheiterte an einer kölschen Problemlösung: Der sonderbare Goldvogel wird »vorübergehend« geduldet.

Halbwelt, Boxer und Prominente

Westlich, in der Friesenstraße erinnert nur noch wenig an alte Zeiten. Lediglich die Kneipe »Klein Köln«, zwischen der Albertus- und der Römerstraße, versucht mit Nostalgie an rot beleuchtete Schaufenster und Hauseingänge zu erinnern. Dort standen Kölns Halbweltgrößen gemeinsam mit Prominenten an der Theke. Direkt gegenüber befindet sich das Brauhaus Päffgen, in dem sich am späten Nachmittag die Gäste zum Feierabendbier vor dem Tresen drängen.

Schöner Wohnen im Karree

Parallel dazu befindet sich die ehemalige Zentrale des einst größten Versicherungs- und Rückversicherungskonzerns. Der Gerling-Komplex am Klapperhof ist eine Steinkomposition in 1950er-Jahre-Ästhetik, in der sich der Nazi-Bildhauer Arno Breker architektonisch verwirklichen durfte. Der Niedergang des Konzerns hat der Stadt das über 46 000 Quadratmeter große Gerling Quartier beschert. Hier ist in dem denkmalgeschützten Baukoloss ein lebendiges Stadtquartier im Stadtzentrum entstanden.

Am Ende der Friesenstraße öffnet sich die Straße in den Friesenplatz, von dem rechts und links die Ringe abgehen. Zum Ende der Woche verwandeln sie sich vom Barbarossaplatz bis zum Kaiser-Wilhelm-Ring zu Kölns Feiermeile par excellence.

Infos und Adressen

SEHENSWÜRDIGKEITEN

Kölnisches Stadtmuseum. Di 10–20, Mi–So 10–17 Uhr, Eintritt 5 €, Zeughausstraße 1–3, 50667 Köln, Tel. 0221/22 12 57 89, www.museenkoeln.de/koelnisches-stadtmuseum

ESSEN UND TRINKEN

Brauerei Päffgen. Durch den Eingangsbereich fuhren früher die Brauereipferde mit ihren Bierfässern in das Hinterhofbrauhaus. So–Do 10–24, Fr, Sa 10–0.30 Uhr, Friesenstraße 64, 50670 Köln, Tel. 0221/13 54 61, www.paeffgen-koelsch.de

Klein Köln. Hier standen Unterweltgrößen, Boxmeister wie Peter Müller »De Aap« (1927–1992) und Fernsehpromis an der Theke. Mo–Sa ab 20 Uhr bis der letzte Gast geht, Friesenstr. 53, 50670 Köln, Tel. 0221/25 36 76, www.kleinkoeln.com

Päff Schankwirtschaft. Traditioneller Bierausschank. Friesenwall 130, 50672 Köln, Tel. 0221/12 10 60, www.paeff.com

ÜBERNACHTEN

Hotel Pullman Cologne. Hier residieren zur Karnevalszeit die Kölner Tollitäten. Helenenstraße 14, 50667 Köln, Tel. 0221/27 50, www.pullmanhotels.com

Lindner Hotel City Plaza. Gediegen, modern eingerichtetes Businesshotel nicht nur für Geschäftsreisende. Magnusstraße 20, 50672 Köln, Tel. 0221/203 40, www.lindner.de

Gegr. früh em Veedel 1879

DER SÜDEN

Deutzer Ring
Östliche Zubringer-str.
Deutzer Friedhof
Walter-Kasper-Weg
Wissener Weg
Rolshover Kirchweg
Am Grauen Stein
Kannebäckerstr.
Burgenlandstr.
Bendf.W.
Höhner Weg
Grenzhs.-Weg
Vallendarer Str.
Efeuplatz
Allerseelenstr.
An den Maien
I. Mittelfeld
Raiffeisenstr.
Siegburger Str.
Poll Salmstr.
Poller Kirchweg
Deutzer Hafen
Alfred-Schütte-Allee
Südbrücke
Schönhauser Str.
Severinsbrücke
Drehbrücke
Diehbrücke
Siegburger Straße
Deutzer Ring
Gotenring
Suevenstr.
Alarichstr.
Markomannenstr.
Arnoldsstr.
An der Bastion
Alemannenstr.
Stadtgarten
Israel. Friedh.
Juden-kirchh.-weg
Am Deutzer Stadtgarten
Mühlenweg
Otto-Gerig-Str.
Dr.-Simons-Str.
Kaltenbornw.
Im Hasental
Alter Bebelplatz
Cheruskerstr.
Teutonenstr.
Am Leystapel
Malakoffturm
CHOCOLAT GrandCafé
Schokoladenmuseum
Schokoladenmuseum Köln
E 17 Hase Hafencafé
Deutsches Sport & Olympia Museum
Wartesaal im Zollhafen
Kranhaus Nord
Kranhaus Mitte
Kranhaus Süd
Kunsthaus Rhenania
M.S. Tadorna
Kranhäuser
Bürgerzentrum Stollwerck
Hafenamt
ILIOS Restaurant
Bayenturm
Rheingenuss Stehcafé
Am Bayenturm
Limani
Gaststätte Spielplatz – AbundZu
Silohäuser
Agrippina-Ufer
Mainzer Hof
Friedenspark
Römerpark
Holzmarkt
Hotel Lyskirchen
Tauzieher
Rheinaustr.
NH Köln City
art'otel cologne
Chino Latino
Novotel Köln City
Bayenstr.
Trude-Herr-Park
Wohnen im Stollwerck
Südwall
Dinnerclub Cologne
Cafe Walter
Restaurant U-Bier-Ding
Settebello
Alteburger Hof
Maternusstr.
Claudiusstr.
Titusstr.
Mainzer Str.
Alteburger Str.
Oberländer Wall
Alteburger Wall
Kyllstr.
Koblenzer Str.
Bonner Str.
Güterbahnhof Bonntor
Fritz-Reuter-Str.
Hotel Heinzelmännchen
St. Maria im Kapitol
Mühlenbach
Hermann-Josef-Brunnen
Historisches Archiv
Löweng.
Mercure Hotel Severinshof
St. Johann Baptist
Landsbergstr.
Puppentheater
Rosenstr.
Hopper Hotel St. Josef
Stollw.
Dreikönigenstr.
Ökomarkt
Bottmühle
Severinstr.
Chlodweg-Eck
Fiffi Bar
Früh i. Veedel
Ubierring
Coellner Bar
La Guitarra
Pablo Tapas Bar
Cafe Zikade
James Joyce Irish Pub
Teutoburger Str.
Veledastr.
Siegfriedstr.
Ohmstr.
Bonner Stübchen
Bonner Wall
Aparthotel Adagio Köln City
Portalfassade
Tel-Aviv-Str.
La Galette
Karl-Berbuer-Pl.
Trattoria Palermo
Da Salvador
Josephstr.
Altstadt-Süd
Haus Müller
Ab nach Erdmanns
An der Eiche
St. Severin
Zum Alten Brauhaus
La Esquina
Haus Balchem
Turista Süd
Backhaus
Severinstorburg
Torburg
Buchhandlung am Chlodwigpl.
Merowingerstr.
Hotel am fürstenhof
Chlodwigplatz
Trattoria Toscana
Da Dante
Kurfürstenstr.
Rolandstr.
Zugweg
Waidmarkt
Neukölner Str.
Blaubach
Perlengraben
Friedenstr.
Paulstr.
Ulrichgasse
Kartäuserg.
Kartäuserwall
Ulrepforte
Karolingerring
Vorgebirgstr.
Vondelstr.
Filos
Wormser Str.
Ma.-Luth.-Pl.
Loreleystr.
Kowallekstr.
Bischofsweg
Volksgartenstr.
Volksgarten
Vorgebirgswall
St. Peter
St. Cäcilien
Agrippastr.
Agrippabad
Gr. Griechenmarkt
Poststr.
Waisenhausgasse
Martinsfeld
Vor den Siebenburgen
Karmel St. Maria vom Frieden
Sachsenring
Neustadt-Süd
Lothringer Str.
Eifelstr.
Eifelpl.
Eifelplatz
St. Pantaleon
Rothgerberb.
Mauritiuskirche
Alexianerstr.
Gr. Telegraphenstr.
Weyerstr.
Trierer Str.
Salierring
Barbarossaplatz
Neue Weyerstr.
Mauritius
Jahnstr.
Zülpicher Platz
Mauritiuswall
Hohenstaufenring
Pfälzer Str.
Moselstr.
Gabelsbergerstr.
Vorgebirgsglacisweg
Pohligstr.
Am Vorgebirgstor
Höninger Weg
B.-Feilchenf.-Str.
H.-Brüning-Str.
S.-Hartmann-Str.
Bremsstr.
Herthastr.
Weyerstr.
14
15
16
17
18

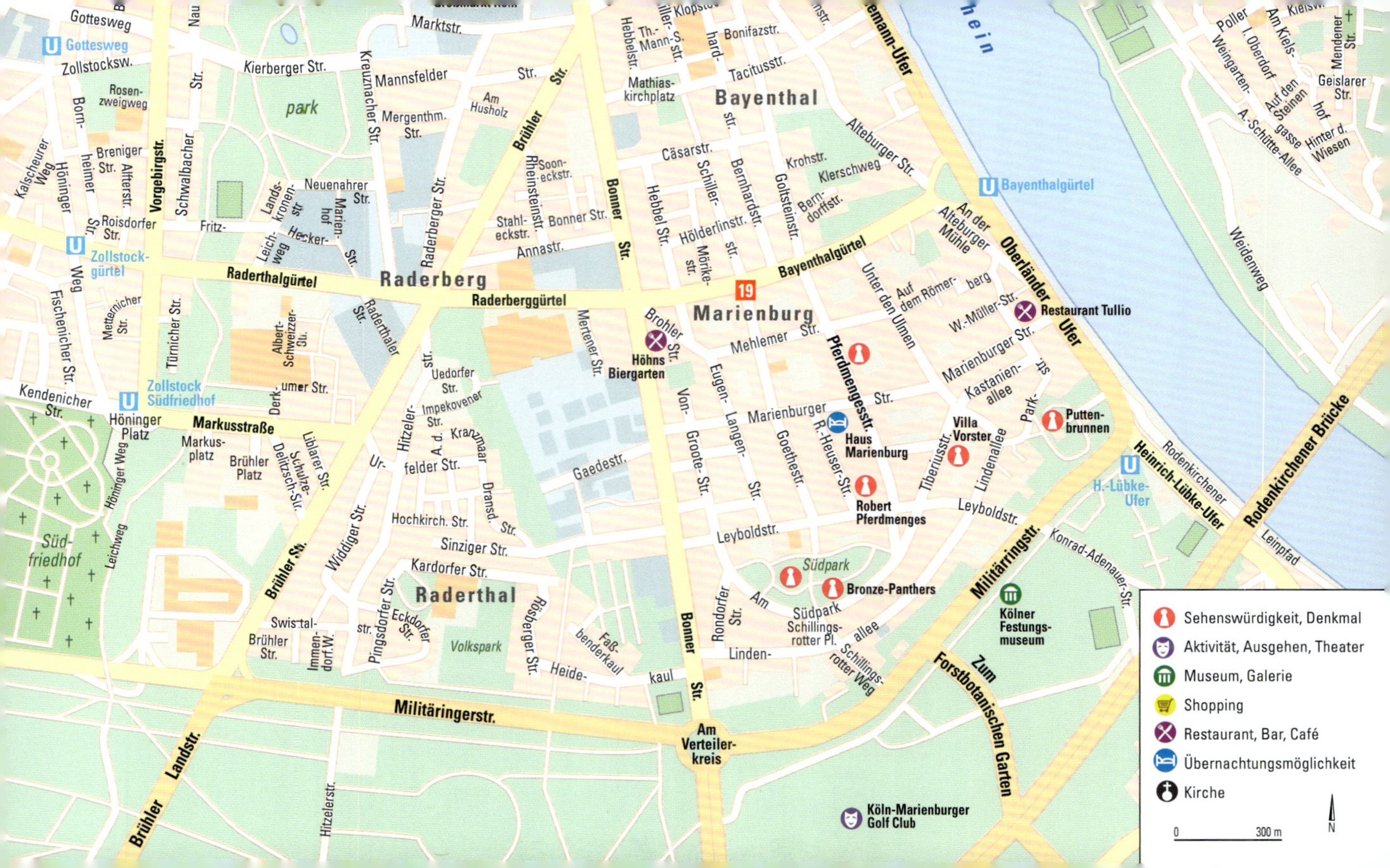
Bayenthal
Marienburg
Raderberg
Raderthal
Rhein
19
Restaurant Tullio
Höhns Biergarten
Haus Marienburg
Villa Vorster
Putten-brunnen
Robert Pferdmenges
Bronze-Panthers
Südpark
Kölner Festungs-museum
Köln-Marienburger Golf Club
Volkspark
Süd-friedhof
Gottesweg
Zollstockgürtel
Zollstock Südfriedhof
Bayenthalgürtel
H.-Lübke-Ufer
Oberländer Ufer
Rodenkirchener Brücke
Heinrich-Lübke-Ufer
Bonner Str.
Brühler Str.
Brühler Landstr.
Militäringerstr.
Militärringstr.
Zum Forstbotanischen Garten
Am Verteilerkreis
Raderthalgürtel
Raderberggürtel
Markusstraße
Vorgebirgstr.
Pferdmengesstr.
Sehenswürdigkeit, Denkmal
Aktivität, Ausgehen, Theater
Museum, Galerie
Shopping
Restaurant, Bar, Café
Übernachtungsmöglichkeit
Kirche
0
300 m
N

Seite 92/93: Brauereigasttätte im Schatten der Severinstorburg: Früh im Veedel
Mitte: Kranhaus 3
Unten: Wohnen im Silohaus, von den Kölnern auch liebevoll »Siebengebirge« genannt

14 Rheinauhafen

Vom Frachtguthafen zum Stadtquartier

Wohnen am Strom ist modern. Und der Rheinauhafen in Sichtweite des Doms ist derzeit Kölns Topadresse für besonders gestylte Lebensform. Wo früher Stückgut umgeladen wurde, blicken Gutverdienende von ihren geräumigen Terrassen auf vorbeifahrende Passagierschiffe der Rheinflotte und Doppelschubschiffe. Kneipen, Restaurants, Freizeit-, Sport- und Musikangebote und Museen haben das Hafengebiet und seine Rheinuferpromenade auch für Ausflügler attraktiv gemacht.

Zweifellos ist der Blick auf den mittelalterlichen Dom bei der Zugfahrt über die Hohenzollernbrücke beeindruckend. Aber die Sicht auf die architektonisch mutig, um nicht zu sagen, kühn gebauten Kranhäuser mit ihren vorgeschobenen oberen Wohnetagen im Rheinauhafen ist eine ernsthafte, modernistische Konkurrenz für das Altertümchen.

MAL EHRLICH

KEINE STILLE VOR DEM WINDSTOSS

Erlebnisgastronomie ohne Terrasse ist heute undenkbar. Diesem Trend entziehen sich auch die zahlreichen Restaurants, Bistros, Cafés und Eisdielen im Rheinauhaufen nicht. Nur leider hat der Gast das windige Nachsehen. Vom Strom pfeift's kräftig um jede Ecke und macht das Terrassenvergnügen bei Kaffee und Kuchen oder Fingerfood mit gekühltem Weißwein zum Serviettenfang-Event, weil die Bauplaner nicht mit der wechselnd böigen Realität gerechnet haben.

Güterumschlag im Nebenarm des Rheins

Rund eine viertel Million Quadratmeter umfasst das Gelände im Stadtzentrum. Bis in die 1970er-Jahre sorgten lang gezogene Frachtschuppen, Speicherhäuser, Haken- und Saugkrane dafür, dass in Köln die Rheinschiffe schnell gelöscht werden konnten. Mit den Veränderungen im Transportgewerbe galt das Areal als Sanierungsgebiet – mit wenig Erfolgsperspektive aufgrund des Altbaubestands. Aber Veränderungen im Wohngeschmack machten es der Kölner Hafenverwaltung möglich, das hässliche Entchen Rheinauhafen in einen Prachtvogel und damit Vorzeigeprojekt mit attraktiven Wohn- und Bürohäusern zu verwandeln. Das Stadtquartier ist derzeit das Aushängeschild des modernen, weltoffenen Kölns.

Jachthafen statt Lastkähne

Die Lagerhallen wurden herausgeputzt, wenigstens jene, die noch Renovierungssubstanz hatten. Zu beiden Seiten des Hafens verwandelten sich Altschuppen in Wohnraum, Lofts und Großapartments – mit Blick auf die Schnellbote und die aufgetakelten Rheinkutter, die dort während der Woche festgezurrt sind. Auf der stromzugewandten Seite entstanden dann Museumsgebäude und die Kranhäuser; in die ehemaligen Silolagerhäuser zogen Mieter und Unternehmen mit ihren Büros ein. Wegen ihrer sieben pittoresken Sattelhäuser sind sie bei den Kölnern als das »Siebengebirge« bekannt.

Die Trutzburg

Trutzig steht der Malakoffturm an der Einfahrt in das Hafenbecken, einem ehemaligen Rheinarm. Er war Teil der einstigen Rheinfestungsanlage und

AUTORENTIPP!

PRALINENKURS IM SCHOKOLADENMUSEUM

Wie kommt die Kirsche in die Schokoladenumhüllung? Pistazien mit Rumtrüffelmasse kombinieren? Antworten bieten die Kurse, die das Schokoladenmuseum für seine Besucher anbietet. Toll daran ist, dass es praktisch zugeht. Die Teilnehmer und ihre Kreativität sind gefragt, wenn es darum geht, selbst Pralinen herzustellen. Dabei muss die Kakaomasse nicht nur zubereitet, sondern es müssen auch die richtigen Zutaten für die süße Füllung kombiniert werden. Zur Belohnung darf man seine Produkte als Geschenk schön selbst verpackt mit nach Hause nehmen. Aber auch die Herstellung von Tafelschokolade und Schokoladenüberzügen oder wie Hohlfiguren aus Kakaomasse für das Weihnachts- oder Osterfest handgefertigt werden, lernt der Besucher fachlich begleitet in den Kursen.

Kurse im Schokoladenmuseum. Dauer ca. drei Stunden, Preis pro Person bei 10–12 Personen 35 € zzgl. Eintritt. Kurse werden fast täglich angeboten. Anfragen und Buchungen über Tel. 0221/93 18 88 16, service@schokoladenmuseum.de, www.schokoladenmuseum.de

Oben: Rund um den Malakoff-Turm wird Kaffee und Kuchen serviert.
Mitte: Tauzieher: Ehrung der Rheinschiffer

diente dem Schutz der Hafeneinfahrt. Seinen Namen verdankt der achteckige Ziegelbau einem kriegerischen Ereignis, der Eroberung von Fort Malakow in der ukrainisch-russischen Stadt Sewastopol durch französische Truppen 1855. Auf dem Halbrund, das Teil der Hafeneinfahrt ist, drängen sich heute bei Sonnenschein Besucher bei Bier und Kuchen zur Kaffeezeit, der Biergarten ist Teil des Gastronomiebetriebs des Schokoladenmuseums, auf der Rheinhalbinsel, die über die Drehbrücke zu erreichen ist.

Ehrung des Tauziehers

Vor dem Betreten der Brücke liegt links der *Tauzieher*. Die Skulptur stammt aus der Werkstatt des Kölner Bildhauers Nikolaus Friedrich (1865–1914), der aber in Berlin lebte, und ist eine Hommage an die Arbeit jener Männer, die die Schiffe im Hafen festmachten. Eine kleinere, nur halb so große Steinfigur hatte zuvor bei einer Ausstellung der Vereinigung Kölner Künstler im Jahr 1908 in der Flora so viel Furore gemacht, dass Kunstbegeisterte für die vergrößerte Umsetzung des nackten, tauziehenden Herkules sammelten.

Jede Stunde freie Zufahrt

Die Drehbrücke, über die man ohne großen Umweg direkt in den Rheinauhafen gelangt, steht heute nur noch dem Fahrrad- und Fußgängerverkehr zur Verfügung. Sie ist Kölns älteste original erhaltene Rheinbrücke. Sie wurde im August 1896 in Betrieb genommen. Die schwenkbare Stahlfachwerkträgerbrücke ist inzwischen zum Industriedenkmal erklärt worden, ihre elektrohydraulische Steuerung befindet sich im Malakoffturm. Normalerweise wird die Brücke zwischen 7 und 23 Uhr jede volle Stunde kurz geöffnet, um Zugang zum Hafen zu gewähren.

Rundgang

Der Rheinauhafen lädt zum Besuch ein. Ein Rundgang, gut zwei Kilometer lang, führt durch Kölns hippstes Stadtquartier zu den Sehenswürdigkeiten im Hafengebiet.

A **Malakoffturm:** Erbaut 1853, 4 Etagen, Ziegelbau, 28,5 Meter hoch

B **Tauzieher:** Die 6,5 Meter hohe Statue aus Muschelkalk wurde am 4. März 1911 enthüllt.

C **Drehbrücke:** Die Gesamtlänge beträgt 46,634 Meter, die Breite 10 Meter, davon 5 Meter Fahrbahn. Das kurze Stück der Brücke überspannt 18,3 Meter, das lange 28,3 Meter. Vor der Drehung wird die Brücke hydraulisch um 11,2 Zentimeter angehoben. Aus Gewichtsgründen ist nur der kurze Brückenteil mit Steinpflaster ausgelegt, der lange mit Holz.

D **Schokoladenmuseum:** Das 1896 errichtete Gebäude der Zollverwaltung wurde nach Plänen des Aachener Architekten Fritz Eller (geb. 1927) nach baulichen Veränderungen in den Museumsneubau integriert.

E **Deutsches Sport- & Olympia-Museum:** Es befindet sich in der ehemaligen Halle 10, die früher als Zolllager Halle 1 genutzt wurde.

F **Kranhaus Nord:** Wohnfläche: ca. 15 000 Quadratmeter mit 133 Wohnungen, fast 62 Meter hoch, 18 Etagen.

G **Kranhaus 1:** Gesamtfläche ca. 16 000 Quadratmeter, Länge 70, Breite 34, Höhe rund 60 Meter, 15 Etagen.

H **Kranhaus Süd:** Bürohaus mit ca. 16 600 Quadratmetern, rund 60 Meter Höhe, 15 Geschosse.

I **Ehemaliges städtisches Hafenamt:** Das »Hafenamt« an der Stirnseite des Hafenbeckens wurde 1898 erbaut. Das neoromanische Gebäude steht unter Denkmalschutz und ist zusammen mit dem angrenzenden Lokschuppen in Büro- und Magazinflächen umgewandelt worden.

J **Kunsthaus Rhenania:** In dem Gebäude der ehemaligen Bayenwerft befinden sich Künstlerateliers und Ausstellungsräumlichkeiten.

K **Bayenturm:** Der mittelalterliche Wehrturm war südlicher Eckpunkt der acht Kilometer langen Stadtmauer und wurde um 1220 gebaut. Der viergeschossige Turm ist rund 35 Meter hoch, im Erdgeschoss sind die Wände 2,40 Meter stark. Heute befindet sich dort der »FrauenMediaTurm« sowie ein Frauenarchiv und die Redaktion Emma.

L **Silohäuser:** Das »Siebengebirge« wurde 1909 von Hans Verbeek in Stahlbetonskelettform als Speicher gebaut. Es ist 170 Meter lang. Im Erdgeschoss befinden sich Gewerberäume, in den oberen Etagen Wohnungen.

AUTORENTIPP!

KUNSTHAUS RHENANIA

Als die besetzte, leer stehende Schokoladenfabrik Stollwerck in den 1980er-Jahren geräumt wurde, verlor auch eine Gruppe junger Künstler aus der Südstadt die Bleibe für ihre Kreativität. Sie besetzen kurzerhand die stillgelegte Bayenwerft-Halle im Rheinauhafen. Zusammengeschlossen im Kunsthausverein arbeiten im Kunsthaus über 50 Künstlerinnen und Künstler in ihren Ateliers. Raum für großflächige Ausstellungen und individuelle Präsentationen des Geschaffenen bleibt da immer.

Bayenwerft Kunsthaus Rhenania e.V. Die Öffnungszeiten ändern sich immer wieder je nach Ausstellungen und Aktivitäten. Sicher Fr–Mo 16–20 Uhr, Bayenstraße 28, 50678 Köln, Tel. 0221/355 32 70, www.rhenaniakunsthaus.de

Mexikanische Götterspeise am Rhein

Links von der Drehbrücke sieht man die süßeste Attraktion, die die Halbinsel zu bieten hat. Der moderne Bau, der das ehemalige Zollamt integriert, gehört zum Imhoff-Schokoladenmuseum, der ersten Einrichtung dieser Art in Deutschland. Der Komplex wirkt wie die Aufbauten eines modernen Kreuzfahrtschiffes, vermutlich wird dieser Eindruck wesentlich durch die Hafenmole verstärkt, die sich in den Fluss hineinschiebt. Initiiert wurde die Ausstellungslokalität von dem Kölner Schokoladenfabrikanten Hans Imhoff (1922–2007). Er wollte seiner Sammlung rund um die Götterspeise, so wenigstens priesen die Mayas in Mexiko den wasserverdünnten und mit Chili gewürzten Trank, eine würdige museale Umgebung bieten.

Mehr als 53 Millionen Mark investierte der Pralinenfabrikant, um sich sein eigenes, im Oktober 1993 eröffnetes Denkmal zu setzen – ein süßes zumal, denn im Eingangsfoyer begrüßt die Besucher ein Kakaobaum der besonderen Art. Aus den Nachbildungen goldbrauner Kakaoschoten rinnt Schokolade in einen Brunnen, aus dem die Besucher mit Waffeln naschen dürfen. Insgesamt hat der Bauherr sich bemüht, ein wirkliches Museum zum Anfassen und zum Probieren zu schaffen. Produktionsstraßen zeigen, wie Pralinen und Schokolade hergestellt und verpackt werden, die – natürlich – später dann im museumseigenen Shop käuflich erstanden werden können. Dazu gehört auch ein kleines Tropenhaus, um reale Kakaobäume betrachten zu können.

Vom Boxen und olympischen Rekorden

In der ehemaligen Zollhalle, die direkt gegenüber dem Schokoladenmuseum liegt, befindet sich seit

1999 das Deutsche Sport- & Olympia-Museum. Mit über 125 000 Sammelobjekten und 2000 Quadratmetern Ausstellungsfläche ist es die zentrale museale Einrichtung des deutschen Sports. Aber hier werden nicht nur die Boxhandschuhe von Muhammad Ali mit einer Widmung an den Radioreporter Kurt Brumme, sondern auch die original Olympiafackel der Spiele in Moskau 1980, ein Polo-Shirt von Boris Becker und einer der Benetton-Renault-Boliden gezeigt, in denen Michael Schumacher siegreich Formel-1-Rennen bestritt. Wer möchte, kann auch selbst aktiv werden und sich in einem Boxring ausprobieren oder erleben, wie es sich auf einem Rennrad im Fahrradwindkanal anfüllt. Auf dem Dach kann man sogar auf Kölns höchstgelegenem Sportplatz Tennis, Fuß-, Street- oder Volleyball mit Aussicht auf den Dom spielen.

Kranhäuser – Wohnen und Arbeiten über dem Rhein

Herzstück des Rheinauhafens sind ohne Zweifel die Kranhäuser in Form eines auf dem Kopf stehenden L. Die Grundsteinlegung für das – erste – Kranhaus 1, erfolgte im Oktober 2006, zwei Jahre später waren die Bauarbeiten für das ungewöhnliche Bürohochhaus bereits abgeschlossen. Der überstehende Teil der oberen fünf Stockwerke wirkt von Weitem frei schwebend, wird aber vom Fahrstuhl gestützt. Für seine eigenwillige und kühne Konstruktion wurde der Mittelbau 2009 auf der weltweit wichtigsten internationalen Immobilienmesse in Cannes mit dem MIPIM-Award 2009 ausgezeichnet. Dem ersten folgte das südliche Kranhaus. Abgeschlossen wurde der Bauzyklus mit der Fertigstellung des nördlichen Gebäudes, das heute den offiziellen Namen Kranhaus Nord trägt und 133 Luxusapartments Platz und ein sagenhaftes Panorama auf Köln und Umgebung bietet.

AUTORENTIPP!

M.S. TADORNA – RHEINES VERGNÜGEN AN BORD.
Ein kulinarisches Vergnügen der besonderen Art bieten die Inhaber des Motorschiffes Tadorna. Bis zu zehn Personen können an Bord des 1933 vom Stapel gelaufenen holländischen Bakdek-Salonkreuzer dinieren. Dafür werden in dem schwimmenden Restaurant Thementouren mit frisch in der Kombüse des Holländers zubereiteten Gerichten angeboten. Bei der Großen Dinnerfahrt (148 €) wird ein 5-Gänge-Menü serviert, bei der Austernfahrt (Preis auf Anfrage) werden sechs verschiedene Austern und eine kleine Austernkunde geboten; fröhlich geht es bei der Federweißer-Tour »Goldener Oktober« (45 €) zu und füllig dürfte die »Hüftgoldfahrt«(39 €) mit Kaffee und Kuchen enden.

M.S. Tadorna. Bayenstraße 28, 50678 Köln, auf Anfrage unter Tel. 0171/832 82 60, www.rheinesvergnuegen.de

Die Kranhäuser sind der Blickfang des Rheinauhafens.

Infos und Adressen

Rheinauhafen: Deutsches Sport & Olympia Museum

SEHENSWÜRDIGKEITEN

Deutsches Sport- & Olympia-Museum. Di–Fr 10–18 Uhr, Sa, So 11–19 Uhr, Im Zollhafen 1, 50678 Köln, Tel. 0221/33 60 90, www.sportmuseum.de

FrauenMediaTurm. Die Nutzung der Bibliothek des Archiv- und Dokumentationszentrums ist nur nach Voranmeldung möglich. Mo–Fr 10–17 Uhr, Bayenturm/Rheinauhafen, 50678 Köln, Tel. 0221/931 88 10, www.frauenmediaturm.de

Schokoladenmuseum Köln. Di–Fr 10–18, Sa, So 11–19 Uhr, 9 €, Familienkarte (2 Erwachsene und eigene Kinder bis 16 Jahre) 25 €, Am Schokoladenmuseum 1A, 50678 Köln, Tel. 0221/931 88 80, www.schokoladenmuseum.de

ESSEN UND TRINKEN

Biergarten Hafenterrasse am Schokoladenmuseum. Tolle Atmosphäre mit Rheinblick und gelegentlichen Konzerten. Im Sommer, nur bei schönem Wetter Mo–So 11–23 Uhr, Am Schokoladenmuseum 1a, 50678 Köln, Tel. 0221/931 88 80.

Bistro im Sport- & Olympia-Museum. Museumsbistro mit Rheinblick. Di–Fr 10–18 Uhr, Sa, So 11–19 Uhr, Im Zollhafen 1, 50678 Köln, Tel. 0221/820 36 30.

Chino Latino. Moderne, panasiatische Küche im Hotel art'otel. Mo–Sa 12–14, 18–22.30, So 12–14 Uhr, Holzmarkt 4, 50676 Köln, Tel. 0221/80 10 39 00, www.chinolatino.eu

CHOCOLAT Grand Café. Di–So 12–15 Uhr, Di–So 12–15 Uhr, Am Schokoladenmuseum 1A, 50678 Köln, Tel. 0221/931 88 80, www.schokoladenmuseum.de

Hase Hafencafé. Den Blick auf den Rhein kann man von der Terrasse auch ohne Verzehr genießen. Di–Fr 10–18 Uhr, Sa, So 11–19 Uhr, Im Zollhafen 1, 50678 Köln, Tel. 0221/33 60 90, www.sportmuseum.de

ILIOS Restaurant. Griechische Küche, deren Spezialität ein Bauern-Souvlaki ist. Mo 11–15, Di–Fr 11–15, 18.30–24, Sa 18.30–24 Uhr, Dreikönigenstr. 54, 50678 Köln, Tel. 0221/20 42 16 63, www.la-capannina-koeln.de

Limani. Griechenland, Retsina, Gyros und Bifteki direkt am Rhein. Mo–So 10–1.00 Uhr, Agrippinawerft 6, 50678 Köln, Tel. 0221/719 05 90, www.limanicologne.de

Rheingenuss. Stehcafé mit Mittagstisch, beliebt bei den Angestellten im Rheinauhafen. Mo–Fr 8.30–18 Uhr, Anna-Schneider-Steig 9, 50678 Köln, Tel. 0221/71 90 04 66, www.rheingenuss.com

Statt Lagerhäuser findet man jetzt Lofts und Büros.

Den Rheinauhafen kann man auch gut mit dem Fahrrad erkunden.

ÜBERNACHTEN

art'otel cologne. Die Ausstellung im kunstbeflissenen Hotel mit Rheinblick bestreitet der koreanische Künstler Sook Kyong, »SEO«, mit seinen Wasserfarbbildern. Holzmarkt 4, 50676 Köln, Tel. 0221/80 10 30, www.artotels.com

Hotel Lyskirchen. Alteingessenes Hotel vom Typ Garni und beliebt bei Messegästen. Filzengraben 26, 50676 Köln, Tel. 0221/209 70, www.hotel-lyskirchen.com

NH Köln City. Stilvoll und modern eingerichtet und der Nähe des schicken Rheinauhafens entsprechend. Holzmarkt 47, 50676 Köln, Tel. 0221/272 28 80, www.nh-hotels.de

Novotel Köln City. Helle, warme Farben bei der Gestaltung der Zimmer passen zu dem Businesshotel. Bayenstraße 51, 50678 Köln, Tel. 0221/80 14 70, www.novotel.com/de/hotel-3127-novotel-koln-city/index.shtml

AUSGEHEN

Wartesaal im Zollhafen. Themenpartys, Livekonzerte und sonntägliches Brunchen im ehemaligen Playboy-Club. Mo–Sa 12–22, So Brunch 10.30–15, Küche von 15–22 Uhr, Im Zollhafen 2, 50678 Köln, Tel. 0221/912 88 50, www.wartesaal.de

AKTIVITÄTEN

Führungen durch den Rheinauhafen. www.rheinauhafen-koeln.de/Besichtigen, 11 €, Buchungen über KölnTourismus: info@koeln-tourismus.de oder Tel. 0221/22 13 04 00, www.koelntourismus.de

INFORMATION

www.rheinauhafen-koeln.de

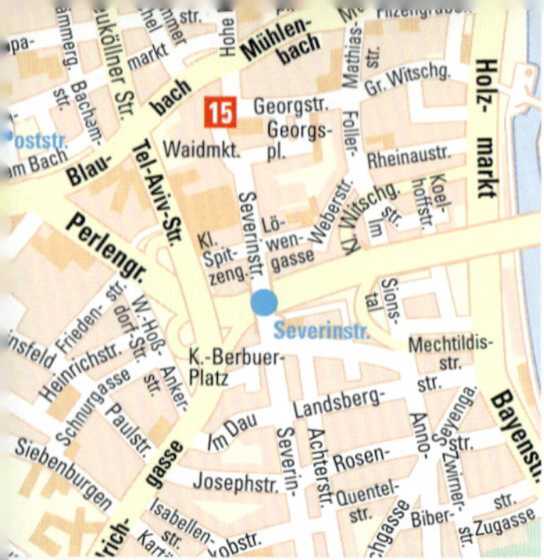

Mitte: Hier kann man sogar auf kölsch Obst und Gemüse kaufen. **Unten:** Jedes Jahr im September wird auf der Severinstraße »Dä längste Desch von Kölle« gefeiert.

15 Vom Waidmarkt bis zur Vringspooz

Eine Straße mit kölscher Atmosphäre

Der Waidmarkt ist Teil der Nordsüdachse, die aus der Stadt herausführt. Der kleine Platz mündet in die Severinstraße. Sie ist die Haupteinkaufsstraße für die Menschen, die in den Seitengassen leben. Aber zwei Mal im Jahr herrscht auf dem rund 1,3 Kilometer langen Weg Ausnahmezustand, denn in dieser Straße spielt sich im Februar/März das atmosphärisch dichteste Teilstück des Karnevalsumzuges ab und im September trifft man sich zum Straßenfest »Dä längste Desch vun Kölle«.

Der Waidmarkt hat über Jahrzehnte ein Schattendasein geführte. Dazu hat sicher auch die nicht gerade ansprechende Nachkriegsbebauung beigetragen, vor allem aber das 14-stöckige Hochhaus, von wo aus Kölns Ordnungshüter das Verbrechen in der Stadt bekämpften. Das Polizeipräsidium wurde der Abrissbirne geopfert und die neue moderne Wohn- und Gewerbebebauung hat zur Verbesserung des städtebaulichen Gesamteindrucks beigetragen. Den Namen Waidmarkt hat der Platz im Mittelalter erhalten, weil auf ihm Färberwaid, *Isatis Tinctoria*, auch als deutsches Indigo bekannt, gehandelt wurde, mit dem in den umliegenden Gerberwerkstätten Felle bearbeitet wurden. Heute ist nur noch der kleine Platz vor der romanischen Kirche St. Georg (s. S. 63) mit dem Hermann-Josef-Brunnen von der Ursprungsbebauung übrig geblieben. Das Ensemble mit der sitzenden Madonna mit Jesus auf dem Arm und den zu ihren Füßen spielenden Kindern wird ergänzt um den später heiliggesprochenen Mystiker Hermann Joseph von Steinfeld (um 1150–1241 oder 1252), der dem Knaben einen Apfel reicht. Den acht Meter hohen Sandsteinbrunnen hat der Bilderhauer Wilhelm Albermann (1835–1913) im Jahr 1894 geschaffen.

Das Kölner Loch

Zu Beginn der Severinstraße befindet sich der Nachkriegsbau des Friedrich-Wilhelm-Gymnasiums mit der markanten bronzenen Ikarus-Figur, die an der Fassade der Sonne entgegenschwebt. Erst seit zwei Jahren können die Räume der höheren Bildungsanstalt wieder genutzt werden. Der Grund für die zeitweise Räumung befindet sich auf der gegenüberliegenden Straßenseite in Form eines riesigen Baulochs: Dort stand das sechsgeschossige Historische Archiv der Stadt Köln, das am 3. März 2009 in einer riesigen Staubwolke zusammenbrach und im Untergrund versank. 90 Prozent des 30 Regalkilometer langen Archivbestands lagen danach unter den Trümmern im Grundwasser. In angrenzenden Wohnhäusern, die ebenfalls einstürzten, starben zwei junge Männer.

Das verschüttete Gedächtnis der Stadt

Strafrechtlich ist die Ursachenforschung für das Unglück noch nicht abgeschlossen, aber der unterirdische Bau für die Südtrasse der U-Bahn und damit verbundene mangelnde Sicherungsmaßnahmen und zu starkes Abpumpen des Grundwassers sollen nach Expertenansicht die wahrscheinlichste Ursache dafür sein, dass Hohlräume entstanden, die unter dem Gewicht des Baus einbrachen. Inzwischen konnten rund 85 Prozent des archivierten, zum Teil einmaligen historischen Materials geborgen werden, der Rest ist endgültig verloren.

AUTORENTIPP!

DÄ LÄNGSTE DESCH VUN KÖLLE

Auf dreieinhalb Jahrzehnte schauen die Organisatoren der Interessengemeinschaft Severinsviertel (IGS) mit der Ausrichtung des größten Straßenfestes mit seinem längsten Tisch von Köln zurück. Jedes Jahr im September trifft sich gefühlt mindestens jeder zweite Kölner zu diesem öffentlichen Familienfest, für das ein ganzes Wochenende die Severinstraße von der Torburg bis zur Kirche St. Johann Baptist sowei Teile der Nebenstraßen für den Verkehr gesperrt werden. Dann rücken Groß und Klein aus der Nachbarschaft der Vringsstroß an, um sich mit selbst gemachtem Kartoffel- oder Nudelsalat, Frikadellen oder Flönz (Blutwurst) und »'nem Pittermänche«, Fassbier, an den Klapptischen in ihrer Straße breitzumachen.

Dä längste Desch vun Kölle.
Ende September, gesperrt von Fr ab 19 bis Mo 5 Uhr, Severinstraße.
www.facebook.com/DaLangste-DeschVunKolle?filter=1

Kölner Loch: Hier stand bis 2009 das Kölner Stadtarchiv.

AUTORENTIPP!

PUPPENTHEATER »BLAUES HAUS«

Im Blauen Haus sind zum Vergnügen der Kinder die Puppen zu Hause. Aber nicht Kasperle nimmt es mit Bösewichten und Gefahren auf, sondern in dem Minitheater treten moderne Handpuppen in eigens inszenierten Stücken und modern adaptierten alten Märchen auf. Kölns kleinstes Puppentheater mit nur 35 Zuschauerplätzen wurde 2006 von Andreas Förster und Constanze Schmidt gegründet, der Träger ist ein Verein. Kleinen Fernsehzuschauern ist der Arm des Puppenspielers Förster seit gut zwei Jahrzehnten als die Figur Hein Blöd in der Fernsehsendung *Käptn Blaubär* bekannt. Auch Constanze gehört zum diesem Team, erfolgreich agiert sie zudem als blaues Monstermädchen »Feli Filu« in der Sesamstraße.

Blaues Haus. Sa, So 14–17 Uhr, Kinder 4 €, Erwachsene 5 €, Severinstraße 120, 50678 Köln, Tel. 0221/471 32 39, www.blaues-haus.biz

Die Restaurierung der geretteten Dokumente, darunter die Gründungsurkunde der Stadt und der Großteil des Archivs des Kölner Ehrenbürgers Heinrich Böll, von dem Archivalien in insgesamt 140 Regalmetern aufbewahrt wurden, wird jedoch noch rund drei Jahrzehnte dauern. War die Belüftung des Archivgebäudes in der Severinstraße 222 vor dem Einsturz wegweisend für die Aufbewahrung des »historischen Gedächtnisses der Stadt«, so hat das Unglück zu neuen, der Not gehorchenden, bahnbrechenden Restaurationsmethoden des beschädigten Materials beigetragen.

Der umstürzende Turm von St. Johann Baptist

Ein weiteres skandalöses Ergebnis von Baumängeln und mangelnder Bauaufsicht beim Vorantreiben des Tunnels für die Nord-Süd-Stadtbahn findet sich nur wenige Meter weiter. Das Ausbohren eines unterirdischen Versorgungsschachtes hatte fünf Jahre vorher dem Glockenturm der Pfarreikirche St. Johann Baptist seinen neuen Namen eingebracht: der »schiefe Turm von Köln«. Am 29. September 2004 hatte sich das 44 Meter hohe Backsteingebäude insgesamt 77 Zentimeter weit nach Westen geneigt, sodass es einzustürzen drohte. Wochenlang verhinderten Stahlstützen den Zusammenbruch, bis Hydraulikpressen aufwendig den »Schiefen Turm« wieder ins Lot bringen konnten und für die Einkäuferinnen und Einkäufer auf der Severinstraße keine Gefahr mehr bestand.

Die Einkaufsstraße im Vringsveedel

Für die Geschäfte, die sich südlich des Kirchengebäudes auf der »Vringsstroß«, so der kölsche

Name, konzentrieren, wäre der Einsturz ein Desaster gewesen, denn schon der Ober- und unterirdische Vortrieb der neuen U-Bahn-Strecke Richtung südlicher Vorstand hatte für rückläufige Umsatzzahlen gesorgt. Aber nach wie vor lässt sich an den Läden mit preisgünstiger gängiger Mode, Super- und Drogeriemärkten mit vielen Sonderangeboten und Kleinanbietern von Waren des täglichen Gebrauchs ablesen, dass in der Umgebung der Straße vor allem weniger kaufkräftige Kundschaft wohnt. Nicht zuletzt durch diese Kontinuität ist auf der Shoppingstrecke zwischen An Sankt Katharinen und dem Chlodwigplatz der ursprüngliche Charakter der Straße weitgehend erhalten geblieben.

Historiengebäude

Eine visuelle und kulturelle Unterbrechung in dem 1960er-Fassadeneinerlei bietet auf der – stadtauswärts gelegenen – linken Seite ein kleines Haus mit blau-changierendem Kacheleingang. In dem zweigeschossigen Gebäude mit der Hausnummer 120 ist seit 2006 das Puppentheater »Blaues Haus« untergebracht. Wenige hundert Meter weiter liegt rechts dann »Haus Balchem«. Das Gebäude aus dem beginnenden 17. Jahrhundert war ursprünglich eine Schmiede, wurde aber Jahrzehnte später von dem Brau-

Oben: Das »Turista Süd« ist eine Tapasbar in der Severinstraße.
Unten: Der schiefe Turm von Köln: Sankt Johann Baptist

Oben: Wie wäre es mit einem Espressostop beim Stadtbummel?
Mitte: Severinstorburg am Chlodwigplatz

meister Heinrich Deutz gekauft und mit Barockelementen verschönert als Brauhaus »Zum goldenen Bären« geführt. Das 1943 bis auf die Fassade ausgebombte Gebäude wurde in den Nachkriegsjahren wieder aufgebaut. Es ist einer der wenigen Bauten, der mit seinem markanten Erker, den Sprossenfenstern und dem geschwundenen Staffelgiebel herausragen. Heute wird »Haus Balchem« als Stadtteilbibliothek genutzt.

Die Severinstorburg

Übertroffen wird das Barockgebäude nur noch von der Burg in Sichtweite, die zur einstigen Stadtmauer gehörte. An diesem Tor endet die Severinstraße und geht direkt in den Chlodwigplatz über. Die »Vringspooz« ist eine wuchtige Festung aus der ersten Hälfte des 13. Jahrhunderts.

Über dem rechteckigen, viergeschossigen Hauptzugang »Porta Severini« wurde ein sechseckiger Tuffsteinturm gebaut, der von zwei kleineren flankiert wird. Die letzten Meter bis zu diesem Stadttor waren im 18. Jahrhundert berüchtigt und gefürchtet. Hier wurden Gefangene zum sogenannten Staubenschlag auf der Severinstraße durch ein Spalier von mit Knüppel bewaffneten Bürgern getrieben. Dabei mussten sie auch an dem schmalen Gebäude mit der klassizistischen Fassade, Severinstraße 5, vorbei, in dem sich damals das Backhaus Schmitz befand und sich auch heute noch eine Bäckerei befindet. Ein kölscher Drohsatz nimmt darauf Bezug. Die heute nur noch Urkölnern bekannte Redewendung »do bes noch nit lans et Schmitz-Backes« bedeutet »Du hast noch nicht alles hinter dir«. Aber wer die letzten Meter zwischen dem Haus und dem Severinstor überlebte, durfte die Stadt als freier Mensch verlassen.

Infos und Adressen

SEHENSWÜRDIGKEITEN

Stadtteilbibliothek Haus Balchem. Mo, Di, Do, Fr 12–18 Uhr, Severinstraße 15, 50678 Köln, Tel. 0221/32 72 82, www.stadt-koeln.de

ESSEN UND TRINKEN

Brauereiausschank Severin. Traditionelles Brauhaus. Mo–Sa 11–24 Uhr, Severinstraße 28, 50678 Köln, Tel. 0221/32 72 47.

La Esquina. Spanische Küche und Tapas schon zum Mittagessen. Mo–So 9–24 Uhr, Severinstr. 41, 50678 Köln, Tel. 0221/869 68 40, www.laesquina.de

La Galette. Brasserie mit traditionellen bretonischen Buchweizenpfannkuchen (Galette). Mo–Sa 18–23.30 Uhr, Karl-Berbuer-Platz 7, 50678 Köln, Tel. 01520/591 61 10, www.brasserielagalette.de

Trattoria Palermo Da Salvatore. Gute italienische Hausmannskost. Do–Di 12–15, 17.30–23 Uhr, Severinstraße 151, 50678 Köln, Tel. 0221/32 91 31, www.trattoria-palermo.de

Turista Süd. Café, Bistro und Tapas-Bar, Mi Paella-Tag. Mo–So 18–24 Uhr, 50678 Köln, Severinstr. 3, Tel. 0221/931 14 21, www.turistasued.de

Montags und donnerstags gibt es Reibekuchen im »Zum Alten Brauhaus«.

Im Viertel findet jeder seine Stammkneipe.

Zum Alten Brauhaus. Hell und modern eingerichtetes Brauhaus, Mo und Do Reibekuchentag. Mo–So 11–24 Uhr, Severinstr. 51, 50678 Köln, Tel. 0221/60 60 87 80, www.brauhaus-suedstadt.de

ÜBERNACHTEN

Hotel Aparthotel Adagio Köln City. Businesshotel am ehemaligen Standort des Polizeipräsidiums. Blaubach 3, 50676 Köln, Tel. 0221/17 05 20, www.accorhotels.com

Hotel Heinzelmännchen. Kleine, einfache, aber gemütliche Unterkunft. Hohe Pforte 5–7, 50676 Köln, Tel. 0221/21 12 17, www.hotel-heinzelmaennchen.com

AKTIVITÄTEN

Severinstorburg. Heiraten, Feiern, Genießen. Bürozeiten Mo, Mi, Fr 10–13.30–6 Uhr, Chlodwigplatz 2, 50678 Köln, Tel. 0221/560 60 95, www.severinstorburg.de

INFORMATION

www.severinsviertel.info

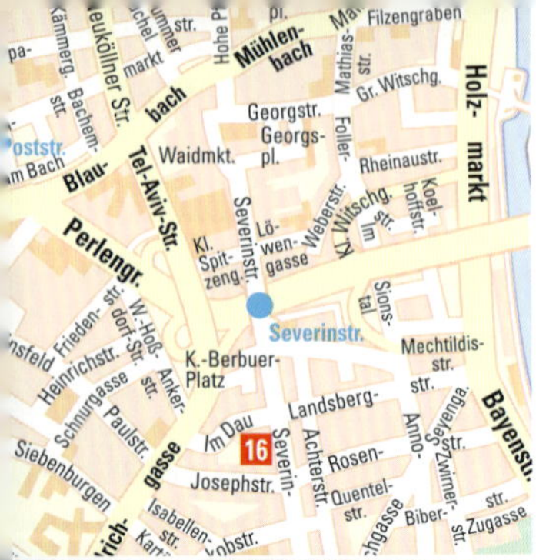

16 Severinsviertel – Vringsveedel

Stadtteil mit Nachbarschaftsgefühl

Das Severinsviertel, besser in Köln als Vringsveedel bekannt, ist das Herzstück der südlichen Altstadt – und vermutlich der typischste Teil der Stadt. In all den Jahren hat dieser Teil der Südstadt weitgehend seine Atmosphäre und haben ganze Straßenzüge ihren ursprünglichen Wohncharakter behalten. Zwischen den Ringen, der Nordsüdfahrt, der Severinsbrücke und der Rheinuferstraße wird Nachbarschaft noch großgeschrieben.

Als die Mitglieder der Kölner Mundart-Rockband *Bläck Fööss* (Nackte Füße) ihr Lied über die Menschen »En unserem Veedel« schrieben, hatten sie das Severinsviertel und ihre Bewohner vor Augen: Kleine Häuser, Eckwirtschaften, Omas, die im Fenster liegen und mit der Nachbarin »klaafen«, plaudern, Mütter beim Schwätzchen auf dem Spielplatz, während die Kinder im Sandkasten

Mitte: Hier muss man mal gewesen sein: Das »Opera« in der Alteburger Straße ist eine Traditionsszenekneipe.

MAL EHRLICH

FLOTT, FLOTT, DAS LOHNT SICH NICHT

Mal kurz durch ein paar Hauptverkehrswege des Severinviertels zu hetzen, um Atmosphäre zu schnuppern, lohnt nicht. »Flöck, flöck«, in diesen Straßen geht es nicht schnell zu. Die Langsamkeit schärft den Blick für interessante Details an den Hausfassaden, vermittelt Verständnis für das etwas andere Lebensgefühl, das sich in Teilen noch bewahrt hat. Da tut ein Plauderstündchen auf der Bank »om Plätzje« oder ein langer Milchkaffee im Café schon besser.

buddeln, eine Nachbarschaft, die zusammensteht. All das findet der aufmerksame Beobachter beim Schlendern durch die Wohnstraßen vor allem südlich der Severinstraße. Hochherrschaftliche Häuser mit beeindruckenden und historischen Fassaden sucht man zwischen den Ringen, die nach germanischen Stämmen (Ubiern, Karolingern, Sachsen, Saliern) benannt sind, und der Severinsbrücke, die das »Veedel« wie ein Bollwerk nördlich begrenzt, vergeblich.

Wohnviertel für Arbeiter und Angestellte

In dieser Umgebung wohnten Arbeiter und kleine Angestellte, die in den Hinterhofwerkstätten und wenigen Großfabriken wie der Schokoladenfabrik Stollwerck ihren Lebensunterhalt verdienten. Für großzügiges Wohnen, wie es heute begehrt ist, bietet der vorhandene Wohnraum wenig Möglichkeiten. Das hat sichtbar dazu beigetragen, gewachsene Lebensstrukturen und das urtypische kölsche Flair trotz zahlreicher Sanierungs- und Modernisierungspläne über Jahrzehnte zu erhalten. Auf diese Nachbarschaft sind die Menschen stolz. Im Vringsveedel aufgewachsen zu sein oder seine familiären Wurzeln dort zu haben, adelt den Kölner in den Augen seiner Mitbürger. Viele betonten es gerne, auch wenn sie inzwischen Großraumwohnungen in besserer Lage bezahlen können. Einer der bekannten Söhne des Veedels ist der Kölsch-Rocker Wolfgang Niedecken, der mit seiner Band *Bap* die Gegend besungen hat. Er wuchs im Schatten der Severinstorburg auf. In dem Eckhaus Severinstraße 1, in dem sich heute ein Reisebüro befindet, betrieben seine Eltern ein Butter-Eier-Käse-Geschäft. Im Chlodwig-Eck, einer Szenekneipe, hat er abends »afjehange« und manchmal zur Gitarre gesungen, was ihm schon früh den Beinamen der »Kölsche Dylan« eingebracht hat.

AUTORENTIPP!

BÜRGERZENTRUM STOLLWERCK.
In den 1980er-Jahren war es noch eine umkämpfte Forderung, heute besitzen die Menschen aus dem Veedel ihr eigenes Zentrum, stilecht und typisch für die Gegend aus rotem Backstein und aus den Anfängen des 19. Jahrhunderts. Kinder und Jugendliche haben in dem fünfstöckigen Gebäude ihre Freiräume, ein Treffpunkt für die in der Umgebung wohnenden Senioren ist täglich geöffnet, Sport, Kurse und Beratung werden angeboten und Großkonzerte veranstaltet. Für Familien- und Geburtstagfeiern stehen größere und kleinere Säle zur Verfügung, ein Kleinkunsttheater, dazu eine Galerie und ein Café-Bistro. Fast täglich bietet das »Stollwerck« Veranstaltungen an, die es möglich machen, einen Blick in das ehemalige preußische Proviantamt zu werfen.

Bürgerhaus Stollwerck. Mo–So ab 8 Uhr, Ende mit der letzten Veranstaltung, Dreikönigenstr. 23, 50678 Köln, Tel. 0221/991 10 80, www.buergerhausstollwerck.de

Rundgang

Der Spaziergang soll die Atmosphäre im Vringsveedel vermitteln. Er beginnt mit einem Blick auf die Rheinbrücke, die den Namen des Stadtteils trägt, und endet in der Wohnsiedlung, die auf dem Gelände der ehemaligen Schokoladenfabrik Stollwerck liegt.

Ⓐ **Blick auf die Severinsbrücke Seyengasse** Ecke Bayenstraße.

Ⓑ **Durch die Seyengasse** über das Rosenstraßen-Plätzchen zur Annostraße in die Buschgasse mit dem rechts liegenden Park.

Ⓒ **An der Eiche,** kleiner Platz mit Bänken und Sitzgelegenheiten.

Ⓓ **Achterstraße** in nördliche Richtung gehen bis An Sankt Katharinen und dort nach links abbiegen.

Ⓔ **»Der schiefe Turm von Köln«,** die Kirche St. Johann Baptist, liegt rechter Hand.

Ⓕ **Karl-Berbuer-Platz, Ulrichgasse.** Mit dem Platz und Brunnen wird der Komponist, Krätzchen- (Mundart-) und Schlagersänger Karl Berbuer (1900–1977) geehrt.

Ⓖ **Karmel St. Maria vom Frieden.** Mo–So 9–11, 14–16.15, 18–19.30 Uhr, Vor den Siebenburgen 6, 50676 Köln, Tel. 0221/31 16 37, www.karmelitinnen-koeln.de

Ⓗ **Ulrepforte,** Ecke Kartäuserwall

Ⓘ **Severinstor,** Chlodwigplatz

Ⓙ **Über den Severinswall zur Bottmühle**

Ⓚ **Wohnen im Stollwerck,** von der Bottmühle über die Karl-Korn-Straße und dann in den Stollwerckhof rechts abbiegen. Erste links, Arnold-Overzier-Straße bis zur Dreikönigenstraße durchgehen, links gegenüber liegt der

Ⓛ **Trude-Herr-Park.** Von dort die Dreikönigenstraße Richtung Rhein laufen, nach wenigen hundert Meter liegt links das Bürgerzentrum Stollwerck.

Ⓜ **Bürgerzentrum Stollwerck.**

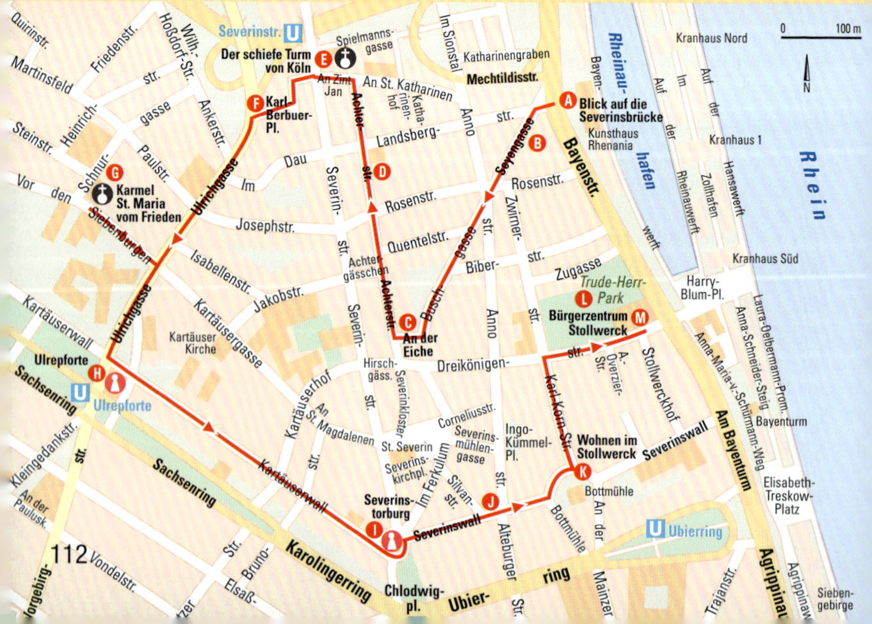

St. Severin – der Schutzheilige des Viertels

Seinen Namen hat das Wohngebiet von der romanischen Kirche St. Severin (s. S. 63 f.) erhalten, in der die Gebeine des Heiligen Severin beigesetzt sind. An so einem heiligen Ort war es nur logisch, dass sich zahlreiche Ordensgemeinschaften niederließen. Die bekanntesten sind die Augustinerinnen, die aus der Gemeinschaft der Cellitinnen hervorgegangen sind. In der Klosteranlage gründeten sie 1874 das Krankenhaus der Augustinerinnen, unter den Bewohnern aber nur als »Severinsklösterchen« bekannt, in dem Arme medizinisch versorgt wurden. Heute befindet sich hier eine hochmoderne, auf Kardiologie spezialisierte Klinik. Über die Kartäusergasse, am Kloster- und Krankenhausgrundstück vorbei, gelangt man in die Straße Vor den Siebenburgen, in der an der Ecke Schnurgasse das Kloster der Karmeliterinnen liegt. In den Räumlichkeiten dieses Schweigeordens lebte auch die zum Katholizismus konvertierte Jüdin Edith Stein (1891–1942). Die Philosophin floh von Köln aus mit ihrer Schwester vor den Nazis in die Niederlande, wo sie festgenommen, ins Konzentrationslager Auschwitz-Birkenau deportiert und ermordet wurde.

Die süße Fron in der Schokoladenfabrik

Arbeit fanden die Angestellten und Arbeiter »beim Stollwerck«. Die Fabrik wurde 1839 von Franz Stollwerck zur Herstellung von Hustenbonbons eröffnet. Der erfolgreiche Unternehmer expandierte später mit der Produktion von Schokolade, Marzipan und Printen. Stollwerck dominierte bald mit seinen Verwaltungsgebäuden und Fabrikationshallen, die sich über mehrere Häuserblocks zwischen der Severinstraße und der Rheinufer-

AUTORENTIPP!

BOTTMÜHLE

Wie ein Anachronismus aus vergangenen Zeiten wirkt die rote Fahne mit dem Falken auf der Zinne der Bottmühle. Der viergeschossige auffällige Turm gehört der Sozialistischen Jugend Deutschlands: Die Falken. Die Jugendorganisation gilt als der Sozialdemokratie nahe stehend. Mitte des 16. Jahrhunderts wurde der Turm als Gefechtsstation und Wehrplateau (Bott) errichtet, aber durch die Stadtvergrößerung überflüssig. Danach wurde das Gebäude aus Basalt und Tuff in eine Mühle umgewandelt. Anfang des 19. Jahrhunderts war es Sitz einer Studentenverbindung, nach dem Krieg wurde es von der britischen Militärverwaltung als Zentrum für die Jugendarbeit bestimmt und seit 1970 koordinieren von hier aus »Die Falken«ihre Jugendarbeit.

Bottmühle. SJD – Die Falken Kreisverband Köln. Es empfiehlt sich, für eine Besichtigung des Denkmals vorher (nur) während der Bürozeiten Mo–Fr von 9–16.30 Uhr anzurufen, Severinswall 32, 50678 Köln, Tel. 0221/32 13 77, www.falken-koeln.de

Oben: Der Haupteingang des Severinsklösterchens in der Jakobstraße
Mitte: Veedelspfarrei: St. Severin am Severinskirchplatz, hier der Seitenaltar und das romanische Fußbodenmosaik
Unten: Der Brunnen »Das Narrenschiff« am Karl-Berbuer-Platz

straße hinzogen, das Leben in der Südstadt. Anfang des 20. Jahrhunderts, zu Boomzeiten, arbeiteten über 5600 Mitarbeiter in der »größten Schokoladen-, Kakao und Zuckerwaren Firma der Welt«. Als 1972 der Kölner Unternehmer Hans Imhoff die Pralinenfabrik übernahm, war Stollwerck längst ein Sanierungsfall. Imhoff verkaufte das über 57 000 Quadratmeter große Betriebsgelände mit Millionengewinn, die Stadt blieb auf den Sanierungskosten für die runtergewirtschafteten Gebäude sitzen.

Künstler, Studenten und Hausbesetzer

Mitte der 1970er-Jahre hatte sich rund um die damalige Kunsthochschule am Ubierring bereits eine lebendige Kunstszene entwickelt, zu denen Jugendliche auf der Suche nach alternativen Lebensformen, Kommunarden und ausländische Arbeitsmigranten auf der Suche nach preiswertem Wohnraum stießen. In diesem Umfeld entstand die Forderung, die leer stehenden Produktionshallen nicht einfach abzureißen, sondern Ateliers, großzügige Wohnungen, ein Bürger- und Kulturzentrum einzurichten. Die Besetzung des Stollwercks mit dem Ziel »Wohnen im Stollwerk« zu ermöglichen, im März 1980 konnte aber den Abriss weiter Teile des Geländes nicht verhindern. Trotzdem wurden bei der Neubebauung viele Forderungen der Besetzer berücksichtigt. Mit einer Parkanlage wurde ein Urkölsches Mädchen, Trude Herr (1927–1991), geehrt, die die letzten Jahre ihres Lebens auf der Severinstraße ein Theater betrieb. Direkt daneben befindet sich heute das Bürgerzentrum Stollwerck, ein multifunktionaler Treffpunkt. Und einige der damaligen Fabrikbesetzer leben inzwischen in der neu entstandenen modernen Siedlung mit großzügigen Wohnungen und ansehnlicher Grünanlage.

Infos und Adressen

ESSEN UND TRINKEN

Ab nach Erdmanns. Kölsche Küche mit regionalen Produkten. Mo–So 10–24 Uhr, An der Eiche 5, 50678 Köln, Tel. 0221/16 87 76 05, www.erdmanns-koeln.de

Café Walter. Café im Stollwerck-Gelände. Di–So 10–19 Uhr, Tel. 0221/39 75 77 75, An der Bottmühle 13, 50678 Köln, www.facebook.com/CafeWalter

Chlodwig-Eck. *Bap*'s ehemaliges Wohnzimmer und Stammkneipe. Mo–Fr ab 18, Sa, So ab 15 Uhr bis der letzte Gast geht, Tel. 0221/32 75 95, Annostraße 1, 50678 Köln

Eiscafé Settebello. »Die« italienische Eisdiele im Viertel. Mo–So 11–23 Uhr, Tel. 0221/32 91 94, Alteburger Straße 5, 50678 Köln. www.settebello.biz

Haus Müller. Zu Karneval ist auf dem Vorplatz die Outdoor-Kneipe in Betrieb. Mo–Sa 17–1, So 13–1 Uhr, Achterstraße 2, 50678 Köln, Tel. 0221/932 10 86, www.hausmüller.net

Opera. Wie das Chlodwig-Eck eine Institution im Viertel. Mo–So 10–1 Uhr, Tel. 0221/47 67 08 50, Alteburger Straße 1, 50678 Köln, www.opera-koeln.com

ÜBERNACHTEN

Hopper Hotel St. Josef. Wohnen mitten im Veedel in dem ehemaligen Stiftsgebäude das »Josefshaus«. Dreikönigenstraße 1–3, 50678 Köln, Tel. 0221/99 80 00, www.hopper.de

Mercure Hotel Severinshof Köln City. Modern eingerichtet, direkt an der Auf und Abfahrt zur Severinsbrücke. Severinstraße 199, 50676 Köln, Tel. 0221/201 30, www.accorhotels.com

AUSGEHEN

Fiffi Bar. Musik-Bar. Mo–So ab 19.00 Uhr, Ende offen, Severinswall 35, 50677 Köln, Tel. 0221/261 71 32, www.fiffibar.de

EINKAUFEN

Ökomarkt. Der gutsortierte Bio-Bauernmarkt direkt neben der Severinskirche. Di und Fr 10–18 Uhr, Severinskirchplatz, 50678 Köln, www.oekomarkt.de

INFORMATION

www.severinsviertel.info

Legendär: Chlodwig Eck

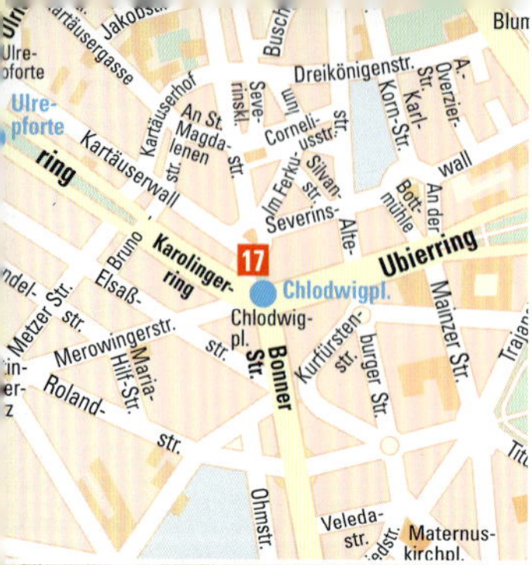

Mitte: Freunde trifft man gerne im Café, z.B. wie hier im »Café Kult«.
Unten: Relief an der Stadtmauer am Sachsenring

17 Rund um den Chlodwigplatz

Café-Hopping tagsüber und Kneipen-Cruising

Vieles dreht sich in Köln um den Chlodwigplatz. Die U-Bahn, die hier oberirdisch verkehrt, die Pkws, wenn sie von den Ringen kommend in die Bonner Straße einbiegen – oder umgekehrt. Und natürlich die Bewohner, für die dieser Kreisverkehr das morgen- und abendliche Nadelöhr zwischen Arbeit und Zuhause ist. Und wenn dann der Abend hereinbricht, dann herrscht auf der coolen Kreuzung Rushhour beim Wechsel von einer der angesagten Kneipen in die nächste.

Zugegeben, das Rondell, an dem der alte, von Süden in den Norden führende Römerweg die Ringstraßen um den früheren städtischen Verteidigungswall kreuzt, wirkt reichlich trostlos, so als ob die Stadtplaner mal mit großen Plänen angetreten wären und sie dann doch der Mut zu Großem verlassen hätte. Und Trostlosigkeit ist noch eine harmlose Beschreibung: Straßenbahnen passieren im Fünf- bis Zehn-Minuten-Takt den Platz, Fahrzeuge stauen sich an den Fußgängerübergängen und dazwischen wuseln Fahrräder. Der Chlodwigplatz ist ein Knotenpunkt und für das heutige Verkehrsaufkommen viel zu klein, es gibt aber keinen Raum für eine großzügigere Planung. Er liegt im Schnittpunkt von fünf Straßen, von Süden endet die Bonner Straße hier und setzt sich dahinter in der Severinstraße fort. Von Osten kommt der Ubierring, von Westen der Karolingerring. Außerdem mündet hier die Merowingerstraße mit ihren zahlreichen Kneipen und Bistros.

Blaupausen für den Umbau

Vermutlich wird man den Platz in ein paar Jahren nicht mehr wiedererkennen können. Die U-Bahn soll dann unterirdisch verkehren, der Autoverkehr weiträumig um das Nadelöhr herumgeführt werden und vor der Torburg eine Flaniermeile entstehen. Die Blaupausen und die 3D-Ausdrucke mit der späteren Ansicht liegen zwar schon im Bauamt der Stadt Köln in den Schubladen, die Maße sind aufgerissen, Teile des Tunnels für die Unterpflasterbahn vorgetrieben und mit Beton befestigt, aber der Einsturz des Historischen Archivs hat die Fertigstellung um Jahre verzögert.

Stadtmauer und Ulrepforte

Aus der Zeit des Mittelalters ist heute neben der Bottmühle (s.S. 113) und der Severinstorburg, die heute als Standesamt und für Hochzeiten genutzt wird, nur noch die Ulrepforte in ihrer ursprünglichen Integration in die Stadtmauer erhalten. Sie ist in der Stadtchronik zum ersten Mal 1245 erwähnt und bestand ursprünglich aus einer Doppelturmkonstruktion. Das nur vier Meter breite Tor war der schmalste Durchlass in der Mauer. Der Name geht auf die Üler zurück, der mittelalterliche Name für die Töpfer. Erhalten geblieben ist die »Ülepooz« wohl auch deshalb, weil sie später als Windmühle umgebaut und genutzt wurde. Heute wird dieses ehemalige Tor von der Karnevalsgesellschaft »Kölsche Funke rut-wieß vun 1823«, dem ältesten Karnevalskorps genutzt. Bei der Rückkehr zum Chlodwigplatz führt der Weg über den Karthäuserwall, ein Spaziergang hinter jener Linie, die einst zum *intra-muros*-Teil gehörte.

Preußen sprengt die Mauer

Bis ins 16. Jahrhundert hatte sich der innere, mittelalterliche Verteidigungswall bis zu den soge-

AUTORENTIPP!

FILOS

»Wer das Filos nicht kennt, hat die Südstadt verpennt.« Diesem Zitat aus dem Gastro-Führer des Monatsmagazins *Stadt-Revue* über die Szenekneipe ist wenig hinzuzufügen. Generationen haben an der Theke gestanden, an Karneval die Nacht zum Tag gemacht und auf dem Tresen getanzt. Im »Filos« muss man von Weiberfastnacht bis Aschermittwoch lange Wartezeiten in Kauf nehmen. Schon seit Jahren hält ein richtiger Pfarrer bei der Nubbelverbrennung um Mitternacht des Karnevalsdienstags die Totenmesse und die Predigt. »Filos«, das ist Café mit Mittagstisch tagsüber sowie gleichzeitig Kneipe und Restaurant für die späteren Stunden.

Filos. Mo–Do, So 9–2.30, Fr 9–3.30, Sa 9–5 Uhr, jeden So und Feiertag zum Brunch von 10–15 Uhr gibt es Livemusik, Merowingerstraße 42, 50677 Köln, Tel. 0221/32 91 47, www.filoskoeln.de

AUTORENTIPP!

MAINZER HOF

Weder die Tageskarte noch die wechselnden Spezialgerichte begründen die unverbrüchliche Treue, die viele Kunden der Eckkneipe halten. Obwohl es schon herausragt, was man dort geboten bekommt, im Vergleich zu dem, was sonst als Standardessen auf Kneipentische kommt. Einige der Gäste, die abends am Tresen stehen, sind mit dem Mainzer Hof inzwischen alt geworden – und die Mehrzahl vereint der Enthusiasmus für den 1. Fußballklub der Domstadt und die Leidenschaft, dieses Ballspiel auf einer Großleinwand gemeinsam zu verfolgen. Familien aus der Umgebung kommen zum Essen, Doppelkopf- und Skatrunden finden statt und Stammtische treffen sich in dem offenen Ambiente. Das gelebte Miljö wird durch monatlich wechselnde kulinarische Reisen durch die Welt für die Gäste komplettiert.

Mainzer Hof. Mo–So ab 17 Uhr, Ende offen, Maternusstraße 18, 50678 Köln, Tel. 0221/31 25 49, www.mainzerhof-koeln.de

nannten Ringen vorgeschoben und der Gegend weitgehend ihre heutige Geländestruktur geben. Aber erst mit der preußischen Verwaltung nach der französischen Besetzung (1794–1814) begann die Stadt mit der einsetzenden Industrialisierung auch im Süden die Umfriedung zu durchbrechen. Die städtische Infrastrukturen entstand, Straßen wurden gepflastert, begrenzende Mauern geschliffen. Wo *extra muros* nur Gärten waren, rückten Baukolonnen an, landwirtschaftliche Nutzfläche wurde zu Industrie- und Wohngebieten umgewidmet. Die Ringstraßenbenennungen Ubier- und Karolingerring erfolgten in diesem Bereich in den 1880er-Jahren, als Köln sich ausbreitete. Das Rondell verdankt seinen Namen dem Frankenkönig Chlodwig I. (466–511) aus dem Geschlecht der Merowinger. Bei der Stadterweiterung wurde eines der bedeutendsten römischen Denkmäler gefunden. 1884 stießen Bauarbeiter im Haus Chlodwigplatz 24 auf Teile des Grabes des Lucius Poblicus, eines römischen Legionärs aus der ersten Hälfte des 1. Jahrhunderts n. Chr. Die Rekonstruktion des fast 15 Meter hohen Mausoleums befindet sich heute im Römisch-Germanischen Museum.

Vom Arbeiterquartier zum Szeneviertel

Der Blüte des Kapitalismus folgte die Krise in den 1920er-Jahren, den Kriegszerstörungen der

Wiederaufbau, dem Nachkriegswirtschaftswunder in den 1950er- und 60er-Jahren die ökonomischen Katerstimmung und damit Fabrik-verlagerungen in den 1970er-Jahren. Für die Gegend brachte dies gravierende Veränderung in der Bevölkerungsstruktur mit sich, die bereits mit der Ankunft der ersten »Gastarbeiter« in Köln begonnen hatte. Vor allem spanische und portugiesische Migranten hatten rund um die Alteburger Straße preiswerten Wohnraum gefunden.

Bald gab es erste kleine Läden, in denen auch südeuropäische Produkte angeboten wurden und von denen sich einige später in Restaurants verwandelten. Wo an der Ecke nach Feierabend Bier getrunken wurde, standen plötzlich Tapas auf der Theke oder Vinho Verde auf dem Tisch. Den Migranten folgten die »Alternativen«, vor allem Studenten der Kunsthochschule mit ihren Ateliers, die sich in Pleite gegangenen Tante-Emma-Läden einquartierten. Sie prägten nachhaltig das, was heute unter dem Sammelbegriff »Südstadt-Milieu« bekannt ist.

Tag und Nacht im Szeneviertel

Für Besucher ist der Chlodwigplatz nach wie vor der Dreh- und Angelpunkt für einen Zug durch die Kneipen, einen gemütlichen Restaurantabend mit anschließendem Absackercocktail in den Lounge-Establishments. Wer sich zuerst in westlicher Richtung in die Merowingerstraße mit ihrem zahlreichen Angebot an Essgaststätten, Bistros oder Cafés entfernt, ist in nur wenigen Gehminuten wieder zurück, um in einer anderen Himmelsrichtung die passende Location zu finden. Allein schon beim Bummel über den Ubierring zum Rhein hin machen einem Kneipen und Erlebnisgastronomie die Wahl zur Qual.

Oben: Weite Sicht: Ulrepforte
Unten: Spielzeit: Sonntagskonzert am »Eierplätzchen«

Oben: Friedenspark: Hindenburgpark, Fort I.
Mitte: COMEDIA Wagenhalle in der historischen Feuerwache Köln, Vondelstrasse 4-8
Unten: Kneipe am Römerpark

Spielplatz für Groß und Klein

Eine der Gaststätten, die mit der Entwicklung als Szenewohnbereich eng verbunden ist, liegt fast an der Rheinuferstraße. Der Spielplatz hatte seine beste Zeit sicherlich während der 1980er-Jahre, als die Stollwerckfabrik besetzt war. Aber auch heute noch kommen tagsüber Mütter mit ihren Kindern, um den Nachmittags-Latte-Macchiato zu ordern. Abends ist er als Restaurant gefragt, in dem sich viele Künstler aus der Umgebung bei der Verschönerung der Einrichtungsgegenstände wie Hocker und Bänke verewigt haben. Auch ein Spaziergang durch den Römer- und daran anschließenden Friedenspark mit seinem Bauspielplatz bietet zahlreiche Möglichkeiten für Eltern und Kinder.

Kneipenhopping am Abend

Ob Mainzer oder Alteburger Straße, Teuteburger, Darmstädter oder Kurfürstenstraße, der Kneipenbesucher dreht sich im Kreis auf der Suche nach der richtigen Verköstigung oder dem schmackhafteren Kölsch aus den unzähligen obergärigen Brauereien. Dazu kommen Weinlokale und -geschäfte mit Degustationen. Es stellt sich die Frage nach vegetarischer Küche oder doch lieber vegan? Und wenn die Nacht am tiefsten und der Tag am nächsten ist, ist in jenen Bars kaum ein Platz zu finden, die erst im Morgengrauen zur letzten Runde rufen.

Infos und Adressen

ESSEN UND TRINKEN

Alteburger Hof. Gediegenes Restaurant. Mo–Sa 12–1, So 12–22 Uhr, Alteburgerstr. 15a, 50678 Köln, www.alteburger-hof.de

Café Zikade. Naturkost und frische Säfte seit Jahrzehnten. Mo–Fr 8.30–20, Sa 8.30–19 Uhr, Kurfürstenstraße 2, 50678 Köln, Tel. 0221/31 15 91, www.cafezikade.de

Dinnerclub Cologne. Fr und Sa mit den singenden Kellnern. Di–Sa 19 bis der letzte Gast geht, Tel. 0221/130 07 25, Alteburger Straße 11, 50678 Köln, www.dinnerclub-cologne.de

Gaststätte Früh im Veedel. Typische Brauereigaststätte mit Fassverkauf. Di–Sa 11–1 Uhr, Tel. 0221/31 44 70, Chlodwigplatz 28, 50678 Köln, www.frueh.de

Gaststätte Spielplatz – AbundZu. Der Treff im Viertel. Mo–Sa ab 17 Uhr – Ende offen, So 16 Uhr – Ende offen, 0221/16 82 32, Ubierring 58, 50678 Köln, www.gaststätte-spielplatz.de

La Guitarra. Spanische und baskische Küche seit über 30 Jahren. Mo–So 18–1 Uhr, Alteburger Straße 20, 50678 Köln, Tel. 0221/31 92 97, www.la-guitarra-koeln.de

Pablo Tapas Bar. Für den kleinen Hunger. Do 9.30–18, Fr, Sa 18–2 Uhr, Kurfürstenstraße 8, 50678 Köln, Tel. 0221/16 87 76 05.

Restaurant U-Bier-Ding. Di–Sa 17, So 16 Uhr bis der letzte Gast geht, Tel. 0221/32 27 34, Ubierring 27, 50678 Köln, www.ubierding.com

Torburg. Kneipe mit Livemusik. Mo–So 10–1 Uhr, Tel. 0221/310 45 93, Kartauser Wall 1, 50678 Köln, www.torburg.de

ÜBERNACHTEN

Hotel am Chlodwigplatz. Hotel garni in einer ruhigen Seitenstraße. Tel. 0221/931 24 40, Merowingerstraße 33, 50677 Köln, www.hotel-am-chlodwigplatz.de

AUSGEHEN

Coellner Bar. Cocktail-Lounge und Kneipe zugleich. Mo–So 19–5 Uhr, Tel. 0171/408 65 33, Ubierring 22, 50678 Köln, www.coellner-bar.de

EINKAUFEN

Buchhandlung am Chlodwigplatz. Gut sortierte Buchhandlung, eine literarische Institution. Mo–Fr 9.30–19, Sa 9–16 Uhr Ubierring 6, 50678 Köln, Tel. 0221/32 72 67.

AKIVITÄTEN

Bauspielplatz Friedenspark. Mo–Di 13–20, Mi–Do 13–21, Fr 13–18.30, Sa alle 14 Tage 14.30–20 Uhr, Hans-Abraham-Ochs-Weg 1, 50678 Köln, Tel. 0221/374742.

Beim »Früh im Veedel« gibts Bier vom Fass.

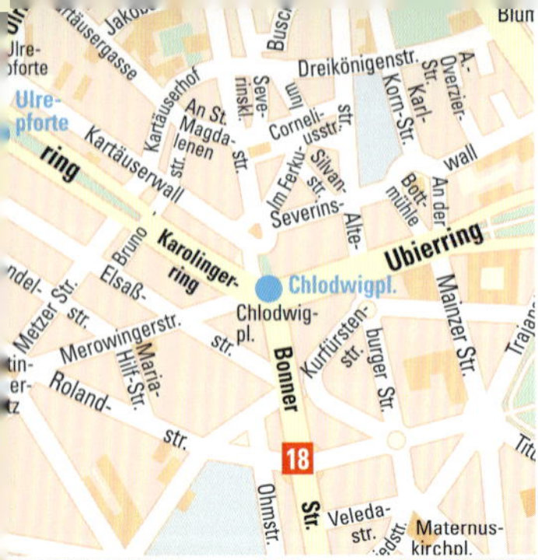

Mitte: Köln Frischhaltestube: Großmarkt
Unten: Nach dem Einkauf auf dem Großmarkt kann man sich an der Bonner Straße stärken.

18 Die Bonner Straße

Zufahrt zum Großmarkt

Die wenigsten Besucher machen sich auf den Weg vom Chlodwigplatz über die Nordsüdmagistrale stadtauswärts. An Sehenswürdigkeiten ist die Bonner Straße zugegebenermaßen arm, aber trotzdem gibt es hier ein Stück frühmorgendlicher Stadt zu erleben. Der Großmarkt wird Köln noch ein paar Jahre mit frischem Gemüse, Obst, Fleisch und Fisch versorgen, bevor auch dort die Abrissbirne Platz für neuen Wohnraum schafft.

Vom Chlodwigplatz ist es nicht mehr weit nach Bonn. Schon nach wenigen Fahrminuten landet man am Bonner Verteiler und von dort auf der BAB 555, der ältesten deutsche Autobahn. Sie wird von den Kölnern nur »Diplomatenrennbahn« genannt, denn viele Diplomaten lebten lieber im quirligen Köln als in der Ex-Bundeshauptstadt. Am Morgen nutzten sie dann die Bonner Straße als Beschleunigungszone und rasten, die diplomatische Immunität machte es möglich, alle Geschwindigkeitsbeschränkungen missachtend gen Bonn. Das kurz vor dem Verteiler liegende Technologiegebiet der 1960er- und 1970er-Jahre ist längst passé.

Kölns Frischhaltestube

»Tote Hose« ist auf der Bonner Straße trotzdem noch nicht ganz. Hinter dem Bonner Wall, der parallel zur kreuzenden Eisenbahnstrecke verläuft, liegt rechter Hand der Kölner Großmarkt und dort geht es ab Mitternacht zu wie in einem Taubenschlag. Auf dem Areal mit 230 000 Quadratmetern Fläche entladen LKWs und Kühllaster mit Fisch, Fleisch, Obst und Gemüse aus ganz Europa, decken sich Restaurants, Einzel- und Großhändler und Feinkostgeschäfte ein, um die 2,5 Millionen Menschen in Köln und Umgebung mit Frischware zu versorgen. Im November 1940 wurde der Großmarkt eröffnet. Heute bedienen täglich am sogenannten Bonntor 220 Firmen über 5000 Kunden, werden rund 300 000 Tonnen Lebensmittel im Jahr umgeschlagen.

Im »Bauch von Köln«

Besonders grummelt der »Bauch vun Kölle« in den frühen Morgenstunden, wenn die Händler eintreffen, um die Ware abzuholen, die sie in den vorigen Abend- und Nachtstunden online geordert haben. Und wer es schafft, den Wecker schon vor sechs Uhr zu stellen, erlebt eine quirlige Atmosphäre. Zwar gibt es keine Auktionshalle mehr, in der man den Anbietern und Käufern über die Schulter schauen kann, aber noch immer entschädigt die Warenfülle dafür, so zeitig aus den Federn gekrochen zu sein. Dass der Großmarkt seine besten Zeiten längst hinter sich hat, sieht man allerdings an allen Ecken, auch an Hinweisschildern, die ins Leere führen.

Alte Zeiten, neue Pläne

Früher saßen die Händler beim Frühstücksbier und kräftigen Gerichten noch in der Marktkneipe zusammen. Die ist aber inzwischen genauso geschlossen wie die Sparkasse- und Postfiliale und auch die Katakomben sind weder für Händler noch für Besucher zugänglich. Wenn alles bei der bisherigen Planung bleibt, dann wird der Großmarkt in gut fünf Jahren an den Stadtrand ziehen und auf dem Gelände Immobilienhändler und Investoren ihr Glück mit Neubauwohnungen und der Vermarktung der denkmalgeschützten Großmarkthalle suchen.

Infos und Adressen

SEHENSWÜRDIGKEITEN

Großmarkt Köln. Mo–Sa 0–14 h, Marktstraße 10, 50968 Köln, Tel. 0221/420 18, www.grossmaerkte.org

ESSEN UND TRINKEN

Bonner Stübchen. Stehkneipe für das Bier nach Feierabend oder am Abend. Di–So 11–24 Uhr, Bonner Straße 64, 50677 Köln, Tel. 0221/38 86 64.

James Joyce Irish Pub. Bistro Pub, aber ohne irische Atmosphäre. Mo–Do 17–1, Fr 17–3, Sa 15–3, So 15–1 Uhr, Bonner Straße 39, 50677 Köln, Tel. 0221/84 64 32 59, www.jamesjoyceirishpub.de

Kurfürstenhof. Vom Frühstück bis zur Abendkarte: Top. Mo–Fr 9–1, Sa 10–2, So 10–24 Uhr, Bonner Straße 21, 50677 Köln, Tel. 0221/331 92 16, www.kurfuerstenhof-koeln.de

Mare Atlantico. Delikatessen und Feinkost mit Verkostungsevents. Mo–Mi 6–18, Do, Fr 6–19, Sa 6–16 Uhr, Marktstraße 10–12, 50968 Köln, Tel. 0221/888 27 60, www.mare-atlantico.de

Trattoria Toscana Da Dante. Traditionelle toskanische Küche. Mo–Fr 12–15, 18.30–23, Sa, So 18.30–23 Uhr, Zugweg 1, 50677 Köln, Tel. 0221/31 58 47.

Beliebt bei der Nachbarschaft

Mitte: Abgeschirmt gegen neugierige Blicke: Prachtvilla in Marienburg
Unten: Bronzepanther: Skulptur im Südpark

19 Marienburg
Wohnen im englischen Landhausstil

Geld scheint in Marienburg keine Rolle zu spielen. Dies verraten schon die Quadratmeterpreise für die Grundstücke. Und die zahlreichen Villen im Stil der Gründerjahre belegen dies. Hier haben sich Kölner Bankiers- und Politikerfamilien mit noblem und weitreichendem Stammbaum, aber auch zu Wohlstand gekommene New-Economy-Aufsteiger und mehr oder weniger bekannte Celebrities angesiedelt.

Wer nach Marienburg kommt, merkt sofort den Unterschied zu den anderen Stadtvierteln. Mit Platanen bepflanzte, schattige Alleen dominieren, in denen keine Parkplatzprobleme herrschen, weil fast jedes Haus eine eigene Garagenauffahrt hat. Und neugierige Zaungucker sind hier im Viertel, in dem sogar Einkaufsmöglichkeiten fehlen, nicht gern gesehen, Paparazzi höchst unbeliebt. Das hat sicher dazu beigetragen, dass Prominente wie die Fernsehmoderatorin und Literaturkritikerin Elke Heidenreich, der Comedian Ingolf Lück, der Kabarettist Harald Schmidt oder der Musiker Wolfgang Niedecken, »Bap«, in Marienburg ihr Rückzugsgebiet gefunden haben.

Vom Kasernenhof zur Gründerzeitvilla

Die ersten Bewohner der Gegend waren römische Legionäre eines Kastells. Seinen Namen verdankt das Viertel aber einem Gutshof aus dem 18. Jahrhundert. Aus dieser Zeit stammt die denkmalgeschützte Alteburger Mühle. Sie ist heute Teil des Eingangsbereichs des polnischen Generalkonsulats

An der Alteburger Mühle Nummer 6. Ende des 19. Jahrhunderts wurde die Gegend für repräsentatives Wohnen entdeckt.

Nobelherbergen

Aus dieser Zeit sind noch verschiedene Villen erhalten, die heute unter Denkmalschutz stehen. Eine davon ist die »Villa Vorster«, 1891–1894 im englischen Landhausstil in der Straße Unter den Ulmen 148 erbaut. Allein die Pförtnerwohnung misst 80 Quadratmeter. Nach dem Krieg wurde sie als belgisches Militärgericht genutzt. Das zweigeschossige Werkstein-Bauwerk in der Pferdmengesstraße 1 mit seiner breiten Freitreppe gehörte einem Bankier. In dem Anwesen in der Pferdmengesstraße 52 wurde bundesrepublikanische Geschichte geschrieben. Hier, fast am Südpark, wohnte der Bankier Robert Pferdmenges (1880–1962). Dem engen Freund des Bundeskanzlers Konrad Adenauer (1876–1967) wird großer Einfluss auf die Nachkriegspolitik nachgesagt. Etwa in Höhe des Anwesens Parkstraße 55 befindet sich der Puttenbrunnen; er wurde 1910 aufgestellt. Wer die unter Denkmalschutz stehende Fontäne geschaffen hat, ist unbekannt.

Grün und Green

Der Südpark ist ein Kleinod für Spaziergänger, der Haupteingang liegt in der Goethestraße. Das rund 4,5 Hektar große Grüngebiet mit seinem Kiefernwäldchen und den zahlreichen Rhododendren steht unter Denkmalschutz. Im Park befindet sich die sehenswerte Plastik eines Bronze-Panthers, die 1920 von dem für seine Tierstatuen bekannten Bildhauer Fritz Behn (1878–1970) geschaffen wurde. Vom Haupteingang Richtung Rhein stößt der Spaziergänger auf das Kölner Festungsmuseum, das nur alle zwei Wochen am Wochenende geöffnet ist.

Infos und Adressen

SEHENSWÜRDIGKEITEN

Kölner Festungsmuseum Zwischenwerk VIII b. 1. Sa, 3. So im Monat 10–18 Uhr, Führungen 12, 14, 16 Uhr, Militärringstr. 10/ Konrad-Adenauer-Str., 50996 Köln, Tel. 0162/739 95 05, www.museum.crifa.de

ESSEN UND TRINKEN

Höhns Biergarten. Di–Fr 12–15, 18–24, Sa 18–24, So 12–24 Uhr, Bonner Straße 381, 50968 Köln, Tel. 0221/348 12 93, www.hoehns-biergarten.de

Restaurant Tullio. Erlesene italienische Küche mit sizilianischem Einschlag. So–Fr 12–23, Sa 18.30–22.45 Uhr, Marienburger Straße 2, 50968 Köln, Tel. 0221/ 34 13 98, www.tullio.weebly.com

ÜBERNACHTEN

Haus Marienburg. Kleines, geschmackvoll eingerichtetes Hotel. Robert-Heuser-Straße 3, 50968 Köln, Tel. 0221/93 76 90, www.hotel-haus-marienburg.de

AKTIVITÄTEN

Köln-Marienburger Golf Club. Nur mit Voranmeldung. Schillingsrotterweg, 50968 Köln, Tel. 0221/38 40 53, www.marienburger-golfclub.de

DER NORDEN

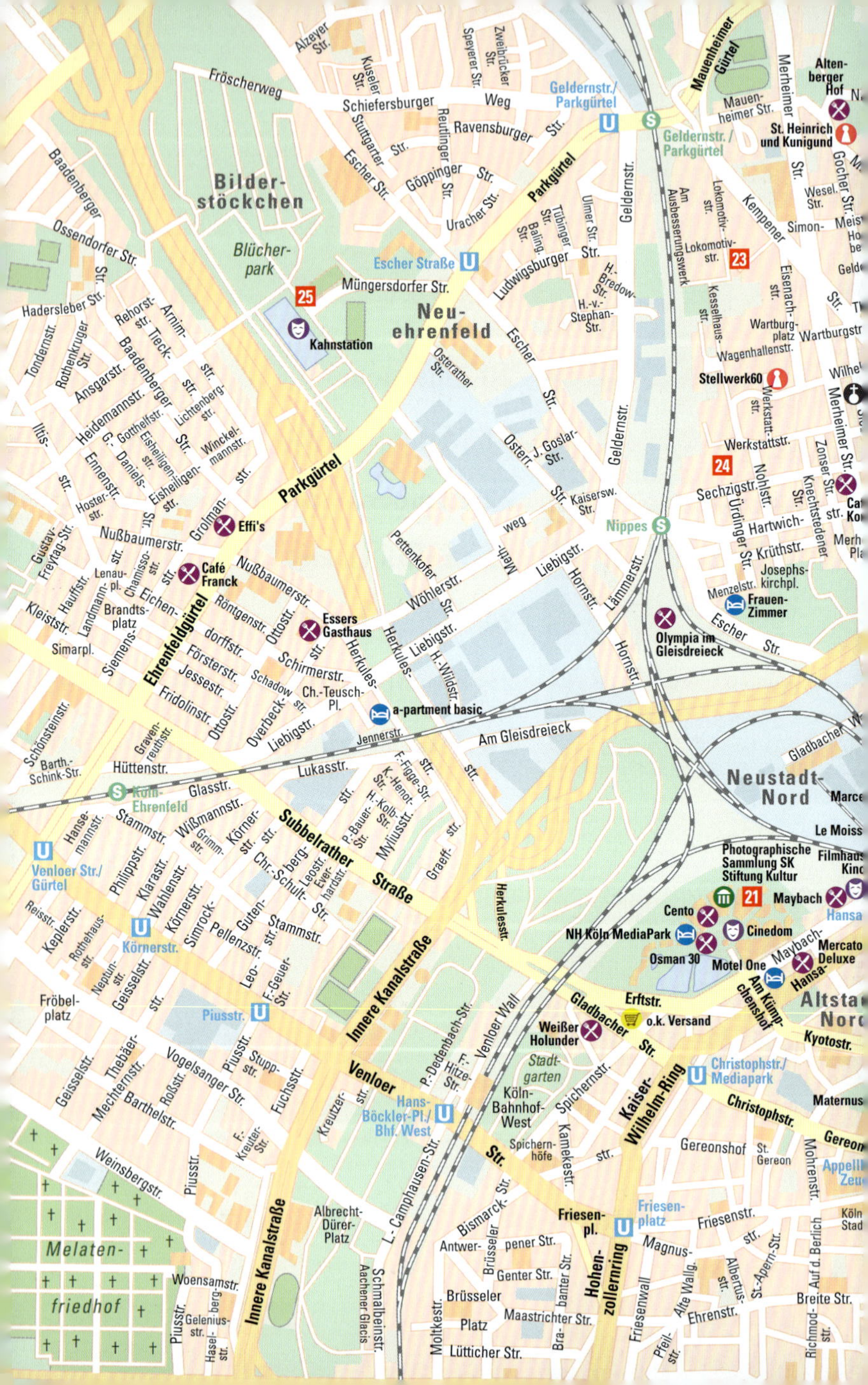
Bilder-
stöckchen
Blücher-
park
Neu-
ehrenfeld
Neustadt-
Nord
Altstadt-
Nord
Melaten-
friedhof
Stadt-
garten
Fröscherweg
Alzeyer Str.
Kuseler Str.
Speyerer Str.
Zweibrücker Str.
Schiefersburger Weg
Reutlinger Str.
Ravensburger Str.
Stuttgarter Str.
Escher Str.
Göppinger Str.
Uracher Str.
Parkgürtel
Geldernstr./
Parkgürtel
Mauenheimer Gürtel
Mauenheimer Str.
Merheimer Str.
Alten-
berger
Hof
St. Heinrich
und Kunigund
Gocher Str.
Wesel. Str.
Simon-Meister-Str.
Kempener Str.
Geldernstr.
Am Ausbesserungswerk
Lokomotivstr.
Ulmer Str.
Tübinger Str.
Baling. Str.
Ludwigsburger Str.
H.-Bredow-Str.
H.-v.-Stephan-Str.
Escher Straße
Müngersdorfer Str.
Kahnstation
Baadenberger Str.
Ossendorfer Str.
Hadersleber Str.
Tondernstr.
Rothenkruger Str.
Ansgarstr.
Rehorststr.
Tieckstr.
Arnimstr.
Lichtenbergstr.
Heidemannstr.
Gotthelfstr.
Eisheiligenstr.
Winckelmannstr.
Iltisstr.
Ennenstr.
G.-Daniels-Str.
Hoster-str.
Grolmanstr.
Effi's
Nußbaumerstr.
Gustav-Freytag-Str.
Lenau-pl.
Chamissostr.
Café
Franck
Hauffstr.
Landmannstr.
Brandts-
platz
Eichendorffstr.
Röntgenstr.
Ottostr.
Essers
Gasthaus
Kleiststr.
Simarpl.
Siemensstr.
Ehrenfeldgürtel
Försterstr.
Jessestr.
Schirmerstr.
Schadowstr.
Ch.-Teusch-Pl.
Herkulesstr.
Fridolinstr.
Overbeckstr.
Liebigstr.
Schönsteinstr.
Gravenreuthstr.
Barth.-Schink-Str.
Hüttenstr.
Jennerstr.
a-partment basic
Lukasstr.
Glasstr.
Köln-
Ehrenfeld
Hansemannstr.
Stammstr.
Wißmannstr.
Grimmstr.
Körnerstr.
Subbelrather
Straße
Venloer Str./
Gürtel
Philippstr.
Klarastr.
Wahlenstr.
Chr.-Schult-Str.
Leostr.
Everhardstr.
P.-Bauer-Str.
H.-Kolb-Str.
K.-Henot-Str.
F.-Figge-Str.
Myliusstr.
Graeffstr.
Reisstr.
Keplerstr.
Rothehausstr.
Körnerstr.
Simrockstr.
Pellenzstr.
Gutenbergstr.
Neptunstr.
Geisselstr.
Leostr.
F.-Geuer-Str.
Fröbel-
platz
Piusstr.
Innere Kanalstraße
Thebäerstr.
Mechternstr.
Vogelsanger Str.
Stuppstr.
Fuchsstr.
Roßstr.
Barthelstr.
F.-Kreuter-Str.
Weinsbergstr.
Woensamstr.
Gelenius-str.
Haselbergstr.
Kreutzerstr.
Venloer
Str.
Hans-
Böckler-Pl./
Bhf. West
L.-Camphausen-Str.
Albrecht-
Dürer-
Platz
Schmalbeinstr.
Aachener Glacis
P.-Dedenbach-Str.
F.-Hitze-Str.
Venloer Wall
Köln-
Bahnhof-
West
Herkulesstr.
Osterather Str.
Osterr. Str.
J. Goslar-Str.
Kaisersw. Str.
Nippes
Pettenkoferstr.
Methweg
Liebigstr.
Hornstr.
Lämmerstr.
Wöhlerstr.
H.-Wildstr.
Am Gleisdreieck
Olympia im
Gleisdreieck
Escher Str.
Kesselhausstr.
Eisenachstr.
Wartburgplatz
Wartburgstr.
Wagenhallenstr.
Stellwerk60
Werkstattstr.
Zonser Str.
Sechzigstr.
Nohlstr.
Üdinger Str.
Knechtstedener Str.
Hartwichstr.
Krüthstr.
Josephs-
kirchpl.
Menzelstr.
Frauen-
Zimmer
Gladbacher Wall
Le Moisse
Photographische
Sammlung SK
Stiftung Kultur
Filmhaus
Kino
Maybach
Hansa
Cento
NH Köln MediaPark
Cinedom
Osman 30
Motel One
Maybachstr.
Mercato
Deluxe
Hansaring
Erftstr.
o.k. Versand
Am Kümpchenshof
Gladbacher Str.
Weißer
Holunder
Kyotostr.
Christophstr./
Mediapark
Christophstr.
Maternus
Gereon
Kaiser-Wilhelm-Ring
Spichernstr.
Spichern-
höfe
Kamekestr.
Gereonshof
St. Gereon
Mohrenstr.
Friesen-
pl.
Friesen-
platz
Friesenstr.
Bismarckstr.
Antwerpener Str.
Brüsseler Str.
Genter Str.
Brüsseler
Platz
Maastrichter Str.
Brabanter Str.
Moltkestr.
Lütticher Str.
Hohen-
zollernring
Friesenwall
Magnusstr.
Alte Wallg.
Albertusstr.
St.-Apern-Str.
Auf d. Berlich
Ehrenstr.
Breite Str.
Richmodstr.
Pfeilstr.
25
23
24
21

Niehler Gürtel
Amsterdamer Str./ Gürtel
Nordpark
Niehler Str.
Niehler Gürtel
Eltener Str.
Isselburger Str.
Kalkarer Str.
Namibiastr.
Nordstr.
G.Nachtigall-Str.
Tangastr.
Kamerunstr.
Waterloostr.
Bülowstr.
Schwerinstr.
Niehler Str.
Xantener Str.
Kretzerstr.
Kevelaerer Str.
Sprengelstr.
Wettsteinstr.
Barbarastr.
Goldfußstr.
Boltensternstr.
H.-Kraus-Str.
Slabystr.
Brehmstr.
Esenbeckstr.
Schachtstr.
Riehler Tal
Riehler Gürtel
Hittorfstr.
La Spendula
Slabystr.
Blücherstr.
Leipziger Pl.
Yorckstr.
Em Golde Kappes
Gneisenaustr.
Nippes
Florastr.
Wilhelmstr.
Gellertstr.
Neusser Str.
Eichstr.
Franziskastr.
Kuenstr.
Schenkendorfstr.
Auerstr.
Lohsestr.
Niehler Str.
Franz Clouth-Str.
Bauelsweg
Florastr.
Kuenstr.
Grabbestr.
Correnstr.
De-Vries-Str.
Nägelistr.
Johann-Müller-Str.
Garthestr.
Am Botanischen Garten
Siebold-str.
Stammheimer Str.
Pionierstr.
Schanz
Boltensternstr.
Botanischer Garten
Bodinusstr.
Riehl
An der Schanz
Schwimmbad
Delfter Str.
Rotterdamer Str.
Botanischer Garten/ Flora
26
Zoologischer Garten
Aquarium
Stammheimer Weg
Alter Stammheimer Weg
An der Flora
Innere Kanalstr.
Rosengarten im Fort X
Lentstr.
Lennéstr.
Zoo/Flora
Niederländer Ufer
Rhein
Frohng.
Rheinseilbahn
Stormstr.
Fontanestr.
Reissdorf em Oellig
Neusser Platz
Neusser Wall
St. Agnes
Blumenthalstr.
Merlostr.
Aduchtstr.
Dix
Riehler Str.
Skulpturenpark Köln
Elsa-Brandström-Str.
Oppenheimerstr.
Riehler Pl.
Oberlandesgericht Köln
Pr.-Otto.-M.-Platz
Weißenburgstr.
Hülchrather Str.
Reichenspergerplatz
Worringer Str.
Mevissenstr.
Viktoria
Zoobrücke
Jugendpark
Mülheimer Hafen
Jugendzentrum
art-club
Melchiorstr.
Kasparstr.
Balthasarstr.
Lupusstr.
Gruber's Restaurant
Belfortstr.
Clever Str.
Alte Feuerwache
Wörthstr.
An der Münze
Sedanstr.
Ufer
Schillingstr.
kiss the inuit
King Georg Apartments
Ebertpl.
La Bar 3
Freddy Schilling
Café Klaaf
Rum Kontor
Schmitz
Léo
20
Th.-Heuss-Ring
Saray
Eigelstein-Torburg e.V.
Thürmchenswall
Oyster
Em Kölsche Boor
Anno Pief
Konak
Turiner Str.
Domstr.
Dagobertstr.
Niederichstr.
Konrad-Adenauer-Ufer
Bastei
Kunibertsturm
Rheinpark
Hochschule für Musik und Tanz
Arabella Brautmoden
Eigelstein
22
St. Kunibert
Tanzbrunnen
Auenweg
Sporthallenweg
Gaffel & Co. OHG
Cristall
Divas
Machabäerstr.
Domblick
Domstern
Casa Colonia
Marriott
Breslauer Platz
Ursulastr.
Maximinenstr.
Plüsch Bar
Brasserie Fou
Neue Direktion
Charles-de-Gaulle-Pl.
Messeturm
Rheinparkw.
Kölnmesse
Messe-Kreisel
Hauptbahnhof
St. Maria Himmelfahrt
WeinAmRhein
Goldgasse
Stolkg.
An den Dominikanern
Dom/Hbf
Hauptbahnhof
Musical-Dome
Rheinhallen
Kennedy-Ufer
Messeplatz
Auenweg
Osthallenstr.
Leichlinger Str.
St. Andreas
Museum Ludwig
Hohenzollernbrücke
Messe/Deutz
Innenstadt
Kölner Dom
Philharmonie
Köln Triangle
Bahnhof Deutz
Am Hof
Rheinufertunnel
Rhein
H.-Pünder-Str.
Ottopl.
Messe
Unter Goldschmied
Hohe Str.
Rathaus
Groß St. Martin
Rathaus
Alt St. Heribert
Urbanstr.
Mindener Str.
Siegesstr.
Düppelstr.
Luisenstr.
Karlstr.
Deutzer Freiheit
Sehenswürdigkeit, Denkmal
Aktivität, Ausgehen, Theater
Museum, Galerie
Shopping
Restaurant, Bar, Café
Übernachtungsmöglichkeit
Kirche, Moschee
0
300 m
N

Seite 126/127: Skyline im Abendlicht: St. Kunibert und der Fernsehturm Colonius
Mitte: Die Eigelsteintorburg, ehemaliges Tor der mittelalterlichen Stadtmauer

20 Eigelstein

Halbseidene Schönheit

Halbwelt, Miljö, Einwandererviertel und Sanierungsgebiet mit 2000-jähriger Geschichte: In kaum einem kölschen Veedel drängt sich so viel Historie zusammen wie auf dem schmalen Grat hinter dem Hauptbahnhof. Laut ist es dort, schmal sind die Gassen. Noch immer finden sich Kriegs- und Nachkriegsspuren: eingeschossige Lückenbebauung mit Billigläden, baufällige Häuser und als Grenze zum Kunibertsviertel die Nord-Südfahrt, die in der Mitte des vergangenen Jahrhunderts eine Schneise durch die Stadt schlug.

Der Name selbst galt lange als römischen Ursprungs: Eine Säule samt Adler hielt man für den vermeintlichen Namensstifter. Aus dem lateinischen »Aquila« für Adler und der französischen Umbenennung durch die Truppen Napoleons 1794 wurde die Adlergasse zur »Rue de l'Aigle« und dann zum eingekölschten Eigelstein. Schöne Geschichte, aber historisch nicht haltbar: Jüngst wurde erforscht, dass der heutige Eigelstein eine Limesstraße mit Friedhöfen war. Die römischen Grabmäler schmückte oft ein Pinienzapfen als Symbol der Unsterblichkeit. Pinienzapfen kannte man im Rheinland nicht, dafür aber Eicheln. Und weil der Mainzer Eigelstein ebenfalls ein Friedhof war, dessen erste urkundliche Erwähnung von 1275 sich als »Eychelstein« findet, meint die Forschung, dass auch in Köln die grabschmückenden Zapfen die Namensgeber waren.

Der Eigelstein war Teil der alten römischen Heerstraße, die von Süden durch Köln nach Xanten führte. Von der intensiven Nutzung schon vor

2000 Jahren zeugt eine Vielzahl an Funden im Viertel. Colonia Claudia Ara Agrippinensium platzte aus allen Nähten und so siedelten sich entlang der Straße Richtung Norden Handwerker an. Fundstücke belegen zum Beispiel die Existenz von Glashütten. Immer wieder werden bei Erdbauarbeiten historische Artefakte freigelegt. Im Stadtmuseum findet sich eine Goldmünze, die jemand vor Jahrhunderten in eine Latrine hat fallen lassen, bei Bauarbeiten wurde sie erst kürzlich wieder ausgebuddelt.

Einen neuen Aufschwung erfuhr die Gegend im Mittelalter. Mit der zunehmenden Bedeutung Kölns als Ziel für Pilger und Wallfahrer wurden Klöster und Stifte am Eigelstein heimisch. Schon die erste Stadterweiterung bezog den südlichen Eigelstein ein. Mit der großen mittelalterlichen Stadtmauer entstand das Eigelsteintor, eines der drei noch heute erhaltenen Stadttore.

Eigelsteintorburg

Die Eigelsteintorburg wurde im Zuge der mittelalterlichen Stadterweiterung als nördlichstes Haupttor ab 1180 errichtet. Heute wird sie als Veranstaltungsraum genutzt, dank der meterdicken Mauern kann man hier in jeder Lautstärke feiern. Auf der stadteinwärts gelegenen Seite der ehemaligen Wehranlage findet sich in der Nische des Ostturms eine der wenigen Erinnerungen an den Ersten Weltkrieg: Dort hängt ein Kutter des Kriegsschiffes *Coeln*, das im August 1914 vor Helgoland sank. Eine Gedenktafel erinnert an die Seeleute, die dabei ihr Leben verloren.

1891 wurde am westlichen Torbogen eine Steinfigur angebracht: der *Kölsche Boor*. Diese Figur des »Kölner Bauern« ist bis heute tief im Brauchtum des Kölner Karnevals als Mitglied des Kölner Drei-

AUTORENTIPP!

IMMER DIESE RADFAHRER

45 mal im Kreis, aber bitte mit Tempo. Das hat am Eigelstein Tradition, denn Radrennen-Fahren oder zumindest dabei zugucken gehört hier zu den jährlichen Highlights. Bereits seit 1977 richtet der »Verein Cölner Straßenfahrer 08 e.V.« auf einem nur 2 km langen Kurs mit Start und Ziel unter der Eigelsteintorburg das »Radrennen rund um den Eigelstein« aus, an dem rund 500 Profis und Amateure teilnehmen. Es gilt als Klassiker und lockt dank der räumlichen Nähe zu den Athleten massenhaft Zuschauer an. Übrigens: Der Eigelstein war schon immer ein gutes Pflaster für diesen Sport. Anton »Toni« Merkens, 1936 Olympiasieger über die 1000-Meter-Sprintstrecke wurde 1912 im Eigelstein geboren. Mit ihm und Radsportlegenden wie Paul Oszmella oder Albert Richter begründete sich in den 1920er- und 30er-Jahren der Ruf Kölns als Mekka des Zweiradsports.

VCS Verein Cölner Straßenfahrer 08 e.V. Dieselstraße 14, 50354 Hürth, http://arturtabat.online.de/vcs

Rettungsboot des Kreuzers Cöln im Ostturm der Eigelsteintorburg

AUTORENTIPP!

CHARGESHEIMER
Es ist ja eigentlich nur eine Straße: Unter Krahnenbäumen zweigt vom Eigelstein ab zur Nord-Südfahrt. Aber diese Straße steht für ein Köln, das mit Krieg und Wiederaufbau unwiederbringlich verloren ging. Fest gehalten hat es der Fotograf Carl-Heinz Hargesheimer, Künstlername: Chargesheimer (1924-1972), in seinem gleichnamigen Fotoporträt von 1958. Es dokumentiert das pralle Leben dieser kleinen Straße, die vom Eigelstein bis ins Kunibertsviertel führte und durch den Bau der Nord-Südfahrt brutal abgeschnitten wurde. Wer heute der Straße folgt und vorher vielleicht einen Blick in den Bildband von Chargesheimer geworfen hat, kann den Seufzer der Kölner verstehen, wenn der Name dieses Straßenzuges fällt.

Chargesheimer, Heinrich Böll: Unter Krahnenbäumen, 44 S., Greven Verlag 1958 (nur antiquarisch)

Das Leo im Schatten der Eigelsteintorburg

gestirns verankert. An der Burg zeigt sich der Bauer in zeitgenössischer Kleidung, ausgestattet mit Dreschflegel und Sense. Er hält einen mit Stadtschlüsseln und dem Reichsadler verzierten Schild als Symbol der bäuerlichen Ursprünge der Stadt, einschließlich der durch den Bauernstand mitgeprägten Rechtsordnung, welche die Bereitschaft zur Verteidigung und die Verbundenheit mit dem Reich einschließt.

Rund um das mittelalterliche Stadttor findet sich eine ordentliche Zahl ansprechender Cafés und Bistros, die vor allem im Sommer heißbegehrte Sitzplätze an der frischen Luft anbieten. Trendy und mit großem Zulauf ist hier vor allem die Hamburgermanufaktur »Freddy Schilling« ein Tipp: Ein Roggenbrötchen mit Blutwurst, Apfelkompott und karamellisierten Zwiebeln geht hier als kölscher Burger »Himmel un Äd« über den Tresen.

Im »Leo« an der Ecke zur Lübecker Straße wird schwer am guten Ruf Kölns als nördlichster Stadt Italiens gearbeitet. Wenn's richtig rund läuft, singen hier sogar die Kellner. Und die »Spaghetti Aglio Olio« sind ein Gedicht.

Im »Klaaf« hat man von der Galerie den besten Überblick nach draußen. Hier sitzt man auch außerhalb der Biergartensaison wie im Kino. Außerdem sind die hausgemachten Kuchen ein Geheimtipp.

Könnte sein, dass einem danach der Sinn nach Hochprozentigem steht. Im »Kölner Rum Kontor« nur ein paar Schritte weiter wird dieser Wunsch erfüllt. Satte 500 Sorten Zuckerrohrschnaps und andere Alkoholika der feinsten Art werden hier feilgeboten. Die beiden Inhaber sind viel in der Welt herum gekommen und kennen sich bestens mit den angebotenen Produkten aus. Es macht

Sinn, ordentlich Zeit mitbringen – es gibt viel zu erzählen.

Um die Ecke findet sich ein architektonisches Kuriosum: Mit gerade mal 256 Zentimetern Breite steht hier das schmalste Haus Kölns. Mitte der 1990er-Jahre füllte der Architekt Arno Brandlhuber die Baulücke. Statt eigene Außenmauern hochzuziehen, wurden die Geschoßdecken an der Nachbarbebauung aufgehängt. Das Ergebnis ist architekturpreisgekrönt und berühmt. Im Erdgeschoß sitzen die Mitarbeiter der Unternehmensberatung Rendel & Spitz in langer Reihe hintereinander und lassen sich von vorbeispazierenden Passanten auf die Schreibtische gucken.

Dat Wasser vun Kölle

Gastronomisch war der Eigelstein schon immer gut erschlossen. Durch das Stadttor erreichten die Besucher aus dem Norden die Domstadt. Und die brachten ordentlich Hunger und Durst mit. Händler und Pilger wollten verpflegt sein, also reihte sich auf der ganzen Straßenlänge Gaststätte an Gaststätte. Noch Mitte des 19. Jahrhunderts existierten dort allein 18 Brauereien. Geblieben ist von ihnen nur noch eines der ältesten Brauhäuser der Stadt, »Em Kölsche Boor« (Im kölschen Bauer). Die Gastwirtschaft wurde im September 1760 unter dem Namen »Zum Elephanten« eröffnet, seit 1907 trägt es den heutigen Namen. Ausgeschenkt wird hier Gaffel-Kölsch.

Und das wird nur wenige Häuser weiter hergestellt: Auf dem Grundstück der Privatbrauerei Gaffel wird schon seit dem frühen Mittelalter gebraut. Auf das Jahr 1302 geht die erste urkundliche Erwähnung einer Braustätte an dieser Adresse zurück. Ein Brunnen mit exzellenter Wasserqualität ist die Quelle der Bierherstellung. Noch heute

Oben: Hochprozentiges wird im Rum Kontor offeriert.
Mitte: Auf Kopfsteinpflaster durch den Stavenhof

Oben: In der Weidengasse wird jeder fündig, egal ob beim Antiquitätenhändler ...
Mitte: ... im Trödelladen
Unten: ... oder auf der Suche nach dem perfekten Brautkleid.

wird aus diesem Brunnen das Brauwasser gepumpt. Wie es denn so läuft, kann man vor Ort sehen: Dank voll verglaster Front eröffnen sich für alle Passanten gute Einblicke auf Kessel, Rohre und Personal. Nur die beiden Becker-Brüder, denen die Brauerei gehört und die sich seit Jahren wie die Kesselflicker drum streiten, wer das Sagen bei Gaffel hat, sieht man durch die Fenster nicht.

Munter zu ging es schon immer am Eigelstein. Bevor 1972 die Innenstadt zum Sperrgebiet erklärt wurde, hatten hier auch die Bordsteinschwalben ihr Zuhause. Vor allem das schmale Gässchen Im Stavenhof galt als Rotlichtbezirk. Seitdem die Stadt diese Ecke aufwendig saniert hat, ist es damit vorbei. Läuft man heute über das alte Kopfsteinpflaster, trifft man auf putzig sanierte Häuschen und von der Stadtplanung geschaffene Freiflächen. Gegenüber der Kneipe »Anno Pief« führt ein Fußweg zur Weidengasse.

Weidengasse

Geprägt von vielen kleinen Läden und Restaurants, die meist türkische Namen tragen, verbindet sie den Eigelstein mit dem Hansaring. In den 1950er- und 1960er-Jahren haben sich hier die Einwanderer niedergelassen und das Viertel geprägt. Der Duft von auf Holzkohle gegrilltem Lamm liegt in der Luft und macht fast automatisch Hunger. Im »Dürümcü Harran Doy Doy Palast« wird er fix gestillt. Wer sich auf die höheren Weihen der türkischen Küche einlassen möchte, ist bei Atilla Tosun im »Konak« an einer guten Adresse.

Eine Vermählung der besonderen Art, nämlich die ost-westliche Tendenz zum rauschenden Hochzeitspektakel kann man in der Weidengasse und auf dem Eigelstein beobachten. Wurden hier früher vor allem junge Frauen mit türkischen Wur-

zeln für den schönsten Tag im Leben herausgeputzt, kann man heute schon an der wachsenden Zahl der Brautmodengeschäfte sehen, dass hier die Kulturen zusammengefunden haben.

Meterweise Taft und Tüll werden bei Arabella-Brautmoden schon seit Jahrzehnten an die Frau gebracht. Wer hier mal »nur gucken« geht, bekommt vielleicht eines der wirklich spannenden Verkaufsgespräche mit, die Inhaberin Ayse Demiraslan mit ihren Kundinnen führt. Für den ganz großen Auftritt in Sachen Braut- und Abendrobe lohnt sich ein Abstecher zu Saray: Ecke Turiner Straße und Türmchenswall wird mit Seide, Spitze und Rüschen verschwenderisch umgegangen.

Und wer mal miterleben möchte, wie so ein komplettes Brautstyling abläuft, der muss sich nur beim Friseur »Diamonds« in einen der schwarzen Ledersessel fallen lassen. Während sich Otto-Normalverbraucher bei einem Glas türkischem Tee bei einer Haarwäsche mit Kopfmassage entspannt, wird gleich daneben aus Lieschen Müller und Yildiz Yılmaz eine Prinzessinnenbraut mit einer schwindelerregenden Hochsteckfrisur.

AUTORENTIPP!

HOTEL SAVOY

Eine Welt für sich und sicher mehr als nur Übernachtung tut sich für Domstadt-Gäste im Design-Hotel »Savoy« auf. Nicht umsonst trifft man hier auf eine selbst für Köln seltene Dichte von Film- und Fernsehprominenz. Die Zimmer und Themensuiten sind zum Teil mit Whirlpool ausstaffiert und wurden von den beiden Damen des Hauses Gisela und Daniela Ragge persönlich eingerichtet. Für Romantikfans und den passenden Anlass empfehlen sich die Suiten »Taj Mahal« oder »Belle de Jour«: Oben drauf ist die Dachterrasse mit Relaxlounge ein Highlight. Sie ist auch für externe Gäste geöffnet, um etwa ein Essen zu genießen oder bei einem Cocktail den Domblick auf sich wirken zu lassen.

Hotel Savoy. 50668 Köln, Turiner Straße 9, Tel. 0221/162 30, www.savoy.de

Infos und Adressen

SEHENSWÜRDIGKEITEN

Eigelstein-Torburg e.V. Innenbesichtigung nach Anmeldung, Eigelstein 1, 50668 Köln, Tel. 0221/13 05 65 28 www.eigelsteintorburg.de

Privatbrauerei Gaffel Becker & Co. OHG. Führungen über www.colonia-prima.de, Eigelstein 41, 50668 Köln, Tel. 0221/16 00 60, www.gaffel.de

Em Kölsche Boor

ESSEN UND TRINKEN

Anno Pief. Traditionskneipe mit Nachbarschaftsanschluss. 17–24 Uhr, Im Stavenhof 8, 50668 Köln, Tel. 0221/130 08 27, www.anno-pief.de

Café Schmitz. Gut für den Milchkaffee zwischendurch. Abends kleine Karte für die fixe Verpflegung. 9–24 Uhr, Hansaring 98, 50670 Köln, Tel. 0221/1 39 77 33, www.cafe-schmitz-koeln.de

Dürümcü Harran Doy Doy Palast. Stadtbekannt gute Döner auf die Hand. 10–24 Uhr, Weidengasse 71–73, 50668 Köln, Tel. 0221/130 73 94.

Cafe Schmitz

Em Kölsche Boor. Der Tradtionsladen unter den Brauhäusern. Bedienung rau, aber herzlich. 10–24 Uhr, Eigelstein 121, 50668 Köln, Tel. 0221/13 52 27, www.koelscheboor.com

Freddy Schilling. Trendige Burgerbraterei, beliebt beim jungen Publikum. So–Do 12–22, Fr und Sa 12–23 Uhr, Eigelstein 147, 50668 Köln, Tel. 0221/16 89 44 47, www.freddyschilling.de

Klaaf. Galeriekaffee am Hotspot mit kleiner Speisekarte. 11–22 Uhr, Eigelstein 124, 50668 Köln, Tel. 0221/13 33 85, www.klaaf.net

Konak. Türkische Küche der feinen Art. Für abends besser mit Reservierung. Di–So 18–24 Uhr, Weidengasse 42–44, 50668 Köln, Tel. 0221/12 13 85, www.konak-koeln.de

Léo. Gemütlicher Italiener mit wunderschöner Außenfläche. 11–23 Uhr, Lübecker Str. 2, 50670 Köln, Tel. 0221/1 20 62 06, www.LeoAmEigelsteintor.de

Mangal. Osmanische Grillmeisterei mit der Gelegenheit zum Zugucken, was sich über dem Holzkohlefeuer dreht. 11–24 Uhr, Weidengasse 58–62, 50668 Köln, Tel. 0221/29 88 34 20 http://mangal-restaurant.de

ÜBERNACHTEN

AZIMUT Hotel Cologne City Center. Auf der anderen Ringseite kann man im historischen Saturngebäude in 190 sehr großzügigen Zimmern wohnen. Hansaring 97, 50670 Köln, Tel. 0221/88 87 60, www.azimuthotels.com

Centro Hotel Royal. Charmantes kleines Mittelklassehotel mit sehr persönlicher Betreuung. Hansaring 96, 50670 Köln, Tel. 0221/91 40 18, www.centro-hotels.de

Hotel Cristall. Kleines Boutiquehotel, fußläufig zu allen Sehenswürdigkeiten. Von außen unspektakulär, innen aber ziemlich trendy. Ursulaplatz 9–11, 50668 Köln, Tel. 0221/163 00, www.hotelcristall.de

Maternushaus. Katholischer kann man kaum wohnen. Das Gästehaus des Erzbischofs ist dank seiner Lage und in Sachen Küche ein Geheimtipp. Kardinal-Frings-Straße 1–3, 50668 Köln, Tel. 0221/163 10, www. maternushaus.de

AUSGEHEN

Divas. Spektakulär schöne Bar mit intimer Atmosphäre, in der die Fernsehsender gerne ihre Promis unterbringen. 19–24 Uhr, Turiner Str. 9, 50668 Köln, Tel. 0221/162 30, www.savoy.de

EINKAUFEN

Arabella-Brautmoden. Hier werden Prinzessinnenträume wahr: Spitze, Perlen, Glitzer bis zum Abwinken. Di–Fr 10–18, Sa 11–14 Uhr, Eigelstein 54–56, 50668 Köln, Tel. 0221/913 09 90, www.arabella-brautmoden.eu

Diamonds Friseur. Spannend auch nur zum Reingucken. Mo–Sa 9–20 Uhr, Weidengasse 45, 50668 Köln, Tel. 0221/1693 59 95, www.friseur-diamonds.de

Kölner Rum Kontor. Profi-Beratung und ein ausgesucht breites Sortiment. Di–Fr 10–18, Sa 11–14 Uhr, Lübecker Straße 6, 50668 Köln, Tel. 0221/139 33 90, www.koelnerrumkontor.de

Saray Brautmoden. Auch in Sachen Abendrobe ein Tipp. Mo–Fr 11–19, Sa 10–16, Thürmchenswall 15, Eingang Turiner Str., 50668 Köln, Tel. 0221/271 25 04, www.saray-brautmoden.de

Im Bosporus kehren auch türkische Minister ein.

21 Mediapark

Es fährt ein Zug nach irgendwo

Köln sieht sich gern als wichtiger Medienstandort. Also beschloss die Stadt 1985 auf dem Gelände des ehemaligen Güterbahnhofs Gereon einen Gewerbepark für Medienunternehmen zu errichten, damals das größte städtebauliche Projekt der Republik. Es gilt als markantes Beispiel einer sehr frühen und ausgesprochen großdimensionierten städtebaulichen Nutzung des innerstädtischen Filetstücks am Rande der Innenstadt.

Mitte: Der Cinedom im Mediapark
Unten: Boot fahren mitten in der Stadt: der Weiher im Mediapark

Um den Titel »Deutschlands Medienhauptstadt« wetteifern alle Metropolen. Die Kölner Platzhirsche WDR, RTL, VOX und n-tv ziehen rund ein Drittel der TV-Produktionen an den Rhein. Mit den Radiowellen des WDR, dem Deutschlandfunk und Radio Köln trägt auch der Hörfunkbereich dazu bei, im Ringen um den Titel auf den vorderen Plätzen zu landen. Gemeinsam ist allen, dass ihre Adressen nicht oder nicht mehr am »Im Mediapark« lauten. Zuletzt hat sich Radio Köln auf die andere Rheinseite in die Schanzenstraße verabschiedet.

Für die Bebauung der 13 tortenförmigen Grundstücke rund um den zentralen See ist jede Menge Zeit ins Land gegangen. Wirtschaftskrise, Nutzungsänderungen, Umplanungen und finanzielle Schwierigkeiten der Investoren: Man hat so gut wie nichts ausgelassen. Der Beliebtheit des Geländes bei der Bevölkerung hat das keinen Abbruch getan. Allem voran ist das Multiplexkino Cinedom, 1991 das erste fertiggestellte Gebäude, mit 14 Sälen und fast 4000 Sitzplätzen nicht nur das größte Kino der Stadt, sondern wohl auch eines der beliebtesten.

SK Stiftung Kultur

Ein eigenes Haus hat die 1976 gegründete SK Stiftung Kultur am Mediapark bekommen. Hier haben die »Akademie för uns kölsche Sproch« und das Deutsche Tanzarchiv ihr Domizil. Hochinteressant ist die Photographische Sammlung der Stiftung. Sie beherbergt die Sammlung der Deutschen Gesellschaft für Photographie und erwarb den Nachlass des Photographen August Sander (1876–1964): Sein Bildatlas *Menschen des 20. Jahrhunderts* gilt als epochenbestimmendes Fotoprojekt, in dem er mehrere Hundert seiner Porträts von Menschen unterschiedlicher Gesellschaftsschichten und Berufsgruppen entsprechend einem von ihm angelegten Konzept über Jahrzehnte hinweg in verschiedenen Bildmappen zusammenführte.

Die Landmarke des Mediaparks ist der vom Pariser Architekten Jean Nouvel konzipierte Kölnturm, der Ende 2001 fertiggestellt wurde. Er besteht aus einem tragenden Mittelkern und zum Rand der einzelnen Geschosse aus Pendelstützen. Die Fassade reflektiert das Kölner Stadtpanorama mit Dom. In der obersten Etage, 30 Stockwerke über Null, befindet sich das Panorama-Restaurant »Osman 30«, das vor allem einen einzigartigen Blick über die Stadt offeriert.

Gebäude für Medien sind das eine, Park ist das andere. Rund um die Gebäude schließen sich 14,5 Hektar Freiflächen an. Sie wurden durch den Landschafts- und Gartenarchitekten Jürgen Schubert gestaltet. Zur lauten innerstädtischen Straßenseite hin liegt im Mittelpunkt ein 20 000 Quadratmeter großer See mit Tretbootverleih. Hinten raus zur Bahnlinie hin sind die Wiesen und Freiflächen ein beliebter Treff. Über einen Weg entlang der Bahngleise sind die weitläufigen Grünflächen mit dem Stadtgarten und über eine Brücke mit dem Grüngürtel verbunden. Besonders der

AUTORENTIPP!

PILOTEN IST NICHTS VERBOTEN

Wer schon immer mal einen Airbus oder einen Helikopter fliegen wollte, kann dies bei »yourcockpit« sehr realitätsnah ausprobieren. Allein die Einweisung in Knöpfe, Schalter und Hebel dauert 30 Minuten, ausführliche Einführung und Bedienungserklärung dazu. Alle Steuerungsfunktionen und Instrumente werden ausführlich erklärt: Dann geht es mit realistischem Sound und Rundum-Leinwand los vom virtuellen Köln-Bonner Flughafen. Während der rund zweistündigen Flugzeit ist der Mensch im Simulator-Cockpit selbst gefordert. Pilot und Co-Pilot wechseln sich während des Flugerlebnisses ab, so dass man schnell die Funktionen der verschiedensten Knöpfe und Hebel kennenlernt. Während Ihres Fluges ist ein erfahrener Flight-Instructor mit an Bord und gibt Tipps zur optimalen Bedienung des Flugsystems. Gebucht werden muss vorab und online.

Yourcockpit. Flugsimulator Köln/Bonn, Im MediaPark 5, 50670 Köln, Tel.0228/55 00 92 38, www.yourcockpit.de

Oben: Winterzauber im Mediapark
Mitte: Das Filmhaus Köln
Unten: Der Kölnturm, Wolkenkratzer von Jean Nouvel

riesige Abenteuerspielplatz ist ein beliebter Treffpunkt. Im Sommer wird die Wiese dann zum Open-Air-Kino. Cineasten genießen dann unter freiem Himmel das Sommerprogramm des »Filmhaus Köln«.

Filmhaus Köln

1981 von Filmschaffenden gegründet ist das ehemalige Verwaltungsgebäude des Güterbahnhofs heute ein Ort an dem Filmemachen, Bildung und Kinogenuss eng miteinander verknüpft sind. Der Backsteinbau ist Spielort der jährlichen China- und Afghanistan-Festivals, des KölnComedy-Filmfestivals und zahlreicher Sonderreihen.

Saturn

Gleich nebenan am letzten Zipfel des ehemaligen Bahnhofs hat der Saturn-Markt seine Homebase. Hier stand die Wiege des Großunternehmens. Der erste Saturn-Hansa-Markt wurde im Juli 1961 vom Ehepaar Waffenschmidt am Kölner Hansaring 121 eröffnet. Vom Mediapark kommend betritt man das rot verklinkerte Stammhaus von der Rückseite. Für das 1925 fertiggestellte Hansahochhaus darf man den Begriff Backsteinexpressionismus verwenden, er entstand zeitlich parallel zur neu-sachlichen Architektur des Bauhauses. Angedeutete Pfeiler, dreieckige Fensterstürze und Art-déco-Schlusssteine gehören da zum Konzept.

Infos und Adressen

SEHENSWÜRDIGKEITEN

Cinedom. Multiplex Kino mit 14 Sälen, das schon aufgrund seiner 30-Meter-Kuppel und seiner exponierten Lage aus der Masse heraussticht. 10–1 Uhr, Im Mediapark 1, 50670 Köln, Tel. 0221/95 19 55 55, www.cinedom.de

Filmhaus Kino. 18–24 Uhr, Maybachstraße 111, Tel. 50670 Köln, Tel. 0221/26 13 78 08, www.filmhauskoeln.de

Photographische Sammlung SK Stiftung Kultur. Sa und So und Feiertag 10–22 Uhr, Im Mediapark 7, 50670 Köln, Tel. 0221/888 93 00, www.photographie-sk-kultur.de

ESSEN UND TRINKEN

Cento. Ganz fixer Italiener mit Blick auf den Teich. Beliebt bei Mittagspäuslern. 11–23 Uhr, Im Mediapark 7, 50670 Köln, Tel. 0221/27 61 52 36, www.cento.de

La Différence. Maghrebinisch-frankophil, ein Aromenabenteuer. Mo–Fr 12–15, 18–1, Sa–So 18–1 Uhr, Hansaring 131, 50670 Köln, Tel. 0221/73 17 56, www.ladifference.de

Maybach. Eine der schönsten Sommerterrassen, drinnen alter Backstein und moderne Küche. Mo–Sa 12–24, So 10–15 Uhr, Maybachstr. 111, 50670 Köln, Tel. 0221/9 12 35 98, www.maybach111.de

Mercato Deluxe. Bilderbuchitaliener mit wunderschöner Antipastitheke. Mo–Sa 17.30–1 Uhr, Bremer Str. 5, 50670 Köln, Tel. 0221/1 39 94 74, www.mercato-deluxe.de

Osman 30. Dem Himmel ganz nah und sehr schick. 12–24 Uhr, Im Mediapark 8, 50670 Köln, Tel. 0221/50 05 20 80, www.osman30.de

ÜBERNACHTEN

Motel One. Neu eröffnet 2014. Bekannt gutes Verhältnis von Preis und Leistung, putziger kleiner Innenhof. Am Kümpchenshof 2, 50670 Köln, Tel. 0221/270 75 10, http://www.motel-one.comde/hotels/koeln/koeln-mediapark

NH Köln MediaPark. Direkte Parklage mit Blick auf den Teich. Im MediaPark 8b, 50670 Köln, Tel. 0221/2 71 50, www.nh-hotels.de

AUSGEHEN

Weißer Holunder. Kultkneipe mit Originalinterieur der 1950er-Jahre in dem sonntags gemeinsam gesungen wird. 16–1 h, Gladbacher Str. 48, 50672 Köln, Tel. 0221/51 34 75, www.weisser-holunder.de

EINKAUFEN

o.k. Versand. Witzige Gebrauchsgegenstände aus den hintersten Winkeln der Welt. Mo–Fr 10–18, Sa 10–16 Uhr, Gladbacher Straße 36, 50672 Köln, Tel. 0221/952 50 15, www.okversand.com

Nierentisch-Charme im weißen Holunder

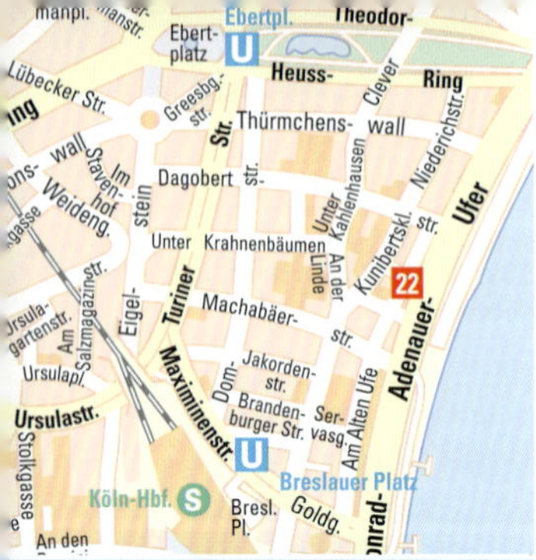

Mitte: Provisorien halten bekanntlich länger: Der Musical Dome
Unten: Blick auf das Konrad-Adenauer-Ufer

22 Kunibertsviertel

Hinterm Bahnhof spielt die Musik

Wie in allen Bahnhofsvierteln spielten hier ehedem Drogen und Kiez eine beherrschende Rolle. Und wie andernorts auch entdeckte man spätestens Ende des letzten Jahrtausends, dass mit der Verwertung des interstädtischen Raumes gutes Geld zu machen war. Heute sind die Straßenzüge zwischen Rhein, Theodor-Heuss-Ring, Turiner Straße und Hauptbahnhof weitgehend milieufrei. Eine schick gemachte Wohngegend mit urbanem Flair.

Tritt man auf der Rückseite des Bahnhofes raus auf den Breslauer Platz, wird die Umgestaltung direkt augenfällig. Ende 2011 wurde hier die erste U-Bahn-Station der neuen Nord-Süd-Stadtbahn eröffnet, 50 Millionen Euro hat die KVB hier investiert. Hier verknüpfen sich Fernverkehr, S-Bahn und innerstätischer ÖPNV, deshalb stockte man die schon seit 1970 existierende Station innerhalb der fünfjährigen Bauzeit auf drei Gleise auf. Zugänglich wird die Haltestelle durch dreieckige, pavillonartige Abgänge. Zusätzlich fährt je ein Aufzug den Seiten- sowie den Mittelbahnsteig an. Der östliche Zugang liegt direkt gegenüber der B-Passage des Hauptbahnhofs. Weil man noch unterhalb der Bahnhofsüberdachung ans Tageslicht tritt, soll trockenen Fußes ein fliegender Wechsel zwischen U-Bahn und Hauptbahnhof möglich sein.

Bauten am Ufer

Auf den angrenzenden Grundstücken Richtung Rhein und rund um die Johannisstraße zeugt eine rege Bautätigkeit davon, wie sich der Strukturwandel ausbreitet. Zum Rhein hin bestimmt der Stahlträgerbau des Musical-Dome das Panorama der Stadt. Das blau leuchtende Riesenzelt dominiert vor allem nachts die Optik. Liebevoll spitz nennen es die Einheimischen gerne auch »die Mülltüte«. 1996 für eine Inszenierung des Musicals *Gaudi* errichtet, war es eigentlich als Provisorium gedacht. Doch wie es manchmal mit Provisorien ist: Manche überdauern länger.

Gaudi floppte, aber mit Publikumsrennern wie *Saturday Night Fever* oder *Dirty Dancing* wurde gutes Geld verdient. Seit Mai 2012 fungiert das Kuppelzelt als Ersatzspielstätte der Oper Köln. Nach deren Umbau soll das Zelt abgebaut und an einen anderen Standort verfrachtet werden. Geplant ist das für 2015. Aber wie das halt so ist mit Provisorien und Baufertigstellungsterminen: Man darf gespannt sein.

Eine Immobilie mit Seltenheitswert ist die ehemalige Bundesbahndirektion. Das riesige Gebäude am Konrad-Adenauer-Ufer wurde bis 2002 als Verwaltungssitz genutzt. Lange stand der zwischen 1906 und 1913 entstandene Monumentalbau leer

MAL EHRLICH

KÖBES

Ruppig? Unfreundlich? Ach wat! In Köln bestellt man kein Bier, man bekommt es zugeteilt. Der Köbes und seine Art zu servieren gehören zur typisch rheinischen Brauhauskultur. Wenn ein Bierglas leer ist, stellt der Köbes ohne Bestellung ein neues Glas hin, es sei denn, der Gast legt einen Bierdeckel auf das Glas oder signalisiert, dass er zahlen will. Dass Köbesse ihre Gäste schlecht behandeln, gehört zu den speziell kölschen Großstadtmythen. Wer den Brauknechten freundlich entgegenkommt, wird auch gut behandelt.

AUTORENTIPP!

DAS WANDERN ...

Etwas ganz Besonderes ist das Hopper Hotel St. Antonius: Auf der Walz musste man bis vor wenigen Jahren sein, um hier sein müdes Haupt hinzubetten. Das Gebäude wurde 1904 durch die Kolpingbrüderschaft für die wandernden Handwerksgesellen errichtet. Ende 1997 startete eine aufwendige Sanierung, die das Gebäude originalgetreu wieder auferstehen ließ. Der Treppengiebel, die Sprossenfenster, Ornamentfliesen, sogenannte »Mettlacher Platten«, die von Villeroy & Boch nach dem Vorbild römischer Bodenmosaike gefertigt wurden, und das restaurierte Gewölbe im heutigen Restaurant haben den gastlichen Charme des alten Gebäudes erhalten. Im Sommer wird der Gastgarten des Restaurants vor der beleuchteten Statue des heiligen St. Antonius zur Freiluft-Theaterbühne – zuletzt gab man hier den *Jedermann*.

Hopper Hotel St. Antonius. Dagobertstr. 32, 50668 Köln, Tel. 0221/ 166 00, st.antonius@hopper.de, www.hopper.de

und wurde höchstens für diverse Kulturveranstaltungen zwischengenutzt. Dann hat Hochtief sich des Gebäudes der »Königlichen Eisenbahndirektion Cöln« angenommen und unter Erhaltung der markanten Sandsteinfassade den Umbau in Angriff genommen. Die säulengeschmückte Außenfront, Teile der Eingangshalle und Treppenhaus werden originalgetreu wieder aufgebaut, ab 2016 findet hier die Europäische Agentur für Flugsicherheit (EASA) ein neues Domizil findet.

Oben: Blick auf Sankt Kunibert vom rechten Rheinufer aus
Unten: Der Kunibertsturm, das nördliche Ende der früheren Stadtmauer

St. Kunibert

In der Mitte des Veedels erhebt sich sein Namensgeber, Sankt Kunibert, die jüngste der 12 romanischen Kirchen Kölns. Mit dem wuchtigen Sakralbau über dem Kunibertspütz, einem Brunnen wohl aus vorchristlicher Zeit war man schon fertig, bevor man mit dem Dom überhaupt anfing. Das direkt nebenan liegende St.-Marien-Hospital nennt kein Kölner so: Wer ins 1864 erbaute katholische Krankenhaus muss, geht ins »Kunibertsklösterchen«. Nur einen Steinwurf weiter hat man dem bekannten Jazztrompeter Till Brönner (geb. 1971) die Flöten- bzw. Trompetentöne beigebracht. Er hat an der Hochschule für Musik und Tanz studiert. An der Stelle, wo 1927 die Geburtsstunde des Westdeutschen Rundfunks schlug, hat man in den 1970er-Jahren das neue Sichtbetongebäude

Rundgang

Die Bastei direkt am Rhein-Ufer

Für einen Easywalk durchs Kunibertsviertel startet man am besten unten am Rheinufer. An der Promenade entlang hat man einen guten Blick auf die Repräsentationsbauten am Konrad-Adenauer-Ufer und biegt anschließend in die dahinterliegenden Gässchen ein.

A Institut der deutschen Wirtschaft Köln: Hinter den Fensterfronten des schicken Funktionsbaus sitzt die arbeitgebernahe Denkfabrik. Konrad-Adenauer-Ufer 21, 50668 Köln, Tel. 0221/498 10, www.iwkoeln.de

B Kunibertsturm: Der mittelalterliche Wehrturm »Weckschnapp« war Teil einer Torburganlage am nördlichen Ende der Kölner Stadtmauer. Heute wird die Immobilie privat genutzt. Konrad-Ade-nauer-Ufer 69, 50668 Köln.

C Die **Bastei** ist ein imposanter Rundbau, gebaut 1924 von Wilhelm Riphahn. Seit den 1950er-Jahren gastronomisch genutzt kann sie heute gemietet werden. Gürzenich Partyservice GmbH, Martinstraße 29–37, 50667 Köln,
Tel. 0221/258 23 49, diebastei@t-online.de

D Gaststätte »Zum Köbes«. Laut, lustig, sehr originell und meistens proppevoll. Berühmt für die Currywurst mit hausgemachter Soße. Und für die netten Köbesse. Di–Sa 11.30–14:30, 17–24, So 11.30–24 Uhr, Clever Straße 2, 50668 Köln, Tel. 0221/80 06 45 48, essen-im-koebes.de

E Horizont Theater. Experimentierfreudiges Kellertheater, das seit einem Vierteljahrhundert mit überraschenden Theaterabenden brilliert. 19–23 Uhr, Thürmchenswall 25, 50668 Köln, Tel. 0221/13 16 04, horizont-theater.de

F Aristocutz: Rockabilly und Pin-up sind hier zu Hause. Nur Mut: Die Haarschnitte und das Bartstyling sind erste Sahne. Di–Mi 12–18, Do–Fr 2–20, Sa 12–16 Uhr, Domstr. 36, 50668 Köln, Tel. 0221/139 71 28, http://aristocutz.de

AUTORENTIPP!

MAX STARK

Insider sind ja wählerisch in der Wahl ihrer Kölsch-Sorten. In der obersten Beliebtheitsliga spielt Päffgen, allein schon deshalb, weil man es so selten findet. Die Hausbrauerei Päffgen ist als Einzige aus der im vergangenen Jahrhundert immensen Zahl von weit mehr als hundert Hausbrauereien übrig geblieben. Eine der Kultkneipen, in denen das besonders süffige Kölsch ausgeschenkt wird, ist »Max Stark«: Das historische Ecklokal mit der dunklen Vertäfelung lockt aber nicht nur mit gutem Stoff, auch die Küche – rheinischer Sauerbraten vom Pferd! – gilt als Geheimtipp. Reservierungen nimmt man hier nur bis 18 Uhr an, ansonsten heißt es »Aufrücken!«

Gaststätte MAX STARK. 11–24 Uhr, Unter Kahlenhausen 47, 50668 Köln, Tel. 0221/200 56 33, info@max-stark.de, www.max-stark.de

Beste Grundlage: ein Kotelett bei Max Stark

Hier wird mit Noten gehandelt: Musikalienhandlung Bieler

der Hochschule errichtet. Was bei mehr als eintausend Studierenden rauskommt, lässt sich auf mehreren Spielstätten begutachten. Einen Besuch wert ist die Musikalienhandlung von Georg Becker-Bieler am Thürmchenswall, in dem sich die Studenten mit Material versorgen. Den Familienbetrieb gibt es seit 1860, und man könnte meinen, beim Betreten eine Zeitreise gemacht zu haben. In dem kleinen Laden stapeln sich die Notenhefte in den Regalen bis unter die Decke. Angeschlossen ist ein kleiner Verlag.

Johannisstraße

Die Hauptlaufstrecke durchs Viertel ist die Johannisstraße. Sie nimmt ihren Anfang am Hauptbahnhof, viele der kleinen Hotels auf dieser kurzen Strecke haben die schlechteren Zeiten hinter sich gelassen und sich für das Viertel und die Besucher hübsch gemacht. Schließlich macht ihnen das »Marriot« direkt vor Haustür vor, was geht: Seit dem die Hotelkette hier 2006, dort wo sich früher das Jugendamt um Sozialfälle kümmerte, eine sehr schicke Location eröffnete und damit auch eine andere Sorte Gäste ins Viertel lockte, zieht der Rest nach. Seinen gewachsenen Abschluss findet das Kunibertsviertel am Theodor-Heuss-Ring. Dort drängen sich die Bürgerhäuser der Gründerzeit aneinander und blicken auf den Park mit Schwanenteich. An dem zwischen den Jahren 1895 und 1900 bebauten Straßenstück entstanden Villen namhafter Kölner Bürger, die bis heute erhalten sind.

Infos und Adressen

SEHENSWÜRDIGKEITEN

Hochschule für Musik und Tanz Köln. Europas größte Hochschule für Musik und Tanz beherbergt auch einen Konzert- und ein Kammermusiksaal. Unter Krahnenbäumen 87, 50668 Köln, Tel. 0221/912 81 80, www.hfmt-koeln.de

Musical-Dome. Im blauen Zelt spielt bis auf Abruf die Kölner Oper. Goldgasse 1, 50668 Köln, Tel. 01805/152 530, www.mehr.despielstaetten/musical-dome-koeln/musical-dome-koeln

Neue Direktion. Die frühere Bundesbahndirektion wird die neue Zentrale der EASA. Konrad-Adenauer-Ufer 5–7, 50668 Köln, www.neuedirektion.de2-0-Home.html

ESSEN UND TRINKEN

Brasserie Fou. Savoir vivre mit französischer und internationaler Küche. 17–1 Uhr, Johannisstr. 76, 50668 Köln, Tel. 0221/94 22 20, www.brasserie-fou.de

Oyster Restaurant. Schwerpunkt auf Seafood, die Austern sind besonders zu empfehlen. Die einfache Einrichtung passt nur bedingt. Mo–Fr 12–14, Mo–Sa 18.30–23 Uhr, Thürmchenswall 62, 50668 Köln, Tel. 0221/9 92 32 71, www.oyster-restaurant.de

WeinAmRhein. Rundum klasse: Besonders die Menüs mit korrespondierender Weinbegleitung sind toll. Di–Fr 12–14, Di–Sa 18.30–22 Uhr, Johannisstr. 64, 50668 Köln, Tel. 0221/91 24 88 85, www.weinamrhein.eu

ÜBERNACHTEN

Casa Colonia. Grade mal 16 Zimmer, Backsteinbau von 1895, liebevoll restauriert. Machabäerstr. 63, 50668 Köln, Tel. 0221/16 06 00, www.casa-colonia.de

Domblick. Familiengeführtes Garni-Stadthotel. Domstr. 28, 50668 Köln, Tel. 0221/12 37 42, www.hotel-dom-blick.de

Domstern. Kleines Schmuckstück, nur wenige Schritte vom Hauptbahnhof entfernt. Domstr. 26, 50668 Köln, Tel. 0221/1 68 00 80, www.domstern.de

Marriott. Gewohnt hohe Qualität, hier auch in einem schönen Gebäude. Johannisstr. 76–80, 50668 Köln, Tel. 0221/94 22 20, http://marriott.com

AUSGEHEN

Plüsch Bar. Nomen est omen. Professionel geschüttelte Drinks in plüschiger Umgebung. 18–24 Uhr, Johannisstr. 76, 50668 Köln, Tel. 0221/94 22 20, www.koelnmarriott.de

In der Heimatsünde kommt auf den Tisch, was die Region zu bieten hat.

Mitte: Im Sechzigviertel wohnt man modern und autofrei.
Unten: Die Mobilitätsstation versorgt die Anwohner der Siedlung mit Transportmöglichkeiten.

23 Sechzigviertel
Autofrei und Spaß dabei

Wo früher die Lokomotiven und Waggons in riesigen Werkshallen gewartet und auf Stand gebracht wurden, ist heute in der Hauptsache Schöner Wohnen angesagt. Kleine Häuschen, die Werkswohnungsbauten aus den 1950er- und 1960er-Jahren, dominieren das Bild. Auf dem Gelände des früheren Eisenbahnausbesserungswerkes am Rande von Nippes ist die größte autofreie Siedlung der Bundesrepublik entstanden.

Seinen Namen verdankt dieser Zipfel Nippes den sechzig Morgen Land, die 1860 von der »Rheinischen Eisenbahngesellschaft« aufgekauft wurden, um an der Eisenbahnstrecke Köln-Neuss eine neue Zentralwerkstätte zu bauen. Den Werkhallen folgten Wohnhäuser für Maschinen- und Werkmeister, später auch Wohnungen für Arbeiter. Mit rund 3000 Arbeitern und fast 200 000 Quadratmetern Ausdehnung erreichte das Eisenbahnausbesserungswerk vor Ausbruch des Zweiten Weltkriegs seine größte Ausdehnung. Bis in die 70er-Jahre des vorigen Jahrhunderts blieb es einer der größten Arbeitgeber Köln.

Nach der Stilllegung des Werks folgten auf der weitflächigen Industriebrache mit einer Unzahl von Werkshallen, unterirdischen Kohlelagerstätten und riesigen Fertigungsgebäuden als Zwischennutzer Künstler, die dort ihre Ateliers eingerichteten.

Die S-Bahn Nr. 11 nach Neuss fährt nach wie vor über Nippes. Steigt man heute an der S-Bahn-Station Nippes aus, liegt das ehemalige Eisenbahner-Viertel in östlicher Richtung. Nur ein kurzes Stück folgt die Sechzigstraße dem Bahndamm bevor Sie eine 90-Grad-Kurve macht. Geht man weiter am Bahndamm entlang durch den Grünstreifen, landet man am Wendehammer der Werkstattstraße. Zwischen der Neubebauung stehen zur Innenstadt hin wie ein Sicht- oder Schutzwall noch immer die letzten Backsteinhallen der ehemaligen Bundesbahn. Hier ist der SV Olympia ansässig, der Sportverein der Eisenbahnarbeiter, dem durch die neue Nachbarschaft auch neues Leben eingehaucht wurde.

Autofreie Siedlung

Zugezogene wohnen vor allem nördlich der Werkstattstraße. Sie begrenzt die autofreie Siedlung, die hier seit 2004 entstanden ist. Mehr als 400 Haushalte finden sich in diesem Neubauareal, vorwiegend unmotorisiert. Möglich wird das durch zwei Carsharing-Stationen auf dem Gelände, einer Mobilitätsstation mit Sackkarren, Transportanhängern und -wägelchen direkt am Wendehammer und einen rührigen Anwohnerverein: Nachbarn60 e.V. sorgt dafür, dass die Idee des autofreien Lebens kein Lippenbekenntnis bleibt.

Schlendert man durch die engen Wege der Siedlung, merkt man schnell, wie sich autofrei im Wohnumfeld anfühlt: Für Kind und Kegel spielt sich das Leben vor allem draußen vor der Tür ab. Bobby- und Kettcar, Tretroller und Rollbrett sind die bevorzugten Fortbewegungsmittel in den als Fußgängerzone ausgewiesenen Straßen.

Für die Architektur hat es zwar einen städtebaulichen Wettbewerb gegeben, aber genauso wie die angrenzenden Werkswohnungen der Bahn aus der Mitte des 20. Jahrhunderts ist sie dem üblichen Einerlei treu geblieben: Die begehrten Reihen-

AUTORENTIPP!

ODONIEN

Ein Ort in Köln, der Raum zur Entwicklung für Kunst, Kultur und Forschung bietet. Unabhängig und anarchisch. Und ganz schön unaufgeräumt, aber an der frischen Luft. Mit Biergarten. Und mit Konzerten. Und im Dauerclinch mit den städtischen Ämtern. Das ist Odonien. Angestoßen hat das alles Odo Rumpf, der mit seinen Skulpturen aus Stahl und Industriefundstücken berühmt geworden ist. Für dieses Experiment dient ein schmales Grundstück zwischen Schlachthof, Eroscenter und Bahngleisen als Versuchsgelände. Schrott oder Kunst ist hier eine Frage des Blickwinkels und der Versuchsanordnung. Ein Erlebnis sind die Konzerte und Partys aber auf jeden Fall.

ODONIEN – Freistaat für Kunst und Kultur. Hornstr.85, 50823 Köln, Tel. 0221/972 70 09, www.odonien.de

Oben: Das wunderschön renovierte Jugendstilhaus Ecke Kempener-/Merheimerstraße ist ein echter Blickfang.
Unten: Hier trifft man sich – das »Morio« am Schillplatz.

häuschen mit ihren handtuchgroßen Terrassen unterscheiden sich nur durch die großzügigen Fahrradgaragen von ähnlichen Siedlungen. Und selbst die Passivenergiehäuser mit ihren begrünten Pultdächern sind erst auf den zweiten Blick ein wenig anders als ein Musterhaus auf der grünen Wiese.

Verlässt man das autofreie Idyll am Nordende, geht es quer über die Kempener Straße und entlang der Simon-Meister-Straße wieder hinein ins gewachsene Veedel. Hier sind viele der Häuser denkmalgeschützt, einige auch wegen ihrer Eigenheiten. Die Nummer 34 etwa wirkt durch stilisierte Steinquader im Erdgeschoss und den gemauerten Balkon mit Drachen-Relief wie eine Burg inmitten der Stadt.

Openair am Schillplatz

Die Straße mündet auf einer Platzfläche, deren Name auf keinem Stadtplan verzeichnet ist. Trotzdem weiß jeder Einheimische, wo der »Schillplatz« liegt: Zu Füßen von »St. Heinrich und Kunigund« breitet sich zwischen den zwei gastronomischen Platzhirschen »Morio« und »Gernots« das gesellige Leben aus. Hier trifft man sich gerne mit Kind und Kegel.

Die prächtigen Jugendstilfassaden an der Westseite gehören postalisch zur Mauenheimer Straße und die führt runter zur Neusser Straße und zur U-Bahn. Runter geht es übrigens wirklich: Das Nippeser Tälchen und der Altenberger Hof, in dem heute das Bürgerzentrum untergebracht ist, sind ein alter Rheinarm und die sich darüber erhebende Hofanlage. An der Ecke Neusser und Mauenheimer schließlich steht eine Brauhaus-Institution: »Em Golde Kappes« fällt unter die Rubrik »Traditionsgaststätte«.

Infos und Adressen

SEHENSWÜRDIGKEITEN

Kulturkirche Köln. Umfunktionierter Sakralraum mit tollem Programm, oft im Rahmen von Festivals wie der litCologne. Siebachstraße 85, 50733 Köln, Tel. 0221/97 31 03 25, www.kulturkirche-koeln.de

Rosengarten im Fort X. Mehr als 70 Rosensorten machen die ehemalige Festungsanlage zum romantischen Plätzchen. Neusser Wall 33, 50670 Köln Mo–Fr 7–20, Sa–So 9–20 Uhr.

Stellwerk60. Autofreie Wohnsiedlung mit der Straße Am Alten Stellwerk als Hauptweg. Pläne und Infos in der Mobilitätsstation des Vereins »Nachbarn60 e.V.«, Kesselhausstr. 1, 50733 Köln, www.nachbarn60.de

St. Heinrich und Kunigund. Katholisches Pfarrkirchlein im neugotischen Stil, für das der bekannte Baumeister Vincenz Statz 1850 die Pläne lieferte. Mauenheimer Straße 25, 50733 Köln

ESSEN UND TRINKEN

Altenberger Hof. Nippeser Bürgerzentrum, Gastronomie im Backsteingeviert mit viel Platz für Kind und Kegel. 12–24 Uhr, Mauenheimer Str. 92, 50733 Köln, Tel. 0221/534 80 77, www.lokal-koeln.de

Café Kommödchen. Süßes Tageskaffee mit kleinem Hof. Gut für den Zwischenstopp. 10–24 Uhr, Merheimer Str. 53, 50733 Köln, Tel. 0221/72 58 78, www.kommoedchen.nippeser.de

Kaffeepause im »Kommödchen«

Szene-Treff am Schillplatz: das »Gernots«

Em Golde Kappes. Früh-Kölsch zu Haxe und Reibekuchen werden zu ebener Erde und ersten Stock fix geliefert. 11–24 Uhr, Neusser Straße 295, 50733 Köln, Tel. 0221/92 29 26 40, www.emgoldekappes.de

Gernots. Langgediente Szene-Institution mit formidabler Küche, mediterran ausgerichtet. 10–1 Uhr, Mauenheimer Straße 32, 50733 Köln, Tel. 0221/76 63 05, www.gernots.com

Morio. 40 offene Weine und lauschige Außenplätze. Mo–Sa 12–1, So 12–14 Uhr, Schillstraße 12, 50733 Köln, Tel. 0221/76 97 37, www.morio-nippes.de

Olympia im Gleisdreieck. Zum Biergarten und Eventlokal umfunktioniertes Tennisvereinsheim samt Kegelbahn. Versteckt und bei der Szene sehr beliebt. Mi–Fr 18–1, Sa–So 15–1 Uhr, Lammerstr. 11, 50733 Köln, Tel. 0221/276 25 79, www.o-lympia.de

ÜBERNACHTEN

Frauen-Zimmer. Women only, dafür aber sehr persönliches Mini-Hotel mit Rundumbetreuung. Menzelstraße 7, 50733 Köln, Tel. 0221/294 37 90, www.frauenzimmerkoeln.de

24 Agnesviertel

Bodenständig und mondän

Wie so oft liegen am Anfang der Neusser Straße Zauberhaftes und Grässliches eng beieinander. Die städtebauliche Sünde Ebertplatz – ein Verkehrsknoten mit tiefer gelegter Waschbetongrünanlage der 1970er – ist quasi seit Fertigstellung Thema der Stadtpolitik. Kontrastiert von den vielen Gründerzeitbauten und dem trubeligen Leben rundum ist das Agnesviertel eine spannende Sache.

Steigt man am Ebertplatz aus dem U-Bahnuntergrund weist der gekappte Turm von St. Agnes den Weg stadtauswärts und das erste Ziel.

St. Agnes

1896 von den Architekten Carl Rüdell und Richaerd Odenthal in Angriff genommen, wurde sie wie viele Kirchenneubaubauten dieser Zeit im neugotischen Stil errichtet: Der eben fertiggestellte Dom lässt grüßen. Peter Joseph Roeckerath, seines Zeichens studierter Theologe, Bauunternehmer und Reichstagsabgeordneter in Personalunion ließ den Bau als Grabkirche für seine Frau Agnes errichten, er selbst hat in einer Seitenkapelle seine ewige Ruhestätte gefunden. Leisten konnte sich das der gute Mann, weil seine Ehefrau jede Menge bäuerlichen Grundbesitz mit in die Ehe gebracht hatte. Und weil durch die Ausdehnung Kölns in dieser Zeit aus Grund und Boden gutes Kapital zu schlagen war.

Die heutige Optik ist nicht zuletzt den Kriegsschäden geschuldet: Bombentreffer brachten 1943 das Gewölbe zum Einsturz, im Mai 1945 folgten der

Mitte: Brauhaus Stüsser
Unten: Die bunten Chorfenster der Agneskirche stammen von Wilhelm Buschulte.

Chor und der Hochaltar. 1958 bekam St. Agnes ein neues Dach, in den späten Sechzigern hatte man auch die Fassade wieder instand gesetzt. Schweißarbeiten setzten aber am 18. Juni 1980 den Kirchendachstuhl in Brand, danach ergab sich die Chance zu einer Rekonstruktion des ursprünglichen Gewölbes.

Hoch und schlicht ist deshalb heute der Innenraum. Sehenswert sind die von Wilhelm Buschulte entworfenen Fenster im Chor. Anatol Herzfeld, ein Meisterschüler von Joseph Beuys, gestaltete 1994 die Krypta zur Erinnerung an die Wiederstandskämpfer aus der Katholischen Arbeitnehmerbewegung um. Deren Bezug zum Agnesviertel ergibt sich über das Kettelerhaus in der nach einem ihrer Protagonisten benannten Bernhard-Letterhaus-Straße: Im Kettelerhaus war die Zentrale der katholischen Arbeitnehmerbewegung. Aus der ursprünglichen Kirche geblieben sind das Taufbecken und der neugotische Hochaltar. Der Gemeindealtar von 1987 wurde von Elmar Hillebrand entworfen.

Das knappe Stück der Neusser bis zur Inneren Kanalstraße ist die Lebensader des Agnesviertels. Auf ihr und in den Querstraßen versorgt sich die sehr spezielle Mischung des Veedelpublikums mit allem, was man braucht. Das führt zu einem quirligen Gemenge aus gewachsener Tradition und neuem Geist: Läden wie »kiss the inuit« tragen dem hohen LoHaS-Level (engl. Lifestyle of Health and Sustainability) des Viertels Rechnung. Wer den gesunden Livestyle der Nachhaltigkeit als seinen eigenen bekennt, kann sich in dem Schnuckellädchen ökologisch korrekt einkleiden.

Traditionell im schönsten Wortsinn ist dagegen das »Café Elefant«. Gelegen im Erdgeschoß eines der vielen schönen Jugendstilhäuser, lässt sich

AUTORENTIPP!

HANDDRUCK

Ein ganz klein wenig irreführend ist der Name von Meike Diedelings Laden-Werkstatt schon: Schließlich geht es um Beinkleider – im engsten Sinn des Wortes. Keine Hosen, sondern handbedruckte Kniestrümpfe und Overknees stellt die Textilingenieurin per Hand-Siebdruck-Maschine her. Dank dieser Herstellungsmethode ist – anders als bei der gestrickten Variante – der Phantasie kaum eine Grenze gesetzt und die Produkte aus dem Agnesviertel haben es schon bis nach New York und Helsinki geschafft. Bei der Herstellung der exklusiven Strumpfwaren lässt sich die Schöpferin gern über die Schulter blicken und fertigt das persönliche Wunschmodell auch nach mitgebrachten Vorlagen.

Handdruck. Schillingstr. 20, 50670 Köln, Tel. 0221/376 19 99, www.diedeling.com

Ökologisch und schick eingekleidet von Kiss the Inuit

AUTORENTIPP!

METROPOLIS PROGRAMMKINO
OmU ist hier fast immer zu haben: Das Programmkino mit den drei ein wenig verschrammten Sälen ist die beste Adresse für fremdsprachige Filme. Wenn das Ambiente und die Möblierung auch etwas in die Jahre gekommen wirken, das täuscht. Die technische Ausstattung ist erstklassig und für das Popcorn kommen manche auch rein, ohne ins Kino zu gehen. In zwei Sälen ist sogar schon 3D eingezogen. Besonders Sonntag nachmittags kommen auch kleine Kinogänger mit Anspruch auf ihre Kosten, das Kinderprogramm läuft auf Deutsch. Mit Preisen von 4 (Do) bis 7,50 Euro auch ein erschwingliches Vergnügen.

Metropolis. Ebertplatz 19, 50668 Köln, Tel. 0221/ 73 91 245, www.metropolis-koeln.de

hier das lockere Treiben in der denkmalgeschützten Platanenallee der Weißenburgstraße beobachten.

Oberlandesgericht

An ihrem östlichen Ende trifft die Weißenburgstraße auf den Reicherspergerplatz. Hier steht das Oberlandesgericht Köln. Zwischen 1907 und 1911 nach den Plänen von Paul Thoemer (1851–1918) erbaut, lohnt ein Blick ins Innere des imposanten halbrunden Gerichtsgebäudes: Sein kuppelgekröntes Treppenhaus ist ein augenfälliges Beispiel neobarocker Baukunst und preußischer Amtsarchitektur.

Neusser Platz

Zurück Richtung Agneskirche, wo Weißenburg- und Neusser Straße aufeinandertreffen, weiten sich Allee und Kirchenvorplatz von St. Agnes zu einer Freifläche, die zum Ausruhen und Schmausen einlädt. Der Neusser Platz ist einer der wenigen gut erhaltenen Sternplätze, die noch die ursprüngliche Generalplanung der nach dem Fall der Stadtmauer entstandenen neuen Viertel erahnen lassen: Hier hat Stadtbaumeister Josef Stübben ein Gegenstück zum Ebertplatz und zur Eigelsteintorburg geschaffen. An jeder Ecke dieses Platzes lässt es sich gut verweilen. Zahlreiche Gastronomiebetriebe bespielen die Fläche. Die »divinebar« hat sich mit einer gekonnten Mischung aus Weingenuss und gepflegter Gastronomie viele Stammgäste erobert. Besonders die Themenmenüs mit Weinbegleitung sind ein Geheimtipp.

Schräg gegenüber geht es im »Reissdorf im Oellig« zünftig kölsch zur Sache: An Kneipen und Brauhäusern ist die Domstadt ja nicht gerade arm. Die Kunst ist, die guten von den weniger guten zu unterscheiden. Hier ist man mit der Lust an Deftigem an einer korrekten Adresse. Für die Bratkartoffeln fährt so mancher quer durch die Stadt.

Alte Feuerwache

Die ganze bunt schillernde Bandbreite des Agnesviertels spiegelt sich am schönsten in der Alten Feuerwache wider. Das historische Gebäude bildet eine trutzige Vierkantburg zwischen den Heiligen Drei Königen: Kaspar-, Melchior- und Balthasarstraße begrenzen sie, der Sudermanplatz mit seinem kleinen Öko-Wochenmarkt ist ihr vorgelagert. 1978 wurden die zum Abriss bestimmten Gebäude inklusive Steigeturm und Mannschaftshaus besetzt. Selbstverwaltet seit diesen Anfängen ist das Bürgerzentrum heute ein wichtiger Freiraum der Begegnung und des Engagements. Die in der Stadt und im Viertel ansässigen Initiativen und Vereine von öko bis sozial nutzen hier die Räume. Gruppen wie der VCD, der Verkehrsclub Deutschland haben hier dauerhafte Büros. Kunst, Handwerk, Pädagogik, Kultur, Gemeinwesenarbeit und parteiunabhängiger Politik: Das läuft hier drunter und drüber.

MAL EHRLICH

ZU VIEL VERSPROCHEN?

»Frankreich in Deutschland« verspricht uns die Boulangerie Epi auf der Neusser Straße 30. Ein wirklich schönes Ladenlokal, Sitzmöglichkeit auf dem breiten Gehweg unter den Bäumen. Schwarz-weißer Kachelboden, sehr hell, sehr smart, très chic! Da legt man doch gerne etwas mehr für ein Rosinenbrötchen und einen Milchkaffee auf den Selbstbedienungstresen. Aber: Brioche und Café au lait sind drüsch und nur bedingt heiß. Kann man sich also sparen und z. B. in der Café Bar nebenan oder im muffini um die Ecke auf der Schillingstraße Besseres finden.

Oben: Das Kölner Oberlandesgericht
Mitte: Zum Plausch auf die Weißenburgstraße
Unten: Das Lokal in der alten Feuerwache

Oben: Eine Institution im Viertel ist das Bürgerzentrum Alte Feuerwache.
Mitte: Gründerzeitliche Fassade in der Melchiorstraße
Unten: Relief an einem Haus in der Sudermanstraße

Wenn sich am späten Sonntagvormittag im sonnenverwöhnten Innenhof die Szene bei Brunch und Klaaf ein Stelldichein gibt, kann man die ganze Vielfalt beobachten. Besondere Highlights sind die Bücherflohmärkte der im Mannschaftshaus untergebrachten TT-Embargo-Bücherei.

Hier hätte sich sicher auch der berühmteste Bewohner des Agnesviertels wohl gefühlt: Der Nobelpreisträger Heinrich Böll (1917–1985) hatte vom Ende der Sechziger Jahre bis ins Jahr 1982 in der Hülchrather Straße 7 seinen Lebens- und Arbeitsort. Dort entstand *Die verlorene Ehre der Katharina Blum*, und auch Wolf Biermann nahm nach seiner Ausbürgerung aus der DDR hier Quartier.

Dreikönigsviertel

Im Dreikönigsviertel mit der Feuerwache im Zentrum und seiner Nähe zum Güterbahnhof findet man weniger augenfällige Jugendstilbauten als im Gerichtsviertel auf der anderen Seite der Neusser Straße. Dafür ist es die Heimstadt vieler spannender Läden und Restaurants. Der »artclub« etwa ist eine tolle Mischung aus Galerie, Veranstaltungsraum und Künstlertreff. Hier findet man einen aktuellen, querschnitthaften Überblick über die Aktivitäten der freien Kunstszene.

Wer mit den Begriffen »Indie-Musik«, »angesagt« und »Club« etwas anfangen kann, der ist im »King Georg« an der richtigen Adresse. Die Bar mit Mini-Tanzflache bietet neben ungewöhnlichen Konzerten auch Lesungen junger Autoren. Am Wochenende drängt man sich hier auf wenig Fläche um die Tische. Tolle Stimmung, dichte Atmosphäre und wem es nicht szenig genug sein kann, der zieht direkt ein: Im Haus werden über die Webseite auch vier Apartments an Gäste vermietet.

Infos und Adressen

SEHENSWÜRDIGKEITEN

Alte Feuerwache. Bürgerzentrum und Hotspot des Viertels. 8–24 Uhr, Melchiorstr. 3, 50670 Köln, Tel. 0221/73 73 93, www.lokal-koeln.de

Oberlandesgericht Köln. Reichenspergerplatz 1, 50670 Köln, Tel. 0221/771 10, www.olg-koeln.nrw.de

St. Agnes. Kath. Pfarrgemeinde St. Agnes, Neusser Platz 18, 50670 Köln, Tel. 0221/788 07 50, Fax 0221/78 80 75 99, www.gemeinden.erzbistum-koeln.dest-agnes-koeln

ESSEN UND TRINKEN

Le Moissonnier. Sternegekrönter Jugendstiltempel mit einer betörenden Aromaküche. Ohne Reservierung geht nichts. Di–Sa 12–15, 19–24 Uhr, Krefelder Str. 25, 50670 Köln, Tel. 0221/72 94 79, www.lemoissonnier.de

Marcellino. Italo-Küche mit bestem Ruf, pfiffige Pastagerichte. Mi–Mo 18–24 Uhr, Krefelder Str. 39, 50670 Köln, Tel. 0221/99 87 83 20, www.marcellino-pane-e-vino.de

Reissdorf em Oellig. Beliebtes Brauhaus mit ordentlicher Regionalküche. Di–So 11–24 Uhr,

Außengastronomie in der Weißenburgstraße

Im Agnesviertel ist das Fahrrad bevorzugtes Fortbewegungsmittel.

Neusser Str. 87, 50670 Köln, Tel. 0221/13 47 16, www.reissdorf-oellig.de

ÜBERNACHTEN

King Georg Apartments. Wer gerne nah dran ist am Geschehen, ist hier richtig. Vier künstlerisch gestaltete Zimmer über vier Etagen. Sudermanstraße 2, 50670 Köln, Tel. 0178 25 14 89, www.kinggeorg.de/apartments

AUSGEHEN

Bar 3. Schicke Bar, dank der Außenplätze gut zum Sehen und Gesehen werden. 18–24 Uhr, Sudermanplatz 3, 50670 Köln, Tel. 0221/9 75 37 34, www.bar3.de

EINKAUFEN

artclub. Kunst zum Gucken und zum Kaufen. 15–20 Uhr, Melchiorstraße 14, 50670 Köln, Tel. 0179 120 02 48, http://artclub-galerie.de

kiss the inuit. Nachhaltige Mode, fair, bio und sehr chic. Mo–Fr 10–18.30, Sa 1–14 Uhr, Schillingstr. 11, 50670 Köln, Tel. 0221/29 89 54 86, www.kisstheinuit.de

25 Blücher Park

Grüne Lunge mit Kultcharakter

Leise rauscht hinter alten Bäumen die A 57. Der Westhimmel über dem Kahnweiher schimmert im Abendrot und aus frisch gegossenen Schrebergärten steigen Abendkühle und Gemurmel. Im kleinen Biergarten am Bootshaus baut grade ein DJ seine Soundanlage auf. Und über der großen Wiese hängt eine einzige Duftschwade aus Grill und Gras: Großstadtsommer im Blücherpark.

Ein gutes Jahrhundert schon wachen die steinernen Löwen über Kieswege und Kastanien des Blücher Parks. Zwischen den Stadtteilen Ehrenfeld, Bilderstöckchen und Nippes entstand die streng geometrisch angeordnete Grünanlage in den Jahren 1911 bis 1913 nach den Plänen des Gartenarchitekten Fritz Encke (1861–1931).

Der Stadt wollte damals die angrenzenden Bauflächen aufwerten und eine Belüftungsschneise für die expandierende Großstadt im Verbund mit Erholungsflächen für die Bürger schaffen: Also das, was man zu Beginn des 20. Jahrhunderts unter einem Volkspark verstand.

Die Aufwertung der Bauflächen hat nur ganz am Rande funktioniert: Nur jenseits der Autobahn Richtung Ehrenfeld finden sich Straßenzüge mit schönen Einfamilienhäusern. Richtung Norden wird der Park von Schrebergärten begrenzt: Kölns größter Kleingärtnerverein, der »Blücherpark e.V.« verpachtet hier seine Parzellen, die bis zum angrenzenden Nordpark reichen. Richtung Escher Straße hin liegt in einer Senke der Bolzplatz. Die Tieflage kommt, weil hier seinerzeit Lehm für eine

Mitte: Wasserfläche tiefergelegt: Das schafft Raum für schräge Sonnenplätze.

Ehrenfelder Ziegelbrennerei gewonnen wurde; die etwas aus dem Rahmen fallenden Feldmaße sind dem Handball geschuldet, für den die Felder einmal bemessen wurden.

Paradies für Jogger und Hundehalter

Zum Parkgürtel hin liegt genau gegenüber der städtische Strom- und Wasserversorger, die Rheinenergie, und der Zugang zur Grünachse Nord: Eine der sogenannten radialen Speichen, die der Stadtplaner Fritz Schumacher unter der Bürgermeisterschaft von Konrad Adenauer in den 1920er-Jahren plante. Über diese Wegstrecke und den Autobahndeckel an der Herkulesstraße besteht an dieser Stelle eine fast durchgehende Achse zum inneren Grüngürtel, fast so etwas wie ein städtischer Ho-Chi-Minh-Pfad für alle Hunde-Gassi-Geher und Jogger.

Die kommen morgens als Erste und erobern die abgezirkelten Schattenwege. Das Geviert um den Teich misst ziemlich genau einen Kilometer. Nimmt man die Wege durch die Schrebergärten mit, kann man quer durch den Nordpark auch Schleifen im Marathonformat ziehen, ohne Straßen zu kreuzen. Ein paar Trimm-dich-Geräte auf der Westseite, der alte Sportplatz oder Boule: Man kann sich hier wirklich beschäftigten. Oder auch nur so tun, als ob man was täte: Wer sich lieber in die Riemen legt, den kostet eine halbe Stunde Fahrt mit dem Ruderboot auf dem dazugehörenden See vier Euro.

Zur Wasserfläche hinunter führen schöne Steintreppen. Das alte Bootshaus mit seinem Restaurationsbetrieb und dem kleinen Biergarten gehört unter Artenschutz gestellt: Auswahl mini, Geschmack maxi. Gefeiert wird mit Gypsy Swing, Balkan Folk, Polka Groove, live oder vom DJ.

Infos und Adressen

SEHENSWÜRDIGKEITEN

Blücherpark. Escher Straße/Parkgürtel, 50739 Köln.

ESSEN UND TRINKEN

Café Franck. Tagsüber Kaffee und Kuchen, abends chillige Lounge. 8.30–23 Uhr, Eichendorffstr. 30, 50825 Köln, Tel. 0221/7 16 72 10, www.cafe-franck.de

Effi. Tapas und neue deutsche Küche, hübscher kleiner Außenbereich. 15–24 Uhr, Nußbaumer Str. 86, 50825 Köln, Tel. 0221/8 69 22 55, www.effi-koeln.de

Essers Gasthaus. Österreichische Küche mit exzellentem Weinangebot und idyllischem Gastgarten, 18–23 Uhr, Ottostr. 72, 50823 Köln, Tel. 0221/42 59 54, www.essers-gasthaus.de

ÜBERNACHTEN

a-partment basic. Nette Low-Budget-Herberge mit 12 Zimmern. Herkulesstr. 95, 50823 Köln, Tel. 0221/ 25 91 43 51, www.a-partment.de

AKTIVITÄTEN

Kahnstation. 14–20 Uhr (bei schönem Wetter), Escherstr./Parkgürtel, 50739 Köln, Tel. 0221/1 70 22 91, www.bluecherpark-koeln.de

INFORMATION

Anfahrt mit Straßenbahnlinie 5/Haltestelle Nußbaumer Str. oder Line 13, Haltestelle Escher Str.

26 Zoo & Flora

Von Blümchen und Bienchen

Direkt nebeneinander liegen im Stadtteil Riehl zwei Highlights: Von allen Wochenend-Vergnügungen gehören der Zoobesuch mit Kind und Kegel und das Kaffeetrinken in der Flora, dem Botanischen Garten der Domstadt, zu den beliebtesten für die Einheimischen. Sie teilen sich Gründungszeit, Gelände und die ewig junge Anziehungskraft von exotischen Tieren und Pflanzen.

Bob Marley, die Backstreet Boys und Caught in the Act spielen direkt rechts hinter dem Haupteingang: Von allen Gehegen des 1860 gegründeten Tierparks ist das der Erdmännchen ein Hauptanziehungspunkt. Warum die Kölner gerade die putzigen kleinen Raubviecher so ins Herz geschlossen haben? Wahrscheinlich weil man sehr nah an sie rankommt. Und weil die kleinen neugierigen Beutegreifer sich so schön unter ihrer Wärmelampe zusammenkuscheln. Vielleicht hat das ja auch dazu beigetragen, dass sie schon als Werbefiguren für eine Kölschmarke im Einsatz waren. Ihren Namenspaten aus dem Pop-Geschäft machen sie auf jeden Fall Ehre.

Mitte: Asiatische Dickhäuter im Zoo
Unten: Ein Zoogebäude von außen

Der zoologische Garten Köln

Die Zooanlage ist eine höchst gelungene Mischung aus Alt und Neu. Trotz der enormen Schäden, die der Zweite Weltkrieg hinterlassen hat, ist der Tiergarten noch heute von einer Reihe Bauten aus dem 19. und frühen 20. Jahrhundert geprägt. Gut lässt sich so der Wandel in der Haltung und Präsentation von Tieren in zoologischen Gärten nachvollziehen. Um den modernen Anforderungen der Tierhaltung nachzukommen hat der Kölner Zoo – übrigens der drittälteste Deutschlands – große Anstrengungen gemacht, diese zum Teil unter Denkmalschutz stehenden Gebäude und Einrichtungen auf einen aktuellen Stand zu bringen.

Das älteste Gebäude ist das 1863 erbaute Elefantenhaus im maurischen Stil. Ferner existieren noch ein Ensemble von drei Rinderhäusern im Schweizer Blockhausstil, der 1887 entstandene Seelöwenfelsen, das heutige Südamerikahaus, ein Vogelhaus von 1899 und die Affeninsel von 1914.

Als Ersatz für das Elefantenhaus wurde 2004 der neue Elefantenpark eingeweiht. 15 Millionen Euro wurden an Stelle eines Weihers im Zentrum des Zoos verbaut. Entstanden ist ein etwa 2 Hektar großes Gehege für Asiatische Elefanten, das auch die Haltung von Elefantenbullen ermöglicht. Unter einem riesigen Holzdach mit Begrünung entstand ein Innengehege mit Hanglage, weil ein vorhandener Trümmerberg einbezogen wurde. Öffnungen in der Decke und in den Wänden lassen Tageslicht in den Innenbereich. Im Außenbereich werden die Besucher durch Wasserbecken und künstliche Felsen von den Tieren getrennt. Um die Gelenke der Elefanten zu schonen, wurde trittdämpfender Sand aus der Sahara als Bodenstreu verteilt.

Flora

11,5 Hektar groß, 365 Tage bei freiem Eintritt geöffnet, 10 000 Pflanzenarten und die schönste Location, um in Köln zu heiraten: Ein Ort, gemeinhin bekannt als »Die Flora«: Bei ihrer Einweihung am 14. August 1864 war der Palast aus Gusseisen und Glas nahe dran an den Vorbildern. Der Crystal Palace in London und der Jardin d'Hiver in Paris standen Pate für die Entwürfe der Kölner Architekten Max Nohl und Joseph Felten.

AUTORENTIPP!

AUS DER LUFT

Anlässlich der Bundesgartenschau von 1957 hat man Zoo und Flora mit einer Seilbahn quer über den Fluss mit dem Rheinpark verbunden, seinerzeit Europas einzige Seilschwebebahn über einen Fluss. Maximal zu viert zuckelt man in den kleinen Kabinen vom linken zum rechten Rheinufer und kann dabei Sightseeing von oben machen: Unten drunter die Zoobrücke, beste Sicht auf Stau und Verkehrschaos. Die Brücke ist übrigens jünger als die Seilbahn: Für den Brückenbau wurde alles demontiert, später, nach heftiger Diskussion nach dem Motto »lenkt die Seilbahn die Autofahrer ab?« wieder errichtet. Da muss man der Stadt und den Verkehrsbetrieben mal echt dankbar sein.

Kölner Seilbahn-Gesellschaft mbH.
März bis Nov. täglich 10–18 Uhr, letzte Hin- und Rückfahrt 17.45 Uhr. Riehler Straße 180, 50735 Köln, Tel. 0221/547 41 83 oder 0221/ 547 42 74, www.koelner-seilbahn.de

Der Park drum herum wurde in den Jahren 1912 bis 1914 durch Peter Hans Heinrich Esser zum Botanischen Garten erweitert. Ursprünglich waren es zwei getrennte Gartenanlagen, diese wurden 1920 zusammengefasst und stellen nun eine einmalige Verbindung eines Gartendenkmals und eines Botanischen Gartens mit Gewächshäusern für tropische und subtropische Pflanzen und Orchideen dar.

Zum 150-jährigen Jubiläum stehen umfangreiche Sanierungsmaßnahmen an. Das Hauptgebäude wird zum »Palais im Park« und bekommt sein im Zweiten Weltkrieg zerstörtes Tonnendach zurück. Der renovierte Festsaal, ein gläserner Anbau, Bistro und Orangerie hoffen auf Gäste und entsprechenden Umsatz.

Um die desolaten Gewächshäuser kümmert sich ob der leeren Stadtkassen ein Verein: Der »Freundeskreis Botanischer Garten Köln e.V.« versucht, Geld für die Schaugewächshäuser aufzutreiben, die die Stadt Anfang der 2000er-Jahre schon zum Abriss freigegeben hatte. Massiver Bürgerprotest hat das verhindert, eine Sanierung der nicht mehr tragfähigen Glaskonstruktionen scheint nicht machbar.

Auch wenn aus bautechnischen Gründen eine Innenbesichtigung versagt bleiben sollte, sind die Sprossenkonstruktionen inmitten der Gartenanlage durchaus sehenswert.

Oben: Das Hauptgebäude der Flora erstrahlt in neuem Glanz
Mitte: Kischbaumblüte im Botanischen Garten.

Infos und Adressen

SEHENSWÜRDIGKEITEN

Botanischer Garten/Flora. 8 Uhr bis zum Einbruch der Dämmerung, Amsterdamer Straße 34, 50735 Köln, Tel. 0221/56 08 90, www.stadt-koeln.de

Skulpturenpark Köln. Kunst im Grünen bei freiem Eintritt. April–Sept. 10.30–19, Okt.–März 10.30–17 Uhr. Elsa-Brandström-Straße 9, 50668 Köln, Tel. 0221/33 66 88 60, www.skulpturenparkkoeln.de

Zoologischer Garten Köln. 9–18 Uhr, Riehler Straße 173, 50735 Köln, Tel. 0221/56 79 91 00, www.koelnerzoo.de

Kunst unter freiem Himmel bietet wenige Schritte weiter der Skulpturenpark Köln. Auf viertausend Quadratmetern läuft man zwischen den Skulpuren deutscher und internationaler Künstler durch den Park gleich neben der Auffahrt zur Zoobrücke.

Hotel Viktoria

ESSEN UND TRINKEN

Gruber's Restaurant. Alpenküche, besonders schön unter der roten Außenmarkise. 11.30–22 Uhr, Clever Str. 32, 50668 Köln, Tel. 0221/7 20 26 70, www.grubersrestaurant.de

La Spendula. Gute italienische Hausmannskost. 11–22 Uhr, Stammheimer Str. 101a, 50735 Köln, Tel. 0221/7 60 75 19.

Schwimmbad. Top für die Sommerzeit. Einer der schönsten Biergärten stadtweit. Mo–Sa 12–23, So 11–23 Uhr, An der Schanz 2, 50735 Köln, Tel. 0221/7 60 28 43, www.koeln-biergarten.de

ÜBERNACHTEN

Hotel Viktoria. Privathotel in einer tollen Villa, nahe am Rhein. Worringer Straße 23, 50668 Köln, Tel. 0221/973 17 20, www.hotelviktoria.de

AUSGEHEN

Dix. Gehobene Küche und exquisites Weinangebot. 18–23 Uhr. Am Zuckerberg 9/Ecke Neusser Wall, 50668 Köln, Tel. 0221/720 26 00.

Bitte Eintreten

DER OSTEN

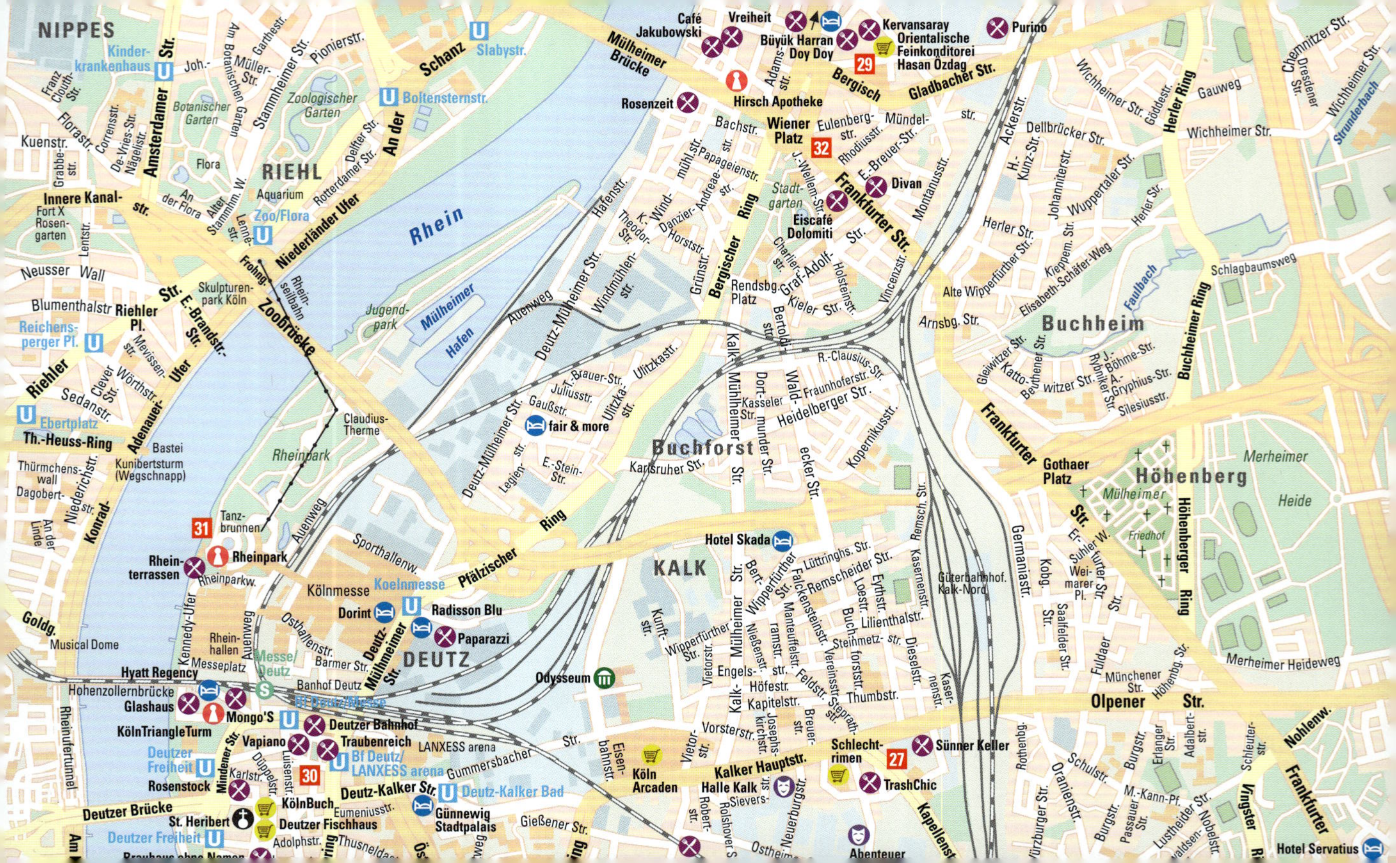

NIPPES
RIEHL
Buchheim
Buchforst
Höhenberg
KALK
DEUTZ
Rhein
Mülheimer Hafen
Mülheimer Brücke
Zoobrücke
Hohenzollernbrücke
Deutzer Brücke
Café Jakubowski
Vreiheit
Büyük Harran
Doy Doy
Kervansaray
Orientalische Feinkonditorei Hasan Özdag
Purino
29
Rosenzeit
Hirsch Apotheke
Wiener Platz
32
Divan
Eiscafé Dolomiti
Frankfurter Str.
Bergisch Gladbacher Str.
Bergischer Ring
Buchheimer Ring
Herler Ring
Frankfurter Str.
Gothaer Platz
Höhenberger Ring
Mülheimer Friedhof
Merheimer Heide
Merheimer Heideweg
Olpener Str.
Germaniastr.
Kalk-Mülheimer Str.
Kalker Hauptstr.
Hotel Skada
fair & more
Pfälzischer Ring
Deutz-Mülheimer Str.
Zoologischer Garten
Botanischer Garten
Flora
Aquarium
Zoo/Flora
Niederländer Ufer
An der Schanz
Slabystr.
Boltensternstr.
Kinderkrankenhaus
Amsterdamer Str.
Innere Kanalstr.
Fort X Rosengarten
Neusser Wall
Riehler Pl.
Reichensperger Pl.
Ebertplatz
Th.-Heuss-Ring
Konrad-Adenauer-Ufer
Bastei
Kunibertsturm (Wegschnapp)
Skulpturenpark Köln
Rheinseilbahn
Jugendpark
Rheinpark
Claudius-Therme
Tanzbrunnen
31
Rheinpark
Rheinterrassen
Kölnmesse
Koelnmesse
Dorint
Radisson Blu
Paparazzi
Sporthallenw.
Rheinhallen
Messeplatz
Messe/Deutz
Bf Deutz/Messe
Hyatt Regency
Glashaus
Mongo'S
KölnTriangleTurm
Deutzer Bahnhof
Vapiano
Traubenreich
LANXESS arena
Bf Deutz/LANXESS arena
30
Rosenstock
KölnBuch
Deutzer Fischhaus
St. Heribert
Deutzer Freiheit
Deutz-Kalker Str.
Deutz-Kalker Bad
Günnewig Stadtpalais
Odysseum
Köln Arcaden
Halle Kalk
Schlechtrimen
27
Sünner Keller
TrashChic
Abenteuer
Kapellenstr.
Vingster Ring
Nohlenw.
Hotel Servatius
Musical Dome
Rheinufertunnel
Brauhaus ohne Namen
Güterbahnhof Kalk-Nord
Alte Wipperfürther Str.
Elisabeth-Schäfer-Weg
Schlagbaumsweg
Faulbach
Strunderbach

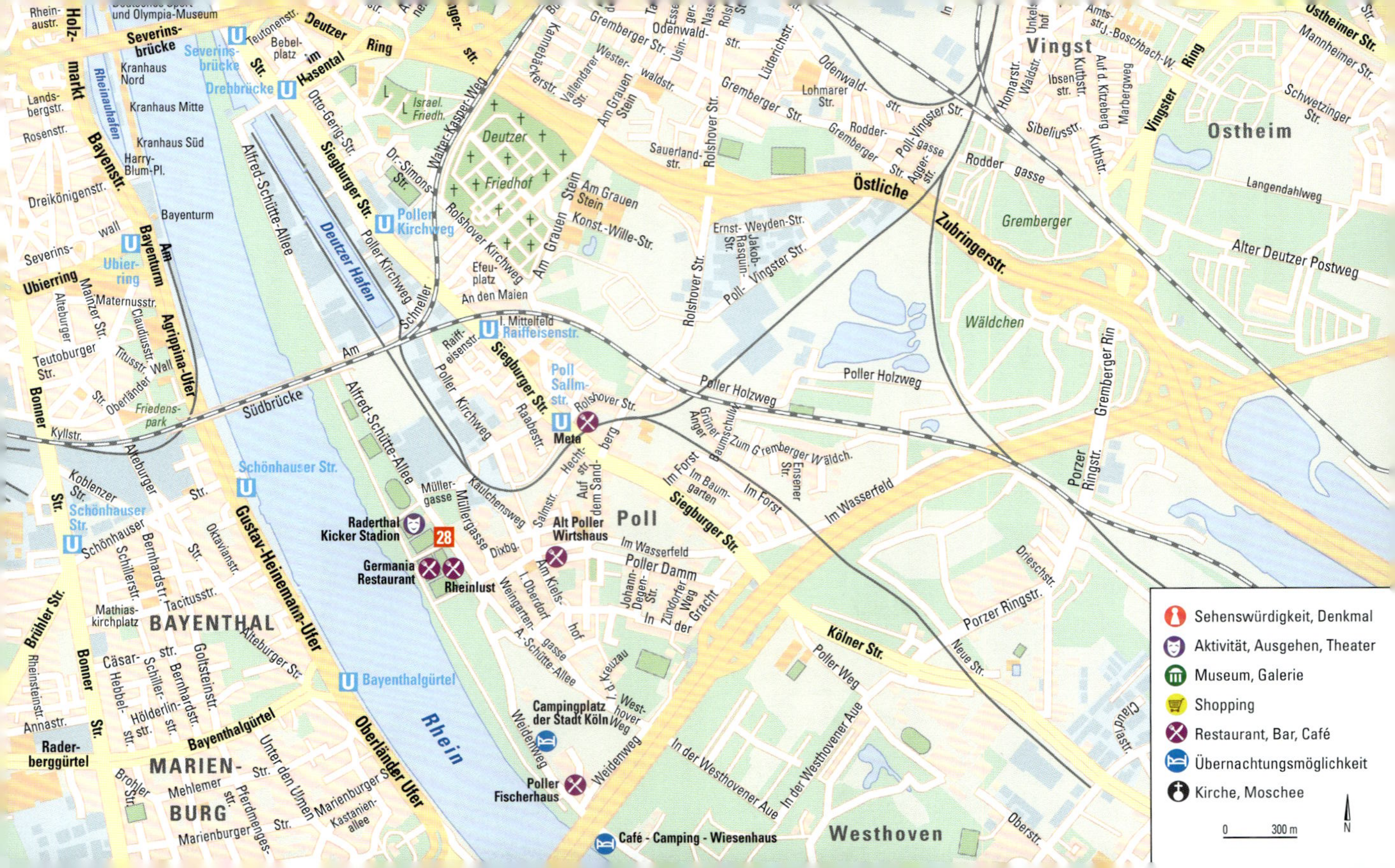
Ostheim
Vingst
Poll
Westhoven
BAYENTHAL
MARIEN-BURG
Rhein
Deutzer Hafen
Rheinauhafen
Deutzer Friedhof
Israel. Friedh.
Gremberger Wäldchen
Östliche Zubringerstr.
Severinsbrücke
Südbrücke
Drehbrücke
Holzmarkt
Bayenstr.
Ubierring
Agrippina-Ufer
Gustav-Heinemann-Ufer
Oberländer Ufer
Siegburger Str.
Alfred-Schütte-Allee
Poller Kirchweg
Poller Holzweg
Rolshover Str.
Rolshover Kirchweg
Poll-Vingster Str.
Gremberger Str.
Kölner Str.
Porzer Ringstr.
Gremberger Ring
Alter Deutzer Postweg
Vingster Ring
Ostheimer Str.
Deutzer Ring
Kranhaus Nord
Kranhaus Mitte
Kranhaus Süd
Bayenturm
Severinsbrücke
Drehbrücke
Poller Kirchweg
Raiffeisenstr.
Poll Sallmstr.
Schönhauser Str.
Bayenthalgürtel
Ubierring
Meta
Alt Poller Wirtshaus
Raderthal Kicker Stadion
28
Germania Restaurant
Rheinlust
Campingplatz der Stadt Köln
Poller Fischerhaus
Café - Camping - Wiesenhaus
Sehenswürdigkeit, Denkmal
Aktivität, Ausgehen, Theater
Museum, Galerie
Shopping
Restaurant, Bar, Café
Übernachtungsmöglichkeit
Kirche, Moschee
0
300 m
N

Seite 164/165: Wissenschaft, zugeschnitten für den Nachwuchs im Odyseum.
Mitte: Shopping statt Chemie in den Arcaden
Unten: Abenteuer Wissenschaft im Odyseseum

27 Kalker Hauptstraße

Alles Leben war Chemie

Sozialer Brennpunkt? Ja und Nein. Hier ändert sich die Sachlage von einer Straßenecke zur nächsten. Während entlang der Kalker Hauptstraße die Verwandlung vom brachliegenden Industriestandort zur prosperierenden Einkaufsmeile voll im Gange ist, bekommt man vielleicht schon einen Straßenzug weiter bei einsetzender Dunkelheit ein mulmiges Gefühl. Es gibt auf alle Fälle etwas zu entdecken.

Teil der Stadt Köln ist Kalk erst seit 1910. Mit der Industrialisierung zu Reichtum gelangt, fiel im Zweiten Weltkrieg ein Großteil des Stadtteils in Schutt und Asche. Dem Nachkriegsaufschwung folgte die Rezension der 1970er-Jahre. Werksschließungen, ein hoher Ausländeranteil und die Schlichtbauweise von vielen Wohnhäusern: Ein Strukturwandel war unumgänglich, wenn man die Gettoisierung im Rechtsrheinischen in die Schranken weisen wollte.

CFK-Gelände

1993 schloss der BASF-Konzern die CFK: 1892 gegründet war die Chemische Fabrik Kalk mit 2400 Mitarbeitern zweitgrößter Sodaproduzent Deutschlands und größter Arbeitgeber im Rechtsrheinischen. Ihre Schlote prägten jahrzehntelang die Silhouette des Stadtteils. Geblieben ist ein denkmalgeschützter Wasserturm von 1904. Dieser ragt mit seinen 43,60 Metern mitten aus dem Einkaufszentrum der Arcaden. Die Ladenpassage mit ihren 130 Läden und das neue Polizeipräsidium Köln wurden auf dem ehemaligen CFK-Gelände erbaut.

Odysseum

Die Riesenbrache des Chemiewerks hat in dieser Ecke eine rege Neubautätigkeit ausgelöst: Ein neues Feuerwehrzentrum, Mietwohnungen rund um einen frisch angelegten Bürgerpark und das Odysseum, ein für Kinder konzipiertes Wissenschaftsmuseum haben neue Akzente im Stadtteil gesetzt. Zu den Bereichen Mensch, Natur und Technik werden im Innen- und Außengelände sechs Themenwelten mit 200 Erlebnisstationen angeboten. Fans der gleichnamigen Fernsehsendung kommen im »Museum mit der Maus« auf ihre Kosten. Themen der beliebten Sachgeschichten gibt es nicht nur zum Zuschauen, sondern auch zum Ausprobieren.

Sünner

Es grünt so grün: Kölns älteste Brauerei existiert seit 1830, ist seit Anbeginn im Besitz der Familie Sünner und liefert ihr Kölsch in grünem Glas aus. Vom Deutzer Stammhaus direkt am rechten Rheinufer verlagerte man 1890 das Hauptgebäude der Zechenbrauerei nach Kalk. Das straßenseitige Hauptgebäude, das Kutschenhaus, die alte Schmiede von 1860 samt Einfriedung des Geländes sind heute das älteste in seiner ursprünglichen Funktion genutzte Industriedenkmal Kölns.

Kalker Kapelle

Nicht nur Namenstifter für die U-Bahnstation ist die Kalker Kapelle: Die Andachtsstätte wurde im Krieg vollständig zerstört, erhalten blieb nur ein Marienbild von 1420, aber in den Jahren 1948 bis 1950 wurde sie als schlichter einschiffiger Backsteinbau durch Rudolf Schwarz und Karl Wimmenauer neu aufgebaut. Nebenan erhebt sich St. Marien. Die Pfarrkirche wurde 1863 bis 1866 nach Plänen des Kölner Diözesanbaumeisters Vincenz

AUTORENTIPP!

FUNDSTÜCKE

Es gibt ja bekanntlich nichts, was es nicht gibt. Und so gibt es auch nichts, was nicht liegen bleibt. Wegen der Unikate und wegen Frank Roeders lohnt sich die alle drei Monate stattfindende Fundsachenversteigerung der Stadt Köln im Kalker Bezirksrathaus. Mit dem Zeug zum Alleinunterhalter ausgestattet bringt er an den Mann oder die Frau, was in Bahnen und Bussen der KVB vergessen, verloren und gefunden wurde. Und was sonst noch so bei der Stadt anfällt, zum Beispiel um die Bestattungskosten verblichener Kölner ohne Angehörige wieder reinzubekommen. Gesteigert wird bei Preisen zwischen einem und 20 Euro in Ein-Euro-Schritten, danach bis 50 Euro in Zweier-Schritten, ab 50 Euro in Fünf- und ab 100 Euro in Zehn-Euro-Schritten. Ohne Gewährleistung und nur gegen Bares.

Fundsachen-Versteigerung Bezirksrathaus Kalk. 8–12.30 Uhr, Kalker Hauptstraße 247–273, 51103 Köln, Tel. 0221/22 10, buergeramt-kalk@stadt-koeln.de

Traditionsbrauerei Sünner

Oben: Die Pieta der Kalker Kapelle
Mitte: Bei Schlechriemen wird langsam und lecker gebacken.
Unten: Auch wenn Lanxess dran steht, die Kölner nennen's Henkelmännchen.

Statz direkt neben der Kalker Kapelle erbaut. Eingeweiht wurde die dreischiffige neugotische Backstein-Hallenkirche mit einem über 50 Meter hohen Turm im Jahre 1867. Nach dem Krieg erfolgte der Wiederaufbau unter Einbeziehung alter Gebäudeteile nach Plänen von Rudolf Schwarz. Neue Fenster folgten erst 1968 nach Entwürfen von Georg Meistermann.

Schlechtrimen

Gutes Brot ist ja zwischenzeitlich fast ein Luxusprodukt. Ein Bäcker, der sich die Zeit für die Reifung von Sauerteig nimmt, auf chemische Zusätze, industrielle Fertigmischungen und genmanipulierte Rohstoffe verzichtet, ist die Bäckerei Schlechtrimen. Seit 1946 befindet sich das Unternehmen am heutigen Kalker Standort, dort wo früher das Rathaus stand. Als »Slow Baker« zertifiziert, betreibt hier Meister Engelbert Schlechtrimen sein Geschäft.

KHD-Gelände

Entstanden in den 1930er-Jahren durch die Fusion der Motorenfabrik Deutz AG mit der Maschinenbauanstalt Humboldt AG wurden bei Klöckner-Humboldt-Deutz (KHD) in Kalk Lokomotiven, U-Boot-Motoren und Panzer produziert. Heute sind die Backsteinbauten südlich der Kalker Hauptstraße heiß begehrt als Eventlocation. Eine der ehemaligen Produktionshallen ist von den Bühnen der Stadt Köln für experimentelles Theater in Beschlag genommen: In der »Halle Kalk« zielt das Programm vor allem auf jüngeres Publikum. Junge und Junggebliebene finden hier auch ein sportliches Betätigungsfeld in den »AbenteuerHallenKalk«: Neben typischen Jugendsportarten wie Soccer, Fahrrad-Trial, Inlineskating und Streetball ist vor allem die Kletterwand ein Publikumsmagnet.

Infos und Adressen

SEHENSWÜRDIGKEITEN

Odysseum. Di–Fr 9–18, Sa–So 10–19 Uhr, Corintostr. 1, 51103 Köln, Tel. 0221/69 06 82 00, www.odysseum.de

ESSEN UND TRINKEN

Sünner Keller. Hübsch renovierter Brauhaus-Keller. Im Sommer lockt der wunderschöne Biergarten. 11–23 Uhr, Kalker Hauptstr. 260–262, 51103 Köln, Tel. 0221/98 55 74 00, www.suenner-keller.de

ÜBERNACHTEN

Hotel Skada. Preiswert und gemütlich. Solinger Str. 1, 51103 Köln, Tel. 0221/829 50, www.skada.de

AUSGEHEN

TrashChic. Kultige Szene-Kneipe. Hier trifft sich das Ausgeh-Völkchen des Viertels. Di–So 17–1 Uhr, Wiersbergstraße 31, 51103 Köln, Tel. 0221/492 88 55, www.trash-chic.com

Vorstadtprinzessin. Trendige Eckkneipe, in der sowohl die Turntables glühen als auch Livebands auftreten. Di–Sa 18–1, So 15–1 Uhr, Trimbornstraße 27, 51105 Köln, Tel. 0176/51 77 98 21, www.vorstadtprinzessin.de

EINKAUFEN

Köln Arcaden. 9–22 Uhr, Kalker Hauptstraße 55, 51103 Köln, Tel. 0221/99 20 30, www.koeln-arcaden.de

Schlechtrimen. Traditionsbäckerei, in der noch nach allen Regeln der Kunst gebacken wird. Am besten direkt auf der Café-Terrasse schnabulieren! Mo–Fr 7–18, Sa 8–14 Uhr, Kalker Hauptstraße 210, 51103 Köln, Tel. 0221/98 71 70, www.schlechtrimen.de

VERANSTALTUNGEN

Halle Kalk. Spielstätte des Kölner Schauspielhauses mit modernem Programm. Neuerburgstraße 12, 51103 Köln, Tel. 0221/22 12 84 00, www.schauspielkoeln.de

AKTIVITÄTEN

AbenteuerHallenKALK. Bewegungsfläche für Kletterfans und Skater. 15–22 Uhr, Christian-Sünner-Straße 8, 51103 Köln, Tel. 0221/880 84 08, www.abenteuerhallenkalk.de

Die Vorstadtprinzessin, eine Kneipe mit Kultstatus

28 Poller Wiesen

Schäfchen zählen am Fluss

Zwischen zwei Rheinbrücken liegt im Rechtsrheinischen ganz innenstadtnah ein nahezu unverbautes Ufergebiet: Die Severinsbrücke und die Rodenkirchener Brücke begrenzen jene große Grünfläche, die heute umgangssprachlich als Poller Wiesen tituliert wird. Unbebaut und naturnah ist das Landschaftsschutzgebiet angenehm frei von Gestaltungsideen, die sich Park- und Stadtplanung ansonsten gerne einfallen lassen.

Weht der Wind, sind die Poller Wiesen schon von Weitem zu verorten: Bunte Fluggeräte, vom Kinderdrachen bis zum mehrzügigen Kite schweben über den Baumwipfeln. Fußläufig oder mit der Straßenbahn geht der Weg dorthin über die Severinsbrücke. Ende 1959 eingeweiht verbindet die seilverspannte Balkenbrücke die linksrheinische Südstadt mit dem rechtsrheinischen Deutz. Direkt unter ihr liegt auf der rechten Rheinseite der Molenkopf mit der Einfahrt des Deutzer Hafens.

Mitte: Eins von drei Kranhäusern am Rheinufer
Unten: Die Deutzer Drehbrücke trennt Hafen und Fluß

Deutzer Hafen

Zwischen 1904 bis 1907 durch den Ausbau einer Landzunge mit natürlichem Hafenbecken, dem »Schnellert«, entstanden verdankt der Deutzer Hafen seine Entstehung der Eingemeindung von Deutz nach Köln. Vorher gab es jahrhundertelang aufgrund der Konkurrenz keinen Hafen für den Güterumschlag am rechten Rheinufer.

Genutzt wird die Hafenanlage heute vor allem für Mehl und Metall: Einerseits durch die Mühlenbetriebe Kampffmeyer, die als Ellmühle firmiert, sowie die Heinrich-Auer-Großmühle, die 1975 ebenfalls mit Ellmühle verschmolzen und den Metallhändler Steil und Weiler. Insgesamt ist die Anlage einen Kilometer lang. Die Breite am Beckenkopf beträgt 88, an der Hafeneinfahrt 70 Meter. In den 1920er-Jahren gab es vier elektrische und drei dampfbetriebene Krane. Das interessanteste Hafenbauwerk ist die 1906 bis 1908 erbaute elektrisch betriebene Drehbrücke.

Drehbrücke

Über die beiden Hafenbecken führt eine denkmalgeschützte Drehbrücke: Die genietete Stahlfachwerkkonstruktion ist eine ungleichschenklig ausbalancierte Brücke mit mehr als 31 Metern Spannweite und 10 m Breite. Bis heute vollständig erhalten ist das Steuerhäuschen aus Stahlblech. Von hier aus werden die 177 Tonnen Eigengewicht ihres Überbaus hydraulisch aus der Ruheposition gehoben und dann mittels eines Elektromotors gedreht. Geländer, Brückenköpfe und Steuerhaus sind im geometrischen Jugendstil gestaltet. Auf der anderen Rheinseite steht im Rheinauhafen eine Schwesterbrücke, die ebenso wie die Deutzer Ausgabe von der Duisburger »Brückenbauanstalt Harkort« konstruiert wurde. An der Drehbrücke hat die Kölner Berufsfeuerwehr seit 1994 ihre Löschboote stationiert. Die Wache war vorher im Bereich des heutigen Schokoladenmuseums am Rheinauhafen. Die Wasserschutzpolizei hat ihren Anleger seit 1998 im Deutzer Hafen.

Quert man diese Brücke erstrecken sich Uferwiesen so weit das Auge reicht: Unterhalb der Rodenkirchener Brücke knickt der Fluss leicht ab und entzieht deshalb das Ufer dem Blick. Die Wiesen am Fluss selbst laden zum Entspannen ein. Aber auch hier steckt Geschichte im Boden. Am 24. Oktober 2005 wurden die Poller Wiesen wegen der

AUTORENTIPP!

WOLLIG

Schäfchen zählen hat ja bekanntlich etwas sehr Beruhigendes. Auf den Poller Wiesen hat man dazu fast immer Gelegenheit. Die weitläufigen Uferflächen mit ihrem dichten Rasenteppich sind Haltepunkt für viele Wanderschäfer mit ihren Herden. Dann begleitet schon morgens eindringliches Blöken die vielen Radfahrer, die sich auf dem höher gelegenen Radweg entlang der Wiesen in Richtung Innenstadt strampeln. Und weil Schafe nicht nur die Gemüter beruhigen, sondern auch der Rasenpflege dienen, hat das Grünflächenamt der Stadt vor einigen Jahren eine eigene Moorschnucken-Herde angeschaft. Und somit kann man auf den Poller Wiesen auch vierbeinige städtische Bedienstete bei der Arbeit sehen. Vorsicht ist allerdings geboten, wenn man sich hier einfach so ins Gras setzt: Unter Umständen liegt man dann mitten in der Hinterlassenschaft der grade durchgezogenen Herde.

Oben: Von den Poller Wiesen geht der Blick auf den Rheinauhafen.
Mitte: Malerische Gebrauchskunst am Café-Camping Wiesenhaus
Unten: Poller Campingidyll mit Domblick

mittelalterlichen Uferbefestigungen – von denen noch Reste im Boden vorhanden sind – in die Bodendenkmalliste des Landes Nordrhein-Westfalen aufgenommen. Mit den »Poller Köpfen« genannten Buhnen aus Basaltblöcken und Pfahlwerk wurde das Poller Ufer im Mittelalter verstärkt. Urkundlich erstmals erwähnt waren Uferverstärkungen in Poll schon 1400. Letzte in den Rhein ragende Teile der »Poller Köpfe« wurden beim Bau des Deutzer Hafens entfernt.

An den Poller Wiesen haben mehrere Kölner Traditionssportvereine ihre Heimatadresse: Der Ruder- und Tennisklub Germania e.V. ist seit 1905 am Start. Vor allem die Germania-Terrasse lädt bei schönem Wetter zum Besuch. Die Tennisplätze des »VKC Tennisclub« gehören zu den schönsten der Stadt. Von der vereinseigenen »Rheinlust« hat man den besten Blick auf Spieler und Strom.

Schon fast an der Rodenkirchener Brücke findet sich dann noch ein Kleinod mit Seltenheitswert: Unter großen Bäumen liegt hier ein romantischer Campingplatz. Bei Rheinkilometer 683,50 bewirtschaftet die Familie Eckardt das städtische Gelände mit 140 Stellplätzen. Keine fünf Kilometer vom Dom entfernt wird hier die Frage »Warum ist es am Rhein so schön?« ein- für allemal beantwortet. Wer nicht der Zelt- oder Wohnmobilromantik anheimfällt, kann sich im »Café – Camping – Wiesenhaus« seine Portion Rheinromantik abholen.

Infos und Adressen

ESSEN UND TRINKEN

Alt Poller Wirtshaus. Traditionsgaststätte mit passendem Flair. Di–So 17–23 Uhr, Hauptstr. 28, 51105 Köln, Tel. 0221/992 71 52.

Germania Restaurant. Wunderschöne Sommerterrasse direkt am Fluss. 10–22 Uhr, Alfred-Schütte-Allee 163, 51105 Köln, Tel. 0221/69 05 74 20, www.germania-restaurant.de

Meta. Gehobene Küche in modernem Ambiente, die auf frische Regio-Produkte setzt. Mo, Mi–So 12–15 und ab 18 Uhr, Siegburger Str. 385–387, 51105 Köln, Tel. 0221/29 99 70 67, www.meta-restaurant.de

Poller Fischerhaus. Bodenständige Verpflegung, rustikal und lustig. 12–14, 18–23 Uhr, Weidenweg 46, 51105 Köln, Tel. 0221/83 64 19, www.poller-fischerhaus.com

Rheinlust. Optimal zum Draußensitzen. 15–23 Uhr, Alfred-Schütte-Allee 163, 51105 Köln, Tel. 0221/83 036 73, www.rheinlust.info

ÜBERNACHTEN

Café – Camping – Wiesenhaus. Kleiner Campingplatz mit angeschlossenem Café. Weidenweg 100, 51105 Köln, Tel. 0221/899 96 77, www.wiesenhaus.net

Campingplatz der Stadt Köln. Hier hat man nah am Wasser auf- und abgebaut. Weidenweg 35, 51105 Köln, Tel. 0221/83 19 66, www.camping-koeln.de

AKTIVITÄTEN

Raderthal Kicker Stadion. Fußball mal auf Amateurniveau und mit Familienanschluss. Alfred-Schütte-Allee 131, 51105 Köln, www.raderthal-kickers.de

Im Poller Fischhaus machen Radler gerne Station.

Mitte: Sweets for your Sweet: die türkische Konditorei Özdag hat sie. **Unten:** Im Depot auf dem Carlswerk-Gelände hat das Kölner Schauspielhaus eine Übergangsbleibe für die Umbauphase des Haupthauses gefunden.

29 Keupstraße

Merhaba und irgendwas mit Medien

Die Keupstraße ist vielen in traumatischer Erinnerung: Am 9. Juni 2004 verübte hier der NSU ein Nagelbomben-Attentat und verletzte 22 Menschen. Weit über Köln hinaus erlangte das Zentrum des türkischen Geschäftslebens so traurige Berühmtheit. Mit der von ihr abzweigenden Schanzenstraße und den Medienschaffenden, die den Stadtteil erobern, treffen sich dort zwei Welten Tür an Tür.

Es ist schon ein spezielles Pflaster, auf das man sich hier begibt: orientalischer als auf der Keupstraße geht es nirgendwo in Köln zu und zwei- bis viergeschossige Gründerzeithäuser, an denen sich die Altbausanierer noch nicht ausgetobt haben, säumen die kleine Straße. Sie liegt direkt an der Werksmauer der angrenzenden früheren Kabelwerke Felten & Guilleaume. Zu ebener Erde versorgen rund 100 Geschäfte die Bevölkerung mit Waren, Dienstleistungen und Gastronomie. Der Bedarf ist auf türkischstämmige Kundschaft abgestimmt. Seit die Medienbranche das Viertel entdeckt hat und durch das E-Werk, das Palladium und dem Schauspiel Köln auch das Ausgeh-Volk hier durchzieht, ist eine starke Zunahme von Restaurants und Imbisslokalen zu beobachten.

Die Gastronomen freut es. Und die Kölner ohne Migrationshintergrund entdecken Läden wie die »Orientalische Feinkonditorei Özdag«. Der bäckt seine Torten schon seit 1986 an Ort und Stelle. Dass er sie spektakulär aufrüstet und von der Marzipanbarbie bis zum FC-Geißbock so ziemlich alles draufpackt, ist neueren Datums. Ebenso wie die Tatsache, dass heute seine beiden Töchter das Sagen im Laden haben. Wem der Sinn nach Fleisch steht – und das kommt hier fast automatisch, wenn der Duft der vielen Holzkohlegrills in die Nase steigt – ist bei »Büyük Harran Doy Doy« gut aufgehoben. Vor allem die gegrillten Lammspieße sind klasse. Kulinarisch opulent, aber optisch seit Neuestem entplüscht, geht es in der »Kervansaray« zu. Die freundliche Rundumversorgung und der hübsche Gastgarten sind zusätzliche Pluspunkte.

Eine Eckwirtschaft war auch das Haus an der Ecke zur Schanzenstraße. Hier bei Hausnummer 19–21 weitet sich die schmale Keupstraße, denn es geht rüber zum Fabrikgelände. Der lang hingestreckte, traufständige Bau in der Tradition der spätklassizistischen Blockfassaden Mülheims steht heute unter Denkmalschutz. Im Inneren sind die Holztreppe und der Terrazzobelag des Eingangs erhalten geblieben.

Medien und Musik

Gleich um diese Ecke rum in der Schanzenstraße lag seinerzeit das Firmengelände von Felten & Guilleaume. Hier produziert Stefan Raab seine Sendungen im ehemaligen Verwaltungsgebäude. Aus dem Umspannwerk auf dem Gelände wurde schon 1991 das »E-Werk«. Die Kölner Musikgruppe BAP eröffnete mit Partnern aus der Kölner Unterhaltungsbranche diese Veranstaltungshalle. Auf der Bühne des roten Industriedenkmals haben schon viele Pop-Ikonen aufgespielt. Berühmt ist aber die jährliche Stunksitzung: Von Weihnachten bis Aschermittwoch wird hier alternativer Karneval zelebriert. Das E-Werk wird heute gemeinsam mit dem benachbarten Palladium von Köln Event betrieben. Und im »Depot« auf dem Gelände des Carlswerks hat das Kölner Schauspielhaus eine Übergangslösung für die Umbauphase des Haupthauses gefunden.

Infos und Adressen

SEHENSWÜRDIGKEITEN

E-Werk. Top Acts und lokale Größen im denkmalgeschützten Backstein-Ensemble. Schanzenstr. 37, 51063 Köln, Tel. 0221/967 90, www.e-werk-cologne.de

ESSEN UND TRINKEN

Büyük Harran Doy Doy. Gegrilltes vom Holzkohlefeuer. 10–23 Uhr, Keupstraße 40, 51063 Köln, Tel. 0221/922 43 47, www.buyukharran-doydoy.de

Kervansaray. Edel-Türke mit frisch renoviertem Gastraum. 6–3 Uhr, Keupstr. 25, 51065 Köln, Tel. 0221/61 62 21, http://restaurantkervansaray.de

Purino. Großraumitaliener im Kreativviertel. An langen Holztischen wird Pasta und Pizza gegessen. Mo–Fr 11–22 Uhr, Sa–So 17–22 Uhr, Schanzenstr. 6–20, 51063 Köln, Tel. 0221/97 77 27 44, www.purino.de

ÜBERNACHTEN

Hotel Servatius. Mit 38 Zimmern schön überschaubar. Innen dominiert die Farbe Rot. Servatiusstr. 73, 51109 Köln, Tel. 0221/89 00 30, www.servatius-koeln.de

EINKAUFEN

Orientalische Feinkonditorei Hasan Özdag. Süß und bunt sind hier die großen und kleinen Torten. 8–18 Uhr, Keupstraße 84, 51063 Köln, Tel. 0221/61 44 53, www.hasan-oezdag.com

30 Deutz

Die bessere Hälfte

»Schäl Sick«, die falsche, vulgo scheele Seite, nennt man die rechtsrheinischen Stadtteile Kölns. Schließlich war der Rhein schon zu Römerzeiten die Reichsgrenze, am rechten Ufer hausten die barbarischen Germanen. Und die verehrten noch ihren Odin, den einäugigen und schielenden, als man auf dem linken Ufer längst zum Christentum übergegangen war. Offiziell gehört Deutz heute zur Innenstadt. Aber ein wenig wild fühlt man sich hier noch immer.

Mitte: Mehr als 100 Meter misst der Köln Triangle-Turm.

Hohenzollernbrücke

»Rübermachen« kann man am besten zu Fuß. Das dringende Bedürfnis zur Flussquerung hatten schon die alten Römer. Bereits um das Jahr 310 errichten sie unter Kaiser Konstantin eine Rheinbrücke, die den Truppen einen schnellen Weg über den Rhein sichern sollte, wenn man mal wieder den aufständischen Germanen auf die Finger kloppen musste. Aus Krieg wurde Handel und der wollte gesichert sein: Auf dem rechten Rheinufer entstand das Kastell Divitia. Duitia, Diuza, Tuitium, Duytz, Deutz. Im Dunkel des Mittelalters versank die Brücke, mehr als ein Jahrtausend gab es keinen festen Rheinübergang. Auf die Dombrücke von 1859 folgte zu Beginn des 20. Jahrhunderts die heutige Hohenzollernbrücke.

Die dreizügige Eisenbahnbrücke ist ein Nadelöhr im westdeutschen Eisenbahnnetz. Auf der Südseite entlang des Fuß- und Radweges hängen geschätzte zwei Tonnen Romantik am Zaun. Seit einigen Jahren hat sich der Brauch entwickelt, dass

Freizeitvergnügen am Kennedy Ufer

Paare hier Vorhänge-, Fahrrad- oder Zahlenschlösser anbringen. Zum Abschluss kommt die Verbindung durch Versenken des Schlüssels im Fluss. Vier Reiterstandbilder preußischer Könige und deutscher Kaiser der Hohenzollern-Familie flankieren jeweils die Rampen. Am östlichen Brückenkopf auf der Deutzer Seite unterhält der Deutsche Alpenverein seit 1998 eine öffentliche Kletteranlage mit rund 850 Quadratmetern Wandfläche.

Köln Triangle

Wesentlich höher hinaus als auf der Kletterwand kommt man durch das Erklimmen des direkt dahinter gen Himmel strebenden Büroturmes. Eine markante Silhouette aus Glas und Aluminium, 103,20 Meter Höhe und die abgesoftete Dreiecksform haben dem Köln-Triangle-Turm seit seiner Fertigstellung 2005 jede Menge Aufmerksamkeit garantiert. Er war eigentlich Teil eines für die Deutzer Rheinseite geplanten Wolkenkratzer-Ensembles. Wären alle Türme gebaut worden, hätte aber der Status des Domes als Weltkulturbe gewackelt: Da verzichtete man lieber und so ist heute die Aussichtsplattform über der 28. Etage ein Al-

AUTORENTIPP!

LOMMERZHEIM

Das Prädikat »Kult« hängen sich viele Kölner Kneipen um. Hier ist es wirklich gerechtfertigt. »Lommi«, das waren 1959 bis 2004 die Wirtsleute Hans und Annemie Lommerzheim. Ihre baufällige Kneipe, samt Päffgen-Kölsch, Riesenkoteletts und Klo im Hof galt als typisch kölsch. Annemie stand am Zapfhahn, er bediente die Gäste. Dann gingen die beiden in Rente, Hans Lommerzheim starb 2005. Schon vorher hatte es Versuche gegeben, die ganze Kneipe ins Museum zu überführen. Schließlich war das 1960er-Original so gut wie unverändert erhalten. Schlussendlich kaufte die Brauerei Päffgen selbst das historische Lokal und führt es nach moderater Renovierung seit 2008 weiter. Ein schöneres Museum, in dem man nach Herzenslust essen und trinken kann, hätte sich wohl Hans Lommerzheim nicht wünschen können.

Lommerzheim. Mi–Mo: 11–14.30, 16.30–24, So 10.30–14.30, 16.30–24 Uhr, Siegesstraße 18, 50679 Köln, Tel. 0221/81 43 92.

AUTORENTIPP!

DEUTZER BLICKE

Dass man vom Deutzer Rheinufer aus den schönsten Blick auf Dom und Altstadt hat, belegt schon die Tatsache, dass dieses Postkartenmotiv wohl das am häufigsten fotografierte der Domstadt ist. Für 3 Euro kann man diesen Panoramablick von der Plattform des Köln-Triangle-Turms aus genießen. Für umsonst bekommt man ihn von der obersten Etage des Parkhauses der Lanxess Arena am Stadthaus. Per Aufzug geht es am rückseitigen Ausgang hoch in die zwölfte Etage. Da steht man dann unter freiem Himmel auf einer riesigen leeren Fläche. Man sieht das ganze Altstadtpanorama bis links runter zu den Kranhäusern, den Triangle-Turm ganz rechts etc. Und zumeist steht man hier allein: Das Parkhaus zwischen Rathaus und Bahndamm ist im Normalbetrieb nie ausgelastet. und bis in die 12. Ebene verirrt sich kaum ein Auto.

Parkhaus Lanxess Arena (Kölnarena). Willy-Brandt-Platz 3, 50679 Köln, Tel. 0221/8021.

Das beliebteste Fotomotiv der Stadt auf dem Silbertablett

leinstellungsmerkmal. Der Turm gehört dem Landschaftsverband Rheinland dient seitdem vor allem als Bürogebäude.

Deutzer Bahnhof

Immer wieder lustig wird es in Köln – und natürlich auch in jeder anderen Großstadt – wenn größere Bauvorhaben auf dem Plan stehen. Das Areal rund um den historischen Deutzer Bahnhof ist da keine Ausnahme. Hinten dran Richtung Norden erstrecken sich die historischen Rheinhallen aus den 1920er-Jahren. Die denkmalgeschützten Backsteinbauten wurden bis 2005 von der Kölner Messe genutzt. Nach vollständiger Entkernung zog 2009 der Fernsehsender RTL in das riesige Areal ein. Für das Bahnhofsvorfeld auf der zum Stadthaus gelegenen Seite waren eigentlich Hochhäuser geplant, doch da hatte die UNESCO etwas dagegen: Man sah den Status des Kölner Doms als Weltkulturerbe bedroht, wenn ihm Wolkenkratzer auf die Pelle rücken. Was blieb, war die Sanierung der historischen Bahnhofs selbst: Der schöne Kuppelbau von 1913 erstrahlt bereits wieder in altem Glanz. Neben seiner funktionalen Nutzung ist er vor allem wegen der Gastronomie ein Highlight im Viertel. Ab 2014 zeichnet »Rhein-Connection« für das neue Lokal verantwortlich.

Rheinboulevard

Der Landschaftsverband selbst sitzt in einem Gebäude am gerade entstehenden Rheinboulevard, der sich in südlicher Richtung erstreckt. Hier wurden geschichtliche Zeugnisse aus der Römerzeit entdeckt, die in einen Historischen Park Deutz eingebunden werden. Das LVR-Landeshaus gruppiert sich als aufgeständerter, fünfgeschossiger Bau um einen Innenhof, der mit einer Vorhangfassade aus Glas und Aluminium sowie blaugrünen Brüstungsplatten versehen ist. Das Gebäude, erbaut 1957/58 von den Architekten Eckhardt Schulze-Fielitz, Ulrich S. von Altenstadt und Ernst Rudloff ist ein Denkmal der Nachkriegsarchitektur im Bauhausstil.

St. Heribert

Südlich dahinter steht Klosterkirche Alt St. Heribert. Sie gehört zu den 13 kleinen romanischen Kirchen und wurde an der Stelle des ehemaligen römischen Kastells Divitia erbaut. Ihr Gründer, Erzbischof Heribert von Köln (ca. 970–1021), ließ die Benediktinerabtei um die erste Jahrtausendwende aufgrund eines gemeinsamen Gelöbnisses mit Kaiser Otto III. an dieser strategisch wichtigen Stelle erbauen. Die alte Klosterkirche ist derzeit Gottesdienststätte der griechisch-orthodoxen Gemeinde Kölns. 1891 bis 1896 entstand an der Deutzer Freiheit eine größere Pfarrkirche in der Form einer spätromanischen Gewölbebasilika: Das neuzeitliche St. Heribert, umgangssprachlich als Düxer (Deutzer) Dom tituliert, steht auf dem Grundstück des ehemaligen Tempelhofs an der Deutzer Freiheit. Die dreischiffige Pfeilerbasilika birgt heute die Gebeine des namensgebenden Erz-

MAL EHRLICH

VON AUSSEN REICHT

Kaum eine touristische Köln-Seite, die einem nicht Karten für irgendwas in der Lanxess Arena zu verkaufen versucht. 20 000 Leute fasst die Mehrzweckveranstaltungshalle und da muss man schon ordentlich trommeln, um sie voll zu bekommen. Am schönsten ist sie von außen: Das »Henkelmännchen«, Ende der 1990er-Jahre als Köln-Arena gemeinsam mit dem angrenzenden neuen Rathaus gebaut, ist zwar ein Hingucker, aber kein Hingeher. Ausnahme: Restkarten für die Haie, wenn man Eishockey mag.

Oben: Kuppelbau mit Gleiszugang: der Deutzer Bahnhof
Mitte: Sitz des Landschaftsverbandes Rheinland
Unten: Klosterkirche Alt-Sankt Heribert

Oben: Auf der Deutzer Freiheit
Unten: Osterkirmes am Deutzer Rheinufer

bischofs und Kirchenstifters, den sogenannten Heribertschrein mit seinen Reliquien.

Deutzer Brücke und Freiheit

Die Deutzer Freiheit führt vom Rhein Richtung Osten und ist die Haupteinkaufsmeile des Viertels. Sie beginnt an der Einmündung der Deutzer Brücke, die in ihrer heutigen Form seit 1948 besteht. An dieser Stelle war die Kölner Innenstadt aber schon seit Römerzeit in verschiedenster Weise mit dem rechten Rheinufer verbunden. Bis kurz vor der ersten Jahrtausendwende hielt sich eine römische Holzkonstruktion auf steinernen Strompfeilern. Ab 1670 befand sich an dieser Stelle eine »fliegende Brücke«, eine Seilfähre, bei der man die Strömung des Flusses zur Überquerung ausnutzte. 1822 wurde dann eine hölzerne Schiffbrücke eingeweiht, die auf 40 Nachen schwamm. Eine Konstruktion mit erheblichem Bedienaufwand: schließlich musste das Mittelteil entfernt werden, um die Brücke für den Schiffsverkehr zu öffnen. Ihr folgte 1915 die Hindenburgbrücke. Die Hängekonstruktion überlebte den Zweiten Weltkrieg nicht: Am 28. Februar 1945 brach sie bei der Reparatur von Kriegsschäden unvermittelt zusammen.

Auf der Freiheit selbst und in den Nebenstraßen sorgen die kleinen und mittelständischen Läden für die Nahversorgung des Viertels. Freitag vormittags lockt der kleine, aber idyllische Wochenmarkt vor der Pforte von St. Heribert nicht nur die Hausfrauen an. Um die Ecke kann man im Deutzer Fischhaus nicht nur gute Frischware kaufen, sondern sich vor allem an Ort und Stelle den ausgesprochen guten Backfisch einverleiben. Wer traditionelle Buchhandlungen mag, sollte bei KölnBuch ein paar Seiten umschlagen. Schöner Laden mit kompetentem Rat, also gut, um sich paar dicke Schinken zuzulegen.

Infos und Adressen

SEHENSWÜRDIGKEITEN

Katholische Kirche St. Heribert. Mo–Fr 12–18 Uhr, Tempelstraße 2, 50679 Köln, Tel. 0221/801 95 00, www.pfarrgemeinde-deutz.de

KölnTriangleTurm. Wolkenkratzer mit Aussichtsplattform. 1. Okt.–30. April Mo–Fr 12–18, Sa–So 10–18, 1. Mai bis 30. Sept. Mo–Fr 11–22, Sa–So 10–22 Uhr, Ottoplatz 1, 50679 Köln, Tel. 0221/355 00 41 00, www.koelntrianglepanorama.de

ESSEN UND TRINKEN

Brauhaus ohne Namen. Traditionelle rheinische Küche in rustikalem Ambiente. Di–So 12–23 Uhr, Mathildenstr. 42, 50679 Köln, Tel. 0221/81 26 80, www.brauhaus-ohne-namen.de

Deutzer Bahnhof. Frisch renovierte Location mit professioneller Rundumversorgung. Der Biergarten ist ein Highlight. 11–24 Uhr, Ottoplatz 6–7, 50103 Köln, Tel. 0221/880 06 15, www.deutzerbahnhof.de

Glashaus. Edel und sehr gediegen. 12–14, 19–22 Uhr, Kennedy-Ufer 2a, 50679 Köln, Tel. 0221/82 81 17 73, www.cologne.regency.hyatt.de

Mongo's. Selbstbedienungsgrill mit außergewöhnlichen Zutaten, die man sich selbst zusammenstellt. 11.30–23 Uhr, Ottoplatz 1, 50679 Köln, Tel. 0221/989 38 10, www.mongos.de

Rosenstock. Kneipenrestaurant mit guter Küche und sonniger, aber nicht ganz leiser Terrasse. Mo–Sa 11–22 Uhr, Mindener Str. 2, 50679 Köln, Tel. 0221/33 83 99 51, www.rosenstock-koeln.comdeutz

Traubenreich. Schönes und intimes Weinrestaurant, das durch gute Beratung in Sachen Reben glänzt. Di–Sa 12–22 Uhr, Constantinstr. 94, 50679 Köln, Tel. 0221/290 40 03, www.traubenreich.de

Vapiano. Konzeptitaliener mit Self-Service-Theke und hohem Beliebtheitsgrad. 11.30–24 Uhr, Constantinstr. 87–89, 50679 Köln, Tel. 0221/800 88 33, www.vapiano.de

ÜBERNACHTEN

Günnewig Stadtpalais. Früher ein Jugendstil-Schwimmbad, heute Edel-Herberge. Deutz-Kalker-Straße 52, 50679 Köln, Tel. 0221/88 04 20, www.guennewig.de

Hyatt Regency. Fünf-Sterne-Haus mit dem wohl berühmtesten Blick auf das Domstadt-Panorama. Kennedy-Ufer 2a, 50679 Köln, Tel. 0221/828 12 34, www.cologne.hyatt.com

EINKAUFEN

Deutzer Fischhaus. Mo–Fr 9.30–18 Uhr, Sa 9–14 Uhr, Tempelstr. 7, 50679 Köln, Tel. 0221/98 94 46 65.

KölnBuch. Mo–Fr 10–18 Uhr, Sa 10–16 Uhr, Deutzer Freiheit 68, 50679 Köln, Tel. 0221/992 97 57, www.koeln-buch.de

Frisches aus dem Meer im Deutzer Fischhaus

Mitte: Direkt am Flussufer liegt der Rheinpark.
Unten: Zwischen den Bäumen grüßt der Dom.

31 Rheinpark

Fifties-Charme in Grün

Wenn es so etwas wie den Nierentisch in Gartenform gibt, dann ist es der Rheinpark. Seine bis heute erhaltene Form geht auf die Bundesgartenschau von 1957 zurück. Zwischen Hohenzollernbrücke und Mülheimer Hafen präsentiert sich auf einer Fläche von 40 Hektar eine Parklandschaft, die ihresgleichen sucht: In der Bepflanzung spiegelt sich die Sehnsucht nach Exotischem aus jener Zeit.

Auch diese Grünfläche verdankt ihr Entstehen der Schleifung des Kölner Festungsringes. In der Deutzer Rheinaue ergab sich durch den Wegfall der Festungsanlagen ein breiter Geländestreifen mit einem freien Blick auf die Kölner Altstadt. Das 25-jährige Thronjubiläum von Kaiser Wilhelm II. nahm man 1913 unter dem Oberbürgermeister Max Wallraf zum Anlass, einen Park nach den Entwürfen des Kölner Gartendirektors Fritz Encke in Angriff zu nehmen. Seiner Fertigstellung und Einweihung kam der Erste Weltkrieg dazwischen. Noch 1914 ging hier die Kölner Werkbundausstellung an den Start: Der Park bot eine Reihe von Attraktionen namhafter Architekten und Künstler. So das »Glashaus« von Bruno Taut, oder eine »Fabrik« von Walter Gropius sowie ein Theater von Henry van de Velde. In diese Zeit gehört – obwohl erst in den 1950er-Jahren aufgestellt – die Skulptur *Häusliche Sorgen* von Rik Wouters. Sie steht am Hauptweg, der kurz danach Hauptweg in einem 90-Grad-Winkel nach Norden abbiegen. Parallel dazu verlaufen die Gleise der Kleinbahn. Das erste Bähnchen wurde 1928 in Betrieb genommen und befuhr die Strecke zwischen der Deutzer Brücke und dem Mülheimer Hafen. Zur

Wasserterrassen, geschaffen für die Bundesgartenschau 1971.

ersten Gartenschau im Jahr 1957 erhielt es seine bis heute beibehaltene, als Rundkurs zwischen »Tanzbrunnen« und »Rosengarten« angelegte Streckenführung. Hierbei befährt es auch das immer noch an den ehemaligen Festungsgraben erinnernde Gelände an der Ostseite des Parkcafés.

Die Schmalspurbahn

Die Bahnen trugen verschiedene ihnen durch die Bevölkerung vermittels eines Preisausschreibens ausgewählte Namen. So zum Beispiel »Fleißiges Lieschen«, »Männertreu« oder »Rosenkavalier«. Mit ihrem anfänglichen Dampflokbetrieb und ihrer hohen Beliebtheit war zu ihrer Glanzzeit ein Personalaufwand von 80 Personen erforderlich. Die heutige Kleinbahn im Rheinpark, eine kleine Schmalspureisenbahn (Parkeisenbahn mit 600 mm Spurweite) dreht seit 1973 im Sommer auf 2 Kilometer langer Strecke ihre Runden. Seit 2001 wird gelegentlich die restaurierte Porsche-Lok vom Typ der Gartenschaubahn von 1971 eingesetzt.

Die meisten der Gebäude verfielen und wurden abgebrochen. In der Zeit nach dem Ersten Weltkrieg wurde das Gelände mit den verbliebenen Baulichkeiten von englischen Besatzungstruppen in Beschlag genommen, den Rest erledigte das Hoch-

AUTORENTIPP!

CLAUDIUS-THERME

Am Nordende des Rheinparks, überspannt von der Seilbahn, befindet sich das Thermalbad »Claudius-Therme«. Bei 33 bis 37 °C Wassertemperatur wird im Heilwasser geplanscht, die wohltuende Wirkung auf Gelenke, Magen, Kreislauf und Stoffwechsel ist staatlich anerkannt. Mit den Bohrungen hat sich die Stadt seinerzeit große Mühe gemacht: Zur BUGA sollte ungedingt ein Gesundbrunnen her. 1975 erfolgte die staatliche Anerkennung als Heilquelle, da das Wasser neben Kochsalz neun weitere Mineralien enthält. Im heutigen Bau ermöglichen eine Panorama-Sauna mit Domblick, Kräuterdampfbad und neuerdings ein Solebecken, das mit Salz aus dem Toten Meer angereichert ist, Entspannung der Extraklasse.

Claudius-Therme GmbH & Co. KG.
10–24 Uhr, Sachsenbergstraße 1,
50679 Köln, Tel. 0221/98 14 40,
www.claudius-therme.de

Oben: Trinkbrunnen im Rheinpark
Mitte: Seltene Bäume setzten Akzente im Grün.

wasser von 1920. Übrig blieben 13 Gebäude des sogenannten »niederrheinischen Dorfes« aus der Werkbundausstellung und das in der Folge »Parkhaus« genannte, von alten Pappeln gesäumte Teehaus. Von 1920 bis 1926 baute Encke den nun erstmals »Rheinpark« genannten Volkspark wieder auf.

Bundesgartenschau 1957

Mit dem Bau der Kölner Messe in den 1920er-Jahren bekam die Grünfläche eine bauliche Begrenzung. Ihre heutige Ausgestaltung bekam sie 1957 mit der Bundesgartenschau unter der Schirmherrschaft von Konrad Adenauer. Neue weitläufige Wiesenflächen wurden durch Baum- oder Buschgruppen aufgelockert. Es entstanden von Staudengärten umgebene, oftmals mit Wasserspielen versehene Teiche: So etwa der kleine See hinter dem Rosengarten, der in Anlehnung an Adenauers Hobby, dem Rosenzüchten, den Namen »Adenauerweiher« bekam. Über das Gelände verteilt erbaute die Firma des Gartenarchitekten Theo Breddermann insgesamt 14, aus Sandsteinplatten und Kieselmaterial gefertigte Brunnen von denen zehn im Brunnengarten in kreisrunden gepflasterten Mulden arrangiert waren. Diese mit Fontänen ausgestatteten Brunnen waren bei Einbruch der Dunkelheit erleuchtet. Mehr als 4 Millionen Besucher zog die BUGA damals an.

Infos und Adressen

SEHENSWÜRDIGKEITEN

Rheinpark. Ganzjährig geöffnet, freier Eintritt, barrierefrei. Zwischen Hohenzollern- und Zoobrücke. Eingänge an den Rheinterrassen, Auenweg und Zoobrücke. Infobroschüre: www.stadt-koeln.de

ESSEN UND TRINKEN

Paparazzi. Edel-Italiener, ganz in Schwarz und Weiß gestylt. 11–15, 18–23 Uhr, Messe-Kreisel 3, 50679 Köln, Tel. 0221/277 20 34 64, www.paparazzi-lounge.de

Rheinterrassen. Draußen Strandfeeling mit aufgeschüttetem Sand und Strandkörben, drinnen modernes Restaurant. 12–15, 18–24 Uhr, Rheinparkweg 1, 50679 Köln, Tel. 0221/880 95 31, www.rhein-terrassen.de

Die Rheinterrassen unterm Messeturm

Hier lässt es sich aushalten – Liegestühle am »km689-Cologne Beach Club«

ÜBERNACHTEN

Dorint. Businesshotel mit hohem Standard. Modern und funktional. Deutz-Mülheimer-Str. 22–24, 50679 Köln, Tel. 0221/80 19 00, www.dorint.com

fair & more. Mittelklassehotel mit schönen Zimmern hinter unspektakulärer Fassade. Adam-Stegerwald-Str. 9, 51063 Köln, Tel. 0221/671 16 90, www.fairandmore.com

Radisson Blue. Der Liebling der Messegäste, direkt am Haupteingang. Messe-Kreisel 3, 50679 Köln, Tel. 0221/27 72 00, www.radissonsas.com

INFORMATION

Anfahrt mit öffentlichen Verkehrsmitteln: KVB Linie 1 und 9 Haltstelle Bahnhof Deutz/Messe, KVB Linie 3 und 4 Haltestelle Deutz/KölnArena, Buslinie 150 Haltestelle Im Rheinpark oder Thermalbad, Buslinien 250 und 260 Haltestelle Thermalbad, S-Bahnlinien S6, S11, S12, S13, Deutsche Bahn Haltestelle: Köln-Deutz (Deutzer Bahnhof). Über die Hohenzollernbrücke ist der Rheinpark von der Innenstadt aus gut zu Fuß erreichbar.

32 Wiener Platz

Im Dickicht der Stadtplanung

Knallrot und mannshoch stehen sie da auf dem Bahnsteig, wenn man am Wiener Platz aus der Bahn steigt. Vier Ziffern, eine Skulptur, vom Oberbürgermeister persönlich enthüllt: Mülheim 2020. Mit einem groß angelegten Strukturförderprogramm hat man versucht, den Stadtteil nach vorne zu bringen. Ob der Plan aufgeht, lässt sich am besten vor Ort in Augenschein nehmen.

Mitte: Am Wiener Platz kreuzen sich die Wege.
Unten: Die Hirschapotheke im ehemaligen Bärenhof.

Vorab ein bisschen Barock

Seinen Namen verdankt Kölns größter Stadtteil verschwundenen Mühlen an einem verschwundenen Bach. Der Strundenbach wird heute in die Kanalisation geleitet. An ihn erinnert noch südlich der Mülheimer Brücke die Bachstraße, an der auch die Hausbrauerei Greven das Wasser der Strunde nutzte. Ein funktionaler Neubau steht heute an Stelle der Brauerei mit Blick auf die Mülheimer Freiheit. Der Straßenzug führt unter der Mülheimer Brücke hindurch, parallel zum Rheinufer, und ist die ehemalige Hauptstraße des Viertels.

»Freiheit«, das sind die Rechte, die der Graf von Berg am 7. März 1322 nach Mülheim verleiht. Vor allem will er damit die Konkurrenz zur Stadt Köln schüren und das gefällt den Kölnern gar nicht. Bis ins 17. Jahrhundert hinein versuchen sie, den Ausbau Mülheims zur Stadt einzuschränken. 1785 kommt dann das Stadtrecht. Es folgen Franzosen, Preußen und die Industrie.

Die letzten Spuren des Barock finden sich hier an den Häusern Mülheimer Freiheit Nr. 31, 33, 102

Das berühmte Müllemer Böötche

und 119 und an Krahnenstraße Nr. 8: Haus Krahnenburg ist ein klassizistisches Palais aus dem 18. Jahrhundert, in dem angeblich Napoleon Logis genommen haben soll. Im Haus Bertoldi war er nachweislich. Im ehemaligen Bärenhof von 1780, heute Hirsch-Apotheke, wurde Napoleon vom damaligen Bürgermeister Bertoldi bewirtet.

An dem Knickpunkt der Straße Mülheimer Freiheit liegt der Stadtbrunnen Mülheims. Die *Mülheimia* wurde 1884 von Wilhelm Albermann geschaffen. Auf der Spitze einer säulenähnlichen Konstruktion steht die Stadtgöttin, umgeben von drei mittelalterlich gekleideten Knaben, die den Handel, die Industrie und den Ackerbau darstellen.

Wiener Platz

Was Hochwasser und der Bau der Rheinbrücke in den Zwanzigerjahren vom barocken Mülheim übrig gelassen hatten, das fegte der Zweite Weltkrieg hinweg. Die heutige Brücke stammt von 1951 und ist das große Sorgenkind der städtischen Verkehrsplanung. Das Problem ist augenfällig: bröseliger Beton und Rost an den Stahlträgern. 2013 zog man die Notbremse, sperrte sie für schwere LKWs und zwang die restlichen Autofahrer zu Tempo 30. Für die anstehende Generalsanierung wird man Jahre brauchen.

AUTORENTIPP!

HEIDEWITZKA, HERR KAPITÄN ...

»... mem Möllemer Böötche fahre mer su jän.« Auf die Spur des Schlagers von Karl Berbuer begibt man sich mit der Dampfschiffahrt »Colonia«, gut erkennbar an den flatternden Wimpeln in kölschem Rot-Weiß. Eine Stunde schippert man von der Hohenzollernbrücke an der Altstadt, dem Schokoladenmuseum und den Kranhäusern vorbei rüber nach Mülheim. Wer mag, macht auf dem rechten Rheinufer Station. Oder man lässt bei Kaffee und Kuchen die Sehenswürdigkeiten vom Wasser aus an sich vorbeiziehen. Der Anleger auf der innerstädtischen Seite liegt direkt unterhalb der Hohenzollernbrücke. Schon im Voraus buchen sollte man, wenn man an Fronleichnam die »Mülheimer Gottestracht« vom Wasser aus miterleben möchte.

Dampfschiffahrt »Colonia« Geschw. Weber Fahrgastschiffahrt. Lintgasse 18–20, 50667 Köln, Tel.0221/257 42 25, www.dampfschiffahrt-colonia.de

Oben: Die Mülheimer Freiheit ist die alte Hauptstraße des Viertels.
Mitte: Bauschäden gehören zur Mülheimer Brücke.
Unten: Im KunstWerk e.V. lebt die alternative Kultur.

Des einen Leid, des anderen Freud: Rund um den Wiener Platz, in den die Brücke mündet und an der hier beginnenden Einkaufsmeile Frankfurter Straße wird sich die Verkehrssituation wie im Auge des Taifuns entspannen. Schöner wird der Platz davon sicher nicht. Zwar hat man den Verkehrsknotenpunkt in den 1990er-Jahren umgestaltet, der Wochenmarkt und die angrenzenden Geschäfte sind eine Zugnummer. Aber sich hier aufhalten, ist keine wirkliche Option. Für ein Päuschen empfiehlt sich eher der Mülheimer Stadtgarten. Er verdankt seine Entstehung Anfang des 20. Jahrhunderts ebenfalls der Versenkung des Strundener Baches. Auch seine muldenartige Form wird darauf zurückgeführt. Rosengarten, kleiner Teich und ein Märchenbrunnen laden zum Verweilen ein.

Proviant fürs Picknick im Park gibt es auf der nahen Frankfurter Straße reichlich. Zwischen jeder Menge Kettenläden gibt es Döner satt. In ordentlicher Qualität und wenn man mag auch im Sitzen bekommt man sie bei »Divan-Imbiss«. Und für ein Eis auf die Hand oder einen Latte macchiato ist das Eiscafé »Dolomiti« schräg gegenüber eine gute Anlaufstelle.

Bleibt zu fragen, wo man die eingangs erwähnten Strukturmaßnahmen zu Gesicht bekommt. Dass sich die Bewohnerschaft verändert und neue Schichten ins Viertel kommen, lässt sich an steigenden Mietpreisen und der Zahl der Carsharing-Stationen ablesen. Neben der Schanzenstraße und ihren Medienfirmen am nördlichen Rand des Viertels verspricht man sich vor allem vom Mülheimer Hafen im Süden viel für die nächsten Jahre. Die Stadt hat für die innenstadt- und wassernahen Industriebrachen ein Werkstattverfahren in die Wege geleitet, die ersten Vorreiter – Clubs wie das »Gebäude9«, die gut auf lärmempfindliche Nachbarn verzichten können – sind schon da.

Infos und Adressen

SEHENSWÜRDIGKEITEN

Hirsch Apotheke. Mo–Fr 9–18, Sa 9–14 Uhr, Buchheimer Str. 29, 51063 Köln, Tel. 0221/61 11 71

ESSEN UND TRINKEN

Café Jakubowski. Veedelstreff mit pfiffiger Küche. Mo–Sa 10–24, So 10–19 Uhr, Mülheimer Freiheit 54, 51063 Köln, Tel. 0221/966 11 10, www.jakubowski-koeln.de

Divan. Restaurant und Imbiss für schnelle Verpflegung. 8–24 Uhr, Frankfurter Str. 55, 51063 Köln, Tel. 0221/620 01 20, www.divanrestaurant.de

Eiscafé Dolomiti. Die beste kühle Kugel in dieser Gegend, 10–21 Uhr, Frankfurter Straße 44, 51063 Köln, Tel. 0221/61 16 64.

Rosenzeit. Landhausatmosphäre für den Zwischenstopp oder für den kleinen Imbiss. Mo–Sa 16.30–23, So 10–22 Uhr. Mülheimer Freiheit 2–4, 51063 Köln, Tel. 0221/16 83 93 17, www.cafe-rosenzeit.de

Scampino. Meeresfrüchte und eine genial schöne Terrasse. Di–So 11–22 Uhr, Deutz-Mülheimer-Str. 199, 51063 Köln, Tel. 0221/61 85 44, www.scampino-koeln.de

Vreiheit. Modernes Kneipenrestaurant, wie man sie sonst nur auf der anderen Rheinseite findet. Mo–Sa 9–24, So 10–24 Uhr, Wallstr. 91, 51063 Köln, Tel. 0221/991 77 93, www.cafe-vreiheit.de

ÜBERNACHTEN

Best Western Premier. Ordentliches Kettenhotel mit gewohnt gehobenem Standard. Clevischer Ring 121, 51063 Köln, Tel. 0221/964 70, www.consul-hotels.com

friends. Kleines, buntes und sehr freundliches Privathotel. Vor allem ein Tipp für Familien. Roggendorfstr. 23–25, 51061 Köln, Tel. 0221/671 18 80, www.hotel-friends-koeln.de

The New Yorker Hotel. Schick op der schäl Sick. Das Designhotel setzt gekonnt die Industrieoptik der Gegend in Backstein-Chic um. Deutz-Mülheimer Str. 204, 51063 Köln, Tel. 0221/473 30, www.thenewyorker.de

VERANSTALTUNGEN

GEBÄUDE 9. Legendäre Event-Location, immer mal wieder bedroht von der Immobilienspekulation. Deutz-Mülheimer Straße 127–129, 51063 Köln, Tel. 0221/81 46 37, www.gebaeude9.de

Der Nachwuchs ist schon da im Café Jakubowski.

DER WESTEN

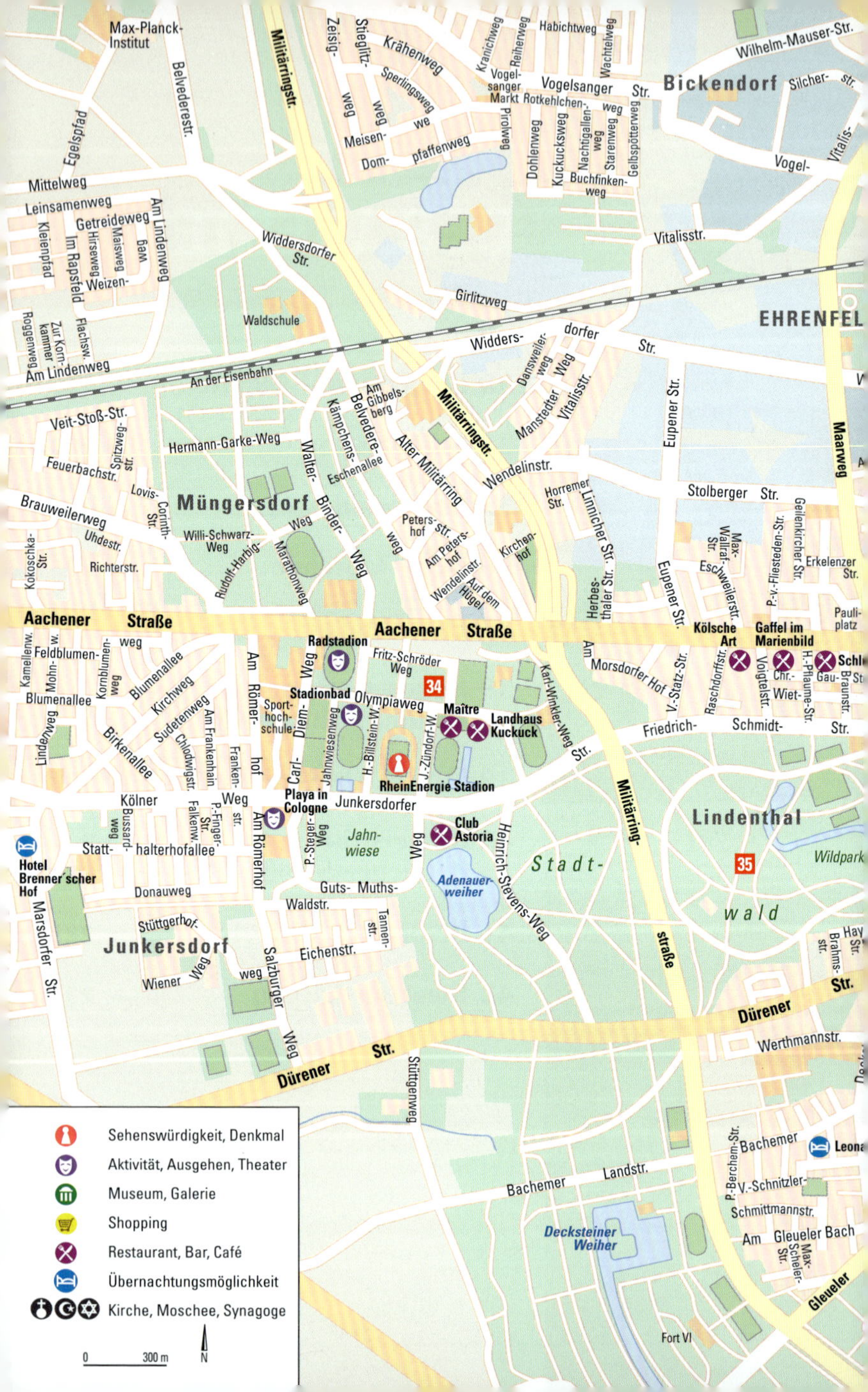
Sehenswürdigkeit, Denkmal
Aktivität, Ausgehen, Theater
Museum, Galerie
Shopping
Restaurant, Bar, Café
Übernachtungsmöglichkeit
Kirche, Moschee, Synagoge
0
300 m
N
Bickendorf
EHRENFEL
Müngersdorf
Lindenthal
Junkersdorf
Stadt-
wald
Max-Planck-Institut
Waldschule
Radstadion
Stadionbad
Playa in Cologne
RheinEnergie Stadion
Maître
Landhaus Kuckuck
Club Astoria
Kölsche Art
Gaffel im Marienbild
Hotel Brenner'scher Hof
Leona
34
35
Aachener Straße
Aachener Straße
Dürener Str.
Dürener Str.
Militärringstr.
Militärring-straße
Widdersdorfer Str.
Vogelsanger Str.
Friedrich-Schmidt-Str.
Junkersdorfer Weg
Bachemer Landstr.
Adenauerweiher
Decksteiner Weiher
Jahnwiese
Wildpark
Fort VI
Gleueler Str.
Maarweg
Stolberger Str.
Wendelinstr.
Eupener Str.
Belvederestr.
Mittelweg
Am Lindenweg
Girlitzweg
Vitalisstr.
Wilhelm-Mauser-Str.
Kölner Weg
Statthalterhofallee
Donauweg
Marsdorfer Str.
Salzburger Weg
Eichenstr.
Waldstr.
Guts-Muths-Weg
Stüttgenweg
Heinrich-Stevens-Weg
Karl-Winkler-Weg
Olympiaweg
Fritz-Schröder Weg
Walter-Binder-Weg
Hermann-Garke-Weg
Brauweilerweg
Veit-Stoß-Str.
Am Römerhof
Blumenallee
Birkenallee
Werthmannstr.
Schmittmannstr.

Neustadt-Nord
Braunsfeld
MediaPark
Melaten-friedhof
Venloer Str.
Subbelrather Straße
Ehrenfeldgürtel
Alpenerplatz
Subbelrather Str./Gürtel
Liebigstr.
Gutenbergstr.
Leyendeckerstr.
Pizzeria Piccola
Club Bahnhof Ehrenfeld
Goldmund
Allerweltshaus
Hochbunker
Bunt-Buchhandlung
Design Quartier Ehrenfeld
Helios-Haus
Men's World
Café Sehnsucht
Hotel Loft and Travel
Underground
Van Dyck
Saudade
Jaely's Coffee
Rubinrot
Rock-it-baby
Ahrenfeld
Weinhandelshaus Scholzen
Lichterfeld
Badenbaden
Haus Scholzen
CafeCafe
Hua Lin
Weltempfänger
Lizbät
La Galana
Limone
Barthonia-Forum
Zentralmoschee
Weinsbergstr./Gürtel
Innere Kanalstraße
Kanalstraße
Gladbacher Str.
Erftstr.
Christophstr./Mediapark
Christophstr.
Stadtgarten
Hans-Böckler-Pl./Bf West
Köln-Bhf. West
Hotel Imperial
H1 Hotel
Triforum
Park Inn Hotel
Milchmädchen
All Bar One
Friesenpl.
Friesenstr.
Madame MiamMiam
Sorgenfrei
Guten Abend
St. Michael
Brüsseler Platz
Käthe Kollwitz Museum
Oskar-Jäger-Str./Gürtel
Ameron Hotel Regent
Cafe Bonnen
Aachener Straße
Aachener Str./Gürtel
Melaten
Alt Melaten
La Trattoria Salehani
Museum für Ostasiatische Kunst
Aachener Weiher
Universitätsstr.
Theater im Bauturm
Beef Brothers
Barceló Cologne City Center
Salon Schmitz
R.-Wagner-Str.
Millowitsch-Theater
Neumarkt
Hahnenstr.
Biergarten am Aachener Weiher
Hopper Hotel et cetera
Hohenstaufenring
Hohenzollernring
Wirtschafts-Sozialwissenschaftliche Fakultät
AOC Weinhandlung Köln GmbH
Synagogen-Gemeinde Köln
Esplanade Hotel
Biergarten Rathenauplatz
Spielbrett
Ameron Hotel Regent
Tausend fliegende Fische
Erpel & Co
Shepheard
Rosebud
Hellers Brauhaus
Haus Schwan
Vom Fass
Nikko
Feynsinn
Bei Oma Kleinmann
Universität Köln Hauptgebäude
Universität
La Société
Dürener Str./Gürtel
Dürener Str.
Dasselstr./Bhf. Süd
Köln-Bhf. Süd
Barbarossaplatz
Trierer Str.
Salierring
Eifelstr.
Albertus-Magnus-Platz
Zülpicher Str.
Universitäts-Kliniken
Plomari
Eifelwall
Café Krümel
Weyertal
Eifelpl.
Gleueler Str./Gürtel
Lindental
LIVINGSTONsq
Lieblings Küche und Kuchen
Der andere Buchladen
Lindenburg
Luxemburger Str.
Volksgarten
Grünlilie
Zimt & Rosen
Hotel Ariana
Mommsenstr.
Zülpicher Str./Gürtel
Weißhausstr.
Pacific Beach
Balthasar
Alnatura
NATURATA
Arnulfstr.
Euskirchener Str.
Heckmanns
Berrenrather Hof
Pohligstr.
Am Vorgebirgstor
Weckzeit
Sülzburgstr.
Sülzgürtel
Geißbockheim Clubhaus
Berrenrather Str./Gürtel
Geusenfriedhof
Auerbachplatz
Petersberger Hof
33
36
37
38
39
40

33 Der Friedhof Melaten

Ruhestätte für Prominente

An der Aachener Straße liegt am Rande der Innenstadt Kölns größte und bedeutendste Begräbnisstätte: Der Friedhof Melaten. Der ehemalige Richtplatz ist die letzte Heimstatt vieler städtischer Prominenter und Berühmtheiten. Uralte Bäume, schattige Wege, Eichhörnchen und Füchse markieren das grüne Revier. Und die Grabstätten selbst zeigen museal den Wandel der Begräbniskultur.

Wer in den frühen Morgen- und Abendstunden auf den Friedhof Melaten kommt, wird von einer unendlichen Ruhe inmitten der pulsierenden Stadt empfangen. Der 435000 Quadratmeter große, 1980 unter Denkmalschutz gestellte Friedhof zählt heute mehr als 55000 Gräber. Eine Friedhofsmauer umfriedet das Gebiet zwischen Aachener Straße, Oskar-Jäger-Straße, Melatengürtel, Weinsbergstraße und der Piusstraße, wo sich heute der Haupteingang befindet. Der älteste Teil an der Aachener Straße mit dem ehemaligen Haupttor (Tor II) wurde 1810 errichtet.

Seite 192/193: Gründerzeithäuser: Aachener Straße
Mitte: Gräber für Reiche: Millionenallee
Unten: Ungewöhnlich: Grab von Dirk Bach

Neuer Friedhof

Anfang des 19. Jahrhunderts wurden die Kölner durch kaiserliches Dekret gezwungen, ihre Toten außerhalb des Stadtgebiets beizusetzen. Die Wahl fiel auf das Grundstück des alten Leprosenheims, *Malade* (frz. »krank«) genannt. Daraus entwickelt sich der Name Melaten für den neuen Zentralfriedhof, der am 29. Juni 1810 eröffnet wurde. Seit dem 12. Jahrhundert diente dieser Ort als Hinrichtungsstätte. Hier wurden 1529 Lutheraner und Anfang des 17. Jahrhunderts 30 Frauen und

Rundgang

Einen Besuch beginnt man am besten durch den ehemaligen Haupteingang an der Aachener Straße.

A Johann Maria Farina. Das Grab des Erfinders des »Kölnisch Wasser« ist das älteste auf dem Friedhof. (HWG zwischen Lit. A und Lit. B, Flur 15)

B Dirk Bach (1961–2012). Der Komiker hat seinen eigenen pinkfarbenen Stern und daneben eine »Gedenkbank«. (Lit. C, Flur 14)

C Willi Ostermann. Ein schlichtes Grab erinnert an den Komponisten zahlreicher Karnevalslieder (Lit. R, zwischen Lit. B und C)

D Johann Hölzken (1775–1849). Die Sandsteinstele für den Rheinschiffer schmückt ein Rheinschiff. (Lit. P zwischen Lit. M und Lit. L, Flur 24)

E Wilhelm Ludwig Deichmann (1798–1876). Deichmann ist der Mitbegründer der Deutschen Bank. Die Dimension der Gruft hat ihr bei den Kölnern den Namen »Kegelbahn« eingebracht. Mit 16,50 Metern ist sie nur drei Meter kürzer als eine genormte Bundeskegelbahn. (MA zwischen Lit. P und HWG/NS).

F Wolfgang Anheisser (1929–1974). Der Bariton starb während der Aufführung des *Der Bettelstudent* in der Kölner Oper. (MA zwischen HWG und Lit. G, Flur 20).

G Hans Böckler (1875–1951). Dem Gewerkschafter Hans Böckler (1875–1951) wird in Form eines großen Zahnrades auf einem Kegelstumpf gedacht. (Flur 60a).

H Willi Millowitsch. Das Familiengrab des Volksschauspielers ist noch immer Pilgerstätte. (Flur 72a).

I Theo Pauls (gestorben 1948). Das Marmorrelief *Der sterbende Schwan* erinnert an den Theaterschuhmacher. (Flur 76a).

J Der Sensenmann. Die ehemalige Grabstätte der Kaufmannsfamilie Müllemeister wurde patenschaftlich von dem Steinmetz Joachim Steinnus und seiner Familie übernommen. (Flur 82).

K August Sander (1876–1964). Das Grab des Kölner Avantgardefotografen der Neuen Sachlichkeit ziert ein Mannshoher Naturstein. (Flur 87).

AUTORENTIPP!

AUF EWIG AM TRESEN

Ein fröhlicher Zecher ist August Broichschütz gewesen. Zumindest verbrachte er viele Stunden seines Lebens am »schönsten Platz«: der Theke und vor sich ein Bier. Das lässt sich dem 140 Jahre alten Grabmal entnehmen, das direkt an der Friedhofsmauer zur Aachener Straße liegt. Als der mittellose Lebenskünstler im Alter von 52 Jahren starb, wollte sich der Wirt nicht lumpen lassen und spendete seinem besten Kunden einen ungewöhnlichen Erinnerungsstein. Der neoklassizistische Ofen, der den Kneipenhocker so oft gewärmt hatte, krönt seitdem seine Beisetzungsstätte mit einer in Marmor gehauenen Widmung: »Hier ruht in Frieden August Broichschütz (1822–1874) – Die meiste Zeit seines Lebens verbrachte er in einer Kneipe neben diesem neoklassizistischem Säulenofen, worauf der Wirt dieses Denkmal errichtet.«

Grab August Broichschütz. Lit A zwischen HWG/NS und Lit. H, gegenüber Feld 15

Mädchen als Hexen ermordet. Die letzte Hinrichtung fand am 13. Juli 1797 statt.

Das klassizistische ehemaligen Hauptportal an der Aachener Straße krönt ein Giebel mit der lateinischen Inschrift *Funeribus Agrippinensium Sacer Locus* (»Für die Toten Kölns eine geheiligte Stätte«). Die seitlichen Inschriften der Pforte lauten: *Ave In Beatius Aevum Seposta Seges* (»Gruß Dir, auf bessere Zukunft gesäte Saat«) und *Transi Non Sine Votis Mox Noster* (»Geh nicht vorüber ohne fromme Gebete, Du, bald der Unsrige«).

Auf dem anschließenden Hauptweg in südnördlicher Achse befinden sich einige der ältesten und bedeutendsten Gräber aus den Anfangsjahren des »Heiligen Ortes«, darunter jenes Mannes, der die Bestattungsörtlichkeit ausgesucht hat: Franz Ferdinand Wallraf (1748–1824). Der Theologe und Kunstsammler ist gemeinsam mit seinem Kunstmäzenkollegen Johann Heinrich Richartz (1795–1861) beigesetzt. Das Grab (HWG/NS zwischen Lit. A und B) schmückt ein sehr schlichter Stein.

Begräbniskultur

Richtung Norden stößt der Besucher dann auf die breite ostwestlich verlaufende Mittelallee (HWG/OW), im Volksmund aufgrund der vielen Bankiersgräber nur Millionenallee genannt. Historikern und Gesellschaftswissenschaftlern gilt der *Sacer Locus* der Kölner als bedeutendes Denkmal der Bürgerschaft des 19. Jahrhunderts und ihrer Grabkultur. Das lässt sich in zahlreichen Grabplastiken mit ihrer Totensymbolik nachvollziehen. An Wochenenden ist der »Melaten« Revier der Spaziergänger, vor allem wegen der vielen hier bestatteten Prominenten, der kulturhistorisch bedeutenden Grabmäler und des Parkcharakters der weitläufigen, der Innenstadt nahen Anlage.

Infos und Adressen

SEHENSWÜRDIGKEITEN

Friedhof Melaten. Sommer (1. April–30. Sept.) Mo–So 7–20, Herbst (1. Okt.–1. Nov.) 8–19 Uhr, Winter 8–17 Uhr, Aachener Straße 204, 50931 Köln, Tel. 0221/570 74 88, www.melatenfriedhof.de

ESSEN UND TRINKEN

Adria Restaurant Alt Melaten. Hier werden Balkanspezialitäten serviert wie Grillteller mit Djuvetchreis. Di–So 11–15, 17–24 Uhr, Aachener Straße 321, 50931 Köln, Tel. 0221/40 56 51, www.adria-restaurant.de

Café Bonnen. Ausgezeichnete Frühstückskarte, Zwischenmahlzeiten und die sehr große Kuchentheke mit Confiserie haben das Kaffeehaus zu einer Institution werden lassen. Mo–Fr 6–18.30, Sa 7–18, So 9–18 Uhr, Aachener Straße, Ecke Melatengürtel 2, 50933 Köln, Tel. 0221/54 28 07, www.cafe-bonnen.de

La Trattoria Salehani. Großer Gastraum in dem italienische Gerichte und Menüs angeboten werden. Mo–So 12–15, 18–23, Aachener Straße 259, 50931 Köln, Tel. 0221/282 87 40, www.la-trattoria-koeln.de

Triforum. Internationale Küche im Hotel Park Inn mit einem Schwerpunkt auf Steaks und Burger. Mo–So 12–14, 18–22.30 Uhr, Innere Kanalstraße 15, 50823 Köln, Tel. 0221/570 10, www.pikcw.de

ÜBERNACHTEN

Ameron Hotel Regent. Funktional, aber geschmackvoll eingerichtetes und zentral gelegenes Businesshotel. Melatengürtel 15, 50933 Köln, Tel. 0221/549 90, www.hotelregent.de

Park Inn by Radisson Köln City West. Edle Hölzer, feines Mobiliar und geräumige Zimmer bietet das Hotel am Inneren Grüngürtel. Innere Kanalstraße 15, 50823 Köln, Tel. 0221/570 10, www.pikcw.de

EINKAUFEN

Melaten. Gräber erzählen Stadtgeschichte, Detlef Rick und Britta Schmitz, Emons Verlag, Köln 2010, 254 S., 11 €.

Aber bitte mit Sahne: Kuchenthek Café Bonnen

Mitte: Beach-Volleyballfeld am Playa in Cologne

34 Müngersdorf
Sport und Spiel

Spricht der Kölner von Müngersdorf, meint er nur am Rande den Lindenthaler Stadtteil im Westen der Stadt mit den schönen Wohnstraßen. Hier geht es in der Hauptsache um Sport: Ob man auf den Jahnwiesen selbst kickt oder ins Stadion gucken geht. Ob man im Stadionbad selbst schwimmt oder die Turmspringer beobachtet. Ob man selbst um den Adenauerweiher joggt oder dort gemütlich auf der Bank sitzt: Hier ist alles in Bewegung.

1. Fußballclub Köln

EeefZäää! Trifft man auf dem Weg nach Müngersdorf Menschen mit einem auffälligen Anteil an rot-weiß gemusterter Kleidung, dann spielt der FC. Da die Domstadt nur einen einzigen Verein besitzt, der mit mehr oder weniger Erfolg in den oberen Ligen agiert, heißt es hier »Meine Stadt, mein Verein«. Und das sorgt dafür, dass selbst bei Montagsspielen der 2. Fußballbundesliga fast 50 000 Menschen im RheinEnergieStadion die Ränge füllen. FC-Heimspiele sind im Übrigen auch für nicht Fußballinfizierte ein Erlebnis, wenn das ganze Stadion mit den Geißböcken fiebert. Der 1948 gegründete 1. FC Köln ist mit über 57 000 Mitgliedern der größte Sportverein in Köln und Gründungsmitglied der Bundesliga. Das Geißbockheim, Clubhaus, Trainingsgelände und Treffpunkt der Fans ist gerade aufwendig saniert worden. Hier wird eingetaucht in jene eigene Welt, die sich nur um das runde Leder dreht.

Zwischen dem vom örtlichen Energiekonzern gesponserten Stadion, das der Einheimische stur

weiter Müngersdorfer Stadion nennt, der nahe gelegenen Sporthochschule und den umgebenden Grünflächen hat sich eine bunte und autonome Bewegungskultur etabliert: Zum Mitmachen genauso gut geeignet wie zum Zugucken.

Albert-Richter-Radrennbahn

Radsportbegeisterte treffen sich im Radstadion Köln. Auf dem Oval der Albert-Richter-Bahn, benannt nach dem Sprintweltmeister von 1932, werden Wettkämpfe ausgetragen. Darüber hinaus dient das Radstadion Köln ganzjährig als Ausbildungs-, Trainings- und Veranstaltungsstätte. Die Anlage wurde zwischen 1989 und 1996 direkt neben das heutige RheinEnergieStadion gebaut und war 1996 Austragungsort der Deutschen Bahnradmeisterschaften.

Playa in Cologne

Ein Sandkasten, in dem schon Olympiasieger groß geworden sind, ist die Beachvolleyball-Anlage Playa in Cologne. Auf einer Fläche von 60 x 30 Metern können auf feinstem Sand auch Amateure die Bälle dreschen. Fünf Felder stehen zur Verfügung, die Plätze lassen sich stundenweise anmieten. Wer will, kann sich von Olympia-Coach Bernd Werscheck am Montag trainieren

AUTORENTIPP!

FÜHRUNG DURCHS RHEINENERGIESTADION

»Der Ball ist rund, und eine Stadionrunde dauert 90 Minuten« unter diesem Motto gewähren Insider hautnahe Einblicke, die sonst nur Spieler, Trainer oder andere Insider haben. Das ist schon deswegen beeindruckend, weil so ein Bundesliga-Stadion von der Statik, von der Organisation und von der Infrastruktur her ein beeindruckendes Gebilde ist. Einmal durch die Katakomben ins Stadion einlaufen, das ist schon ein einprägsames Gefühl. Schön, dass die Führer durchs Stadion hier quasi zu Hause sind und jede Menge Histörchen zu erzählen haben. In die Stadionführung ist der Besuch des FC-Museums inbegriffen. Außer an Heimspieltagen finden die Führungen dienstags bis donnerstags mehrmals täglich statt.

RheinEnergieStadion. Olympiaweg 7, 50933 Köln, Karten via koelnticket.de, Suchwort: Stadionführung Köln

Oben: Jede Menge Bewegung rund ums Station
Mitte: Kölns größtes Schwimmbecken, das Stadionbad.
Unten: Nicht nur schwimmen, auch relaxen unter alten Bäumen.

lassen: Das erste Training für Sportler aller Leistungsklassen findet von 17 bis 19 Uhr statt, das zweite Training schließt sich daran an und dauert bis 21 Uhr. Donnerstags von 17 bis 19 Uhr und von 19 bis 21 Uhr gibt's ein Fortgeschrittenen-Training mit maximal 12 Personen. Wer teilnehmen will, muss sich bis Mittwoch 12 Uhr telefonisch anmelden. Und weil Strandleben nur an der Bar richtig echt wird, bietet die Playa ihren Gästen auch einen großen, sonnigen Biergarten.

Stadionbad

Das 50-Meter-Sportbecken mit dem Sprungturm und seinen aufsteigenden Tribünen war und ist der sommerliche Treffpunkt der Teenies. Nach einer umfassenden Sanierung zwischen 2009 und 2011 verwandelte man das Stadionbad ist eine kombinierte Hallen- und Freibadlandschaft. Das Hallenbad samt integrierter Saunalandschaft und 25-Meter-Becken, ein Lehrschwimmbecken mit Hubboden und ein Kinderplanschbecken kamen neu dazu und draußen sorgen das 50-Meter-Sportbecken, ein 50-Meter-Freizeitbecken mit Strömungskanal sowie Breitrutsche und ein Kinderbecken mit Sonnensegel und Schiffchenkanal für größtmöglichen Sportspaß.

Jahn-Wiesen

Viel mehr als eine Wiese ist das Gelände hinter dem Stadion: Hier kickt der Amateur mit Ambitionen. Es treten an: »Juventus Urin« gegen »Zombie Zollstock«, die spielen in der »Bunten Liga Köln« und gehören mit anderen Thekenmannschaften zum Urgestein dieser Hobbysportler. An Fronleichnam geht der »Come-Together-Cup« über die Bühne: ein Benefiz-Fußballturnier, das jährlich zur Verständigung zwischen homo- und heterosexuellen Menschen für Freizeitsportler veranstaltet wird.

Infos und Adressen

SEHENSWÜRDIGKEITEN

Geißbockheim Clubhaus 1. FC Köln. 10–18 Uhr, Franz-Kremer-Allee 1–3, 50937 Köln, Tel. 0221/43 35 36, www.geissbockheim-fckoeln.de

Radstadion Köln (Albert-Richter-Bahn). Peter-Günther-Weg, 50933 Köln, Tel. 0221/71 61 61 50, www.radstadion-koeln.de

RheinEnergieStadion. Aachener Str. 999, 50933 Köln, Tel. 0221/71 61 61 50, www.koelnersportstaetten.de

ESSEN UND TRINKEN

Club Astoria. Ehemaliges Kasino der belgischen Armee. Gutes Restaurant und schöne Terrasse für den Kaffee-Stop. 12–22 Uhr, Guts-Muths-Weg 3, 50933 Köln, Tel. 0221/987 45 10, www.club-astoria.eu

Kölsche Art. Beliebte Kneipe mit kölscher Küche. Mo–Fr 12–24, Sa–So 18–24 Uhr, Aachener Str. 607, 50933 Köln, Tel. 0221/500 80 34, www.kölsche-art.com

Landhaus Kuckuck. Hier trifft sich die feine Gesellschaft von Köln gerne auch im schattigen Gastgarten. 12–22 Uhr, Olympiaweg 2, 50933 Köln, Tel. 0221/48 53 60, www.landhaus-kuckuck.de

Maître. Sternegekrönt, edel, außergewöhnlich gut und nur mit Reservierung. Mi–So 18–21 Uhr, Olympiaweg 2, 50933 Köln, Tel. 0221/48 53 60, www.landhaus-kuckuck.de

Schlüters. Schicker Veedelstreff der gehobenen Art, 10–1 Uhr, Aachener Str. 537, 50933 Köln, Tel. 0221/579 63 40, www.schlueters-restaurant.de

ÜBERNACHTEN

Hotel Regent. Professionelle Rundumversorgung, schöne, nicht sehr große Zimmer. Melatengürtel 15, 50933 Köln, Tel. 0221/549 90, www.hotelregent.de

AUSGEHEN

Gaffel im Marienbild. Ein Brauhaus, in dem gerne gefeiert und bodenständig gekocht wird. 12–24 Uhr, Aachener Str. 561, 50933 Köln, Tel. 0221/945 86 30, www.marienbild.de

AKTIVITÄTEN

Playa in Cologne. Mo–Fr 14–23.30, Sa–So 10–23.30 Uhr (Biergarten), Junkersdorfer Straße 1, 50933 Köln, Tel. 0221/500 55 60, www.playa.de

Stadionbad. Freibad Mai–Sept. 9–20 Uhr, Hallenbad Mo, Mi, Fr 6.30–21.30, Sa und So 9–21 Uhr, Olympiaweg 20, 50933 Köln, Tel. 0221/279 18 40, www.koelnbaeder.de

Beim Sport besonders wichtig: genügend trinken

35 Stadtwald
Frischtluftschneise

Weitläufig ist er. Und in den rund 120 Jahren seiner Existenz von der gründerzeitlichen Parkanlage fast wirklich zum Wald zusammengewachsen. Gut 200 Hektar Wiesen, Wasserflächen und Gehölz voller lauschiger Ecken. Über seine Wege radeln, auf den Grünflächen eine Decke ausbreiten oder im Wildgehege die Ziegen füttern: Das ist kölsche Entspannung pur.

Mitte: Villa am Rande des Stadtwaldes
Unten: Gedenkkreuz für Hans Martin Schleyer

Die Keimzelle des Stadtwaldes liegt an der Dürener Straße 285. Hier steht ein Haus mit grünen Fensterläden und trägt im Gebälk des Dachstuhls die Jahreszahl 1759.

Die Kitschburg

Dieses alte Gemäuer ist ein früheres Nebengebäude und das letzte Überbleibsel des Hofgutes Kitschburg. Mit dem Ankauf der Kitschburger Wald-, Acker- und Wiesenflächen zwischen Aachener und Dürener Straße von 1895 schuf die Stadt die Möglichkeit zur Anlage des weitläufigen Parks nach einem Entwurf des städtischen Gartenbaudirektors Adolf Kowallek. Er entwickelte für das erworbene Gelände eine Parklandschaft ganz im Stil des Historismus. Rund um die Kitschburg bestanden bereits Gartenanlagen, die in den neuen Park integriert wurden.

Die Parkanlage wird von der Kitschburger Straße durchtrennt. Diese Straße wird seit mehr als 20 Jahren an Wochenenden und Feiertagen für den Autoverkehr gesperrt und gern von Skatern und Rollbrettfahrern genutzt. Sie durchschneidet den großen Rundweg, der durch das Gelände führt.

Betritt man den Stadtwald von der Dürener Straße aus über diesen Weg, liegt rechter Hand der große Kahnweiher und hinter dem Hotel am Stadtwald der große Biergarten. Auf der linken Seite ist das Wildgehege. Hier werden nicht nur zahlreiche Nutztiere, wie Esel, Ziegen, Schafe und Hochlandrinder gehalten. Federvieh in jeder erdenklichen Größe von der Ente bis zum Pfau und ein Rudel Damwild sind hier zu Hause. Sie alle eint die Gewöhnung an die sonntäglichen Familienausflügler: Handzahm und überaus verfressen freuen sie sich über Futter aus den überall im Tierpark angebrachten Automaten.

Villenlage

»Stadtwaldlage« gilt für Kölner Immobilien quasi als Adelstitel. Schöne Villen gibt es am Rande des Parks viele. Historisch bemerkenswert ist das Wohnhaus von Konrad Adenauer, Max-Bruch-Str. 6. Ein architektonisches Schmuckstück ist das Haus Kitschburger Str. 1: Die 1903 erbaute Villa steht unter Denkmalschutz.

Gedenkstätte

Oberhalb des Bahnübergangsangs der Friedrich-Schmidt-Straße steht ein schlichtes Holzkreuz. Es erinnert an die Entführung von Hanns Martin Schleyer im September 1977. Hier in Höhe der Vincenz-Statz-Straße verübte die RAF den Anschlag auf den Arbeitgeberpräsidenten.

Wer den Park wieder an der Ecke Dürener Straße und Stadtwaldgürtel verlässt, dem empfiehlt sich noch ein Easywalk über die Lindenthaler Einkaufsmeile: An der Dürener Straße zeigen viele kleine, aber feine Läden, dass die Anwohner über guten Geschmack und gutes Einkommen verfügen. Bei »Vom Fass« gibt es etwa erstklassigen Essig.

Infos und Adressen

ESSEN UND TRINKEN

Culinarius. Gut frequentierter Edelimbiss mit ansprechender Küche und netter Open-Air-Lage. 12–24 Uhr, Dürener Str. 193, 50931 Köln, Tel. 0221/ 406 13 48, www.culinarius-koeln.de

Erpel & Co. Direkt gegenüber dem Park-Haupteingang mit schöner Außenfläche. 12–22 Uhr, Dürener Str. 253, 50931 Köln, Tel. 0221/ 998 13 02, www.erpelundco.de

Haus Schwan. Traditionsgaststätte mit gutbürgerlicher Küche. 11.30–22 Uhr, Dürener Str. 235, 50931 Köln, Tel. 0221/40 33 68, www.haus-schwan.de

Nikko. Japanisches Restaurant mit sehr gutem Sushi. 11.30–22 Uhr, Dürener Str. 89 (City-Passage), 50931 Köln, Tel. 0221/400 00 94, www.nikko-koeln.de

ÜBERNACHTEN

Hotel Leonardo Royal. Ex-Holiday-In-Haus in direkter Parklage. Ruhig und trotzdem gut an die Innenstadt angebunden. Dürener Str. 287, 50935 Köln, Tel. 0221/467 60, www.leonardo-hotels.de

EINKAUFEN

Vom Fass. Essig und Öl in bester Qualität. Mo–Fr 10–18, Sa 10–16 Uhr, Dürener Str. 212, 50931 Köln, Tel. 0221/421 00 00, www.vomfass-koeln.de

INFORMATION

Anfahrt mit der KVB-Linie 13 Haltestelle Dürener Straße/Gürtel.

Mitte: Neues Detail für die Kölner Skyline: die Ehrenfelder Zentralmoschee
Unten: Lebendige Meile durchs Viertel: die Venloer Straße

36 Neue Moschee

Gruß vom Muezzin

Optimisten hatten schon 2009 beim Baubeginn die markanten Türme der Moschee in die virtuelle Skyline der Domstadt eingefügt: In dem altbekannten Signet mit den Domtürmen und dem Colonius erhebt sich dazwischen die neue Moschee in den Ehrenfelder Himmel. Der Scherenschnitt war als Bild fix realisiert, die Realität hinkt hinterher. Dank endloser Bauprobleme musste die für 2011 geplante Eröffnung des Gotteshauses immer weiter verschoben werden.

Ramadan ist bekanntlich jedes Jahr. Und für jeden Ramadan versprach die Türkisch-Islamische Union (Ditib) als Bauherrin der Kölner Zentralmoschee deren Fertigstellung, die ursprünglich für 2011 geplant war. In rasantem Tempo wuchs zunächst an der Ecke Venloer und Innere Kanalstraße der spektakuläre Sichtbetonbau mit einer 35 Meter hohen Kuppel und zwei Minaretten von je 55 Metern in die Höhe. Die Farbe dieses Betons und eine Unzahl weiterer vermuteter Baumängel führten 2011 zum Zwist zwischen dem Vorstand der Ditib und dem Kölner Architekten Paul Böhm, der als Sieger des Bauwettbewerbes für die Architektur des Sakralbaus verantwortlich zeichnet.

Nach Vermittlung des früheren Oberbürgermeisters Fritz Schramma ist man sich so weit näher gekommen, dass der abgesetzte Architekt zumindest wieder beratend an dem Projekt beteiligt ist. Und man konnte dazu übergehen den Gebäudekomplex, der nicht nur Gebetsräume, sondern auch eine Bibliothek, Schulungs- und Seminarräume, Flächen für Geschäfte und Dienstleistungsbetriebe und eine Tiefgarage beherbergt, scheibchenweise zu beziehen und zu eröffnen.

Nur 55 Meter

Der Bau selbst ist durchaus dazu geeignet, eine neue Landmarke in der Stadt zu setzen. Im Zentrum erhebt sich zwischen den beiden Minaretten der Gebetsraum. Hochgezogen aus mehreren schalenartigen Wandscheiben bildet sich im Zentrum eine Kuppel. Zwischen den Scheiben sorgen Glasflächen für Verbindung und den Einlass des farbig gebrochenen Tageslichts in den zentralen Gebetsraum der Moschee.

Um die Höhe der Minarette entwickelte sich im Vorfeld der Bauarbeiten der schon fast vorprogrammierte Streit. Dass man sich nach heftigen politischen Auseinandersetzungen auf die heutigen 55 Meter beschränkt hat, ist in Anbetracht der späteren Querelen rund um den Bau schon fast in Vergessenheit geraten.

Die gesamten Bauteile ordnen sich um einen Hof mit Wasserfläche, der sich zur Venloer Straße hin öffnet. Von der Straße aus zugänglich sind auch der Vortragssaal, der unmittelbar unterhalb des Gebetsraumes liegt, und die Gewerbeflächen, deren Mieteinkünfte nicht unerheblich zur Finanzierung des ganzen Projektes beitragen sollen. Über die Rampentreppe erreicht man die zwei Hauptgeschossebenen. Auf der oberen Ebene befinden sich die Zugänge zum Gebetsraum. Die durch die Gebäudeteile gebildete Platzfläche dient als Verteiler und Treffpunkt für die gesamte Anlage. Von hier erreicht man auch die übrigen Funktionsbereiche wie Bibliothek, Bücherei, Schulungs- und Büroräume. Im Zentrum des Platzes ist ein Brunnen vorgesehen, der die beiden Hauptebenen nochmals großzügig verbindet.

Infos und Adressen

SEHENSWÜRDIGKEITEN

Zentralmoschee Köln. Führung und Besichtigung b.a.W. nur per Voranmeldung über die Homepage (Stand März 2014) Venloer Str. 160, 50823 Köln, Tel. 0221/ 50 80 00, www.zentralmoschee-koeln.de

ESSEN UND TRINKEN

Hua Lin. Der Traditionsasiate mit spitzenmäßigem Curry auf der unteren Venloer. Geht sowohl im Sitzen als auch fix auf die Hand gut. So–Fr 11–23 Uhr, Venloer Str. 239b, 50823 Köln, Tel. 0221/51 42 44, www.hua-lin.de

Jaely's Coffee. Schöner Pause machen und schöner sitzen. Drinnen auf dunklen Lederbänken, draußen auf der Straße. Erstklassiger Milchkaffee aus Meinl-Bohnen. Mo–Fr 8.30–19, Sa 10–19 Uhr, Venloer Str. 252, 50823 Köln, Tel. 0221/99 87 84 15

ÜBERNACHTEN

Weltempfänger. Hostel und Backpacker-Hotel, das den Duft der großen weiten Welt atmet. Venloer Str. 196, 50823 Köln, Tel. 0221/99 57 99 57, www.koeln-hostel.de

EINKAUFEN

La Galana. Zigarrenmanufaktur und Shop. Nostalgisches Ladenlokal und kleiner Zigarrensalon im Stile Alt-Havannas. Mo–Fr 10–18 Uhr, Sa 10–14 Uhr, Venloer Str. 213 215, 50823 Köln, Tel. 0221/800 09 23, www.lagalana.de

INFORMATION

Anfahrt. KVB-Linien 3 und 4, Haltestelle Piusstraße

Mitte: In der ehemaligen Logistikhalle von 4711 sitzen heute Medienarbeiter.
Unten: Das weltberühmte Logo thront über der Venloer Straße.

37 Ehrenfeld

Vom Industrie- zum Szene-Viertel

Nicht umsonst zeigt das alte Stadtwappen ein Zahnrad auf blau-goldenem Grund: Wo sich bis zur Mitte des 19. Jahrhunderts jenseits des Ehrentores der Kölner Stadtmauer lehmige Felder erstreckten, begannen mit der Industrialisierung die Schlote zu rauchen. Heute gehört das ehemalige Arbeiterviertel mit seiner bunten Mischung aus Szene, Kultur, Migration und Integration zu den lebendigsten Quartieren der Stadt.

Die U-Bahnlinien 3 und 4 gingen hier erst in den späten 1980er-Jahren in den Untergrund. Fünf bis sechs Stationen vom Stadtzentrum Richtung Westen reichen, um das etwas andere Köln zu erleben. Mittenmang drin und am dichtesten dran am Hotspot Ehrenfeld ist man, wenn man den U-Bahn-Untergrund an der Station Körnerstraße verlässt.

Die Venloer Straße

Oberirdisch verläuft hier die Venloer Straße. Sie ist die enge, pulsierende Lebensader des Bezirks, verkehrstechnisch das reine Chaos, weil sich Fußgänger, Fahrradfahrer und parkende Autos um viel zu wenig Raum streiten. Optisch prägen die Haupteinkaufsmeile eine Vielzahl türkischer Supermärkte, Bäckereien und Friseure. Gefühlt jeder dritte Laden offeriert hier haarige Dienstleistungen. Vor allem der getunte Männerschnitt hat Konjunktur. Wer sich also vom Profi per scharfem Messer um den Bart gehen lassen möchte, ist bei Men´s World an der richtigen Adresse. Hier sorgt Adnan

Der Turm von St. Anna markiert die Mitte des Viertels.

Okutan mit traditioneller Klinge für glatte Männerbacken oder auch für kunstvolle Muster auf kurz geschorenen Köpfen.

Echt Kölnisch Wasser

Zwischen der Venloer und Vogelsanger Straße erstreckt sich das Barthonia-Forum, das frühere Gelände der Parfümeriefabrik Ferdinand Muelhens. Von 1874 an wurde hier das berühmte 4711-Kölnisch-Wasser hergestellt. Der Verwaltungsbau an der Venloer Straße prangt noch heute im türkisblau-goldenen Farbkleid der Marke und ist mit der berühmten Logo-Leuchtreklame in luftiger Höhe eine Landmarke. Heute haben sich hier viele kleine Firmen eingemietet. Wer hier einen Termin hat, kommt dank der Originalaufzüge aus den 1950er-Jahren in den Genuss einer Fahrt im 4711-Design. Auch die ehemaligen Produktions- und Lagerhallen im Innenbereich sind erhalten und stehen unter Denkmalschutz.

Gegenüber vom 4711-Haupteingang wird seit 1902 deftig gekocht und getrunken. Im Haus Scholzen sind der Ehrenfelder Senfrostbraten und Scholzens Jagd, ein hausgemachter Kräuterbitter, fast so gut wie »de kölsche Verzällcher« mit der

AUTORENTIPP!

DAS NEPTUNBAD

Eine städtische Badeanstalt wurde hier 1912 eröffnet und bis in die 1980er-Jahre betrieben. Danach fiel das ramponierte Jugendstiljuwel in einen jahrelangen Dornröschenschlaf. Heute läuft das Bad als Premium Sports und Spa und ist auch für Besucher der Domstadt ein Geheimtipp in Sachen urbaner Erholung. Einerseits ist der Charme des Fin de Siècle originalgetreu erhalten geblieben und man planscht in der Kaisertherme bei Unterwasser-Meditationsmusik unter dem Kuppelglas des historischen Daches. Andererseits hat man den Bereich um eine asiatisch anmutende Sauna- und Badelandschaft samt Hamam von mehreren tausend Quadratmetern erweitert, die vor allem einen grandiosen Außenbereich mit Blick über die Dächer von Ehrenfeld bietet. Schöner kann man in Köln nicht durchatmen.

Neptunbad. Premium Sports & Spa. 9–24 Uhr, Neptunplatz 1, 50823 Köln, Tel. 0221/71 00 71, www.neptunbad.de

Autorentipp!

SCHRÄGE TÖNE IM LOFT
Modernen Jazz verbindet man in Köln vor allem mit dem Namen Hans-Martin Müller und seinem »Loft«. Der Konzertsaal residiert seit den ausklingenden 1980er-Jahren in einer ehemaligen Fabriketage und ist bekannt für Livekonzerte in Sachen Jazz, improvisierte und zeitgenössische komponierte Musik. Das gesamte Klavierwerk von Karlheinz Stockhausen und Mauricio Kagel ist hier schon zur Aufführung gekommen. Musiker wie die Pianisten Georg Graewe und Simon Nabatov, die Saxofonisten Frank Gratkowski und Hayden Chisholm, die Posaunisten Paul Hubweber und Nils Wogram oder der Synthesizerspieler Thomas Lehn sind mit dieser konzertanten Adresse groß geworden. In den gediegen gestalteten Raum hat der Hausherr seinerzeit viel eigene Energie gesteckt. Und der ausladende Steinway-Flügel sucht europaweit seinesgleichen an ähnlichen Veranstaltungsorten.

LOFT/2ndfloor e.V. Wissmannstr. 30, 50823 Köln, Tel. 0221/952 15 55, www.loftkoeln.de

Nachbarschaft am Tresen. Das gastliche Familienunternehmen betreibt nur ein paar Häuser weiter einen Weinhandel mit guter Auswahl und fachkundiger Beratung.

Nach Süden und Norden zweigen eine Vielzahl kleiner Straßen von der Venloer ab, die architektonisch durch die vielen typischen Dreifenster-Häuser geprägt sind. Die schmalen Häuser verdanken ihr Entstehen der preußischen Bauordnung, die Häuser mit einer Breite von bis zu 20 Fuß oder umgerechnet 6,28 Metern von der Steuer befreite.

Eine besondere soziale Prägung haben einige dieser Straßen erfahren, weil sich die dort ansässigen Künstler, Gewerbetreibenden und Handwerker vom zufälligen Nachbarn zur eingeschworenen Community entwickelt haben. Wenn sich die Gelegenheit bietet: Events wie das Körnerstraßenfest im Juli, den Tag des guten Lebens am Ende des Sommers oder das Ehrenfeldhopping im April und Oktober sind für Kölnbesucher ein Muss!

Die Körnerstraße

Die Nebenstraßen im Zentrum von Ehrenfeld sind nicht nur für ihre rührige Nachbarschaft, sondern auch für viele spannende Läden bekannt. In der Körnerstraße hat die Kaffeerösterei Van Dyck ihre Heimstatt. Sowohl der fair gehandelte Kaffee als auch das Corporate Design sind preisgekrönt. Und in dreistündigen Workshops kann man sich Barista-Know-how aneignen.

Das Allerweltshaus an der Ecke Grimm- und Körnerstaße ist ein interkulturelles Begegnungszentrum und macht seit 1987 entwicklungspolitische Bildungs- und Öffentlichkeitsarbeit. Von der Hausaufgabenhilfe für Kinder mit Migrationshintergrund über die Bürgerfunkradiosendung bis zu regelmäßigen Kunstausstellungen geht das Spektrum.

Fast am Ende der Körnerstraße steht der 1942 nach einem Entwurf des Architekten Hans Schumacher errichtete Hochbunker, den man 1995 unter Denkmalschutz gestellt hat. Er befindet sich im Besitz der Bundesimmobilienagentur. Seit den 1990er-Jahren wird der Bunker vom Verein »Kultur Köln 30« immer wieder für Ausstellungen und Projekte genutzt. Ein 2012 gegründeter Förderverein will den Bunker als Denkmal erhalten und die Räume für kulturelle Zwecke nutzen. In direkter Nachbarschaft stand die Ehrenfelder Synagoge, die von den Nazis am 9. November 1938 niedergebrannt wurde. An die benachbarte und nie wieder aufgebaute Synagoge erinnert eine Bronzetafel, die den Grundriss abbildet.

Die Rothehausstraße

Südlich der Venloer geht es bei »Rock-it-Baby« in der Rothehausstraße schon mal hoch her: Sabine Berndts rockige Kreationen werden hier gerne auch im Partyrahmen an die Frau gebraucht. Dazu gehört ein ordentlicher Hüftschwung, denn es geht um Röcke! Kleinstauflagen, von klassisch bis ausgefallen, immer ein Hingucker, immer sehr unique.

Der Name Rothehausstraße kommt von den roten Backsteinen, aus denen die evangelische Friedenskirche an ihrem Ende zur Vogelsanger Straße hin gebaut ist. 1876/77 wurde der Sakralbau nach den Entwürfen des Baumeisters Carl Coeper im Berliner Rundbogenstil mit einem 41 Meter hohen Turm errichtet. Das Chormosaik aus dem Jahr 1922 ist als Krieger-Ehrenmal gestaltet. Der Lehm für die Ziegel musste nicht von weit her gebracht werden: Dank des lehmigen Bodens waren in Ehrenfeld auch einige Ziegelbrennereien ansässig.

Oben: Kafferösterei Van Dyck in der Körnerstraße
Mitte: Mode von der Tailie abwärts bei Rock-it-Baby
Unten: Die Friedenskriche am Eingang der Rothehausstraße

Oben: Evangelisches Gemeindezentrum Ernst-Flatow-Haus
Mitte: Brunnen an der Mechternstraße

Der Friedenskirche gegenüber an der Ecke Vogelsanger Straße und Fröbelplatz steht das neue Gemeindezentrum, das Ernst-Flatow-Haus. Ein Schmuckstück moderner Baukunst, geplant vom Kölner Architekten Reinhard Lepel.

St. Mechtern

Zwei Ampeln weiter stadteinwärts wird's wieder katholischer: Hier liegt St. Mechtern. Lange galt diese Ecke als die erste besiedelte in Ehrenfeld. Schon um das Jahr 1000 herum gab es hier eine Kapelle. Heute steht an dieser Stelle das sechste katholische Gotteshaus. Es stammt aus dem Jahr 1954 und ist ein Werk des Architekten Rudolf Schwarz, der als Generalplaner des Wiederaufbaus nach den Kriegszerstörungen das heutige Bild der Stadt maßgeblich prägte. Seine Bezüge zum Bauhaus kann auch das neue St. Mechtern nicht verleugnen: Die klaren Formen mit den großen Fensterflächen machen den an beiden Seiten von Wohnhäusern eingegrenzten Sakralbau in seiner reduzierten Architektur zu einem prägnanten Vertreter der Schwarzschen Versammlungsbauten.

Aber die Bewohner des Mechternhofes mit seiner Kapelle waren nicht die ersten Ehrenfelder: 1996 fanden sich neben der heutigen Kirche die Überreste einer römischen Landvilla, die belegt, dass das Gebiet schon im ersten bis dritten Jahrhundert nach Christus besiedelt war.

Infos und Adressen

SEHENSWÜRDIGKEITEN

Allerweltshaus. Mo–Fr 10–16 Uhr, Körnerstr. 77, 50823 Köln, Tel. 0221/510 30 02, www.allerweltshaus.de

Barthonia-Forum. Herzstück des Geländes sind die denkmalgeschützten, früheren Produktionsstätten von 4711. Venloer Str. 237, 50823 Köln, Tel. 0221/95 14 68 31, www.barthoniaforum.de

Hochbunker. 17–20 Uhr (bei laufenden Ausstellungen), Körnerstr. 101, 50823 Köln, Tel. 0221/276 86 71, E-Mail: kulturkoeln30@netcologne.de

ESSEN UND TRINKEN

Ährenfeld. Trend-Cuisine und Sichtbeton-Schick. Mo–Sa 11–23 Uhr, Neptunplatz 6a, 50823 Köln, Tel. 0221/51 09 02 38, www.ährenfeld-restaurant.de

Badenbaden. Vor allem das Lunchangebot ist eine Empfehlung wert. 11.30–23 Uhr, Neptunplatz 1, 50823 Köln, Tel. 0221/710 07 78, www.neptunbad.de

Café Sehnsucht. Das Wohnzimmer der Straße. Und ein erstklassiges Restaurant. Mo–Fr 8–1, Sa–So 9–1 Uhr, Körnerstr. 67, 50823 Köln, Tel. 0221/52 83 47, www.sehnsucht-koeln.de

Haus Scholzen. Traditionsadresse, Familienunternehmen und erstklassige Küche. Di–So 17–23 Uhr, Venloer Str. 236, 50823 Köln, Tel. 0221/51 59 19, www.haus-scholzen.de

Lizbät. Pfannkuchen bis zum Abwinken, süßer kleiner Sommergarten. 11–24 Uhr, Geisselstr. 6, 50823 Köln, Tel. 0221/510 45 66, www.lizbaet.de

Saudade. Schönes Weinrestaurant mit mediterranem Flair. Di–Sa 18–24 Uhr, Wahlenstr. 2, 50823 Köln, Tel. 0221/579 64 78, www.wein-saudade.de

ÜBERNACHTEN

Hotel Imperial. Familiär geführtes Jugendstil-Schätzchen. Barthelstr. 93, 50823 Köln, Tel. 0221/820 07 40, www.hotel-imperial.de

Park Inn by Radisson. Wer professionelle Rundumversorgung mag, ist hier richtig. Innere Kanalstraße 15, 50823 Köln, Tel. 0221/570 10, www.parkinn.de/hotel-koelncitywest

AUSGEHEN

Rubinrot. Shabby-schicke Bar mit süperb ge-mixten Cocktails. Mo–Do 20–1, Fr–Sa 20–3 Uhr, Sömmeringstr. 9, 50823 Köln, Tel. 0221/990 16 98, www.rubinrotkoeln.de

EINKAUFEN

Men's World. Für Bartträger ein Muss. Mo–Fr 10–18, Sa 9–16 Uhr, Venloer Str. 347, 50823 Köln, Tel. 0177/65 54 900.

Rock-it-baby. Erste Damenwahl, wenn's kniesumspielend sein darf. Mi–Do 17–20, Fr 11–14, 17–20, Sa 11–16 Uhr, Rothehausstr. 4, 50823 Köln, Tel. 0221/510 37 45, www.rock-it-baby.de

Van Dyck. Kaffeeröster im früheren Frisiersalon. Mo–Fr 9–19, Sa 9–18 Uhr, Körnerstr. 43, 50823 Köln, Tel. 0221/29 83 35 52, www.vandyckkaffee.de

Weinhandelshaus Scholzen. Flaschenweise das, was im Restaurant aufgetischt wird. Mo–Fr 10–18, Sa 10–16 Uhr, Venloer Str. 234, 50823 Köln, Tel. 0221/594 92 45.

INFORMATION

Anfahrt. KVB-Linie 3 und 4, Haltestelle Körnerstraße

Genuß: Gut bürgerlich im Haus Scholzen

38 Helios-Gelände und Bahnhof Ehrenfeld

Jede Menge Spannung unterm Leuchtturm

Wie kaum ein anderes Quartier stehen Helios-Gelände und die benachbarten Straßenzüge südlich und nördlich des Ehrenfelder Bahnhofs für die postmodernen Revitalisierungsträume von Investoren. Und für den Einfluss einer neuen Gemeinschaft engagierter Anwohner, die mit der Bezeichnung »Wutbürger« nur unzureichend umschrieben ist. Statt eines neuen Einkaufszentrums bekommt das Viertel gerade eine neue Mitte.

Mitte: Er wacht und leuchtet über das Viertel: Der Helios-Turm.

Wo sich Eisenbahnschienen mit Hauptverkehrsstraßen kreuzen, steht in Ehrenfeld ein Leuchtturm. 1885 errichtet fungierte der 44 Meter hohe Turm bis zum Zweiten Weltkrieg als Testanlage für die vom Elektro-Technik-Unternehmen Helios produzierten Leuchtfeuer. Brüder von ihm findet man auf Borkum und Wangerooge. Auf einem quadratischen Sockel von 20 Metern steht der eigentliche Turm aus rotem Backstein. Er ist rund gebaut und verjüngt sich nach oben. Der Schaft trägt eine auf Konsolen auskragende Plattform, auf der sich das Leuchtfeuer befand. Seit dem Jahr 1986 steht der Turm unter Denkmalschutz. 1996 wurde das Lampenhaus mit einer ans Original angelehnten Eisen-Glas-Konstruktion wiederhergestellt und nachts wieder zum Leuchten gebracht.

Rheinland-Halle

Zum Ensemble gehört auch die Rheinlandhalle. Modernisiert und mit einem neuen Glasdach versehen beherbergt sie heute zwei Möbelhäuser,

einen Fahrradmarkt und ein Fitness-Center, trägt aber in sportlicher Hinsicht ein interessantes Erbe: Arthur Delfosse, der letzte Besitzer der Helios-Werke und ein begeisterter Radsportfan, ließ 1927 den großen Maschinensaal in eine Veranstaltungshalle mit Radrennbahn umbauen. Am 2. November 1928 erfolgte der Startschuss für das erste Kölner Sechstagerennen. Durch die Kölner Lokalmatadoren Gottfried Hürtgen und Viktor Rausch und die großen Siege des Radrennfahrers Albert Richter feierte man in der Rheinlandhalle große Erfolge. An den in NS-Haft unter ungeklärten Umständen verstorbenen Sportler erinnert heute eine Gedenktafel am Gebäude.

Den Helios-Turm selbst kann man nicht besteigen. Aber das ehemalige Verwaltungsgebäude an der Venloer Straße mit seinem sehenswerten Treppenhaus aus einer Stahlkonstruktion, in dem sich heute vorwiegend Arztpraxen und die Goethe-Apotheke befinden, ist zugänglich.

Das Design Quartier Ehrenfeld

Das Projekt »Design Quartier Ehrenfeld« kümmert sich aktiv darum, die urbanen Strukturen für Unternehmen der Kreativwirtschaft und der Kulturszene zu verbessern. Entsprechend finden in der DQE-Halle häufig spannende Veranstaltungen

AUTORENTIPP!

HOPFEN UND MALZ

Ganz böse Zungen behaupten ja, Köln sei die »einzige Stadt Deutschlands mit einem Gegenentwurf zu richtigem Bier«. Aber selbst das will gelernt sein. In der kleinsten Brauerei der Stadt, aus der viele saisonale Spezialitäten und vor allem das naturtrübe Helios-Kölsch kommen, kann man unter Anleitung von Braumeister Peter Esser lernen, wie's geht. Neben der praktischen Mitarbeit bekommt man in der Ehrenfelder »Braustelle« die Kunst, das leichte, obergärige Kölsch zu brauen, auch in der Theorie ausführlich erklärt. Für 65 Euro und gegen Voranmeldung kriegt man Brau-Know-how, ein Brauerfrühstück zum Start und ein Abendessen zum Abschluss. Wer nicht einen ganzen Tag am kupfernen Sudkessel verbringen will, kann in Verbindung mit einer Tischreservierung preiswerter an einer Brauereiführung teilnehmen.

Braustelle. Christianstr. 2, 50825 Köln, Tel. 0221/285 69 32, www.braustelle.com

AUTORENTIPP!

SECONDHAND IM MONDLICHT
»Upcycling« ist das Schlagwort, unter dem der Verein »Jack in the box« seine Aktivitäten bündelt. Hier werden nicht nur alte Überseecontainer einer neuen Nutzung zugeführt, sondern auch nächtliche Flohmärkte veranstaltet. Auf dem Gelände des ehemaligen Güterbahnhofs an der Vogelsanger Straße kann man dann bis in die Puppen in der Halle und auf dem Außengelände dem Nachtkonsum frönen. Trödeln, tanzen, klönen zwischen langen Reihen mit Kitsch, Kuriosem und viel Kleidung ist das Motto. Die Märkte erfreuen sich großer Beliebtheit, die Stände sind weit im Voraus ausgebucht. Dank seiner Umrahmung mit Livemusik und entsprechendem Publikum gerät der Flohmarkt-Walk schon mal gerne zur Party.

JACK IN THE BOX e.V. Einlass 17–23.30 Uhr, 3 €, Vogelsanger Straße 231, 50825 Köln (ehem. Güterbahnhof Köln-Ehrenfeld), Tel. 0221/46 00 77 10, www.nachtkonsum.com

Ehemaliger Wassertum im Leo-Amann-Park

statt. Hier kommt man mit den Kreativen des Viertels ganz leicht ins Gespräch. Eins der DQE-Projekte liegt um die Ecke: Im »Obsthain Grüner Weg« ist auf dem Grundstück der Kölner Wohnungsbaugesellschaft GAG am Grünen Weg als Zwischennutzung ein traditioneller, für Ehrenfeld ehemals typischer Obstgarten mit vorwiegend alten Apfel- und Birnensorten entstanden. Die Bäume stehen in mobilen Pflanzcontainern. Die werden dann nach und nach ihren festen Platz in der gerade entstehenden Wohnsiedlung finden. Um die insgesamt 30 Bäume pflanzt die Nachbarschaft Gemüse, Obst und Heilkräuter.

Das Baugelände der GAG mit dem mobilen Wald grenzt an ein weiteres Industriedenkmal: Bereits fertig revitalisiert ist das Vulkangelände an der Lichtstraße. In den wunderschönen Backsteingebäuden haben heute gut situierte Medien- und Werbeunternehmen ihren Sitz. Anfang des Jahrtausends wurde die Sanierung der Bauten aus der Zeit um 1900 im Stil des Historismus in Angriff genommen. Sandgestrahlter Stein und riesige Stahlsprossenfenster sind ebenso erhalten wie die farbigen Fliesenböden im Verwaltungsgebäude.

Wasserturm im Leo-Amann-Park

Auch markant, aber nicht direkt zu finden ist der ehemalige Wasserturm der Vereinigten Deutschen Metallwarenfabriken: Hinter dem Bürgerzentrum im heutigen Park steht er mit Zinnen und Ecktürmen bewehrt. Die Ehrenfelder Karnevalsgesellschaft »Blau-Gold« kümmerte sich um seine Restaurierung und nutzt ihn heute als Remise, Funduskammer und Gesellschaftsraum. Dass der ihn umgebende Park auffallend hügelig ist, liegt an seiner Vorgeschichte: Wie das bei ehemals industriell genutzten Geländen eben so ist, musste das Erdreich abgetragen werden, weil der Boden hochgradig verseucht war.

Das Ehrenfelder Bürgerzentrum selbst mit Restaurant und Veranstaltungssaal sitzt im ehemaligen Verwaltungsgebäude der VDM. An der Begrenzungsmauer zwischen Park und Venloer Straße haben eine ganze Reihe Kölner Graffiti-Künstler ihre Spraydosen geschwungen. Da findet sich auf roten Ziegel gesprüht und gepinselt sowohl Belangloses, wie die Werbung für die Kneipe gegenüber, als auch Kritisches.

NS-Widerstand und Kunstfläche

Nur ein paar Schritte stadteinwärts an den Bahnbögen Ecke Venloer und Schönsteinstraße markieren eine sehr schlichte Erinnerungstafel der Stadt und überlebensgroße Wandbilder einen höchst politischen Ort: Hier erhängte die Gestapo am 10. November 1944 öffentlich dreizehn Angehörige der Edelweißpiraten, unter ihnen den erst 16-jährigen Bartholomäus Schink. Die Ehrenfelder Gruppe war eine im Sommer und Herbst 1944 in Köln aktive Widerstandsgruppe, zu deren Umfeld mehr als hundert Personen zählten. In dieser Gruppe hatten sich um Hans Steinbrück, einen aus dem KZ-Außenlager Köln-Messe geflohenen Häftling, Oppositionelle, Minderjährige aus dem Arbeiterstadtteil Ehrenfeld, aus der Haft entkommene Häftlinge und Zwangsarbeiter, Juden und Deserteure zusammengeschlossen.

Nur ein paar Bahnbögen weiter spielt heute die Musik. Dort hat sich mit dem »Club Bahnhof Ehrenfeld« eine der angesagtesten Adressen der Domstadt etabliert. Konzerte, Poetry Slams und der Biergarten mit Public Viewing locken vor allem junges Publikum.

Oben: GAG-Siedlung Grüner Weg
Mitte: Grafitti an der Mauer des Bürgerzentrums

Oben: Marie Curry Imbiss an der Oskar-Jäger-Straße
Mitte: Gedenktafel für den Radrennfahrer Albert Richter
Unten: Im Kulturbahnhof feiert man drinnen und draußen.

Die ungenutzten Bahnbögen auf beiden Seiten der Ehrenfelder Trasse sind allerdings seit Jahr und Tag ein Streitthema zwischen Politik und Deutscher Bahn. Seit einer Streckenmodernisierung in den 1990er-Jahren herrscht Leerstand und Öde, wo vorher kleine Handwerksbetriebe ihre Produktions- und Lagerstätten hatten. Schutt, Bauzäune, kaputte Autos: Da beschleunigt man den Schritt lieber etwas und taucht nach Überquerung des Gürtels direkt unter den Gleisen durch wieder ins alte Ehrenfelder Viertelgewimmel ein.

Kunst am Bahndamm

Der eigentliche Bahnhofsvorplatz südlich des Gürtels trägt den Namen von Gerhard Wilczek (1923–2003), der bis zu seinem Tod wohl der eifrigste Hobbyheimatforscher dieses einstigen Arbeiterstadtteils war. Platz ist zwar ein etwas großes Wort für das Karrée zwischen Bahndamm, Glas-, Stamm- und Hansemannstraße, aber es reicht für eine Carsharing-Station und den hübschen Biergarten des »Café Goldmund«. Von dort hat man den besten Blick auf Kunst am Bau: Im Sommer 2013 haben Künstler des Vereins »Colorrevolution« rund 800 Quadratmeter Wandfläche mit Farbsprühdosen, Pinseln, Quast und drei Hebebühnen in ein Gesamtkunstwerk verwandelt. Entstanden ist so die größte zusammenhängende Straßenkunstgallerie Kölns, in der auch bekannte Streetart-Künstler, wie El Bocho mit seinen großflächigen Papierarbeiten, vertreten sind.

Wem es hier zu bunt wird, der zieht sich ins Innere des »Café Goldmund« zurück, einem Literaturcafé. Hierher kommt man zu Lesungen oder etwa einem Heinrich-Heine-Romantik-Abend mit 3-Gänge-Menü. Oder zum Lesen: Gut gefüllte Bücherregale bis in den letzten Winkel des Lokals laden zum Schmökern ein.

Infos und Adressen

SEHENSWÜRDIGKEITEN

Design Quartier Ehrenfeld. Heliosstraße 35–37, 50825 Köln, www.d-q-e.net

Helios-Haus. Venloer Straße 389, 50825 Köln, Tel. 0221/474 45 00.

Vulkan Gelände. Lichtstr. 41, 50825 Köln, www.vulkan-koeln.de

ESSEN UND TRINKEN

Goldmund. Lesestoff, feine internationale Gerichte und ein Biergarten unterm Bahndamm. Mo–Fr 8–1, Sa–So 10–1, Glasstr. 2, 50823 Köln, Tel. 0221/534 15 84, www.goldmundkoeln.de

Lichterfeld. Backsteinkantine auf dem Vulkangelände. Mo–Fr 8.15–16.30 Uhr, Lichtstr. 43, 50825 Köln, Tel. 0221/690 50 66, www.lichterfeld-maifeld.de

Pizzeria Piccola. Italienischer Dauerbrenner. Seit die jüngere Generation den Laden führt, TV-bekannt, extrem trendy und sehr beliebt. 12–23 Uhr, Venloer Str. 410, 50825 Köln, Tel. 0221/550 17 24, www. pizzeriapiccola.de

ÜBERNACHTEN

Hotel Loft and Travel. Schicker als hier kann man kaum wohnen. Vogelsanger Str. 193,

Das Café Goldmund bietet Bücher satt.

Angesagt ist die Pizzeria Piccola

50825 Köln, Tel. 0221/29 49 73 28, www.loftandtravel.com

Park Inn. Angenehme Bettenburg mit professionellem Service. Innere Kanalstr. 15, 50823 Köln, Tel. 0221/570 10, www.rezidorparkinn.com

AUSGEHEN

Club Bahnhof Ehrenfeld. Hier tanzt die Szene. 20–1 Uhr, Bartholomäus-Schink-Str. 65/67, 50825 Köln, Tel. 0221/53 09 88 80, www.cbe-cologne.de

Underground. Solange es den Trash-Laden noch gibt, muss man ihn gesehen haben. 17–1 Uhr, Vogelsanger Str. 200, 50825 Köln, Tel. 0221/54 23 26, www.underground-cologne.de

EINKAUFEN

Bunt-Buchhandlung. Inhabergeführte große Buchhandlung mit modernem Antiquariat und Top-Beratung, Mo–Fr 10–19, Sa 10–16 Uhr, Venloer Strasse 338. 50823 Köln, Tel. 0221/271 47 39, www.buntbuchhandlung.de

INFORMATION

Anfahrt. KVB Linie 3 und 4, Haltestelle Venloer Str./Gürtel

Mitte: Auf der Sülzburgstrasse flaniert man gerne.
Unten: Der Markt auf dem Auerbachplatz

39 Sülz & Klettenberg
Bionade-Bohème und Szeneviertel

Wenn Köln als Ganzes »E Jeföhl« ist, dann gilt das für Sülz erst recht. Zwischen dem Eifelwall und dem Beethovenpark liegen Wohnstraßen, die von herrschaftlichen Jugendstilbauten geprägt sind. Und kleine Gässchen, in denen früher Handwerksbetriebe ihr Auskommen fanden. Zwischen Berrenrather und Luxemburger Straße liegt das Kerngebiet des Veedels, mit der quirligen Sülzburgstraße als Laufmeile.

1145 als Sulpece erstmals urkundlich erwähnt verdankt Sülz seine vorindustrielle Entwicklung der intensiven Nutzung von Sand- und Kiesgruben sowie der Einrichtung zahlreicher Ziegeleien. Ab 1487 entstand der Klosterhof »Neuenhof«. Die Neuenhöfer Allee hält die Erinnerung an diesen Hof wach, der sich noch zu Beginn des 20. Jahrhunderts dort befand.

1845 wurde dann an der Ägidiusstraße der Grundstein für das heutige Sülz gelegt. Ein rechtwinkliges Straßenraster lag zwischen Zülpicher Straße und Berrenrather Straße. Bald ließen sich dort kleine Gewerbebetriebe und Fabrikationsstätten nieder. So entstand das für Sülz so typische Nebeneinander von Wohnen und Arbeiten. Ab der Wende ins 20. Jahrhundert wurde daraus an der Luxemburger, Berrenrather und Zülpicher Straße ein städtisch geprägtes Wohnviertel.

Dass sich hier bei Kommunalwahlen regelmäßig zwei Drittel der Stimmen zwischen CDU und den Grünen verteilen, ist symptomatisch für die gut situierte Anwohnerschaft. Hübsch renovierte Häuser,

Bürgerengagement, gepflegte Spielplätze und passende Einkaufsmöglichkeiten sind die Visitenkarten, die man hier mit Stolz nach außen präsentiert.

Auerbachplatz

Typisch für das Viertel ist der Wochenmarkt auf dem Auerbachplatz: Im Gegensatz zu anderen Wochenmärkten gibt es hier dienstags und freitags kaum Ramsch. Gut sortierte Obst- und Gemüseständе, ordentlich viel Bio-Ware und ein entsprechendes Preisniveau, die Anwohner wissen, was gut und teuer ist. Eine Empfehlung wert sind *La Ratte, Bamberger Hörnchen* oder *Blaue Schweden* vom Stand des Kartoffelhandels Wolf. Den schönsten Blick auf das Markttreiben hat man vom Café Balthasar aus, die Tische vor der Tür sind dafür bestens geeignet. Mittags kann man hier mit überschaubarem Budget satt werden, die Küche ist eine Empfehlung wert.

Shoppen im LoHa-Stil geht auf der Berrenrather und der Sülzburgstraße besonders gut. Dem nachhaltigen »Livestile of Health und Sustainability« ist der genussorientierte, aber verantwortungsbewusste Sülzer verpflichtet.

Die Bioläden »Naturata« und »Alnatura« liegen sich fast gegenüber. Welcher davon der politisch korrektere ist, kann man hier in Augenschein nehmen. Für Elsässer Spezialitäten ist der Berrenrather Hof an der Ecke zur Sülzburgstraße berühmt. Tipp: guten Hunger mitbringen und etwas Überbackenes mit Munster essen!

Hipper als der ökolologisch-korrekte Mainstream ist der Schuh- und Board-Laden »Pacific Beach«: Hier bekommt man nicht nur angesagte Turnschuhe, sondern auch Rollbretter und Accessoires, wie zum Beispiel die angesagten Gürtel, Handy-

AUTORENTIPP!

DISCO IM ABS

Natürlich geht man heute nicht mehr in die Disco. Für Tanzwütige gibt es Clubs. Wem das Nachtleben andernorts zu wild, zu extrovertiert und zu jung ist, der geht ins ABS. Nicht nur zur 5. Jahreszeit – dann aber besonders – geht es hier laut und lustig zu und die Musikpalette reicht von Mainstream bis ins letzte Jahrhundert zurück und man fühlt sich auch dank der dicken Luft in glorreiche Disco-Zeiten zurückversetzt. Wem das Treiben im Keller zu bunt wird, der kann ebenerdig in der Lounge auf Sofas oder an der langen Theke das gute Longdrink- und Cocktailangebot genießen.

ABS. Gottesweg 135, 50939 Köln, Tel. 0221/446975, www.abs1.de

Im Weckzeit gibts Leckereien im Glas.

taschen, iPad-Hüllen, Portemonnaies, Schlüsselanhänger und Taschen von »Feuerwear«, die ein Kölner Brüderpaar aus gebrauchten Feuerwehr-Schläuchen herstellen lässt.

Und wenn man stadteinwärts immer der Nase nach geht, landet man bei Johanna Dohle-Laghdir im »Zimt & Rosen«. 90 verschiedene Gewürze sind hier immer in Top-Qualität erhältlich. Typisch ist für das Viertel aber auch, dass es für die Spielplätze an der Düstemichstraße, »Räuberwäldchen« genannt, und für den Spielplatz am Nikolausplatz einen eigenen Verein gibt, der sich um die Erhaltung und die Gestaltung kümmert.

Weißhaus

Beim Räuberwäldchen um die Ecke an der Luxemburger Straße liegt ein Wasserschloss, das »Weißhaus«, die frühere Sommerresidenz der Äbte von Sankt Pantaleon. Das Schloss, umwehrt mit einem ehemals vom Duffesbach gespeisten Wassergraben, ist ein zweigeschossiges Herrenhaus mit einem gestuften Mansarddach, einem achtseitigen Turm mit Barockhaube an einer der Schmalseiten und einer aus dem 19. Jahrhundert stammenden Schlosskapelle. Das Anwesen befindet sich in Privatbesitz und ist für die Öffentlichkeit nicht frei zugänglich. Das schmiedeeiserne Gitterwerk zur Luxemburger Straße hin gibt lediglich die Sicht auf die vorderen Teile der Anlage frei.

Oben: Legerer Viertelshotspot ist das »Balthasar«.
Mitte: Es duftet im »Zimt und Rosen«.
Unten: Auf die gut situierte Szene abgestimmt, ist das Sülzer Warenangebot.

Infos und Adressen

SEHENSWÜRDIGKEITEN

Auerbachplatz. 50937 Köln, Wochenmarkt Di und Fr 7–13 Uhr.

ESSEN UND TRINKEN

Balthasar. Multifunktionales Lokal mit gutem Blick auf den Auerbachplatz. 9–1 Uhr, Euskirchener Str. 9, 50937 Köln, Tel. 0221/475 81 10, www.balthasar-cafe.de

Berrenrather Hof. Französische Verköstigung mit frischen Zutaten, kleiner Gastgarten. Di–So 17–1 Uhr, Berrenrather Str. 221, 50937 Köln, Tel. 0221/420 27 20, www.berrenrather-hof.de

Heckmanns. Edelrestaurant im kühlen Look. In der ehemaligen Mälzerei aus dem 19. Jahrhundert wird spannungsvoll zwischen Mittelmeer und bodenständig gekocht. Di–So 18–24 Uhr, Sülzburgstr. 104, 50937 Köln, Tel. 0221/94 08 08 33, www.restaurant-heckmanns.de

Plomari. Griechische Vorspeisen in rummeliger Atmosphäre. Di–So 18–24 Uhr, Sülzgürtel 96/Zülpicher Str., 50937 Köln, Tel. 0221/44 86 89, www.mezedopolio-plomari.de

ÜBERNACHTEN

Hotel Brennerscher Hof. Vier-Sterne-Hotel im Landhausstil. 42 sehr hübsche Zimmer. Wilhelm-von-Capitaine-Straße 15, 50858 Köln, Tel. 0221/948 60 00, www.brennerscher-hof.de

AUSGEHEN

Petersberger Hof. Hier geht nicht nur an Karneval die Post ab. Der lauschige Biergarten ist der Veedelstreff. Mo–Fr 17–1 Uhr, Sa–So 10–1 Uhr, Petersbergstr. 41, 50939 Köln, Tel. 0221/44 36 00, www.petersbergerhof.de

EINKAUFEN

Alnatura. Bekanntes Sortiment, hier nachfrageorientiert in sehr opulentem Umfang. Mo–Sa 8–20 Uhr. Berrenrather Straße 240, 50939 Köln, Tel. 0221/420 66 89, www.alnatura.de

NATURATA. Bioladen der ersten Generation, der auch Gebrauchsartikel im Angebot hat. Mo–Fr 9–20, Sa 9–18 Uhr, Berrenrather Str. 201, 50939 Köln, Tel. 0221/944 02 30, www.naturata-koeln.de

Pacific Beach. Cooles für an die Füße und Rollbretter für drunter. Mo–Fr 10–18, Sa 10–16 Uhr, Berrenrather Str. 181, 50937 Köln, Tel. 0221/16 93 52 43, www.pacific-beach.deshop/

Weckzeit. Marmelade, Chutneys, Kompott, fast alles aus Eigenproduktion. Mo–Fr 10–18 Uhr, Sa 10–16 Uhr, Berrenrather Str. 367, 50937 Köln, Tel. 0221/94 23 52 71, www.weckzeit-koeln.de

Zimt & Rosen. Gewürzlädchen, in dem auch Verpflegung offeriert wird. Di–Fr 11.30–19 Uhr, Sa 10–16 Uhr, Berrenrather Str. 137, 50937 Köln, Tel. 0221/450 01 14, www.zimt-und-rosen.de

INFORMATION

Anfahrt. KVB-Linie 13, Haltestelle Berrenrather Str./Gürtel

Büdchen und Fahrrad gehören in Köln dazu.

40 Universität und Zülpicher Straße

Masse und Klasse

Noch schöner und zentraler kann eine Universität kaum liegen: Am Rande der Innenstadt, trotzdem im Grünen und angebunden ans vitale und ein wenig mondäne Lindenthal. Wer durchs Viertel rund um die Alma Mater Colonia streift, bekommt sicher diesen leicht wehmütigen »Ach-ja-Blick« auf die Jahre des ach so lustigen Studentenlebens.

1388 gegründet gehört die Kölner Uni zu den ältesten Universitäten Europas und mit ihren mehr als 48 000 Studierenden an sechs Fakultäten auch zu den größten. Ihre Besonderheit war von Anfang an, dass die Stadt selbst hinter ihr stand: Kein Fürst, kein König, sondern der Rat der Freien Reichsstadt Köln trug die Kosten für den Lehrbetrieb.

Das heutige Hauptgebäude stammt aus dem Jahr 1934. Darum herum gruppieren sich zwischen innerem Grüngürtel, Universitätsstraße bis zur stadtauswärts liegenden Uniklinik die verschiedenen Lehrgebäude. 1966 wurde die Universitätsstraße vor dem Hauptgebäude abgesenkt und mit einem Deckel versehen: Damit war der Raum da für den Albertus-Magnus-Platz und der Kölner Campus bekam ein lebendiges Zentrum. Die Plastik des 1280 in Köln verstorbenen Gelehrten von Gerhard Marcks ziert den Hauteingang bereits seit 1956. Sehenswert ist auch zur Bachemer Straße hin das achtgeschossige Seminar- und Bürohochhaus für die Wirtschafts- und Sozialwissenschaftliche Fakultät von Wilhelm Riphahn, der in den Fünfziger- und Sechzigerjahren mit einer ganzen

Mitte: Auszeit vom Studieren im PhilCafe am Albertus-Magnus-Platz
Unten: Ein Ort der Ruhe ist das Museum für ostasiatische Kunst.

Reihe von Funktionsbauen die Stadt mitgeprägt hat.

Alle universitären Einrichtungen liegen im oder nahe am Inneren Kölner Grüngürtel. Dadurch verfügt Köln über einen innenstadtnahen Universitätscampus, der inmitten einer Parklandschaft liegt. Dieser Grüngürtel ist aus den ehemaligen Rayons des Kölner Festungsrings entstanden und zieht sich halbkreisförmig um die Stadt. In Laufnähe zur Uni sind diese Wiesen das Sonnendeck der Studentinnen und Studenten. Die terrassierte Akademische Lustwiese, im Studentenjargon kurz Akaluwie, und die Flächen rund um den Aachener Weiher, die nördlich direkt an das Uni-Gelände anschließen, sind Chill-, Grill- und Tummelplatz. Wer sich sein Sixpack nicht mitbringt, wird über den Biergarten versorgt. Der ist mit 1000 Plätzen riesig und Hotspot für Public Viewing.

Das Museum für Ostasiatische Kunst

Gesetzter geht es am anderen Ufer des Aachener Weihers zu. Dort liegt zur Universitätsstraße hin das Museum für Ostasiatische Kunst, in dem Schätze aus China, Korea und Japan präsentiert werden. Frisch aufgemöbelt zeigt sich der 1977 eröffnete Museumsbau, ein Denkmal der klassischen Moderne in Köln. Entworfen von Kunio Maekawa (1905–1986), einem Le-Corbusier-Schüler, knüpft der Bau an alte japanische Traditionen an und entwickelt zugleich eine neue, moderne Formensprache. Zentrum der Anlage ist der in der Tradition japanischer Meditationsgärten gestaltete Landschaftsgarten, der sich zum Wasser hin öffnet und gastronomisch bespielt wird. Vom eigentlichen Weiher getrennt wird das Museumsgelände nur durch eine Holzbrücke, die leider zu den Dauerbaustellen der Stadt gehört.

AUTORENTIPP!

WEISST DU WIE VIEL STERNLEIN STEHEN?
Auf dem Dach des Schillergymnasiums kann man schon mal mit dem Zählen anfangen. Dort öffnet sich seit 1962 die Kuppel der Sternwarte und sichtet per Teleskop den Himmel. Betrieben wird die Volkssternwarte ehrenamtlich von der 1922 gegründeten »Vereinigung der Sternfreunde Köln«. Großes Engagement ersetzt die fehlende städtische Unterstützung: Der Betrieb wird aus Mitgliedsbeiträgen, Eintrittsgeldern und privaten Spenden finanziert. Das beschert den Besuchern ein dichtes Angebot an Vorträgen und Kursen. Wer sich also für Himmelskörper interessiert, ist hier an der richtigen Stelle. Vom »Astronomiekurs für Einsteiger« bis zur »Sternnavigation im Tierreich« reicht das Programm. Zweimal im Monat wird samstags um 11 Uhr auch eine Sonnenbeobachtung angeboten. »Sonne Rut-Wiess« nennt sich das Ganze. Dann wird mit von starken Spezialfiltern geschützten Teleskopen das turbulente Sonnenwetter beobachtet. Im Weißlicht zu sehen sind dann Gasausbrüche im roten Licht des Wasserstoffs und dunkle Sonnenflecken auf der tiefer gelegenen Oberfläche unseres Heimatsterns.

Volkssternwarte Köln. Nikolausstraße 55, 50937 Köln,
Tel. 0221/41 54 67,
www.volkssternwarte-koeln.de

Oben: »Meet and Greet« am Aachener Weiher
Mitte: Auf der Zülpicher Straße
Unten: Wie verwunschen wirkt der Geusenfriedhof.

Gegenüber des Museums liegt stadtauswärts der Clarenbachkanal, eine der radialen Verbindungen zwischen dem inneren und dem äußeren Kölner Grüngürtel. Schwenkt man von hier nach links, geht es zwischen Institutsgebäuden und Studentenwohnheimen hindurch wieder Richtung Hauptgebäude.

Geusenfriedhof

Auf dem Weg liegt Im Weyertal an der Ecke zur Kerpener Straße der Geusenfriedhof. Die 1576 erstmals erwähnte Begräbnisstätte war den Protestanten vorbehalten. Den Namen erhielt er deshalb, weil die überwiegend aus den Niederlanden geflohenen Protestanten als »Geusen«, dem Begriff für Bettler, bezeichnet wurden. Offiziell genutzt wurde der Friedhof bis 1829. Heute ist das kleine baumbestandene Areal mit den halbverfallenen, überwucherten Gräbern ein stiller Ort für Melancholiker und eine Insel der Stille im Großstadtmeer.

Ins Studentenleben reinschnuppern lässt sich am besten auf der Zülpicher Straße stadtauswärts. Auf der Hauptschlagader versorgen Copyshops, Cafés und kleine Läden mit dem Lebensnotwendigen. Für guten Milchkaffee ist das »Café Krümel« an der Ecke zum Weyertal bekannt. Optisch macht es seinem Namen alle Ehre und bei schönem Wetter lässt sich das bunte Treiben von hier beobachten.

Infos und Adressen

SEHENSWÜRDIGKEITEN

Geusenfriedhof. 10–20 Uhr, Eckgrundstück Kerpener Straße/Weyertal, 50937 Köln

Museum für Ostasiatische Kunst. Di–So 11–17 Uhr, Universitätsstraße 100, 50674 Köln, Tel. 0221/22 12 86 08, www.museenkoeln.de/museum-fuer-ostasiatische-kunst/

Universität Köln Hauptgebäude. Albertus-Magnus-Platz 1, 50931 Köln, Tel. 0221/47 00, www.uni-koeln.de

Wirtschafts- und Sozialwissenschaftliche Fakultät. Universitätsstraße 42, 50674 Köln, Tel. 0221/470 56 07, www.wiSouni-koeln.de

ESSEN UND TRINKEN

Café Krümel. Beliebt bei Studis, sehr guter Milchkaffee und nett zum Draußensitzen. Mo–Fr 8.30–1, Sa–So 9.30–1 Uhr, Zülpicher Str. 207, 50935 Köln, Tel. 0221/42 67 67.

Grünlilie. Vegetarisches Essen mit langjähriger Tradition. Serviert werden frische, vollwertige Gerichte. Mo–Sa 12–14.30 Uhr, Weyertal 15, 50937 Köln, Tel. 0221/42 88 59

Lieblings Küche und Kuchen. Ganz süß satt werden im Puppenstubenlook. Mo–Sa 10–22, So 10–19 Uhr , Zülpicher Str. 275, 50937 Köln, Tel. 0221/94 38 88 01, www.lieblings-koeln.de

ÜBERNACHTEN

Hotel Ariana. Frisch renoviert, behaglich und günstig, ganz nah an der Uni-Klinik. Zülpicher Straße 339. 50937 Köln, Tel. 0221/ 35 66 11 50, www.hotel-ariana.de

AUSGEHEN

Biergarten am Aachener Weiher. Open-Air-Hotspot mit Kultcharakter. 11–24 Uhr, Richard-Wagner-Straße, 50674 Köln, Tel. 0221/500 06 14, www.biergarten-aachenerweiher.de

EINKAUFEN

Der andere Buchladen. Kritisch, gut sortiert und gut beraten. Mo–Fr 10–18, Sa 10–16 Uhr, Weyertal 32, 50937 Köln, Tel. 0221/41 63 25, www.der-andere-buchladen-koeln.de

Mitbringsel findet man im Shop des Museums für ostasiatische Kunst.

41 Belgisches Viertel

Zeitgeist in Stein gemeißelt

Man braucht kaum eine Stunde, um das Viertel flotten Schrittes zu umrunden. Rudolfplatz, Aachener, Brüsseler, Antwerpener Straße, Friesenplatz, Ringe, Rudolfplatz, immer schön im Uhrzeigersinn. Aber dann verpasst man etwas. Die Straßenzüge mit den belgischen und niederländischen Namen dazwischen sind optisch spätes 19. Jahrhundert und laden ein zum Schlendern, Shoppen, Hinsetzen und Gucken.

Belgisches Viertel

»Im Belgischen«. Wer die Frage »Wo wohnst du?« so beantwortet, ist zu beneiden. Nicht nur dank der vielen Gründerzeithäuser gilt das Belgische Viertel als Top-Wohnlage und als absolutes In-Viertel. Angesagte Restaurants und Clubs machen die Gegend zum beliebten Ausgehpflaster. Galerien, unabhängige Modelabels und Designerläden vervollständigen das Bild vom trendigen In-Bezirk.

Gut Logis nehmen kann man im »Barceló Cologne City Hotel«. Die spanische Kette hat hier ihr erstes Deutschland-Engagement mit einem stimmigen Preis-Leistungsverhältnis gestartet. Am Platz des Hotels stand früher das Opernhaus. Im Krieg zerbombt entschied sich der Stadtrat mit nur zwei Stimmen Mehrheit 1952 für den Abriss und machte dem heutigen Funktionsbau Platz.

Hinter dem Hotel findet sich ein Highlight im wirklichen Wortsinn. Die Lichtreklame am Eckhaus Aachener Straße und Händelstraße. Dort hebt das Reissdorf-Männchen seine illuminierte Kölsch-Stange auf die gleichnamige Biermarke.

Mitte: Jugendstilfassade an der Aachener Straße
Unten: Das Theater im Bauturm, ein Kellertheater mit Tradition

Der Königsweg nach Aachen

Hoch die Tassen heißt es an der Aachener Straße direkt hinter dem Rudolfplatz auch real. Hier entlang zogen einst die in Aachen gekrönten Könige in die Stadt ein, um an der »Hahnepooz«, dem Hahnentor, vom Kölner Erzbischof empfangen zu werden.

Heute ist dank kluger Stadt- und Verkehrsplanung aus einer nach wie vor dicht befahrenen Verkehrsschlagader ein Boulevard entstanden. Durch den Umbau Anfang des Jahrtausends und die damit verbundene Verbreiterung der Gehwege sind Flächen entstanden, die vor allem den Gastronomen Spielraum zur Bewirtung ihrer Gäste lassen.

Eine Ikone der kölschen Art hat an der Aachener Straße ihre Heimstatt. Seit 1846 spielt hier die Familie Millowitsch Theater. Willy Millowitsch (1909–1999) ist wohl in den Köpfen vieler »der Kölner« schlechthin. Heute leitet sein Sohn Peter erfolgreich das Familienunternehmen und führt die Tradition des Volkstheaters weiter. Die Schaubühne selbst ist ein kleines, plüschiges Schatzkästchen in Rot-Gold. Man muss keinen Theaterabend planen, um es in Augenschein zu nehmen: Für die Nachmittagsvorstellung gibt es oft noch Restkarten an der Kasse.

Auf der gegenüberliegenden Straßenseite steht das Theater im Bauturm für eine ganz andere Schauspieltradition. 1983 als freies Theater gegründet stehen hier zeitgenössische Inszenierungen wie Patrick Süskinds *Der Kontrabass* auf dem Programm. Ein Stück, das als Dauerbrenner immer wieder auf den Spielplan kommt. Die Spielstätte funktioniert in Symbiose mit dem vorgelagerten Bauturm-Café. Dort heißt es sehen und gesehen werden. Dank der weit zu öffnenden Frontfenster gehen Innen- und Außenbereich ineinander über und man kann beim Milchkaffee Seite an Seite

AUTORENTIPP!

LESELUST IM GRÜNEN

Spontane Pause mit Buch gefällig? Im Stadtgarten hält der Förderverein der Stadtbibliothek Köln e. V. mehr als tausend Bücher zur Ausleihe bereit. MiniBib nennt sich der Kubus an der östlichen Parkseite zur Spichernstraße hin. Das kleine grüne Architektur-Highlight sieht fast wie der Körper eines überdimensionalen 1960er-Jahre-Radios aus und passt prima in die Parklandschaft. Statt Vorder- und Rückwand geben Glaswände den Blick frei auf dicht gefüllte Buchregale. Der Clou: Einfach auswählen, lesen und spätestens nach zwei Wochen wieder zurückgeben. Ohne Registrierung und Ausweis, nur auf Vertrauensbasis.

MiniBib. Mo–Fr 12–19, Sa 14.30–19, So 12–19 Uhr, Stadtgarten/Eingang Spichernstraße, 50672 Köln

AUTORENTIPP!

UMSONST UND DRAUSSEN
Tagsüber ist der von großen Platanen beschattete Brüsseler Platz eine grüne Ruheoase. Rund um St. Michael plätschern leise die Gespräche der Mittagspäusler beim Milchkaffee. Auf ein paar Klettergerüsten turnen die Kinder aus der Nachbarschaft. Und die Taxifahrer am Standplatz warten auf Kundschaft. Nach Sonnenuntergang knipst sich der Platz die bunten Lichter an und wird zur Partyzone. Man trifft sich hier. Einfach so, ab Einbruch der Dämmerung, mit einem Kölsch vom Büdchen oder aus dem Supermarkt an der Ecke. After Work bis Mitternacht. Sitzt am Rande der erhöhten Blumenrabatten, die von der Bürgerinitiative »queerbeet« liebevoll gepflegt werden oder flaniert durch die Menge. Sehen und gesehen werden geht hier genauso gut, wie neue Leute kennenlernen. Selbst aufräumen am Ende der Party und Rücksicht auf die Anwohner gehört dazu.

www.bruesseler-platz.de

mit den Medienarbeitern aus der Nachbarschaft das Treiben auf der Straße einatmen.

Im Blick hat man von hier einige der schönsten Jugendstilhäuser der Stadt, samt und sonders denkmalgeschützt. Nachdem im Jahr 1882 die Stadtmauer geschleift wurde, entstanden entlang der neu angelegten Ringe gründerzeitliche Präsentationsbauten. In den direkt angrenzenden Stadtvierteln setzte sich das aufstrebende Bürgertum mit Jugendstilwohnhäusern seine eigenen Denkmäler. Man schuf hier Wohnräume, die schon damals zu Recht die Bezeichnung Beletage trugen und heute zu den begehrtesten – und teuersten – Wohnlagen der Stadt gehören. Es lohnt sich ein Blick in die Hinterhöfe. Man kann etwa im Haus Nr. 7 tagsüber meist in den Hof und von dort hoch zu den spektakulären Dachgärten gucken. Und wer Schöner Wohnen ohnehin als Motto hat, der kann vorne dem schicken Raumausstatter Eiting einen Besuch abstatten und dort eine seiner phänomenalen Tapeten kaufen.

Brüsseler Platz

Der eigentliche Hotspot des Viertels liegt am Brüsseler Platz. Im seinem Zentrum steht die neoromanische Kirche St. Michael mit ihren zwei mächtigen Türmen. 1906 nach einem Entwurf von Eduard Endler (1860–1932) fertiggestellt wurde sie im September 1944 durch einen Bombentreffer in Vierungsturm und Kuppel stark zerstört. Das heutige Gesicht bekam die Basilika mit dem 1956 abgeschlossenen Wiederaufbau. Dabei verzichtete man auf den Vierungsturm und zog in das Schiff der Kirche eine Holzdecke zur Verbesserung der Akustik ein. Mit ein Grund warum die Kirche heute gerne für Kulturveranstaltungen genutzt wird. In Kooperation mit Gastronomen, Künstlern und kreativen Köpfen des Viertels veranstaltet die Kirchengemeinde unter dem Titel Art & Amen ein breit gefächertes Kulturprogramm. Die Kirche ist von allen vier Seiten umgeben von einem Ensemble schmucker Jugendstilhäuser, einem Spielplatz und einigen Blumenbeeten. Hübsch, aber unspektakulär, könnte man meinen. Aber der Eindruck täuscht. In den Sommermonaten mutiert der Platz zur Open-Air-Party-Arena.

Vom Brüsseler Platz aus lohnt sich ein Sidestep in die Maastrichter Straße hinein, die zur Einkaufsmeile Ehrenstraße führt. Hier haben ehemalige Alternativ-Betriebe, heute längst etabliert, wie die Zeitschrift *StadtRevue*, der Carsharer cambio und die Fahrradkuriere von Rapido seit den 1980er-Jahren ihre Firmensitze. Wer sich am oberen Ende der Maastrichter Straße einmal um die eigene Achse dreht, hat eine ganze Reihe angesagter Läden im Visier. Bei Franta findet man Design-Klassiker aus dem letzten Jahrhundert, wie PEZ-Automaten und Jukeboxen. Hochwertiges aus Leder und Segeltuch wird nebenan bei Hack verkauft. Und Streetart gehört hier immer dazu: Bekannte Graffiti-Künstler wie El Bocho oder Decycle haben sich in den Einfahrten und auf den Toren verewigt. Eine Straße weiter müssen Süßmäulchen ganz, ganz tapfer sein. In einem kleinen Ladenlo-

MAL EHRLICH

TREND ODER NICHT TREND?

Kaum ein Reiseführer lässt dieses Lokal außen vor: das »Hallmackenreuther« gilt zumindest auf dem Papier als absoluter Trendladen und Hotspot am beliebten Brüsseler Platz. Doch der Laden im ehedem angesagten 1960er-Jahre-Look hat seine besten Jahre längst hinter sich. Der Service ist manchmal mau, Essen und Trinken kann man in dieser Ecke der Stadt um Klassen besser. Und Promi-Gäste sieht man nur noch selten.

Oben: Der Szenetreff Salon Metzgerei Schmitz auf der Aachener Straße
Mitte: Millowitsch ist Volkstheater im besten Sinne

kal residiert »Madame MiamMiam«, ein Geheimtipp für spektakuläre Hochzeitstorten und sagenhafte Petit Fours.

Friesenplatz

Welchen Stempel Krieg und Wiederaufbau der Stadt aufgedrückt haben, kann man gut am Friesenplatz sehen. Der Platz entstand, nachdem 1882 die mittelalterliche Stadtmauer abgerissen worden war. Heute wird der Platz an der innerstädtischen Seite vom Gerling-Ring-Karrée dominiert. Mit den drei Hochhäusern hat sich Sir Norman Foster im Kölner Stadtbild verewigt. Einen Eindruck von Größe bekommt man bei einem Drink in der »All bar One«, die im Erdgeschoß typische Großstadtgastronomie anbietet. Die imposante Raumhöhe lässt zwar kaum Gemütlichkeit aufkommen, macht für das Auge aber ordentlich etwas her.

Diametral gegenüber am Beginn der Venloer Straße wurde 2000 das ehemalige Klingel-Gebäude revitalisiert. Hinter der Fassade mit den integrierten Lüftungsflügeln war lange einer der Stars des neuen Marktes zu Hause: Die Firma Pixelpark erlebte hier die Höhen und Tiefen der Interneteuphorie. Als Abschluss der Runde lohnt ein Absacker im Stadtgarten. Hier finden Ruhebedürftige eine lauschige Parkbank oder Verköstigung. Im Biergarten werden unter riesigen Kastanien erstklassige belgische Fritten serviert.

Oben: Der Friesenplatz wird von den Bauten Norman Fosters dominiert.
Mitte: Unter alten Kastanien im Stadtgarten-Restaurant

Infos und Adressen

SEHENSWÜRDIGKEITEN

Katholische Kirche St. Michael. 10–20 Uhr, Brüsseler Platz 1, 50674 Köln, Tel. 0221/474 50 70, www.artundamen.de

Millowitsch-Theater. Vorstellungen Mi–Fr 20, Sa 17 und 20, So 17 Uhr. Aachener Straße 5, 50674 Köln, Tel. 0221/272 73 70, www.millowitsch.de

Stadtgarten. Haupteingang Ecke Venloer Str./Spichernstr. Gleichnamiges Restaurant mit Biergarten. Mo–Do 12–1, Fr–Sa 12–2, So 10.30–1, 50672 Köln, Venloer Straße 40, Tel. 0221/952 99 40, www.stadtgarten.de

Theater im Bauturm. Aachener Str. 24–26, Vorstellung Mo–Sa 20, So 18 Uhr, 50674 Köln, Tel. 0221/95 14 431, www.theater-im-bauturm.de

ESSEN UND TRINKEN

Beef Brothers. Die Hausmacher-Variante vom Fleischklops im Brötchen mit Suchtfaktor-Soßen. Di–Do 12–22, Fr 12–24, Sa 13–24, So 13–22 Uhr, Aachener Straße 12, 50674 Köln, Tel. 0221/29 83 47 36, www.beef-brothers.de

Guten Abend! Bio-zertifizierte Küche in Bauernstubeneinrichtung. 17–23 Uhr, Brüsseler Str. 55, 50672 Köln, Tel. 0221/51 16 00, www.gutenabend.org

Milchmädchen. Schnuckeliger Eckladen mit erstklassigem Kaffee aus fairem Handel. Mo–Fr 8–19, Sa–So 10–19 Uhr, Bismarckstraße 44, 50672 Köln, Tel. 0221/16 94 36 42, www.milchmaedchen.de

Salon Schmitz. Tagesversorgung in Edel-Ambiente, 10–24 Uhr, Aachener Str. 28, 50672 Köln, Tel. 0221/139 55 77, www.salonschmitz.com

Sorgenfrei. Weinrestaurant mit gehobener Regionalküche. Tolle Weine, rustikal und sehr trendy. Weinverkauf im angeschlossenen Laden. Mo–Sa 11–22 Uhr, Antwerpener Str. 15, 50672 Köln, Tel. 0221/355 73 27, www.sorgenfrei-koeln.com

ÜBERNACHTEN

Barceló Cologne City Center. Habsburgerring 9–13, 50674 Köln, Tel. 0221/22 80, www.barcelo.com

AUSGEHEN

All Bar One. Stylische Großraumbar im Foster-Bau, 11–1 Uhr, Friesenstraße 82, 50672 Köln, Tel. 0221/12 06 95, www.all-bar-one.net

EINKAUFEN

Madame MiamMiam. Designer-Torten und gestylter Süßkram. Di–Do 11–18.30, Fr–Sa 11–19, So 13–17 Uhr. Antwerpener Straße 39, 50672 Köln, Tel. 0221/94 99 85 19, www.madamemiammiam.de

Die Brasserie »Belgischer Hof« kann auch Open Air.

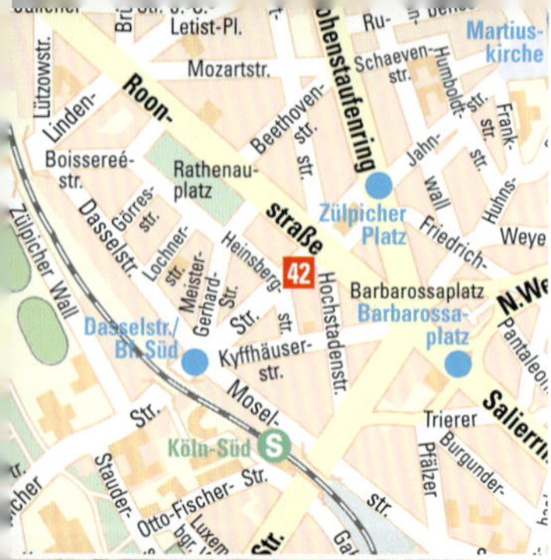

Mitte: »Mannis Rästorang« ist eine Institution im Viertel.
Unten: Auch junge Künstler sind im Kwartier zu finden, wie Alfons Knog im Ausstellungsraum des Kjubh e.V.

42 Kwartier Lateng

Amüsement und Geschichte

Genau umrissen ist es nicht, dieses Viertel südlich vom Rathenauplatz, dass sich bis zur Luxemburger Straße hinzieht. Hier wird gefeiert bis zum Abwinken, an den kölschen Feiertagen zwischen Weiberfastnacht und Karnevalsdienstag herrscht hier Ausnahmezustand. Die Bewohner ertragen es meist mit Gelassenheit: Schließlich leben sie als Ausgleich in einem der schönsten Viertel der Stadt.

Die Universität ist nah und so bezeichnet man jene Straßenzüge, die hinter dem Zülpicher Platz ihren Ausgang nehmen in Anlehnung an das Pariser Studentenviertel Quartier Latin als »Kwartier Lateng«. Die Hauptausgehmeile Zülpicher Straße beginnt direkt hinter der katholischen Herz-Jesu-Kirche, die wie die meisten Sakralbauten der südlichen und nördlichen Neustadt ihre Existenz der Schleifung der Stadtmauer Ende des 19. Jahrhunderts verdankt. Als Einzige dieser Kirchen steht der neugotische Bau direkt an den Ringen.

Ausgehzone

Hier reiht sich auf wenigen hundert Metern bis hoch zum Bahnhof Süd eine Kneipe an die andere. Man verpasst nicht viel, wenn man nicht jede in Augenschein nimmt. »Hellers Brauhaus« in Sichtweite der Kirche ist wegen seines ökologisch gebrauten Biers in der schicken Bügelflasche eine Stippvisite wert. Und »Bei Oma Kleinmann« ist es auf alle Fälle urig und gemütlich.

Um die Ecke an der Kyffhäuserstraße ist der Kneipenpegel ähnlich hoch und ähnlich schnelllebig.

Allerdings liegt hier auch das Sterne-gekrönte Restaurant »La Société«, das eng mit dem Namen des Fernsehkochs Mario Kotaska verbunden ist. Ohne Tischreservierung ist hier allerdings kaum etwas zu machen. Eine bodenständige Institution, berühmt für ganz besonders freundliches Personal – und das ist hier absolut keine Selbstverständlichkeit – ist dagegen »Manni's Rästorang«: Bei Steaks und Koteletts macht man hier keine halben Sachen.

Das »Kwartier« ist zwar zum größten Teil rummelige Partyzone, aber zwischen den schrillen Läden für die Twenty-Somethings finden sich allerlei Perlen für einen gediegeneren Abend. Das »Rosebud« und das »Shepheard« sind zwei ausnehmend gute Cocktailbars. Beide mit gediegenem Interieur, dezenter Musikbeschallung und Menschen hinter dem Tresen, die ihr Handwerk verstehen.

Zwischendrin-Shopping

Auch wer sich hier hauptsächlich fürs Nightlife hin bewegt, im Viertel sind auch tagsüber Entdeckungen zu machen. Axel Gerhards bietet etwa in seinem kleinen Souterrain-Weinladen »AOC« nicht nur ausgesuchte Tropfen, sondern auch Leckereien wie Tiroler Hirschsalami und Nougat aus Montélimar feil.

Wer sich für die analoge Form des Spielens begeistern kann, ist im »Spielbrett« an der richtigen Adresse: Natürlich stehen die Klassiker in allen erdenklichen Ausprägungen im Regal, aber auch Entdeckungen für draußen wie Wikingerschach oder Boules in schönen Sets sind hier zu erwerben.

Schön bunt und ein bisschen schräg sind die Klamotten, die im Modesalon »Tausend fliegende Fische« über die Ladentheke gehen. Vom Preisniveau

AUTORENTIPP!

WIRTZHAUS

Köln ist eine Comedy-Hochburg, na klar. Und Comedy muss nicht zwangsläufig im Fernsehen stattfinden. Seit die Kabarettistin Rosa K. Wirtz zur Prinzipalin des Atelier-Theaters geworden ist, gibt es im angrenzenden »Wirtzhaus« Stand-Up-Comedy ganz dicht am Publikum und am aktuellen Geschehen. Los geht's bei freiem Eintritt angenehm spät um 22 Uhr. Was genau auf der Bühne passiert, wird vorher nie verraten. Spontane Ideen, unfertige Nummern, aktuelle Satire, Überraschungsgäste: Das sieht man hier zum ersten und vielleicht letzten Mal auf einer Bühne. Manchmal steht die Chefin selbst auf den Brettern, manchmal auch hinterm Tresen. Keine fünfzig Leute passen hier rein, da springt der Gute-Laune-Funke schnell über.

Wirtzhaus. Mo–Sa 18–1 Uhr, Roonstraße 78, 50674 Köln, Tel. 0221//241341, www.ateliertheater.de

Oben: Köln mit Pariser Gastro-Flair im Kwartier Lateng
Mitte: Haben wir auch in Lila: das »Wirtzhaus«.
Unten: Die Synagoge an der Roonstraße

eher am studentischen Klientel orientiert kann man hier bei wirklich netter Beratung so manches hübsche und ausgefallene Stück ergattern.

Rathenauplatz

Dass der zentrale Platz im Ausgehviertel überhaupt existiert, verdankt er dem Untergrund. Erst durch Aufschüttungen wurde die sumpfige Senke, in der er mittendrin liegt, Ende des 19. Jahrhunderts bebaubar. Die Häuser rundum sind wegen des feuchten Untergrunds doppelt unterkellert und bis heute über die Kellergeschosse teilweise miteinander verbunden. Heute ist der Rathenauplatz eine kleine grüne Oase, in der die Bürgergemeinschaft Rathenauplatz e.V. einen beliebten Biergarten betreibt.

Synagoge

Das bestimmende Gebäude am Rathenauplatz ist die Kölner Synagoge. Sie wurde im Stil der Neuromanik von 1895 bis 1899 nach Entwürfen des Kölner Architekturbüros Schreiterer & Below erbaut. In der Reichspogromnacht verwüstet zeichnete für ihren Wiederaufbau Ende der Fünfzigerjahre der Kölner Architekt Helmut Goldschmidt verantwortlich. Er gilt als einer der Repräsentanten des modernen jüdischen Sakralbaus im Nachkriegsdeutschland.

Infos und Adressen

SEHENSWÜRDIGKEITEN

Synagoge. Synagogen-Gemeinde Köln, Führungen nach Anmeldung über die Homepage. Roonstraße 50, 50674 Köln, Tel. 0221/921 56 00, www.sgk.de

ESSEN UND TRINKEN

Bei Oma Kleinmann. Rustikale Feierlocation, in der Studis und ältere Semester fast zu Hause sind. Di–So 17–24 Uhr, Zülpicher Str. 9, 50674 Köln, Tel. 0221/23 23 46, www.beiomakleinmann.de

Feynsinn. Café und Restaurant in einem. Rathenauplatz 7, Mo–Do 9–1, Fr–So 10–2 Uhr, 50674 Köln, Tel. 0221/240 92 10, www.cafe-feynsinn.de

La Société. Sterngekürter Edelladen mit lässiger Atmosphäre. Reservierung empfohlen. 18.30–1 Uhr, Kyffhäuserstr. 53, 50674 Köln, Tel. 0221/23 24 64, www.lasociete.info

ÜBERNACHTEN

Esplanade Hotel. Bodenständig und sehr komfortabel. Hohenstaufenring 56, 50674 Köln, Tel. 0221/921 55 70, www.hotelesplanade.de

Hopper Hotel et cetera. Ehemaliges Kloster mit wunderschöner Einrichtung. Brüsseler Str. 26, 50674 Köln, Tel. 0221/92 44 00, www.hopper.de

AUSGEHEN

Biergarten Rathenauplatz. Hier treffen sich die Anwohner zum Feierabendkölsch und auf eine Partie Boule. Rathenauplatz 30, 50674 Köln, Tel. 0221/24 83 01, www.buergergemeinschaft-rathenauplatz-ev.de

Hellers Brauhaus. Bio-Kölsch aus der eigenen Hausbrauerei. 17–24 Uhr, Roonstr. 33, 50674 Köln, Tel. 0221/240 18 81, www.hellers-brauhaus.de

Rosebud. Mixgetränke und Pianoklänge. Mo–Sa 21–2 Uhr, Heinsbergstr. 20, 50674 Köln, Tel. 0221/240 14 55, www.rosebud.de

Livemusik in Mannis Rästorang

Shepheard. Die schicke Cocktailadresse im Ausgehquartier. Mo–Sa 20–3Uhr, Rathenauplatz 5, 50674 Köln, Tel. 0221/331 09 94, www.shepheard.de

EINKAUFEN

AOC Weinhandlung Köln GmbH. Mo–Fr 10–18, Sa 10–16 Uhr, Rathenauplatz 35, 50674 Köln, Tel. 0221/24 96 45, www.aocweinhandlungkoeln.de

Spielbrett. Mo–Sa 10–18 Uhr, Engelbertstraße 5, 50674 Köln, Tel. 0221/23 14 89, www.spielbrett-koeln.de

Tausend fliegende Fische. Modesalon mit Angebot abseits des Mainstreams. Mo–Fr 11–20, Sa 11–18 Uhr Roonstr. 16, 50674 Köln, Tel. 0221/240 02 33, www.facebook.com/tausendfliegendefische

UMGEBUNG UND AUSFLÜGE

43 Bonn Museumsmeile

Die Regierung ist Geschichte

Helmut Kohls berühmter Mantel der Geschichte: Kaum irgendwo bekommt man seinen Saum eher zu fassen als im früheren Bonner Regierungsviertel und auf der Museumsmeile. Von Köln aus befördert die Straßenbahn Nummer 16 Besucher direkt vor die Eingangstüren von fünf Museen und an den Anfang einer spannenden Wanderung entlang jener Häuser, in denen bundesrepublikanische Geschichte gemacht wurde.

Seite 238/239: Das Freilichtmuseum Lindlar zeigt, wie man früher im Bergischen Land gelebt und gearbeitet hat.
Mitte: Zebras in der Dauerausstellung des Museums König.
Unten: Haupteingang zum Haus der Geschichte

Museum König

Viel, viel mehr als nur ausgestopfte Tiere hat das Zoologische Forschungsmuseum Alexander Koenig (ZFMK) zu bieten. Ein Platz in Deutschlands Nachkriegsgeschichte gebührt dem imposanten Bau an der Bundesstraße 9, weil Konrad Adenauer nach seiner Wahl im September 1949 hier zwei Monate seinen Dienstsitz hatte. Als Arbeitszimmer diente die ornithologische Bibliothek und der Hörsaal zum Abhalten der Kabinettssitzungen.

Das ZFMK ist ein Forschungsmuseum und hat sich als Wissenschaftsgebiet die Artenvielfalt der Erde vorgenommen. Die Ergebnisse sind in der Dauerausstellung »Unser blauer Planet – Leben im Netzwerk« zu bestaunen: Komplexe ökologische Systeme werden anhand inszenierter Großlebensräume transparent und verständlich gemacht. Besucher starten eine museumspädagogische Reise von der afrikanischen Savanne über die tropischen Regenwälder und die polare Eiswelt zurück bis nach Mitteleuropa. Dazu werden auch Programme und Führungen speziell für Kinder angeboten.

Anschaulich präsentiert wird der Bau der Berliner Mauer

Haus der Geschichte

Deutschland seit 1945: Das sind an diesem Ort 7000 Ausstellungsstücke und 150 Medienstationen auf 4000 Quadratmetern. Und jede Menge Schulklassen. Die beste Zeit zum Schlendern und Gucken, zum Eintauchen und Wiederfinden ist deshalb der frühe Nachmittag. Die Dauerausstellung im Haus der Geschichte präsentiert die jüngste Vergangenheit Deutschlands vom Ende des Zweiten Weltkriegs bis zur Gegenwart, weil Helmut Kohl nicht nur Bundeskanzler, sondern auch Historiker war und den Aufbau der Sammlung massiv vorangetrieben hat. Heute kommen in das 1994 eröffnete Haus rund 850 000 Besucher jährlich.

Herausgekommen ist ein sehr emotionales Museumserlebnis. Ganz klar zielt man darauf ab, die Erwachsenen bei den Erinnerungen zu packen und den Nachwuchs mit Erlebnispädagogik bei der Stange zu halten. Vieles wird begreifbar, weil es sich anfassen lässt: Zum Beispiel die grünledernen Sitze aus dem ersten Plenarsaal des Bundestages. Oder der VW-Bully mit dem Peace-Zeichen. Oder die Turnschuhe von Joschka Fischer, die er bei seinem Amtseid als hessischer Umweltminister 1985 trug, unter Glas selbstverständlich. Informativ, anrührend und sehr gut gemacht.

AUTORENTIPP!

SÜSSE BÄREN

Städtereisen kosten Kraft. Die Kohlehydratspeicher nachhaltig auffüllen und für entsprechenden Vorrat sorgen, ist also schier überlebenswichtig. Da bietet sich in Bonn die einmalige Gelegenheit bei der Firma Haribo vorbeizuschauen. Hier gründete Hans Riegel 1920 sein Bären-Imperium. Der firmeneigene Fabrikverkauf hält in einer Riesen-Candybar alle seine süßen Gummiwaren in loser Schüttung feil. In der Bonner Innenstadt gibt es außerdem noch einen Flagship-Store, der die Sweeties tütenweise präsentiert.

HARIBO-Fabrikverkauf. Mo–Fr 09.30–18, Sa: 09.30–16 Uhr, Friesdorfer Str. 121, 53175 Bonn, Tel. 0228/90 92 930
HARIBO Store Bonn. Mo–Fr 10–19, Sa 10–18 Uhr, Am Neutor 3, 53113 Bonn, Tel. 0228/90 90 444 0

Rundgang

»Weg der Demokratie« nennt sich ein Rundgang zu beschilderten Stationen an zeithistorischen Orten in Bonn.

A Auswärtiges Amt: Der Gebäudekomplex mit seinen acht verbundenen Bauteilen war 1954 einer der ersten Neubauten des Bundes.

B Villa Hammerschmidt: Die Villa war von 1950 bis 1994 der Amtssitz des Bundespräsidenten.

C Palais Schaumburg: Das spätklassizistische Haus mit seinen beiden Flügeln ist nach wie vor Bonner Dienstsitz des Bundeskanzlers. 1990 wurde hier der Vertrag über die Währungsunion mit der DDR unterzeichnet, der letztlich zur Wiedervereinigung des geteilten Deutschland führte.

D Bundeskanzleramt mit Kanzlerbungalow: Die Bronzeplastik *Large Two Forms* von Henry Moore markiert den Neubau des ehemaligen Bundeskanzleramtes von 1976, heute Bundesministerium für wirtschaftliche Zusammenarbeit und Entwicklung.

E Bundeshaus: Bundesrat und Bundestag hatten hier ihre Plenarsäle.

F Plenarsaal »Wasserwerk«: Im umgebauten Pumpwerk, das als Übergangssitzungssaal diente, wurde am 20. Juni 1991 mit 338 zu 320 Stimmen der Beschluss gefasst, dass Berlin statt Bonn Hauptstadt des wiedervereinigten Deutschland wird.

G Langer Eugen/UN-Cam-pus: Der Lange Eugen war bis zum Jahr 1999 der Hauptstandort für die Büros der Mitglieder des Deutschen Bundestages.

H Erich-Ollenhauer-Haus:
Die sogenannte »Baracke« war von 1975 bis 1999 die Bundesparteizentrale der SPD.

Kunstmuseum Bonn

Die Rheinischen Expressionisten, allen voran August Macke, sowie die bedeutende Sammlung zur deutschen Kunst nach 1945 mit Schwerpunkt auf der Malerei und ihren erweiterten, bildbezogenen Ausdrucksformen sind das Herzstück des Museums.

Damit gehört das Bonner Haus und seine rund 7500 Exponate zu den großen, bundesweit bedeutenden Museen für Gegenwartskunst. 1992 eröffnet und vom Berliner Architekten Axel Schultes entworfen bildet das imposante Gebäude mit der gegenüberliegenden Bundeskunsthalle eine Einheit. Auf dem Platz dazwischen fanden unter einem Zeltdach fast 20 Jahre spektakuläre Open-Air-Konzerte statt, 2012 wurde das Dach abgerissen.

Kunst- und Ausstellungshalle der Bundesrepublik Deutschland

Kurz und bündig nennt man sie Bundeskunsthalle und ihre nicht gerade bescheidene Aufgabe ist es, so etwas wie die kulturelle Visitenkarte der Republik zu sein. Den geistigen und kulturellen Reichtum der Bundesrepublik Deutschland sollte man hier genauso sehen können wie den kulturellen Austausch mit dem Ausland pflegen. Das funktioniert vor allem über Wechselausstellungen mit bedeutenden Kunstschätzen und Kulturgütern aus

MAL EHRLICH

EHEMALIGE HAUPTSTADT BONN

Lässt man die Präsentationsbauten im ehemaligen Regierungsviertel mal außen vor, dann ist Bonn nach dem Regierungsumzug jetzt wieder die verschlafene rheinische Kleinstadt, die sie auch schon vor ihrer Zeit als Bundeshauptstadt war. Insofern ist die Innenstadt eine herkömmliche Fußgängerzone mit Universität, Rat- und Beethoven-Haus.

Oben: Früher Abgeordnete, heute UN-Campus: Der Lange Eugen
Unten: Dach der Kunst- und Ausstellungshalle der Bundesrepublik Deutschland

Im Deutschen Museum Bonn gibt es viel zu entdecken.

AUTORENTIPP!

FLOTTE BIENEN

Wie das genau geht mit den Bienchen und den Blümchen kann man sich im Bonner Lehrbienenstand zeigen lassen. Der steht im Freizeitpark Rheinaue und wird vom Bonner Bienenzuchtverein 1867 e.V. unterhalten. Gerne geben die Freizeitimker ihr Wissen an Interessierte in Form von Veranstaltungen und Lehrgängen weiter. Den Heimatpark der Bienen bezeichnen die Einheimischen gern als das grüne Rückgrat des früheren Regierungsviertels. 1979 wurde die alte Rheinaue zum Gelände der Bundesgartenschau und wer sich auf der Wiese lang macht, kann Wolkenkratzer gucken: Der Post Tower wacht über den Park. Eine ganze Reihe von Themengärten, beispielsweise ein Japanischer Garten, ein Blinden- oder ein Rosengarten und 45 Kilometer Wegenetz machen ihn zum gut frequentierten Naherholungsgebiet am Wasser.

Bonner Bienenzuchtverein 1867 e.V. Freizeitpark Rheinaue, 53175 Bonn, Tel. 0228/81 52 333, www.bonner-bienenzucht-verein.de

der ganzen Welt, die man sich dank der Bürgschaft des Bundes leisten kann. Solche Publikumsmagneten machen die Bundeskunsthalle zu einem der meistbesuchten Museen der Republik. Mit Fundstücken aus der Grabkammer des Tutanchamun lockte man rund 850 000 Besucher an, MoMA New York, British Museum oder das Kunstmuseum Winterthur waren auch schon zu Gast.

Deutsches Museum Bonn

Den Abschluss findet die Museumsmeile durch das Museum für zeitgenössische Forschung und Technik, einer Zweigstelle des weltberühmten Deutschen Museums in München. Unter fünf Leitthemen wird das Thema »Forschung und Technik in Deutschland nach 1945« aufgerollt, die zentralen Inhalte der Entwicklung der letzten sechs Jahrzehnte kommen exemplarisch zur Sprache.

Rund 100 Exponate aus allen Disziplinen – Physik, Chemie, Biologie, Medizintechnik, Luft- und Raumfahrt, Ökologie – erläutern den technischen Zusammenhang; man findet hier den Transrapid, den Airbag oder die MP3-Technologie.

Im SchlauSpielhaus können große und kleine Besucher sich auf eine erlebnisorientierte Zeitreise von den 1950er-Jahren bis heute begeben und dabei naturwissenschaftliche Phänomene durch Ausprobieren spielerisch entdecken und begreifen.

Infos und Adressen

SEHENSWÜRDIGKEITEN

Deutsches Museum Bonn. Di–So 10–18 Uhr, Ahrstraße 45, 53175 Bonn, Tel. 0228/30 22 55, www.deutsches-museum-bonn.de

Haus der Geschichte. Di–Fr 9–19, Sa–So 10–19 Uhr, Willy-Brandt-Allee 14, 53113 Bonn, Tel. 0228/916 50, www.hdg.de

Kunstmuseum Bonn. Friedrich-Ebert-Allee 2, 53113 Bonn, Tel. 0228/77 62 60, www.kunstmuseum-bonn.de

Kunst- und Ausstellungshalle der Bundesrepublik Deutschland. Di–Mi 10–21, Do–So 10–19 Uhr, Friedrich-Ebert-Allee 4, 53113 Bonn, Tel. 0228/917 12 00, info@bundeskunsthalle.de

Rheingarten. Charles-de-Gaulle-Str. 53, 53113 Bonn, Tel. 0228/23 67 04, www.rheingarten-bonn.de

Zoologisches Forschungsmuseum Koenig. Di, Do–So 10–18, Mi 10–21 Uhr, Adenauerallee 160, 53113 Bonn, Tel. 0228/912 20, www.zfmk.de

ESSEN UND TRINKEN

Halbedel's Gasthaus. Nicht nur halb, sondern ganz und gar edel. Di–So 18–24 Uhr, Rheinallee 47, 53173 Bonn, Tel. 0228/35 42 53, www.halbedels-gasthaus.de

Tao. Asia-Kost in feinster Ausprägung. 11–24 Uhr Mildred-Scheel-Str. 1, 53115 Bonn, Tel. 0228/3 72 82 89, www.taobonn.com

ÜBERNACHTEN

Dorint. Profi-Rundumversorgung mit allen Schikanen. An der Casselsruhe 1, 53127 Bonn, Tel. 0228/28 80, www.dorint.com

Kameha Grand. Lichtdurchflutetes Designwunder mit dem Zeug zum absoluten Lieblingshotel. Am Bonner Bogen 1, 53227 Bonn, Tel. 0228/43 34 50 00, www.kamehagrand.com

INFORMATION

Anreise. KVB-Linie 16 bis Bonn Heussallee/Museumsmeile.

Hotel Kameha Grand Bonn

44 Rheintour per Rad

Mit und gegen den Strom

Die Frage »Warum ist es am Rhein so schön?« wird auf dieser Tour garantiert beantwortet. Leihfahrräder gibt es an der Fahrradstation am Hauptbahnhof oder über das Call-a-Bike-System der Deutschen Bahn. In Köln stehen 850 rot-weiß-silberne Bahn-Räder parat. Die können an Ort und Stelle per Handy-App gemietet und an jeder anderen beliebigen Stelle wieder abgestellt werden.

Mitte: Radeln immer am Rhein entlang
Unten: Sommerfeeling pur im Bootshaus Alte Liebe

Am besten startet man direkt am Rheinufer unterhalb des Domes. Diese Strecke gehört zum Rheinradweg EuroVelo 15 und führt theoretisch bis ins Schweizer Quellgebiet des Rheins. Eine gemütliche Tagestour wird draus, wenn man sich in Köln-Weiß mit der Fähre »Krokodil« nach Zündorf übersetzen lässt und von dort wieder stromaufwärts Richtung Innenstadt radelt.

Erst mal geht es also vorbei an der Altstadt Richtung Süden. Wer sich die ersten sechs Kilometer durch die Stadt lieber sparen möchte, kann bis zur KVB-Station Heinrich-Lübke-Ufer mit der Straßenbahn Nr. 16 fahren. Lässt es der Wasserstand des Rheins zu, nimmt man ab hier direkt am Wasser den gut gepflasterten Weg; aber auch oberhalb der Böschung gibt es einen Radweg in dieselbe Richtung. Der unten verlaufende Treidelpfad ist ein alter Arbeitsweg: früher wurden hier die mit Gütern beladenen Kähne Strom aufwärts von Pferden oder Ochsen gezogen.

Gleich hinter der Rodenkirchener Brücke liegt links das erste Highlight der Tour vor Anker: Quergestreift in den kölschen Traditionsfarben »Rud un wieß«, samt Wetterfahne auf dem Aufbau wartet das Bootshaus »Alte Liebe« auf Schönwettergäste. Eine Einkehr auf den schwankenden Planken ist eigentlich ein Muss.

Danach geht es hinein in den Rheinbogen. Rechter Hand liegt Rodenkirchen, der südlichste Stadtbezirk auf dieser Rheinseite. Aparte Fachwerkhäuser, schmucke Gründerzeitvillen und Rheinbuchten mit feinstem Sand prägen das Bild der kölschen Riviera. Sehen und gesehen werden heißt es im Gasthaus »Zum Treppchen«: Auf der großen Terrasse des Fachwerkjuwels von 1656 trifft sich »tout Cologne«.

»Im Anschluss radeln wir durch die Auenlandschaft des Weißer Rheinbogens bis zum Fähranleger Weißer Leinpfad. Von dort bringt uns die Fähre »Krokodil« hinüber nach Zündorf auf die »Schäl Sick«. Angelandet wird in der Groov. Der ehemalige Rheinarm bildet hier eine weitläufige Flussauenlandschaft, geprägt von teilweise jahrhundertealten Bäumen. Ursprünglich war die Groov eine Insel im Fluss, wurde jedoch 1849 mit dem Ufer verbunden. Inzwischen ist der Rheinarm nur noch ein Doppelsee, der zum Tretbootfahren einlädt und in dem sich Schwäne, Enten, Gänse und sogar Schildkröten tummeln.

Reise ins Mittelalter

Das heutige Freizeitgelände und der angrenzende kleine Jachthafen waren lange Handelsumschlagplatz für den Warenverkehr mit dem Herzogtum Berg. Dahinter steckt das Kölner Stapelrecht von 1259: Um die Abgaben an die Stadt Köln zu umgehen, wurden die auf dem Rhein verschifften Waren hier auf Wagen umgeladen und um das Stadtgebiet Köln herum auf dem Landweg bis hinter Mülheim am Rhein transportiert.

AUTORENTIPP!

PREUSSISCHE SPUREN
Ab 1815 hatten in Köln die Preußen das Sagen. Ohne die Preußen kein Karneval, mit dem sich die rheinischen Freigeister über die Obrigkeit lustig machten. Und ohne die Preußen keine Stadtbefestigung: 1863 wurde der Bau des modernsten Festungsrings jener Zeit in Europa abgeschlossen. Die Festung Köln war im Deutschen Reich mit 42,5 Kilometern Umfang und 182 Einzelwerken die wohl größte Festungsanlage. Die durchnummerierten Forts sind zum Teil erhalten: Nah am Rheinufer ist im Zwischenwerk VIII b das Kölner Festungsmuseum samt der letzten original erhaltenen Zugbrücke eingerichtet worden.

Kölner Festungsmuseum. Jeden 1. Sa und 3. So im Monat 12–18 Uhr, Militärringstr. 10, 50996 Marienburg, www.crifa.de

Oben: Mit der Fähre KroKoLino schippert man gemütlich über den Rhein.
Mitte: Die Villa Malta am Rodenkirchener Leinpfad

Der historische Zündorfer Ortskern mit seinen pittoresken Häuschen lohnt einen Rundgang. Vor allem in der Enggasse reiht sich ein denkmalgeschütztes Haus ans andere. Einen Abstecher ist auch die romanische Kirche Sankt Michael wert, ein gutes Beispiel für ländliche Pfarrkirchen, die sich architektonisch an die Baukunst der großen Kölner Kirchen anlehnen. Im 11. Jahrhundert als schlichter einschiffiger Bau ausgeführt bekam sie 1170 ihren charakteristischen Turm. Chor, Kapellen und Sakristei wurden im 17. Jahrhundert angefügt.

Und auch den wuchtigen Wehrturm aus dem 12. Jahrhundert sollte man nicht links liegen lassen: Aus Säulenbasalt im Stil salisch-staufischer Großbauten errichtet wird er im Jahr 1380 erstmals in einer Heiratsurkunde erwähnt. Das älteste profane Gebäude in Porz ist heute Außenstelle des Stadtmuseums und wird vor allem für Kunstausstellungen genutzt.

In Zündorf kann man entweder wieder in die KVB-Linie 7 steigen und sich Richtung Innenstadt befördern lassen. Oder man nimmt den Weg rheinaufwärts über Westhoven, Poll, Deutz und die Hohenzollernbrücke zurück Richtung Innenstadt und Hauptbahnhof.

Infos und Adressen

SEHENSWÜRDIGKEITEN

Rheinfähre Krokodil. Heiko Dietrich, Weißer Leinpfad (Fähre). Alle 20 Minuten, Mo–Fr 10–19 Uhr, Sa, So und Feiertags 11–20 Uhr, 50999 Köln, Tel. 02236/68 34, info@faehre-koelnkrokodil.de

Zündorfer Wehrturm. Mi und Sa 15–18, So 14–18 Uhr und nach Vereinbarung. Hauptstraße 181, 51143 Köln, Tel. 02203/57 57 609, www.museum-zuendorfer-wehrturm.de

ESSEN UND TRINKEN

Aura. Frisch renovierter In-Italiener mit ausgefeilter Stiefelküche. Di–So 18–24, So, Di–Fr 12–14.30 Uhr, Wilhelmstr. 35a, 50996 Köln, Tel. 0221/935 23 23, www.aura-coeln.de

Bootshaus Alte Liebe. Auf dem rot-weißen Kahn muss man einmal gewesen sein. 11–22 Uhr, im Winter Mo Ruhetag. Rodenkirchener Leinpfad, 50996 Köln, Tel. 0221/39 23 61, www.bootshaus-alte-liebe.de

Fährhaus. Mediterranes Fischrestaurant der gehobenen Art. 11–1 Uhr, Steinstr. 1, 50996 Köln, Tel. 0221/9 35 99 69, www.faehrhauskoeln.de

Kahlshof. Karlstr. 7–9, 50996 Köln, Mo–Sa 10–23 Uhr, Tel. 0221/9 35 31 50, www.kahlshof.de

Zum Treppchen. Terrassenlokal mit bestem Blick auf Rhein und Schiffe. 10–23 Uhr, Kirchstr. 15, 50996 Köln, Tel. 0221/39 21 79

INFORMATION

Call a Bike Deutsche Bahn. Fahrradleihsystem der deutschen Bahn. Nach Anmeldung stehen in Köln rund 850 Fahrräder über die Stadt verteilt zum Leihen parat. Die Räder können an jeder Stelle wieder abgestellt werden. Buchung und Anmeldung per Handy oder Internet. www.callabike-interaktiv.de

Radstation Hauptbahnhof. Fahrradverleih neben dem Musicaldome. 9–18 Uhr, Breslauer Platz, 50667 Köln, Tel. 0221/139 71 90, www.radstationkoeln.de

Verpflegung für Ausflügler in der Gaststätte Zum Treppchen

45 Fühlinger See

Feiern und Rudern

Der Kölner Norden, da denkt man erst mal an Ford. Oder an die Trabantensiedlungshochhäuser von Chorweiler. Künstlich halt, auf der grünen Wiese in den 1960er- und 70er-Jahren aus dem Boden gestampft. Aber dieser Norden ist auch Naherholungsgebiet. Und mit dem Sport- und Freizeitgelände am Fühlinger See gibt es hier eine stadtnahe Wasser- und Wiesenlandschaft, die ihresgleichen sucht.

Entstanden ist die Seenlandschaft durch den Abbau von Kies, der hier ab 1912 für den Bau der Bahnstrecken Köln-Aachen und Köln-Krefeld rausgeholt wurde. Der Rhein ist zwei Kilometer nah, deshalb füllten sich die Gruben fix mit Grundwasser. Östlich begrenzt von den Ford-Werken, im Süden von der A1, westlich durch die Wohnblocks von Chorweiler und im Norden folgt dann endlich der namensstiftende Ort Köln-Fühlingen: Es ist nicht gerade die beste Ecke des Rheinlandes.

Aber sieben untereinander verbundene Seen mit einer Wasserfläche von 100 Hektar, drum herum noch mal genausoviel Wiese, durchzogen von einem fast 20 Kilometer langen Wegenetz. Und das alles eine gute halbe Stunde Fahrzeit vom Hauptbahnhof entfernt, sind wohl beste Voraussetzungen für ein aktives Wochenende. Weil man hier aber auch ordentlich Krach machen kann und jede Menge Parkplätze zur Verfügung stehen, ist das Gelände auch beliebt für Veranstaltungen. Riesigen Zulauf hat jedes Jahr der Summerjam, der hier seit 1996 über die Bühne geht. Jedes Jahr im Juli gehören dann die Uferwiesen den Reggae-Fans. Europas größtes Festival lockte zuletzt 100 000 Besucher an.

Mitte: Die Regattastrecke am Fühlinger See
Unten: Abenteuer für Groß und Klein im Hochseilgarten

Die untereinander verbundenen Seen betten das Herzstück der Anlage, die zwei Kilometer lange Regattastrecke im Zentrum ein. Sie wird sowohl für den Trainingsbetrieb als auch für Wettkämpfe genutzt. Die einzelnen Seen sind unterschiedlichen Nutzungsmöglichkeiten vorbehalten: Ein See für Freibad und Sporttauchen, ein Angelsee, ein Surfsee und drei Bade- und Bootsseen und ein Ruder- und Kanusee zum An- und Ablegen mit Durchfahrt zur Regattastrecke.

Mit 35 ansässigen Vereinen ist sowohl der Breiten- als auch der Leistungssport gut vertreten. Die Kölner Schulen, die Deutsche Sporthochschule Köln und die unzähligen Freizeit- und Sportbegeisterten finden auf der Regattabahn zur Ausübung des Ruder- und Kanurennsports optimale Trainingsbedingungen vor. Man kann hier tagtäglich auf der Tribüne oder direkt am Wasser die Kanuten mit ihren schnellen Booten beobachten oder zugucken, wie sich die Triathleten in ihre engen Neoprenanzüge hineinwursteln, denn geschwommen wird hier fast bei jeder Wassertemperatur.

Wer die Laufschuhe im Reisekoffer hat, kann hier prima ein paar Kilometer abspulen. Die naturnahe Laufstrecke mit einem 7 Kilometer langen Rundkurs um die Teilseen ist schön flach und schnell. Ausgangspunkt dafür ist der Parkplatz P1. Wer einfach nur schwimmen will, tut das hier. Wer dafür Infrastruktur in Form von Umkleidekabinen und Verpflegung braucht, der geht an den »Blackfoot Beach«, ein Strandbad mit Gastronomie, Klettern im Hochseilgarten, Kanu fahren, tauchen, Bogenschießen und Beach Fitness. Echtes Feriengefühl kommt auf, wenn man eines der gemütlichen Beach-Betten ergattert und hier etwas mit Schirmchen drauf zu sich nimmt. Die wohl entspannteste Sportart am Fühlinger See.

Infos und Adressen

SEHENSWÜRDIGKEITEN

Blackfoot Beach. Mai–September 10–22 Uhr, Stallagsbergweg 1, 50769 Köln, Tel. 0221/16 88 18 10, www.blackfoot-beach.de

Naturfreibad Fühlingen. Badebetrieb 1. Mai bis 30. September, Oranjehofstraße 103–105, 50769 Köln, Tel. 0221/221 31250, www.koeln-fuehlinger-see.de

ESSEN UND TRINKEN

Blackfoot Gastronomie. Coole Strandbar mit ganz ordentlicher Verpflegung. 10–20 Uhr, Stallagsbergweg 1, 50769 Köln, Tel. 0221/16 88 18 10, www.blackfoot-beach.de

ÜBERNACHTEN

Matheisen, Hotel Restaurant. In der Lohn 45–47, 50769 Köln, Tel. 0221/9 78 00 20, www.hotel-matheisen.de

INFORMATION

Anreise. Linie 12–15 (Richtung Chorweiler) bis Haltestelle Wilhelm-Sollmann-Straße, Umsteigen in Buslinie 122 (Richtung Chorweiler) bis Haltestelle Seeberg oder Linie 15 (Richtung Chorweiler) bis Haltstelle Heimersdorf, Umsteigen in Buslinie 122 (Richtung Wilhelm-Sollmann-Straße) bis Haltestelle Seeberg.

Im Biergarten am Fühlinger See

Mitte: Fantastisch: Deutscher Märchenwald
Unten: In der Hütte von Station 9 wird die Geschichte vom »Tischlein deck dich!« und »Knüppel aus dem Sack!« erzählt.

46 Märchenwald und Altenberger Dom

Frau Holle und die bunten Kirchenfenster

Knuspernde Hexen, böse Stiefmütter, schöne Prinzen und Wölfe, die nicht nur die Großmutter, sondern auch Rotkäppchen fressen wollen: Im Märchenwald von Altenberg nehmen die Geschichten Gestalt an. Bei dem Familienausflug ins Bergische Land, rund 30 Kilometer nordöstlich von Köln, kommen auch die kulturhistorischen Interessen der Eltern mit dem Altenberger Dom auf ihre Kosten.

Ein verwunschener Märchenwald passt so richtig in die Gegend um Altenberg. Fern von der Hektik bundesdeutscher Autobahnen und verkehrsberuhigter Einkaufszonen liegt gleich hinter der Einmündung des Eifgenbachs in das Flüsschen Dhünn der Deutsche Märchenwald. Mitten in einem Mischwaldgebiet hat Wilhelm Schneider 1931 das Naturmuseum für die Märchen der Sprachwissenschaftler und Volkskundler Jacob Grimm (1785–1863) und Wilhelm Grimm (1786–1859) aufgebaut.

Die Stationen des Märchenwalds

»Es war einmal ...«. So fangen die meisten der wundersamen Überlieferungen an, die die Grimm-Brüder nach intensivem Quellenstudium zusammengetragen haben. 17 Stationen mit konkreten Märchengestalten werden in einem rund zwei Kilometer langen Rundweg während einer »Märchenwald-Rallye« angeboten, mit interaktiven Frage- und Antwortsituationen, bei anderer Gele-

genheit setzen Rufen und Knöpfe das Szenario mechanisch in Bewegung.

Schon kurz hinter dem Parkplatz trifft der Besucher auf die Gänsemagd, die in Wirklichkeit eine Prinzessin war, aber von ihrer Dienerin reingelegt und zum Gänsehüten degradiert wurde, damit diese den schönen Prinzen ehelichen kann. Aber wie das Leben so spielt, erkennt dieser die wahre Schönheit und den echten Adel. »Ach, wie gut, dass niemand weiß, dass ich Rumpelstilzchen heiß!«, heißt es eingebettet in ein echtes Schwarzwaldhaus im nächsten Bild, über den diabolischen Pakt, als ein Müller den Erstgeborenen dem Teufel verspricht, um seine Tochter mit dem König zu vermählen. Aber die junge Frau entlarvt Rumpelstilzchen und rettet ihr Kind.

Bei der dritten Station versucht die böse Schwester die schönere beim Buhlen um den Königssohn auszustechen, aber nur Aschenputtel passt der goldene Schuh. Was würde ein Vater darum geben, die Verwünschung seiner ungehorsamen Söhne wieder rückgängig zu machen. Sie verwandelten sich daraufhin in Die sieben Raben. Erst die nachgeborene Schwester kann ihre Brüder von ihrem schweren Los erlösen. Und wer kennt nicht

AUTORENTIPP!

WASSERORGEL

Das Restaurant des Altenburger Märchenwaldes besitzt mit seiner Wasserorgel eine besondere Attraktion. Atemberaubende Effekte bieten die tanzenden Fontänen, wenn aus mehreren hundert Düsen synchron zur Musik Wasser in die Höhe schießt. Die Wasserfontänen erinnern durch ihre Anordnung an die Klang erzeugenden Rundkörper einer Orgel. Die sphärische Musik und farbige Lichteffekte unterstreichen die Magie des Augenblicks, wenn sich der Saal abdunkelt. Detlev Kreber lässt dann die bunt bestrahlen Fontänen im Takt von Jacques Offenbachs *Orpheus in der Unterwelt*, Franz von Suppés *Die Töchter der Puszta* oder *Dichter und Bauer*, Felice Carenas *Die Geheimnisse der Etsch* und Hans Bunds *Erinnerung an ein Ballerlebnis* tanzen.

Restaurant-Cafe Märchenwald.
12–18 Uhr, zu jeder vollen Stunde, Gebrüder Grimm-Halle.

Oben: Esel streck Dich!
Mitte: Ist der Wolf schon da?
Unten: Sieben auf einen Streich: Das tapfere Schneiderlein

die Geschichte von Schneewittchen und den sieben Zwergen, die es aufnehmen und doch nicht retten können. Erst der schöne Königssohn erlöst das blasse Mädchen aus dem Glassarg.

Von einem Turm hängt dann das lange Haar von Rapunzel. Und rührig ist Der gestiefelte Kater, der dem bei der Erbschaft zu kurz gekommenen Nachgeborenen hilft, ein gutes Leben zu führen. Bei Frau Holle in Szenario 8 geht es dem guten Mädchen besser als auf Erden mit der unerbittlichen Stiefmutter. Als nächste Station gelangt der Spaziergänger zu einer Hütte, in der das Tischlein deck dich! steht und von dem diebischen Kneipier erzählt, den der »Knüppel aus dem Sack!« kuriert.

Wo, fragt man sich, versteckt sich in Arrangement 10 die jüngste Geiß? Bei Der Wolf und die 7 Geißlein müssen danach die ungehorsamen Zicklein lernen, was es heißt, der Mutter nicht zu gehorchen. Nur die Kleinste rettet sich in der Standuhr. Musikalisch geht es an Wanderstation 11 bei den Bremer Stadtmusikanten zu und man muss sich fragen lassen, wer stand nun unten in der tierischen Pyramide und derjenige bewies, dass man wegen seines Alters nicht unbedingt ausgedient haben muss. Da macht die Szenerie 12 von den im

MAL EHRLICH

AUFWACHEN

Ach, wenn doch auch der öffentliche Nahverkehr dem abgelegenen Ausflugsziel ein wenig aus dem Dornröschenschlaf helfen würde. Mal muss man, umständlich umsteigend, mit S-Bahn und Bus über Leverkusen, mal über Bergisch Gladbach fahren. Und am Wochenende ist der ÖPNV reichlich ausgedünnt. Bis hier eine besucherfreundlichere Verkehrsverbindung geschaffen wird, sollte man also besser mit dem eigenen Fahrzeug oder mit Freunden anreisen.

Wald ausgesetzten Geschwistern Hänsel und Gretel Angst, denn sie sollen fett gefüttert werden, damit die Hexe sie aufessen kann. Manche der in den Stationen präsentierten mechanischen Figuren sind weit über vierzig Jahre alt. So wie der böse Wolf, der schwer atmend mit Häubchen in Großmutters Bett liegt, um das arme Rotkäppchen auch noch zu fressen.

Zwei unschuldige Kinder, Schneeweißchen und Rosenrot, werden von einem räuberischen Zwerg bedroht, bis der rettende Bär, ein verwunschener Prinz, im 14. Märchen erscheint. Bei Brüderchen und Schwesterchen fliehen die Stiefkinder einer Hexe in den Zauberwald und weil der Junge nicht hört, verwandelt er sich beim Trinken aus dem See in ein Reh. Aber wieder ist ein rettender Prinz nahe. Es folgt die Geschichte des Aufschneiders, der sieben Fliegen (richtige Antwort auf die Tonbandstimme!) auf einen Streich tötet und sich damit brüstet: Das tapfere Schneiderlein kann deshalb die Königstochter ehelichen. Den Abschluss der Bildgeschichten bildet mit Station 17 Dornröschen, die sich bei ihrer neugierigen Entdeckungsreise sticht und in einen hundertjährigen Schlaf verfällt, bis sie von einem Prinz erweckt wird.

Altenberger Dom

Nicht märchenhaft aber spirituell wirkt der nur wenige Gehminuten entfernt liegende Altenberger Dom. Die ehemalige Klosterkirche des Zisterzienserordens wird seit 1857 auf kaiserliches Dekret hin von der protestantischen und katholischen Kirche für ihre Gottesdienste genutzt und abwechselnd verwaltet. Der »Bergische Dom«, wie die turmlose Querschiff-Basilika auch genannt wird, wurde zwischen 1259 und 1379 errichtet und diente als Grabeskirche für Grafen und Herzöge des bergischen Kreises. Lange Zeit war der

AUTORENTIPP!

BERGISCHE WAFFELN IM KÜCHENHOF

Ein Ausflug ins Bergische Land ohne eine Kaffeetafel mit Bergischen Waffeln ist undenkbar – und die bietet der Küchenhof bei sonnigem Wetter auch gerne in dem mit Kopfstein gepflasterten Hof an. Der Teig und die Herzform der Waffeln sind besonders. Wer sich zu Hause daran versuchen will: Zutaten für acht Portionen: 3 Eier, 100 g Butter, 1 Prise Salz, 4 EL Zucker, 1 TL Vanilleextrakt, 300 g Mehl, ½ TL Backpulver, 100 ml zimmerwarmes Mineralwasser. Zubereitung: Eigelb mit Butter, Salz, Zucker und Vanille schaumig rühren, Mehl und Backpulver mit Mineralwasser abwechselnd einrühren, Eiweiß zu Eischnee schlagen und unterheben. Waffeleisen leicht fetten und den Teig gelbbraun backen, mit Puderzucker bestäuben.

Küchenhof. Di–So ab 11 Uhr, Mittagstisch: 12–15, Waffeln: 14–18 Uhr, Abendkarte: 17–19 Uhr, Tel. 02174/414 13, Carl-Mosterts-Straße 1, 51519 Odenthal, www.gaststaette-kuechenhof.de

Oben: Im 13. Jahrhundert errichtet: Altenberger Dom
Mitte: Sakrale Sachlichkeit: Westfenster

Bau eine bedeutende Wallfahrtskirche für die Region, weil hier die Reliquien der »11 000 Jungfrauen« der Hl. Ursula aufbewahrt wurden. Der religiösen Umbruchstimmung zur Zeit der Reformation fiel die Bedeutung der Ordensgemeinschaft und ihres Domes zum Opfer.

Dass der Zisterzienserorden eine innerhalb des Katholizismus reformerisch wirkende Gemeinschaft war, die sich gegen feudalistische Üppigkeit wandte und Askese predigte, lässt sich sehr gut an der baulichen Schnörkellosigkeit des gotischen Domes erkennen. Der Innenraum ist sachlich ausgestattet und strukturiert, figürliche Darstellungen und farbige Verglasungen fehlten in den Anfangsjahren der Mönchsgemeinschaft, die nicht von den Gaben der Bauern, sondern von ihrer eigenen Arbeit lebten. Aus dieser Zeit hebt sich lediglich die Altenberger Madonna hervor. Die doppelseitig geschnitzte Holzfigur aus dem Jahr 1530 schmückt frei hängend die Vierung über dem Hauptaltar.

Dass die sakrale Sachlichkeit über die Jahrhunderte aufgeweicht wurde, zeigt sich an den für die Gotik typischen Spitzbogenfenstern. Anfangs fehlte die bunte Verglasung. Je jünger die Buntglasfenster jedoch sind, umso detailreicher und farblich kräftiger sind die Darstellungen aus der Kirchengeschichte ausgearbeitet worden. Besondere Aufmerksamkeit verdient das Westfenster, das den Kirchenchor abschließt. Es entstand 1400 und gilt als eines der schönsten Buntglasfenster der deutschen Gotik. Die konkrete, bildhafte Darstellung des himmlischen Jerusalems nach der Apokalypse belegt die Abkehr von den ursprünglichen zisterziensisch-asketischen Regeln. In der Verglasung haben sich die Stifter, das erste bergische Herzogspaar Anna von der Pfalz (1346–1408) und Wilhelm II. von Berg (1348–1408), als kniende Figuren in der Zentralgruppe darstellen lassen.

Infos und Adressen

SEHENSWÜRDIGKEITEN

Altenberger Dom. 8–18 Uhr, Eugen-Heinen-Platz 2, 51519 Odenthal, Tel. 02174/4533, Domführungen/Informationen: Mo, Di, Do, Fr 9–12 Uhr, Tel, 0151/28600833, www.altenberger-dom.de

Deutscher Märchenwald Altenberg. März–Okt. 9–18.30 Uhr, letzter Einlass 18 Uhr, Nov.–Feb. 9–16.30 Uhr, letzter Einlass eine Stunde vor Dämmerung, Kinder bis 14 Jahre 3 €, Erwachsene 4,50 €, Tel. 02174/40454, Märchenwaldweg 15, 51519 Odenthal-Altenberg, www.deutscher-maerchenwald.de

ESSEN UND TRINKEN

Hotel-Restaurant Wißkirchen. Restaurant in einem original bergischen Wohnhaus. Mo–So 8–23 Uhr, Am Rösberg 2, 51519 Odenthal, Tel. 02174/67180, www.hotel-wisskirchen.de

Bergische Töpferkunst: Töpferei im Küchenhof.

Nachmittags: Waffeln in der Gaststätte Küchenhof

Restaurant Altenberger Hof. Regionale Küche mit Feinschmecker-Menüs. 6.30–24 Uhr, Tel. 02174/4970, Eugen-Heinen-Platz 7, 51519 Odenthal, www.altenberger-hof.de

Restaurant-Café Märchenwald. Bergische Spezialitäten gibt's für Hotelgäste auch abends. Mo–So Mittagstisch von 11.30–14.30 Uhr, Kaffee und Kuchen bis 18.30 Uhr. Außerhalb der Schulferien Fr geschlossen. Ab Nov.–Feb. nur an Wochenenden und Feiertagen geöffnet.

ÜBERNACHTEN

Hotel Altenberger Hof. Hotelanlage in einem alten Klosterhof direkt vor dem Dom. Tel. 02174/4970, Eugen-Heinen-Platz 7, 51519 Odenthal, www.altenberger-hof.de

Pension Märchenwald. Einfache Unterkunft innerhalb des Geländes. Tel. 02174/40454, Märchenwaldweg 15, 51519 Odenthal-Altenberg, www.deutscher-maerchenwald.de

INFORMATION

Anreise. Mit der S-Bahn 11 bis Bergisch Gladbach und dann mit dem Nahverkehrsbus bis Odenthal.

47 Königsforst

Naturzelle und Sportbiotop

Die Kölner Stadtgrenze lässt sich im Osten gut zu Fuß erkunden: Der Königsforst umfängt das »rheinische Dreiländereck« zwischen den Städten Köln, Rösrath und Bergisch Gladbach. Der Staatsforst am östlichen Rand der Domstadt ist einfach und direkt mit den Kölner Verkehrsbetrieben zu erreichen und ein wildromantisches Naherholungsgebiet mit Urwaldqualitäten.

Mitte: Die gesamte Fläche des Königsforstes ist unter Schutz gestellt.
Unten: Der höchste Punkt von Köln: Monte Troodelöh (118,04 Meter)

Mit seinen 30 Quadratkilometern Fläche gehört der Königsforst zu den größten zusammenhängenden Waldgebieten Nordrhein-Westfalens. Hügelgräber zeugen noch heute von seiner frühzeitlichen Besiedelung. Man ordnet sie der Hallstatt-Kultur zu, sie sind aber vor Ort kaum noch zu erkennen. Systematisch ausgegraben hat man die Funde im Römisch-Germanischem Museum Köln untergebracht.

Das dichte Waldgebiet war Jagdrevier und reich gedeckte Fleischkammer der Herzöge von Berg. Da die Untertanen unter Androhung härtester Strafen nicht jagen durften, vermehrte sich das Rotwild Ende des 18. Jahrhunderts derart, dass in einem Jahr rund 4000 Hirsche erlegt werden mussten.

Unter der napoleonischen Besatzung büßte das Waldgebiet nahezu seinen gesamten Bestand an Eichen ein. Die nach dem Wiener Kongress anschließende preußische Verwaltung setzte bei der Wiederaufforstung auf schnell wachsende Kiefern und das blieb so bis weit ins 20. Jahrhundert. Heute nennt man das Monokultur und die prägt auch noch heute das Erscheinungsbild des Waldes.

Rundgang

Von der Endstation der Linie 9 auf breiten Forstwegen zur Endstation der Linie 1: Knappe 10 Kilometer geht der Easywalk durch den Königsforst. Turnschuhtauglich mit Einkehroption an Start und Ziel gegeben.

A Schmitzebud: Gleich gegenüber der KVB-Haltestelle ist das berühmte Büdchen, früher Treff- und Haltepunkt für Wanderer und vor allem für ganze Rudel von Rennradfahrern. Vorübergehend geschlossen, soll aber wiedereröffnet werden.

B Waldlehrpfad: Am Forsthaus Rath beginnt der vier Kilometer lange Rundweg, der einen guten Einblick in die Vielfalt des Waldes vermittelt. 31 Schrifttafeln am Wegesrand erläutern den artenreichen Baumbestand.

C Wassertretstelle: An der Waldwegkreuzung Forsbacher Straße, Wolfsweg und Rath-Forsbacher Weg stoßen die drei Städte Köln, Bergisch Gladbach und Rösrath zusammen. Hier wird der Giesbach in einem Kneippbecken gestaut und in der Wassertretstelle kühlen müde Wanderer die brennenden Sohlen.

D Naturwaldzellen: Am Wolfsweg entlang verläuft die Stadtgrenze zwischen Köln und Bergisch Gladbach. Zu beiden Seiten liegen die Naturwaldzellen. Nur gucken, nicht anfassen!

E Monte Troodelöh: Dies ist der Gipfel der Stadt mit 118,04 akkurat vermessenen Metern über NN. Seinen Namen verdankt er den Erstbesteigern, nämlich den Herren Troost, Dedden, Löhmer, also »Troo-De-Löh«. Die Forstverwaltung stiftete den Felsen und die Kölner Abteilung des Alpenvereins zu ihrer 125-Jahr-Feier 2001 den Gipfelstempel mit Kissen und Buch.

F Kettners Weiher: Ein Stauen des Wahlbaches kurz vor der Mündung in den Böttcherbach speist den zweiteiligen »Kettners Weiher«. Es gibt Bänke zum Verweilen und eine Schutzhütte. Die Wanderer sehen jedoch nur den unteren Teil des Weihers. Der etwas höher liegende östliche Teil ist durch den dicht bewaldeten Damm und fehlende Wege nicht zugänglich.

G Waldgrabstätte: Nahe der Brüderstraße liegt der Hund begraben, genau genommen mehrere Doggen und ihr Herrchen. Josef H. Hausmann, ein stadtbekannter Kölner Exzentriker, hat sein Vermögen der Kunsthochschule Köln hinterlassen. Allerdings mit der Auflage, dass die Stadt Köln sein Grab pflegt. So wurde er 1932 auf Höhe der Bundesanstalt für Straßenwesen, zwischen der A4 und dem heutigen Wanderweg, neben seinen Hunden beigesetzt.

H Unter der Autobahn A4 durch geht es durchs Villenviertel nach Nordosten Richtung Bensberg Mitte. Bensberger Schloss und Rathaus weisen den Weg. Die Linie 1 bringt Ausflügler zurück ins Zentrum von Köln.

AUTORENTIPP!

KAFFEEDRENKE MET ALLEM DRÖM ON DRAN

Bewegung an der frischen Luft macht ja bekanntlich hungrig. Und wir befinden uns geographisch schon im Bergischen Land. Und das ist berühmt für seine Bergische Kaffeetafel. Korinthenstuten, Milchreis mit Zimt und Zucker, Honig, Apfel- oder Rübenkraut, deftiges Schwarzbrot, Quark, Butter und Waffeln gehören dazu. Man bestreicht den Korinthenstuten mit Butter und Honig und türmt darauf den »stiefen Ries« mit Zucker und Zimt. Jetzt folgen die Waffeln. Danach isst man das Schwarzbrot mit Butter und Quark. Und die »Dröppelmina«, eine bauchige Kaffeekanne mit Hahn darf auf keinen Fall fehlen. Im Bergisch Gladbacher Zentrum ist das Café Kroppenberg dafür eine gute Anlaufstelle.

Café Kroppenberg. Mo–Sa 7.30–18.30, So 13.30–18 Uhr, Eichelstraße 13–15, 51429 Bensberg, Tel. 02204/94930, www.cafe-kroppenberg.de

Die berühmte Bergische Kaffeetafel, hier im Restaurant Dröppelminna in Herrenstunden

Die Linie 9 bringt die Besucher direkt zum Königsforst.

Trotzdem haben geschützte und gefährdete Arten und Pflanzengesellschaften überdauert. Grün-, Bunt und Mittelspechte trommeln ihre Stakkatos in die Stämme, Zauneidechse, Hirschkäfer und Blindschleiche finden sich hier. Viele Wasserläufe und Feuchtgebiete sind die Heimstatt seltener Pflanzen.

Um die Jahrtausendwende wurde der Bereich des Staatsforstes zum Naturschutzgebiet erklärt, wird aber weiter forstwirtschaftlich genutzt. Dabei ging es in den vergangenen Jahren darum, die Fichten- und Kieferbestände abzubauen und den natürlichen Nachwuchs durch Buchen zu fördern.

Deshalb die Einrichtung von Naturwaldzellen: »Betreten verboten« heißt die Devise. Hier wird untersucht, wie sich der Wald ganz ohne menschliche Eingriffe entwickelt. 60 Hektar mit Buchen, einzelnen Fichten und uralte Eichen dürfen seit 2005 eine besonders schöne Heimstatt für seltene und gefährdete Pflanzen und Tiere sein.

Großstadtnah ist der Königsforst ist mit seinen gut ausgebauten Wander-, Rad- und Reitwegen ein wichtiges Naherholungsgebiet insbesondere für Köln. Die vorgeschlagene Tour lässt sich mit ihren knapp 10 Kilometern gut auf Schusters Rappen und mit Turnschuhen bewältigen.

Infos und Adressen

ESSEN UND TRINKEN

AsaDo. Im alten Bahnhof wird im Sommer draußen großflächig Fleisch gegrillt. Di–Sa 17–24, So 12–23 Uhr, Baumschulenweg, 51107 Köln, Tel. 02205/89 47 97, www.restaurant-asaDo.de

Das Fachwerkhaus. Di–So 12–23 Uhr, Burggraben 37, 51429 Bergisch Gladbach, Tel. 02204/5 49 11, www.dasfachwerkhaus.de

Jan Wellem. Die gute Stube des Schlosshotels besucht man am besten für ein Champagnerfrühstück. So 12–15 Uhr, Kadettenstraße, 51429 Bergisch Gladbach Tel. 02204/429 00, www.schlossbensberg.com

Schmitzebud. Eine Instiution und beliebte Einkehr bei Wanderern und Radfahrern. Direkt an der Endhaltestelle Königsforst werden hier normalerweise Hungrige und Durstige glücklich gemacht. Im Moment ist die Schmitzebud leider geschlossen, soll aber demnächst wiedereröffnet werden.

Trattoria Enoteca. Edelitaliener im Bensberger Schloss. 12–14.30, 18–22 Uhr, Kadettenstr., 51429 Bergisch Gladbach, Tel. 02204/429 19 51, www.schlossbensberg.com

ÜBERNACHTEN

Hotel-Restaurant Forsbacher Mühle. Mitten im Wald die Vöglein zwitschern hören. Der alte Fachwerksbau macht's möglich. Mühlenweg 43, 51503 Rösrath-Forsbach, Tel. 02205/90 08 40, www.forsbacher-muehle.de

Parkhotel St. Georg. Punktet mit Waldrandlage, Biergarten und moderaten Preisen. Rather Mauspfad 11, 51107 Köln, Tel. 0221/98 68 00, www.parkhotel-koeln.de

INFORMATION

Anreise. KVB Linie 9, Endhaltestelle Königsforst. Rückfahrt: KVB Linie 1, Endhaltestelle Bensberg.

Verschiedene Ausflugslokale sorgen für das leibliche Wohl.

48 Schloss Brühl

Die Lieblingsresidenz der Kölner Kurfürsten

Fürstlich wirken Schloss Augustusburg und das Jagdschloss Falkenlust. Prunk und Protz vergangener Zeiten im verspielten Stil des Rokoko finden sich 19 Kilometer im Süden vor den Toren Kölns in der beschaulichen Stadt Brühl. Das imposante Schloss und die Jagdresidenz, seit 1984 auf der Liste des UNESCO- Weltkulturerbes, liegen mitten in einer Parkanlage, an die das Max Ernst Museum angrenzt.

Fürsten haben schon seit Jahrzehnten auf Schloss Augustusburg nichts mehr zu sagen, heute ist die ehemalige Lieblingsresidenz des Kölner Kurfürsten und Erzbischofs Clemens August von Bayern (1700–1761) aus dem Hause Wittelsbach im Besitz des Landes Nordrhein-Westfalen. Es gehört zu den ersten bedeutenden Bauten des Rokoko.

Vom Bollwerk zum Rokokoschloss

Bereits im 12. Jahrhundert besaßen die Erzbischöfe von Köln auf dem Gelände ein Gut mit angrenzendem Wildpark zur Jagd. Daraus wurde ein Bollwerk mit Wasserburg, das aber den Pfälzischen Erbfolgekrieg (1688–1697) nicht überstand. Auf den Ruinen ließ dann Erzbischof Clemens August ab 1725 das Schloss nach Plänen des westfälischen Architekten Johann Conrad Schlaun errichten. Interessant für Architekturliebhaber sind die nicht komplett symmetrischen Fensterachsen der Seitenflügel, die aufgrund der Einbeziehung der alten Grundmauern in das neue Fundament nicht der Baukultur der damaligen Zeit entsprechen.

Mitte: Asymmetrisch: Fassaden Schloss Brühl
Unten: Nach französischem Vorbild: Buchsornamentik im Schlosspark

Geheimgarten und Fasanenjagd

In den folgenden Jahren bis zur Vollendung 1768 arbeiteten die namhaftesten Baumeister ihrer Zeit am Außen- und Innenausbau. Den Entwurf für das weltberühmte Prunktreppenhaus stammt aus der Feder des bedeutendsten Baumeisters des Barock und Rokoko, Johann Balthasar Neumann (1687–1753), die Deckengemälde im Treppenhaus und dem sogenannten Gardensaal gestaltete der italienische Freskenmaler Carlo Carlone (1686–1775). Mit der Anlegung der barocken Gartenanlage, die dem südlichen Seitenflügel vorgelagert ist, begann der französische Gartenarchitekt Dominique Girard nach französischem Vorbild ab 1728. Zur gleichen Zeit entstanden auch Waldbereiche, die Orangerie und der »Jardin Secret«, der Geheimgarten. Das Jagdschloss Falkenlust wurde zwischen 1729 und 1737 nach Plänen von François de Cuvilliés (1695–1768) errichtet. Es liegt rund 500 Meter von Augustusburg entfernt südöstlich und ist durch eine lang gestreckte Allee zu erreichen.

Das Wirtshaus der Bundesregierung

Die Schlossanlage wurde gegen Ende des Zweiten Weltkrieges durch zahlreiche Bombentreffer schwer zerstört, aber in den Nachkriegsjahren restauriert. Dass man für den Wiederaufbau weder Kosten noch Mühen gescheut hat, um den Originalzustand des Gebäudes wiederherzustellen, mag vor allem darin begründet sein, dass die damalige Bundesregierung von 1949 bis 1996 das Schloss nutzte, um hochrangige Staatsgäste in repräsentativer Umgebung zu empfangen und zu bewirten. Aber dem aufwendigen originalgetreuen Wiederaufbau wiederum ist es zu verdanken, dass die

AUTORENTIPP!

MAX ERNST MUSEUM BRÜHL

Fast dreißig Jahre hat Brühl gebraucht, bis sie das Lebenswerk ihres berühmten Sohnes in einem eigenen Museum präsentieren konnte. Den Mitbegründer der Kölner Dada-Gruppe zog es mit 30 Jahren nach Paris, wo er zu einem der wichtigsten Mitglieder der Surrealistenbewegung um André Breton wurde. Als »entarteter Künstler« floh er in die USA und kehrte erst lange nach dem Krieg wieder nach Frankreich zurück. Im Museum werden heute zahlreiche wichtige Bilder aus der Frühzeit seines Schaffens gezeigt. Daneben verfügt das Museum mit der Sammlung Schneppenheim über sein fast komplettes grafisches Werk. Auch die 36 D-paintings sind Prunkstücke im Bestand, ebenso wie die Geburtstags- und Liebesgeschenke, die Max Ernst seiner Frau, der Künstlerin Dorothea Tanning, gemacht hat.

Max Ernst Museum. Di–So 11–18 Uhr, Comesstraße 42, 50321 Brühl, Tel. 02232/579 30, www.maxernstmuseum.lvr.de

Oben: Jagdschloss: Falkenlust
Mitte: Blick durch die Hospitalgasse auf die Kirche Sankt Margaretha

Brühler Schlossanlagen heute, vor allem an Wochenenden und zur Ferienzeit ein beliebtes Ausflugsziel sind.

Max Ernst, Sohn der Stadt Brühl

Wenige Gehminuten entfernt wurde dem berühmtesten Sohn der Stadt ein museales Denkmal gesetzt. Dem Maler Max Ernst (1891–1976). Schon optisch setzt sich das 2005 eröffnete Museum für den berühmten Dadaisten und Surrealisten von der Rokoko-Verspieltheit des Schlosses ab. Dass die Stadt ein klassizistisches Dreiflügelhaus für den Ausstellungsbau gewählt hat, kommt nicht von ungefähr: Schon der junge Max Ernst besuchte das 1844 errichtete Ausflugslokal »Brühler Pavillon«. Für das Museum wurde das Gebäude aus dem 19. Jahrhundert um einen modernen Glaspavillon und ein Stelzeneingangsdeck sowie Kellerräumlichkeiten für Ausstellungen und Veranstaltungen ergänzt. Für die Integration des Neubaus mit den ästhetischen Ansprüchen zeitgenössischer Architektur in die Altbaustruktur aus dem 19. Jahrhundert wurde das Museum als »vorbildliches Bauwerk im Lande Nordrhein-Westfalen« ausgezeichnet.

MAL EHRLICH

GANZ RUHIG

Brühls Fußgängerzone mit ihren schon wochentags nicht gerade attraktiven Einkaufsmöglichkeiten wirkt an Sonn- und Feiertagen noch verschlafener und öder und lädt nicht gerade zum Verweilen ein. Aber es lohnt sich noch, neben der Schlossanlage und dem Max-Ernst-Museum einen Blick auf die klassizistischen Bürgerhäuser in der näheren Umgebung der Augustusburg zu werfen, die die Beamtenstadt einst geprägt haben.

Infos und Adressen

SEHENSWÜRDIGKEITEN

Schloss Augustusburg und Schloss Falkenlust. Di–Fr 9–12, 13.30–16 Uhr (letzter Einlass), Sa, So 10–17 Uhr (letzter Einlass), Eintritt 6 €, das Schloss ist im Dez. und Jan. geschlossen, Tel. 02232/44000, Max-Ernst-Allee, 50321 Brühl, www.schlossbruehl.de

Schlosspark Brühl. Jan 8–17, Feb.–14. März 8–18, 15.–29. März 7–19, 30. März–30. April 7–20, Mai–Aug. 7–21, Sep. 7–20, 1. Okt.–25. Okt. 7–19, 26. Okt.–31. Okt. 7–18, Nov.–Dez. 8–17 Uhr. Haupteingang: Parkplatz, Max-Ernst-Allee, 50321 Brühl, www.schlossbruehl.de

ESSEN UND TRINKEN

Brauhaus Brühler Hof. Deftige Küche mit internationalem Touch und griechischen Vorspeisen, mit Übernachtungsmöglichkeit. Mo–So 10–24 Uhr, Uhlstraße 30, 50321 Brühl, Tel. 02232/41 01 32, www.bruehlerhof.de

Museumsbistro Chez Max. Kleine Küche und ein reichliches Tortenangebot, mit Außenterrasse. Di–So 11–18 Uhr, Comesstraße 42/Max-Ernst-Allee 1, 50321 Brühl, Tel. 02232/57 97 47, www.maxernstmuseum.lvr.de

Museumsbistro im Max-Ernst-Museum

Der alte Kaiserbahnhof ist heute ein Restaurant.

ÜBERNACHTEN

Balthasar Neumann Speiserei und Gästehaus. Sachlich möbilierte, aber großzügige Gästezimmer. Das elegante Restaurant bietet neue deutsche Küche, auch mit gluten- und laktosefreien Gerichten. Janshofpassage 1, 50321 Brühl, Tel. 02232/99 33 67, www.balthasar-neumann.de

Hotel am Stern. Kühl und funktional eingerichtetes Hotel in Schlossnähe. Tel. 02232/180 00, Uhlstraße 101–103, 50321 Brühl, Tel. 02232/57 97 47, www.hotel-am-stern.de

INFORMATION

Anreise. U-Stadtbahn Linie 1, Station Brühl Mitte, Regionalbahn Station Brühl.

Mitte: Blühende Landschaft: Bergisches Freilichtmuseum bei Lindlar
Unten: Landleben zum Anfassen

49 Freilichtmuseum Lindlar

Altes Handwerk zum Anfassen

Knapp 35 Kilometer sind es von der Kölner Innenstadt bis ins Örtchen Lindlar mitten im Bergischen Land und von dort nur noch einen Katzensprung bis ins Freilichtmuseum Lindlar. Der Ausstellungspark zeigt das harte Leben und Arbeiten der Menschen früher in dieser bergischen Region. Heute leben hier mehrheitlich Pendler, die im Gegensatz zu ihren Vorfahren ihren Lebensunterhalt in den nahe gelegenen Großstädten verdienen.

Nur selten noch haben Jugendliche und ihre Eltern die Möglichkeit, die bäuerliche und handwerkliche Kultur ihrer Groß- und Urgroßeltern kennenzulernen. Das hat den Landschaftsverband Rheinland veranlasst, in Lindlar 1998 eine Museumslandschaft zu schaffen, in der es möglich ist, nicht nur die bauliche Struktur, sondern auch die Lebensrealität und die Arbeitsplätze der Menschen im Wandel der letzten Jahrhunderte kennenzulernen.

Ökologie und Handwerk

Auf insgesamt 30 Hektar wird der ländliche Alltag im Bergischen Land in den letzten Jahrhunderten im Bergischen Freilichtmuseum für Ökologie und bäuerlich-handwerkliche Kultur gezeigt. Dabei wird versucht, den Wandel in der Region durch verschiedene Gebäudegruppen darzustellen und dabei die verschiedenen Zeitepochen mit ihrem gesellschaftlichen und kulturellen Wandel und den unterschiedlichen Produktionsmethoden zu zeigen. Über 30 Gebäude, die durch ihre Gruppierung so etwas wie eine dörfliche Struktur bieten, gibt es derzeit auf dem Areal, aber der Ausbau des Geländes ist nach wie vor nicht abgeschlossen.

Bergisches Landleben

Neben der architektonischen Komponente sollen Vorführungen der verschiedenen Handwerke und Berufsgruppen in den Originalwerkstätten einen Eindruck von den früheren Arbeitsbedingungen vermitteln. Ergänzt wird das museale Angebot durch Wiesen mit altbekannten, vor allem bergischen Obstbäumen, durch Äcker, die noch nach historischem Vorbild bewirtschaftet werden, und Selbstversorgungsgärten mit Gemüsesorten, die sich für die Lagerung und Versorgung in den langen Wintermonaten eigneten. Im Gut »Zum Eigen« wird die Subsistenzwirtschaft veranschaulicht, wie sie bis zur Revolution von 1848 im Bergischen Land üblich war. In einer noch in der Rekonstruktionsphase befindlichen Hausgruppe können die Lebens- und Arbeitsbedingungen um die Zeit der Gründung des Deutschen Reichs 1871 besichtigt werden.

Handwerksvorführungen

Der direkt neben dem Geländeeingang befindliche »Hof Peters«, 1894 errichtet, wurde noch bis 1988 von der Lindlarer Familie Peters bewohnt, ohne dass groß bauliche Änderungen vorgenommen wurden. Heute bewirtschaften Angestellte des Landschaftsverbandes den Hof im Stil der 1950er- und 1960er-Jahre mit alten Gerätschaften und historischen Anbau- und Erntemethoden. Selbst der Viehbestand orientiert sich an dem der Bauernfamilie. Daneben gibt es eine historische Seilerei, Schmiede und Stellmacherei, Backhaus, Lumpenreißerei und 1997 wurde eine ehemalige Fuhrmannskneipe aus Wuppertal samt ihrem alten Inventar abgebaut, um in Lindlar historische Kneipenatmosphäre zu vermitteln.

Infos und Adressen

SEHENSWÜRDIGKEITEN

Freilichtmuseum. März–Okt. Di–So 10–18, Nov.–Feb. Di–So 10–16 Uhr, Eintritt Erwachsene 6 €, Kinder und Jugendliche frei, Schloss Heiligenhoven, 51789 Lindlar, Tel. 02234/992 15 55, www.freilichtmuseum-lindlar.lvr.de

ESSEN UND TRINKEN

Naumanns im Lingenbacher Hof. Restaurant in einem Bergischen Landhaus. März–Okt Di–So 10.30–18, Nov–Feb Di–So 11–16 Uhr, Lingenbacher Weg 6, 51789 Lindlar, Tel. 02266/46 42 80, www.lingenbacher-hof.de

ÜBERNACHTEN

Artgenossen Landarthotel. Designhotel im denkmalgeschützten Jugendstilhaus. Pollerhofstr. 35–37, 51789 Lindlar, Tel. 02266/90 12 80, www.artgenossen-gmbh.de

INFORMATION

Anreise. Mit S-Bahn und Bus bis Kölner Straße Lindlar, von dort mit dem Anruf-Linien-Taxi, Tel. 02261/91 12 71, Voranmeldezeit: 60 Min bis Steinscheid Bergisches Freilichtmuseum, Lindlar.

Im Museumsgarten wird auch Kohl angebaut.

Mitte: Affenfelsen: Rathaus von Bensberg
Unten: Unterm Stern: Neues Schloss

50 Bensberg
Mekka für Feinschmecker

Bei Bensberg denken die meisten Feinschmecker zuerst einmal an Michelin-Sterne. Denn in der Kleinstadt am Rande des Bergischen Landes, die von Köln aus mit der Straßenbahn zu erreichen ist, befindet sich im Schloss Bensberg eines der zehn besten Restaurants Deutschlands. Berühmt ist die bergische Kleinstadt aber auch wegen seines Rathauses, das in die historischen Gemäuer des alten Schlosses integriert wurde.

Despektierlicher kann man ein Rathaus nicht mehr nennen: »Affenfelsen« haben die Einwohner von Bensberg ihr neues Rathaus im Volksmund getauft. Und in dem Namen manifestiert sich einiges von dem Unverständnis und der Empörung, die die Neubaupläne für den Amtssitz des Bürgermeisters der bergischen Kreisstadt in der Bevölkerung auslösten. Das beschauliche Städtchen stand Kopf, als der Entwurf des Architekten und Bildhauers Gottfried Böhm (geb. 1920) für das neue Rathaus Anfang der 1960er-Jahre in der breiten Öffentlichkeit bekannt wurden. Der Liebhaber skulpturaler Bauten aus Beton, Stahl und Glas sollte im Stadtzentrum den Verwaltungssitzneubau der Stadt in die Alte Burg integrieren – und das wollte die »Architektur-Ikone des 20. Jahrhunderts« mit reichlich Stahlbeton verwirklichen.

Trotz der Proteste und Empörung wurde zwischen 1964 und 1969 gebaut. Böhm griff dabei die Umfriedung der Burg in seiner Konstruktion auf und schuf um den nach Süden abfallenden Platz ein halbrundes Gebäude, wobei Reste der Burganlage mit dem Böhmschen Sichtbetonbau verschmelzen.

Die zugemauerten Fenster der Ex-Burg finden in der horizontal ondulierten Betonfassade ihre Fortsetzung.

Blick vom Affenfelsen

Links des Rathaushofes, der Eingang befindet sich zwischen altem und neuem Turm, liegt der zum Innenhof großflächig verglaste Ratssaal, in dessen Rückwand ein Teil des ehemaligen Ringwalls integriert ist. Lohnenswert ist die Besichtigung des runden Treppenhauses vor allem wegen seiner Aussicht. Die spiralförmige, rahmenlose Verglasung der Wendeltreppe ermöglicht einen mit der Höhe zunehmenden Panoramablick auf die Kölner Bucht und den Dom.

Drei Sterne zum Glück

Auch aus dem neuen Schloss, nur wenige Gehminuten vom Rathausplatz entfernt, sind die alten Herrschaften ausgezogen – und haben Platz für eines der bekanntesten Luxushotels in der Umgebung Kölns gemacht. Seit in dem Hotelrestaurant »Vendôme« der Sterne-Koch Joachim Wissler, 2012 mit dem Titel »Koch der Köche« ausgezeichnet, den Kochlöffel schwingt, ist die Schlossküche über die Kleinstadtgrenzen hinweg bekannt. Seine schnörkellosen, auf klare Geschmäcker ausgerichteten Gerichte inspirieren Gastrokritiker zu immer neuen Lobeshymnen auf den Kreativkoch und machen das Restaurant zum Mekka für Feinschmecker. Neben dem kulinarischen Erlebnis lohnt sich auch ein Abstecher in den »Puppenpavillon« Bensberg. Das bekannte Puppentheater wurde 1988 von der inzwischen pensionierten Puppenspielerin Heide Hamann gegründet. Seine feste Spielstätte hat es in der Johannes-Gutenberg-Realschule, das Programm richtet sich vornehmlich an Familien mit Kindern ab drei Jahren.

Infos und Adressen

SEHENSWÜRDIGKEITEN

Theater im Puppenpavillon. Kaule 3 (Schulhof der Johannes-Gutenberg-Realschule), 51429 Bergisch Gladbach/Bensberg, Tel. 02204/546 36.

ESSEN UND TRINKEN

Vendôme Restaurant. Französische Küche. Drei Michelin-Sterne und 19,5 von 20 Gault Millau-Punkten sagen alles. Mi 19–22, Do–So 12–14, 19–22 Uhr, Kadettenstr., 51429 Bergisch Gladbach/Bensberg, Tel. 02204/420, www.schlossbensberg.com/de/kulinarik/restaurant-vendome

ÜBERNACHTEN

Althoff Grandhotel Schloss Bensberg. Ein Luxus-Gourmethotel in exquisiter Umgebung und Blick vom Zimmer auf den Kölner Dom. Kadettenstrasse, 51429 Bergisch Gladbach/Bensberg, Tel. 02204/420, www.schlossbensberg.com

Romantik Waldhotel Mangold. Eine Übernachtungsoase in Zentrumsnähe. Am Milchbornbach 39–43, 51429 Bergisch Gladbach/Bensberg, Tel. 02204/955 50, www.waldhotel.de

INFORMATION

Anreise. U-Stadtbahn Linie 1, Station Bensberg, Steinstraße

REISEINFOS

Seite 270/271: Zug der KVB auf der Mülheimer Brücke
Oben: Hier kommt der Kölnbesucher an und fährt wieder ab: der Kölner Hauptbahnhof.
Mitte: Blick über die Hohenzollernbrücke nach Deutz

Köln von A bis Z

Anreise

Mit dem Flugzeug. Der Köln Bonn Airport (CGN) »Konrad Adenauer« liegt rechtsrheinisch, günstige 15 Kilometer nah der Kölner Innenstadt in der Wahner Heide. Er wird unter anderem von Air Berlin, Germanwings, Lufthansa und Austrian Airlines angeflogen. In die Stadt kommt man mit der S-Bahn und dem Regional-Express. Ausstieg auf dem Bahnhof Köln-Messe/Deutz oder eine Station weiter auf dem Hauptbahnhof Köln. Von beiden Bahnhöfen kann man in die Stadtbahn/U-Bahn umsteigen. Ticket des Verkehrsverbundes Rhein-Sieg VRS oder der Kölner Verkehrsbetriebe in der Preisstufe 1b. Die Fahrt dauert etwa 15 Minuten. Eine Taxifahrt vom Flughafen in die Innnenstadt kostet rund 30 Euro und dauert je nach Verkehrslage 15 bis 25 Minuten. Die Carsharing-Firmen DriveNow (BMW) und Car2go (Mercedes Smart) bieten Autos am Flughafen an, die in der Stadt abgestellt werden können. Per Auto ist der Flughafen direkt über die A 59 erreichbar.

Durch Bahnanbindung an das ICE-Netz sind alternativ auch die Flughäfen in Frankfurt am Main und Düsseldorf schnell zu erreichen.

Mit dem Zug. Der Kölner Hauptbahnhof liegt mitten in der Innenstadt und direkt am Dom. Die Hauptverkehrswege und Einkaufsstraßen führen an ihm vorbei. Vom Zug steigt man an seiner rückwärtigen Seite an der Station Breslauer Platz oder an seiner Vorderseite zum Dom hin an der Station Hauptbahnhof in die U-Bahnen um. Ein weiterer wichtiger Bahnhof ist Köln-Messe/Deutz. Er ist ebenfalls an das Stadtbahn-System angeschlossen und wird als ICE Bahnhof der Strecke Ruhrgebiet-Frankfurt genutzt, da die Zufahrt über

die Hohenzollernbrücke zum Hauptbahnhof überlastet ist. Die weiteren Bahnhöfe sind nur für den regionalen Verkehr relevant, bieten aber oft Umsteigemöglichkeiten in die Stadtbahn/U-Bahn.

Als einer der wichtigsten und größten europäischen Bahnknotenpunkte ist Köln sehr gut an das Bahnnetz angeschlossen. Es gibt ICE-Verbindungen in alle großen Städte und zum Frankfurter Flughafen (ca. 1 Stunde Fahrtzeit). Mit den meisten größeren Städten Deutschlands ist Köln im Stundentakt verbunden. Über den Schnellzug Thalys hat Köln eine schnelle Anbindung an Brüssel und Paris.

Mit dem Bus. Köln ist gut an das sich ständig erweiternde Fernreisebusnetz angeschlossen. Der Zentrale Omnibusbahnhof (ZOB) liegt am Hinterausgang des Hauptbahnhofes am Breslauer Platz. Eine weitere Fernbushaltestelle liegt in Köln-Deutz, Gummersbacher Str. 31, gegenüber dem Kölner Eishockey Club hinter der Lanxess Arena. Informationen z.B. unter www.fernbusguide.de

Einkaufen

Die Öffnungszeiten des Einzelhandels bewegen sich in der Regel zwischen 10 Uhr und 18 Uhr. In den Haupteinkaufslagen ist abends meistens bis 20 Uhr Shoppingtime. Supermärkte haben oft bis 21 Uhr geöffnet, Innenstadtfilialen von REWE oft

Oben: Das Rheinpanorama in seiner ganzen Pracht
Mitte: Unter Kahlenbäumen, Hutmacherei von Lanzenauer
Unten: Shoppingmeile Hohe Straße

Oben: Jecken im Straßenkarneval
Mitte: Mit der dicken Trum unter Groß St. Martin

auch bis Mitternacht. Eine Besonderheit sind die »Büdchen«: Diese Kioske gibt es fast an jeder Ecke. Mit einer breiten Getränkeauswahl und dem Notwendigsten des täglichen Bedarfs und Öffnungszeiten oft bis weit in die Nacht hinein sind sie die eigentlichen Versorgungs- und Kommunikationszentren der Veedel.

Feiertage

Als katholische Hochburg ist Köln an die entsprechenden Feiertage gebunden. Darüber hinaus sind der 1. Mai und der 3. Oktober gesetzliche Feiertage.

Der Karneval ist die Kölner fünfte Jahreszeit. Bedingter Ausnahmezustand gilt in Köln vom 11.11. bis sechs Wochen vor Ostern. Weihnachten wird feiertechnisch höchstens als kurze Absenkung der Schunkellaune empfunden. Die genaue Lage im Jahreskalender definiert sich über den 1. Frühlingsvollmond. Der erste Sonntag danach ist Ostern, 40 Tage davor Aschermittwoch.

Los geht's an Weiberfastnacht, dem Donnerstag vor Aschermittwoch. Auftakt des Kölner Straßenkarnevals mit der Schlüsselübergabe der Stadt an den Prinzen des Dreigestirns. In ganz Köln wird bis tief in die Nachtstunden auf den Straßen, in den Kneipen gefeiert. Die Geschäfte haben ab Mittag oder ganz geschlossen. Karnevalsfreitag und Samstag setzt sich das bunte Treiben fort, die Geschäfte haben aber normal geöffnet. Kleinere Karnevalsumzüge finden am Samstag vor allem in den Randgemeinden statt. Am Samstagabend zieht der Geisterzug mit zehntausenden Teilnehmern auf jährlich wechselndem Zugweg durch die Stadt.

Am Karnevalssonntag ziehen die Schull- und Veedelszöch durch die Innenstadt. Auf demselben Zugweg findet tags darauf der Rosenmontagszug statt. Am Veilchendienstag gehen nachmittags die Veedelszüge durch die Hauptstraßen der Kölner Viertel. Seinen Abschluss findet der Karneval mit der Nubbelverbrennung, der vor vielen Kölner Kneipen verbrannt wird.

Feste und Veranstaltungen

März: Die lit.COLOGNE ist ein internationales Literaturfest und geht jährlich in den ersten Märzwochen an vielen Orten der Stadt über die Bühne. Internationale Autoren präsentieren in 175 klassischen oder inszenierten Lesungen ihre Werke, parallel gibt es ein Programm für Kinder und Jugendliche. www.litcologne.de

Juli: Jährlich wird der Rhein am ersten oder zweiten Juliwochenende per Feuerwerk illuminiert. Die Kölner Lichter werden am Rheinufer zwischen Hohenzollern- und Zoobrücke gezündet und ziehen regelmäßig hunderttausende Menschen in ihren Bann. Termine: 19. Juli 2014, 11. Juli 2015, 16. Juli 2016, 08. Juli 2017. www.koelner-lichter.de

Die größte und wichtigste Veranstaltung der schwul-lesbischen Community unter der Regenbogenfahne ist der Kölner CSD/ColognePride. An jedem ersten Juli-Wochenende feiern und demonstrieren mehr als eine halbe Million Teilnehmer und Besucher in der Kölner Innenstadt. Zentrale Events sind die Kölner Aids-Gala am Freitagabend, das CSD-Straßenfest in der Altstadt von Freitag bis Sonntag und die CSD-Parade am Sonntag. www.colognepride.de

August: Mit der c/o pop (Cologne On Pop) und ihrem Vorläufer popcomm bietet Köln im August ein großes Musikfestival für elektronische Popmusik. Rund 170 Künstler aus mehr als 20 Ländern, vom Newcomer bis zu hochkarätigen internatio-

Oben: Die Deutzer Kirmes lockt Besucher aus der ganzen Stadt.
Mitte: Tünnes und Schäl fahren Rheinseilbahn.
Unten: »Sonnenscheinetage« auf dem Parkdeck des Aral-Parkhauses

Oben: Wandmalerei in Ehrenfeld
Mitte: Begehbare »Baumkunst« in einem Hotelinnenhof
Unten: Wochenmarkt auf dem Auerbachplatz

nalen Acts locken zehntausende Besucher an. Über den Event hinaus, gilt die c/o pop als Branchentreffen für Künstler, Medien und Veranstalter aus diesem Bereich. www.c-o-pop.de

Fremdenverkehrsamt

KölnTourismus ist der erste Ansprechpartner für alle Besucher der Domstadt. Das Service-Center liegt direkt am Dom. Mo–Sa 09.00–20.00, Sonn- und Feiertag 10.00–17.00 Uhr. Kardinal-Höffner-Platz 1, 50667 Köln, Tel. 0221/346 43-0, www.koelntourismus.de

Geld/Währung

Zahlungsmittel ist der Euro, die Bezahlung mit Kredit- und EC-Karten ist fast überall möglich.

Internet

Die meisten Hotels bieten freies WLAN an, ebenso wie viele Gastronomiebetriebe.

Seit dem Frühjahr 2014 werden der Roncalliplatz , der Heumarkt, der Altermarkt, der Heinrich-Böll-Platz und der Ottoplatz vor dem Deutzer Bahnhof vom Internetprovider Netcologne mit öffentlichen und kostenlosen Hotspots versorgt.

Für täglich 30 Minuten ist kostenfreier Netzzugang auch am Hauptbahnhof über Telekom möglich. Ähnlichen Service bietet die Telekom an 150 Hotspots in Bonn, die über die Android-App der Stadt Bonn lokalisiert werden können.

Klima/Reisezeit

Durch seine geschützte Lage in der Kölner Bucht, einer trichterförmigen, durch den Rhein geprägten Flusstallandschaft zwischen den stufenartig ansteigenden Hängen des Bergischen Landes und der Eifel verfügt Köln über ein mildes Klima, das durch einige Besonderheiten gekennzeichnet ist: Die Höhenzüge der Eifel bilden eine Barriere für den Westwind, gleichzeitig wird eine Lufterwärmung durch geringen Luftaustausch mit dem Umland begünstigt. Die Innenstadt Kölns gilt als der wärmste Ort Deutschlands, noch vor Freiburg im Breisgau. Im Zusammenspiel mit der Verdunstung des Rheinwassers bewirkt der geringe Luftaustausch eine hohe Luftfeuchtigkeit. Sommerliche Schwüle und häufige Gewitter sind die Folge.

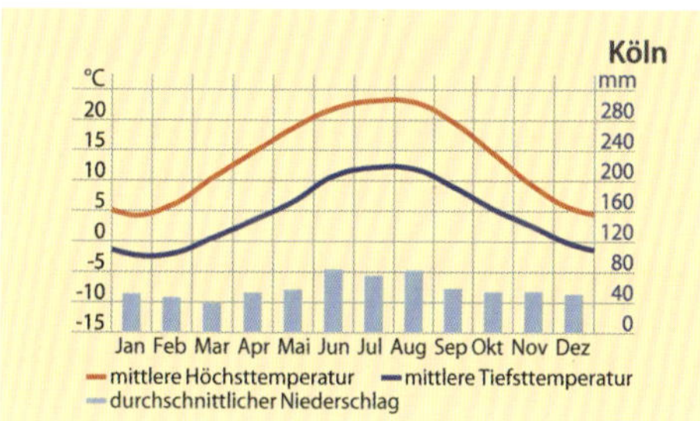

Messen

Etwa 75 Messen haben in Köln ihr Zuhause. Einige davon strahlen weit über den eigentlichen Messeevent in die Stadt hinein. Während der ART COLOGNE, dem internationalen Kunstmarkt, der im April auf dem Kalender steht, präsentieren auch viele Galerien und Kunstforen in der Stadt sich und ihre Künstler. Die *gamescom* ist die weltweit die größte Messe für interaktive Unterhaltungselektronik, vulgo Daddelspiele und -konsolen. Rund um die Messe gibt es ein Festival mit Livemusik und weiteren Veranstaltungen fürs hauptsächlich sehr junge Publikum. Terminlich und inhaltlich eng an die internationale Einrichtungsmesse *imm cologne* gekoppelt, sind die PAS-

Oben: Studententreff am Aachener Weiher
Mitte: Hinter den Rikschas steht auf der Domplatte eine Kopie der Kreuzblume des Doms.

Oben: »Siebengebirge« nennt man die früheren Stapelhäuser.
Unten: Der Rheinauhafen: Vom Industriegelände zum Szeneviertel

SAGEN, ein Designparcours durch die gesamte Kölner Innenstadt. Dabei öffnen Ateliers, Architekten und Gestalter ihre Räume und zeigen ihr Schaffen. Termin dafür ist der Januar. www.voggenreiter.com/passagen2014

Notrufnummern

Polizei/Notruf: 110
Feuerwehr/Rettungsdienst: 112
Sperrnotruf für alle Geldkarten: 116 116

Öffentlicher Nahverkehr

U-Bahn und Straßenbahn: Der regionale Anbieter im öffentlichen Personen-Nahverkehr (ÖPNV) sind die Kölner Verkehrsbetriebe (KVB). Die 11 Stadtbahn-Linien, eine Kombi aus U- und Straßenbahn, erschließen die Stadt mit einem Streckennetz von knapp 200 Kilometern. Über die Linien 16 und 18 ist die Nachbarstadt Bonn direkt angebunden. Das gesamte Kölner Netz ist Teil des Verkehrsverbundes Rhein-Sieg und seiner Tarifstruktur. Im gesamten Kölner Stadtgebiet gilt die Preisstufe 1 b. Mit dem KurzstreckenTicket (Preisstufe 1 a) kann man ab der Einstiegshaltestelle bis zu vier Haltestellen weit fahren, der Gültigkeitszeitraum liegt ab Entwertung max. bei 20 Minuten. An den meisten Haltestellen stehen Fahrkartenautomaten, dito in den Zügen und Bussen. Einfacher geht's per Handyticket, www.handyticket.de, wenn die Anmeldung schon vor Reisebeginn erledigt worden ist. Persönlich betreut wird man in einem der fünf KVB-Kundencenter (Neumarkt, Ehrenfeld, Mülheim, Braunsfeld, Südstadt) oder den U-Bahn Vertriebsstellen (Neumarkt, Dom/Hbf, Ebertplatz). Fahrkarten sind auch in vielen Kiosken erhältlich. Zwischen 5–20 Uhr fährt die KVB auf den meisten Linien im 10-Minuten-Takt, bis etwa 23 Uhr im 15-Minuten-Takt und von etwa 23 Uhr bis zum Betriebsschluss um kurz nach 1 Uhr im 30-Minuten-Takt. Am Wochenende fahren die Bahnen bis 23 Uhr im 15-Minuten-Takt, danach wieder alle 30 Minuten. In den Nächten von Freitag auf Samstag, von Samstag auf Sonntag und vor Feiertagen die Bahn die ganze Zeit nutzen – sie fährt seit 11.12.2011 im 30-Minuten-Takt.

KölnCard. Freie Fahrt im Öffentlichen Nahverkehr, reduzierter Eintritt in städtischen und privaten Museen, bei Stadtführungen und in einigen Kneipen und Geschäften. Vorab im Internet bestellbar. 24 Stunden: Einzel € 9, Gruppe € 19, 48 Stunden: Einzel € 18, Gruppe € 38. www.koelntourismus.de/willkommen/koelncard/partner.html

Buslinien ergänzen den Straßenbahnverkehr. Sie fahren sowohl in der Innenstadt, vor allem aber in den Vororten. Einige wichtige Buslinien haben einen ähnlichen Fahrplantakt wie die Bahnen, viele verkehren jedoch seltener, also auch an Werktagen nur im 20- bis 30-Minuten-Takt. Auch da gibt es ein Nachtangebot.

S-Bahn: Mit den Schnellbahnlinien sind die Vororte Kölns und die nahe liegenden NRW-Städte angeschlossen. Düsseldorf, Bonn und Bergisch-Gladbach werden im Zwanzigminutentakt und am Wochenende im Halbstundentakt angefahren.

Mietwagen, Carsharing: Am Flughafen und am Hauptbahnhof sind die großen Mietwagenanbieter mit Stationen vertreten. Köln verfügt außerdem über ein großes Angebot an Carsharing-Autos. DriveNow (BMW), car2go (Mercedes Smart) und cambio sind in Köln mit ihren Flotten vertreten. Voraussetzung ist eine vorherige Anmeldung via Internet. Die Quernutzung von Karten aus anderen Städten ist möglich. www.drivenow.de, www.car2go.de, www.cambio-carsharing.de.

Oben: Erst mal nur ein Schild: Der Rheinboulevard ist noch im Bau.
Mitte: In Ehrenfeld allgegenwärtig: Der Helios-Leuchtturm

Oben: Treppenhaus des Ärztehauses am Ebertplatz
Mitte: Freeclimber an der Hohenzollernbrücke

Taxi: Auch in Köln erkennt man die offiziell als Taxi zugelassenen Autos an der Farbe, dem typischen Hellelfenbein. An den Taxistandplätzen sind etwa 1200 Wagen im Einsatz. Über die zentrale Rufnummer 0221/2882 ist der Taxiruf rund um die Uhr erreichbar. Führ eine Fahrt von der City zum Flughafen muss man mit rund 30 Euro rechnen, zwischen Hauptbahnhof und Kölner Messe fallen rund 15 Euro an. www.taxiruf.de

Sport

In Sachen Breitensport kann man sich in Köln an jedem Wochenende mit Seinesgleichen messen: Die Anzahl der Lauf-, Rad- und Schwimmwettbewerbe zeigt eine steile Kurve nach oben. Wer in allen drei Disziplinen Lorbeeren einsammeln will, kann das immer am 1. Septemberwochenende beim *Cologne Triathlon Weekend* tun. Mit rund 4000 aktiven Teilnehmern gehört der CTW zu den größten Veranstaltungen dieser Art. »Laufen pur« ist dann wenige Wochen später beim Köln Marathon angesagt. Seit 2013 enden die 42,195 Kilometer wieder in Sichtweite des Doms. Die Profi- und Hobby-Rennradfahrer messen beim Frühjahrsklassiker *Rund um Köln* ihre Ausdauerkräfte. Immer am Ostermontag enden alle Radwege am Ziel im Rheinauhafen.

Sprache

Auch wenn sich der rheinische Singsang in seiner vollen Ausprägung schon sehr niederländisch anhören kann: In Köln spricht man Deutsch.

Stadtführungen

Mit einem Doppeldecker-Cabriobus ist CityTour unterwegs. Die rund 1,5-stündige Fahrt führt rund um und durch die Kölner Innenstadt und kann im Hop-On Hop-Off Konzept genutzt werden. Karten gibt es bei KölnTourismus. Umweltfreundlich kann man die Stadt per Fahrradrikscha erkunden. Die Touren dauern zwischen 30 und 120 Minuten, die Fahrer erläutern die Sehenswürdigkeiten. www.rikolonia.de

Themenführungen durch die Stadt veranstaltet z.B. www.ff-stadtfuehrungen.de.

Trinkgeld

Wie überall in der Bundesrepublik gilt § 107 Abs. 3 der Gewerbeordnung: »Trinkgeld ist ein Geldbetrag, den ein Dritter ohne rechtliche Verpflichtung dem Arbeitnehmer zusätzlich zu einer dem Arbeitgeber geschuldeten Leistung zahlt.« Im Restaurant hält man sich am besten an die üblichen 5 bis 10 Prozent, jeder Taxifahrer freut sich über einen Zuschlag von 10 Prozent – dafür sollte er aber auch seinen Weg kennen.

Weihnachtsmärkte

Schwul, alternativ, mittelalterlich oder am Hafen: In Sachen Weihnachtsmarkt hat man in der Domstadt die Qual der Wahl. Ganze Busladungen voller Besucher tingeln an den Adventwochenenden durch die Budengässchen. Zauberhaft und intim ist der Weihnachtsmarkt im Stadtgarten. Der Weihnachtsmarkt am Schokoladenmuseum fällt ähnlich angenehm aus dem Klischee und wird thematisch von Jahr zu Jahr variiert. Von den großen Weihnachtsmärkten ist der am Heumarkt dank der angrenzenden Eisbahn das dankbarste vorweihnachtliche Ziel. Die Christmas Avenue im schwul-lesbischen »Bermuda-Dreieck« zwischen Schaafenstraße und Pilgrimstraße, ein Wintertraum in lila und pink, bietet sicher das außergewöhnlichste vorweihnachtliche Highlight.

Oben: Sand und Sonne auf dem Playa in Cologne
Mitte: Ein Blick ins Gewölbe von der Volkssternwarte im Weyertal
Unten: Der Weihnachtsmarkt im Stadtgarten

Köln speziell. Tipps für Kinder und Jugendliche

BEWEGEN

AbenteuerHallen Kalk. Im ehemaligen Industriegelände wird nicht nur Indoorklettern angeboten. Ein BMX-Parcours, eine Skaterbahn und gelegentliche Konzerte runden das Angebot ab. Wer erste Klettererfahrungen sammeln will, kann das unter Anleitung tun. Klettern für Kids und Teens ab 16: Mo 18.30–22.00, Di 18.30–22.00, Do 18.30–22.00 Uhr, 4 €, Montag 16.00–18.00 Uhr 2 €. Klettern für Familien: Einmal im Monat am Sonntag 12.00–18.00 Uhr, 10 €, Christian-Sünner-Str. 8, 51103 Köln-Kalk, Tel. 0221/880 84 09, www.abenteuerhallenkalk.de

Das neue Elefantenhaus im Kölner Zoo

Kletterfabrik Ehrenfeld. Kraxeln, klettern, bouldern ist hier auf einer vertikalen Fläche von mehr als 2000 Quadratmetern möglich. Hier findet jeder seinen Weg nach oben, alle Schwierigkeitsgrade werden angeboten. Viele abwechslungsreiche Boulder, bei denen man 2 bis 4 Meter ohne Gurt und Seil klettert und dann in die Matten springt, locken vor allem die Kids. Mo–Fr 9.30–23.30 Uhr, Sa und So 10– 22.00 Uhr, Oskar-Jäger-Str. 173, 50825 Köln, Tel: 0221/ 50 05 50 05, www.kletterfabrik-koeln.de

Kletterwald Schwindelfrei. Im Hochseilgarten kann man sich wie Tarzan von Baum zu Baum schwingen, über schwankende Hängebrücken balancieren und sogar einen alten Feuerwehrturm senkrecht runterlaufen. Dank des vielfältigen Angebots können sich hier auch schon mutige Grundschulkinder unter Beweis stellen. Mo–Fr 12–20, Sa/So 10–20 Uhr, Liblarer Str. 183, 50321 Brühl, Tel. 02232/15 74 71, www.kletterwald-schwindelfrei.de

Rheinpark. In allen großen Kölner Parks finden Kinder genug Freifläche zum Toben und Spielen. Besonders beliebt ist der Rheinpark (s. S. 184), weil er neben seinen großen Wiesen und dem nahen Rheinufer mit flach abfallenden Buchten auch eine große Spielelandschaft in der Mitte bietet. Dank einer langen Röhrenrutsche, der Seil-Kletterlandschaft, einer Seilbahn mit Startrampe und natürlich Schaukeln plus Sand haben hier Kids vom Krabbelalter bis jenseits des 10. Geburtstages Spaß. Ganzjährig geöffnet, freier Eintritt, barrierefrei. Zwischen Hohenzollern- und Zoobrücke. Eingänge an den Rheinterrassen, Auenweg und Zoobrücke, Infobroschüre unter www.stadt-koeln.de
Anfahrt mit öffentlichen Verkehrsmitteln: KVB Linie 1 und 9 Haltstelle Bahnhof Deutz/Messe, KVB Linie 3 und 4 Haltestelle Deutz/KölnArena, Buslinie 150 Haltestelle Im Rheinpark oder Thermalbad, Buslinien 250 und 260, Haltestelle Thermalbad, S-Bahnlinien S6, S11, S12, S13, Deutsche Bahn Haltestelle: Köln-Deutz (Deutzer Bahnhof).

FESTIVALS

lit.kid.COLOGNE. Jedes Jahr im März gehen im Rahmen des Literaturfestivals Lit.COLOGNE bis zu 80 Lesungen mit internationalen Stars der Kinder- und Jugendbuchszene über die Bühne. ein Highlight für große und kleine Leseratten. www.lit-cologne.de

MUSEEN

Museum Ludwig. Der Museumsdienst Köln bietet hier Familienführungen für Eltern mit Kindern bis 7 Jahre an. Durch eigene Führungen für Kinder ab 8 Jahren haben Eltern Gelegenheit, sich allein im Museum umzusehen. Währenddessen werden die kleinen Besucher durch die Ausstellungen geführt und bekommen die modernen Gemälde, Installationen und Kunstobjekte kindgerecht vorgestellt.

Di–So 10–18 Uhr, jeden ersten Freitag im Monat 10–22 Uhr, Heinrich-Böll-Platz, 50667 Köln, Tel. 0221/221 261 65, www.museum-ludwig.de

Rautenstrauch-Joest-Museum. Spezielle Kinderprogramme für 8- bis 14-Jährige erschließen in Kursform die Sonder- und Dauerausstellungen des ethnologischen Museums. Im Juniormuseum wird anhand des Alltags von fünf Kindern der Schritt in die Welt der Erwachsenen nachvollziehbar gemacht. Di–So 10–18, Do 10–20 Uhr, Cäcilienstraße 29–33, 50667 Köln, Tel. 0221/221 313 56

Römisch-Germanisches Museum. Speziell auf Kinder ab 8 Jahren zugeschnittene Führungen erschließen die Stadtgeschichte Kölns von der Urgeschichte bis zum frühen Mittelalter. Der pädagogische Schwerpunkt liegt auf der Erschließung des Alltags. So wird beispielsweise das Leben der Sklaven thematisiert, die Gastfreundschaft der Römer oder das Lagerleben der Legionäre am Rhein. Di–So 10–17 Uhr, Roncalliplatz 4, 50667 Köln, Tel. 0221/22 12 44 38, www.museenkoeln.de/roemisch-germanisches-museum

THEATER

COMEDIA Colonia. Seit 1982 die feste Spielstätte für die Kinder- und Jugendtheater-Produktionen von Ömmes und Oimel und eine der bekanntesten Bühnen für Kinder- und Jugendtheater. Vondelstr. 4–8, 50677 Köln, Tel. 0221/88 87 73 33, www.comedia-koeln.de

Kölner Künstler Theater. Kinder- und Jugendtheater mit festem Theaterhaus in Köln-Ehrenfeld. Seit Oktober 2013 in neuen barrierefreien Räumen. Vor allem mit Figurentheater werden hier Highlights gesetzt. Grüner Weg 5/Ecke Melatengürtel, 50825 Köln, Tel. 0221/510 76 86

TIERE

Wildgehege Köln-Lindenthal. Was zum Anfassen und Erleben ist das Gehege mitten im Stadtwald. Rund hundert Ziegen, Soay-Schafe und Ponys dürfen hier gestreichelt und gefüttert werden. Die große Herde weißes und dunkles Damwild komplettiert den Zoo. Mo–So 10–18 Uhr, Kitschburger Straße, Tel. 0221/43 34 96, www.lindenthaler-tierpark.de

EINKAUFEN

Maus & Co.-Laden. Ein Muss für kleine und große Fans der TV-Kultfigur und ihrer Genossen von Hein Blöd bis zu Lars, dem kleinen Eisbären. Mo–Fr 10.00–19.00, Sa 10.00–18.00 Uhr, WDR-Arkaden, Breite Str. 6–26, 50667 Köln, Tel.0221/257 21 34, www.wdrshop.de

Auch das Puppentheater im Blauen Haus freut sich auf kleine Besucher (siehe Autorentipp S. 106).

Kleiner Sprachführer

ALLGEMEINES

Afrocke tanzen
Ajuja Ausruf der Freude
Alaaf Hurra, ein Hoch auf ... (Kölle Alaaf)
Bap Vater
Bläck Fööss Nackte Füße, barfuß, kölsche Mundart-Musikgruppe
Bützje, Bützjer Küsschen
Danzmarieche Tanzmariechen
Desch Tisch
Drießhüsje Abtritt, Toilette
Düüvel Teufel
Duve Taube
Faaß Faß
Fasteleer Fastnacht
Fastelovend Karneval, Karnevalszeit
Fiere Feiern
Fierovend Feierabend
Fisternöllche (heimliches) Verhältnis
Fott, Föttche Hintern, Po
Fründ, Fründe Freund, Freunde
Jeck verrückt, albern, vernarrt
Jeföhl Gefühl
Klüngel Persönliche Beziehungen, um etwas zu erreichen, erledigen
Knies Streit, Schmutz
Löstisch lustig
Minsch Mensch
Panz, Pänz Kind, Kinder
Quetschebüggel Akkordeon
Rusemondaach Rosenmontag

UNTERWEGS

Alder Maat Altermarkt
Hück Heute
Rhing Rhein
Schäl Sick Schlechte Seite (gemeint ist die rechte Rheinseite)
Stroßebahn Straßenbahn
Veedel Stadtviertel

ESSEN UND TRINKEN

Drinks de eine met? Trinkst du einen mit?
Kaschämm Spelunke
Köbes Kellner, kölscher Ober, Jakob
Pittermännche 10-Liter-Fässchen Kölsch
Zappes Zapfer (im altkölnischen Brauhaus)
Appelkoche Apfelkuchen
Backeskoche Kuchen aus geriebenen Kartoffeln
Blootwoosch Geräucherte Blutwurst
Botteramm Butterbrot
Brodpann Bratpfanne
Brodwoosch Bratwurt
Brodäpel Bratkartoffeln
Fleischwoosch Fleischwurst
Flönz Gekochte Blutwurst
Foderkaat Speisekarte
Halve Hahn Roggenbrötchen mit altem Holländer Käse
Hämmche Gepökeltes Eisbein vom Schwein
Himmel un Äd Gebratene Blutwurst mit Kartoffelbrei und Apfelmus
Hirring Hering
Hirringschlot Heringsalat
Hohn, Höhner Huhn, Hühner, auch Kölner Mundart-Musikgruppe
Kappes Kohl, Unsinn
Kning Kaninchen
Kölsch Obergärisches Bier
Lev(v)erwoosch Leberwurst
Mettbrütche Mettbrötchen
Müffele Schlemmen, essen
Muuze(mändelche) tropfenförmiges Mandelgebäck
Prummetaat, Prummekoche Pflaumentorte, Pflaumenkuchen
Quallmann Pellkartoffel
Rievkooche Reibekuchen
Röggelche Roggenbrötchen
Schabau Schnaps
Sprüütche Rosenkohl
Suffe saufen
Suurbrode vum Pääd Pferdesauerbraten
Suurbrode Sauerbraten
Suure Kappes Sauerkraut
Woosch Wurst

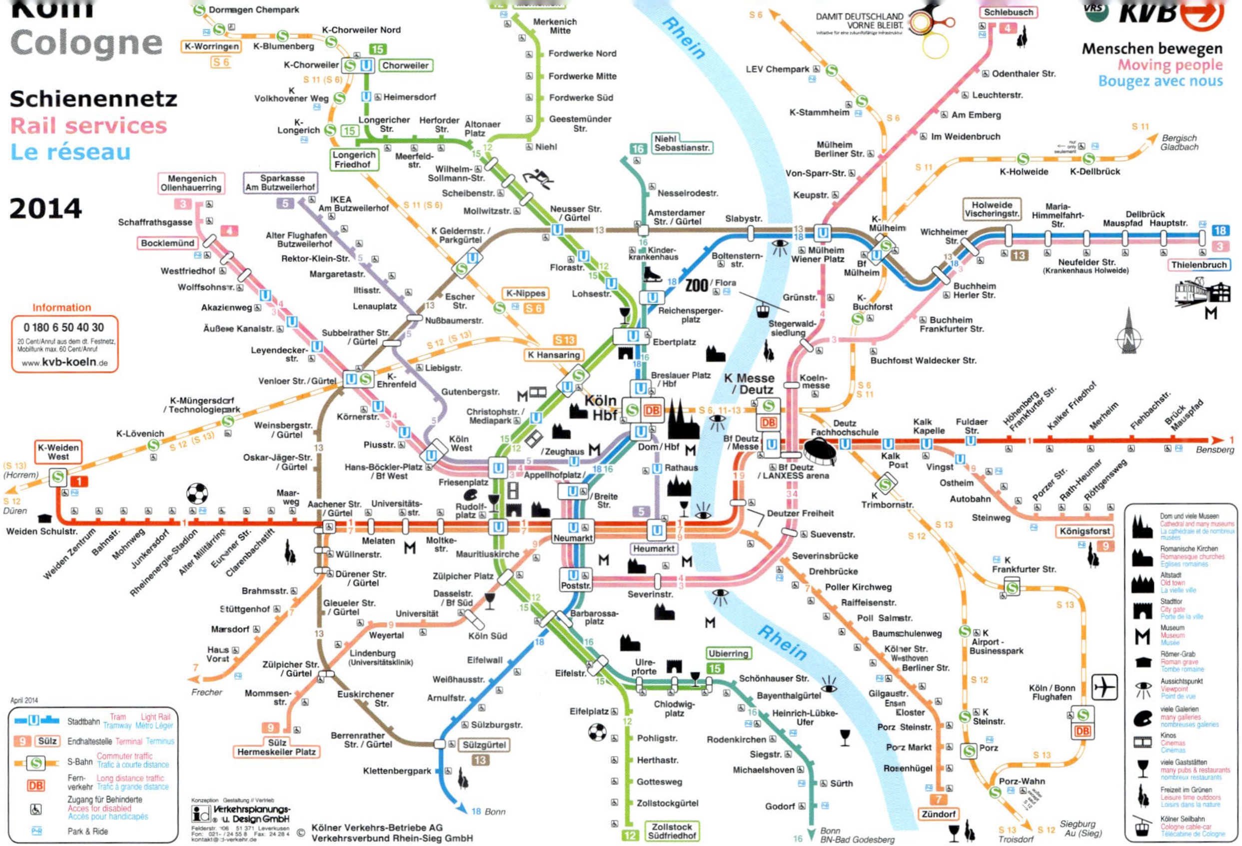
Köln
Cologne
Schienennetz
Rail services
Le réseau
2014
Menschen bewegen
Moving people
Bougez avec nous
DAMIT DEUTSCHLAND VORNE BLEIBT.
Information
0 180 6 50 40 30
20 Cent/Anruf aus dem dt. Festnetz, Mobilfunk max. 60 Cent/Anruf
www.kvb-koeln.de
Rhein
Dormagen Chempark
K-Worringen
S 6
K-Blumenberg
K-Chorweiler Nord
K-Chorweiler
Chorweiler
15
S 11 (S 6)
Heimersdorf
K Volkhovener Weg
K-Longerich
Longericher Str.
Herforder Str.
Altonaer Platz
Longerich Friedhof
Meerfeld-str.
Wilhelm-Sollmann-Str.
Scheibenstr.
Mollwitzstr.
Neusser Str. / Gürtel
Merkenich Mitte
Fordwerke Nord
Fordwerke Mitte
Fordwerke Süd
Geestemünder Str.
Niehl
Niehl Sebastianstr.
16
Nesselrodestr.
Amsterdamer Str. / Gürtel
Slabystr.
Mengenich Ollenhauerring
Sparkasse Am Butzweilerhof
IKEA Am Butzweilerhof
Schaffrathsgasse
Bocklemünd
Westfriedhof
Wolffsohnstr.
Akazienweg
Äußere Kanalstr.
Leyendecker-str.
Venloer Str. / Gürtel
Alter Flughafen Butzweilerhof
Rektor-Klein-Str.
Margaretastr.
Iltisstr.
Lenauplatz
Nußbaumerstr.
K Geldernstr. / Parkgürtel
Escher Str.
K-Nippes
S 6
Florastr.
Lohsestr.
Subbelrather Str. / Gürtel
Liebigstr.
S 12 (S 13)
S 13
K Hansaring
K-Ehrenfeld
Gutenbergstr.
Christophstr. / Mediapark
Körnerstr.
Piusstr.
Köln West
Hans-Böckler-Platz / Bf West
Friesenplatz
Appellhofplatz
/ Zeughaus
K-Müngersdorf / Technologiepark
Weinsbergstr. / Gürtel
Oskar-Jäger-Str. / Gürtel
K-Lövenich
S 12 (S 13)
K-Weiden West
(S 13) (Horrem)
S 12 Düren
Weiden Schulstr.
Weiden Zentrum
Bahnstr.
Mohnweg
Junkersdorf
Rheinenergie-Stadion
Alter Militärring
Eupener Str.
Clarenbachstift
Maar-weg
Aachener Str. / Gürtel
Universitäts-str.
Melaten
Moltke-str.
Rudolf-platz
Wüllnerstr.
Dürener Str. / Gürtel
Brahmsstr.
Stüttgenhof
Marsdorf
Haus Vorst
Frecher
Gleueler Str. / Gürtel
Universität
Weyertal
Lindenburg (Universitätsklinik)
Zülpicher Str. / Gürtel
Mommsen-str.
Sülz Hermeskeiler Platz
Euskirchener Str.
Berrenrather Str. / Gürtel
Klettenbergpark
Sülzgürtel
Sülzburgstr.
Arnulfstr.
Weißhausstr.
Eifelwall
Köln Süd
Dasselstr. / Bf Süd
Zülpicher Platz
Mauritiuskirche
Neumarkt
Heumarkt
Poststr.
Severinstr.
Barbarossa-platz
Eifelstr.
Eifelplatz
Ulre-pforte
Chlodwig-platz
Ubierring
Pohligstr.
Herthastr.
Gottesweg
Zollstockgürtel
Zollstock Südfriedhof
Schönhauser Str.
Bayenthalgürtel
Heinrich-Lübke-Ufer
Rodenkirchen
Siegstr.
Michaelshoven
Sürth
Godorf
Bonn BN-Bad Godesberg
18 Bonn
Breite Str.
Dom / Hbf
Rathaus
Köln Hbf
Breslauer Platz / Hbf
Ebertplatz
Reichensperger-platz
Kinder-krankenhaus
ZOO / Flora
Boltenstern-str.
Grünstr.
Stegerwald-siedlung
K Messe / Deutz
Koeln-messe
Bf Deutz / Messe
Bf Deutz / LANXESS arena
Deutz Fachhochschule
Deutzer Freiheit
Suevenstr.
Severinsbrücke
Drehbrücke
Poller Kirchweg
Raiffeisenstr.
Poll Salmstr.
Baumschulenweg
Kölner Str. Westhoven
Berliner Str.
Gilgaustr. Ensen
Kloster
Porz Steinstr.
Porz Markt
Rosenhügel
Zündorf
Kalk Kapelle
Kalk Post
Fuldaer Str.
Vingst
Ostheim
Autobahn
Steinweg
Königsforst
Höhenberg Frankfurter Str.
Kalker Friedhof
Merheim
Fiehbachstr.
Brück Mauspfad
Bensberg
Porzer Str.
Rath-Heumar
Röttgensweg
K Trimbornstr.
K Frankfurter Str.
K Airport-Businesspark
Köln / Bonn Flughafen
K Steinstr.
Porz
Porz-Wahn
S 13 Troisdorf
S 12 Siegburg Au (Sieg)
LEV Chempark
K-Stammheim
Mülheim Berliner Str.
Von-Sparr-Str.
Keupstr.
Mülheim Wiener Platz
K-Mülheim
Bf Mülheim
K-Buchforst
Buchforst Waldecker Str.
Buchheim Frankfurter Str.
Buchheim Herler Str.
Wichheimer Str.
Holweide Vischeringstr.
Maria-Himmelfahrt-Str.
Neufelder Str. (Krankenhaus Holweide)
Dellbrück Mauspfad
Hauptstr.
Thielenbruch
Schlebusch
Odenthaler Str.
Leuchterstr.
Am Emberg
Im Weidenbruch
K-Holweide
K-Dellbrück
S 11 Bergisch Gladbach
nur only seulement
Dom und viele Museen
Cathedral and many museums
La cathédrale et de nombreux musées
Romanische Kirchen
Romanesque churches
Églises romanes
Altstadt
Old town
La vieille ville
Stadttor
City gate
Porte de la ville
Museum
Museum
Musée
Römer-Grab
Roman grave
Tombe romaine
Aussichtspunkt
Viewpoint
Point de vue
viele Galerien
many galleries
nombreuses galeries
Kinos
Cinemas
Cinémas
viele Gaststätten
many pubs & restaurants
nombreux restaurants
Freizeit im Grünen
Leisure time outdoors
Loisirs dans la nature
Kölner Seilbahn
Cologne cable-car
Télécabine de Cologne
April 2014
Stadtbahn Tram Tramway Light Rail Métro Léger
Endhaltestelle Terminal Terminus
S-Bahn Commuter traffic Trafic à courte distance
Fern-verkehr Long distance traffic Trafic à grande distance
Zugang für Behinderte Acces for disabled Accès pour handicapés
Park & Ride
Konzeption Gestaltung // Vertrieb
Verkehrsplanungs- u. Design GmbH
© Kölner Verkehrs-Betriebe AG
Verkehrsverbund Rhein-Sieg GmbH

Verantwortlich: Claudia Hohdorf
Lektorat: Anette Rose
Korrektorat: Sabine Thorn
Layout: Elke Mader, München
Umschlaggestaltung: Fuchs-Design, Sabine Fuchs
Repro: Repro Ludwig
Kartografie: Kartographie Huber, Heike Block
Herstellung: Bettina Schippel
Printed in Slovenia by Korotan

★★★★★

Sind Sie mit diesem Titel zufrieden? Dann würden wir uns über Ihre Weiterempfehlung freuen.

Erzählen Sie es im Freundeskreis, berichten Sie Ihrem Buchhändler, oder bewerten Sie bei Onlinekauf.

Und wenn Sie Kritik, Korrekturen Aktualisierungen haben, freuen wir uns über Ihre Nachricht an
Bruckmann Verlag,
Postfach 40 02 09,
D-80702 München
oder per E-Mail an
lektorat@verlagshaus.de.

Unser komplettes Programm finden Sie unter

www.bruckmann.de

Alle Angaben dieses Werkes wurden von den Autoren sorgfältig recherchiert und auf den neuesten Stand gebracht sowie vom Verlag geprüft. Für die Richtigkeit der Angaben kann jedoch keine Haftung übernommen werden.

Bildnachweis:
Alle Bilder des Innenteils und des Umschlags stammen von Rainer Hackenberg, Köln, außer:
Deutsches Museum Bonn, S. 244; Stiftung Haus der Geschichte/Axel Thünker, S. 240 u., 241; Kölner Verkehrs-Betriebe AG/Verkehrsverbund Rhein-Sieg GmbH, S. 285; Shutterstock/ Mikhail Markovskiy, S. 30; Shutterstock/Christian Mueller, S. 33 o.; Wikimedia Commons, S. 31, 231 u., 260 o.; ZFMK, Bonn, S. 240 o.

Umschlag:
Vorderseite:
Oben: Karnevalsperücke
Mitte links: FRÜH Em Golde Kappes (© www.frueh-gastronomie.de);
Mitte rechts: Die Wurstbraterei am Rheinauhafen (Dr. Thomas Kliem);
Unten: Panoramablick vom Köln Triangle über die Stadt
Rückseite:
Links: In der Hutmacherei von Lanzenauer
Rechts: Cafés am Chlodwigplatz

Die Deutsche Nationalbibliothek verzeichnet diese Publikation in der Deutschen Nationalbibliografie; detaillierte bibliografische Daten sind im Internet über http://dnb.d-nb.de abrufbar.

ISBN 978-3-7654-8205-2